바울에 관한 다섯 가지 관점

스캇 맥나이트, B. J. 오로페자 엮음

브랜트 피트리, A. 앤드루 다스, 제임스 D. G. 던, 망누스 세테르홀름, 존 M. G. 바클레이 지음

데니스 에드워즈 후기

김명일, 김선용, 김형태, 이영욱, 정동현 옮김

바울에 관한 다섯 가지 관점

엮음	스캇 맥나이트, B. J. 오로페자
지음	브랜트 피트리, A. 앤드루 다스, 제임스 D. G. 던, 망누스 세테르홀름, 존 M. G. 바클레이
후기	데니스 에드워즈
옮김	김명일, 김선용, 김형태, 이영욱, 정동현
편집	김덕원, 이찬혁

발행처	감은사
발행인	이영욱
전화	070-8614-2206
팩스	050-7091-2206
주소	서울특별시 강동구 암사동 아리수로 66, 401호
이메일	editor@gameun.co.kr

종이책

초판발행	2023.03.15.
ISBN	9791190389907
정가	36,800원

전자책

초판발행	2023.03.15.
ISBN	9791190389914
정가	26,800원

PERSPECTIVES ON PAUL:
FIVE VIEWS

EDITED BY

SCOT MCKNIGHT, B. J. OROPEZA

| 일러두기 |

1. 서문, 서론, 후기, 브랜트 피트리의 모든 글은 이영욱, A. 앤드루 다스의 모든 글은 김명일 박사, 망누스 세 테르홀름의 모든 글은 정동현 박사, 제임스 D. G. 던의 모든 글은 김선용 박사, 존 M. G. 바클레이의 모든 글은 김형태 박사가 옮겼습니다.

2. 본서 아래, 안쪽 여백에 사용된 숫자는 원서의 쪽수를 가리킵니다. 따라서 본서에 사용된 (원서 XX쪽)이 라는 표기에서 "XX쪽"은 상단의 한국어판 쪽수가 아닌, 하단의 원서 쪽수를 가리킵니다. 색인에 나와 있 는 쪽수 역시 원서 쪽수를 가리킵니다.

3. 성경 구절 인용은 통상 개역개정판을 기본으로 했으나 논지에 따라 수정하여 사용했습니다(개역개정에 서 그대로 가져다 사용하더라도 출처는 명기하지 않았습니다). 어휘 사용의 미묘함 내지 강조점을 살려 야 하는 경우 전부 새로 번역하기도 했습니다.

4. 각 부마다 처음 등장하는 인명은 한영병기를 했고, 각 부마다 처음 등장하는 서지 정보에는 역서 정보를 기록했습니다. 특히 번역서 정보에 나오는 ≒ 표시는 원서와 한국어판의 판수가 다르다든지(예, 2판 또는 3판), 한국어판이 독일어 원서에서 번역됐다든지 등등의 경우를 가리킵니다.

5. 본서에 나오는 works는 "행위들"로 옮깁니다. 이때 일반적 의미의 행동/행함을 지칭하기보다 많은 경우 바울서신에 등장하는 특정 어구를 지칭합니다(이 "행위들"이 일반적 의미의 행동/행함을 의미하는지 여 부는 이 다음, 이차적인 논의입니다).

6. 본서에서 로마가톨릭 관점을 다룰 때에는 최대한 개신교의 용어로 번역했습니다. 비근한 예로, justifi-cation은 개신교에서는 "칭의"로, 가톨릭에서는 "의화"로 번역되지만, 그렇게 번역했을 경우, 각 학자들 사이에 논평을 주고 받는 형식으로 구성된 본서에 있어서, 독자들에게 혼란을 야기할 수 있기 때문입니 다. 가톨릭 학자의 글을 가톨릭 용어로 옮기는 것이 적확하겠으나 앞에서 설명한 이유로, 득보다는 실이 많다고 판단했습니다. 이 외에도 한국어의 가톨릭 용어와 개신교 용어는 거의 모든 경우에 서로 다르지 만, 원서에서 영어로는 동일하다는 점에 근거를 두었습니다.

© 2020 by Scot McKnight and B. J. Oropeza

Originally published in English
under the title *Perspectives on Paul: Five Views* by Baker Academic,
A division of Baker Publishing Group
P.O. Box 6287, Grand Rapids, MI 49516, U. S. A. All rights reserved.
Used and translated by the permission of Baker Publishing Group through rMaeng2,
Seoul, Republic of Korea.

This Korean edition © 2023 by Gameun Publishers, Seoul, Republic of Korea

지미에게

(1939년 10월 21일-2020년 6월 26일)

| 목차 |

서문

우리는 바울 연구에 있어서 공통된 유산을 가지고 있습니다—우리의 박사 과정 지도 교수였던 제임스 D. G. 던(James D. G. Dunn) 말입니다. B. J.는 던 아래에서 바울을 연구했고 스캇(Scot)은 마태복음을 연구했지요. 스캇은 (던의) 바울에 관한 새 관점에 대한 최초 강연이 있은 직후에—사실, 그 강의가 "새 관점"이 되기 이전에 말입니다—던과 함께 연구하고 있었고, 이 새 관점이 전체적으로 진행되는 양상을 목도했습니다. 우리는 우리의 사랑하는 교수님 지미(Jimmy)가 2020년 6월 26일, 암과의 짧은 고투 끝에 세상을 떠나신 것에 대한 슬픔을 표현하고 싶습니다. 후대의 성서 주석가들과 신학자들은 그를 20세기 말과 21세기 초의 가장 훌륭한 성서학자들 중 하나로 기억할 것입니다. 이 책—그리고 셀 수 없는 다른 많은 책들—의 모든 지면은 던이 바울 학계에 제공했던 각별한 입장들의 존재감을 보여주고 있습니다.[1]

---

1. James D. G. Dunn에 대한 우리의 추모 글을 보십시오: Scot McKnight, "Rest in Peace, Jimmy," Jesus Creed (blog), Christianity Today, June 26, 2020, https://

여러 가지 면에 있어서, 각 관점들의 여세를 몰아간 것은 바로 E. P. 샌더스(Sanders)의 1977년 작품, 『바울과 팔레스타인 유대교』(*Paul and Palestinian Judaism*)였지요. 이 책은 많은 학계에 영향을 미치고 있는 유대교에 대한 전형적인 고정관념을 무너뜨리고자 노력했던 것이지만, 동시에, 바울에 대한 신선한 분석의 문이, 단지 잠정적인 방식이기는 했지만, 샌더스의 유대교 재건에 비추어 열리게 됐습니다. 샌더스로 인해 이러한 연구들, 심지어는 A. 앤드루 다스(Andrew Das)의 전통적인 입장조차도 새로운 형태와 각도를 가지게 됐지요.

이 책은 최근 바울 학계에서 무슨 일이 일어나고 있는지 알기를 원하고 그 맥락에서 사도 바울의 신학에 대한 교양 있는 교전(civil engagement)을 보기를 원하는 교수님들과 학생들, 그리고 목회자들을 위한 것입니다. 유대교와 (더 새로운 관점들이 있기에 실제로 그렇게 새로운 관점은 아니지만) 새 관점 자체에 대한 샌더스의 입장이 바울이 말했던 바를 훼손한다고 생각하는 몇몇 학자들 사이에서 많은 비방들이 시작됐고 몇몇 비판이 가해졌는데 저들 중 일부는 진흙탕 싸움에 지나지 않았습니다. 교회사를 좌우할 만한 신학의 토대가 되는 사도 바울과 그의 위대한 편지들을 전체 교회가 더욱 잘 이해하는 데 이 책이 도움이 됐으면 하는 바람을 가져봅니다.

이 프로젝트를 가능하게끔 해주신 분들에게 감사의 마음을 전합니다. 특히 베이커(Baker)의 브라이언 다이어(Bryan Dyer)에게 감사를 드리

---

www.christianitytoday.com/scot-mcknight/2020/june/rest-in-peace-jimmy. html; B. J. Oropeza, "Memories of My Doktorvater, James D. G. Dunn (1939-2020)," In Christ (blog), Patheos, June 26, 2020, https://www.patheos.com/blogs/inchrist/2020/06/memories-of-my-doktorvater-james-d-g-dunn-1939-2020/

고 싶습니다. 그리고 본인들의 관점을 제시하는 데 주저하지 않고 또한 다른 기고자들에게 적시에 대답을 해주신 기고자들에게 감사를 드립니다. 스캇은 노던세미너리(Northern Seminary)와 임원진들에게, B. J.는 아주 사퍼시픽대학교(Azusa Pacific University), 특히 성서와 종교학부(학장 바비 듀크[Bobby Duke]와 학과장 로버트 뮬린스[Robert Mullins]), 그리고 이 프로젝트와 관련하여 연구보조금을 수여한 연구보조금관리부(이본 로드리게즈[Yvonne Rodriguez])에 감사를 표합니다.

스캇 맥나이트
B. J. 오로페자

E. P. 샌더스의 작품

PALLT	*Paul: The Apostle's Life, Letters, and Thought*
PLJP	*Paul, the Law, and the Jewish People*
PPJ	*Paul and Palestinian Judaism: A Comparison of Patterns of Religion*

성경 번역본

AT	Author's translation
LXX	Septuagint
NEB	New English Bible
NET	New English Translation
NIV	New International Version
NRSV	New Revised Standard Version
RSV	Revised Standard Version

제2경전 및 칠십인역

Tob.	Tobit
Jdt.	Judith
Add. Esth. Sir.	Additions to Esther Sirach
1–4 Macc.	1–4 Maccabees

구약위경

Apoc. Ab.	Apocalypse of Abraham
Jos. Asen.	Joseph and Aseneth
Jub.	Jubilees

LAB	Liber antiquitatum biblicarum (Pseudo-Philo)
Let. Aris.	Letter of Aristeas
Pss. Sol.	Psalms of Solomon
T. Ab.	Testament of Abraham

사해문서

1QapGen	Genesis Apocryphon
1QS	Rule of the Community
4QMMT	4QHalakhic Letter
CD	Cairo Genizah copy of the Damascus Document

필론

Abr.	*De Abrahamo* (On the Life of Abraham)
Congr.	*De congressu eruditionis gratia* (On the Preliminary Studies)
Deus	*Quod Deus sit immutabilis* (That God Is Unchangeable)
Ebr.	*De ebrietate* (On Drunkenness)
Flacc.	*In Flaccum* (Against Flaccus)
Fug.	*De fuga et inventione* (On Flight and Finding)
Her.	*Quis rerum divinarum heres sit* (Who Is the Heir?)
Leg.	*Legum allegoriae* (Allegorical Interpretation)
Legat.	*Legatio ad Gaium* (On the Embassy to Gaius)
Migr.	*De migratione Abrahami* (On the Migration of Abraham)
Mos.	*De vita Mosis* (On the Life of Moses)
Mut.	*De mutatione nominum* (On the Change of Names)
Post.	*De posteritate Caini* (On the Posterity of Cain)
Praem.	*De praemiis et poenis* (On Rewards and Punishments)
QG	*Quaestiones et solutiones in Genesin* (Questions and Answers on Genesis)

Sacr.	*De sacrificiis Abelis et Caini (On the Sacrifices of Cain and Abel)*
Sobr.	*De sobrietate (On Sobriety)*
Somn.	*De somniis (On Dreams)*
Spec.	*De specialibus legibus (On the Special Laws)*
Virt.	*De virtutibus (On the Virtues)*

요세푸스

Ant.	*Jewish Antiquities*
J.W.	*Jewish War*
Life	*The Life*

랍비 문헌

b. Sanh.	Babylonian Talmud, Sanhedrin
m. ʿAbod. Zar.	Mishnah, ʿAbodah Zarah
m. Ber.	Mishnah, Berakot
m. Demai	Mishnah, Demai
m. Ḥul.	Mishnah, Ḥullin
m. ʾOhol.	Mishnah, ʾOholot
t. ʿAbod. Zar.	Tosefta, ʿAbodah Zarah

그리스-라틴 문헌

Aelian

Var. hist.	*Varia historia (Various History)*

Aelius Theon

Prog.	*Progymnasmata*

Aristotle

Eth. nic.	*Ethica nicomachea (Nicomachean Ethics)*
Rhet.	*Rhetorica (Rhetoric)*

Augustine

Civ.　　　　　*De civitate Dei (The City of God)*

Dio Cassius

Hist. rom.　　*Historia romana (Roman History)*

Epictetus

Diatr.　　　　*Diatribai (Discourses)*

Quintilian

Inst.　　　　　*Institutio oratoria (Institutes of Oratory)*

Seneca

Ep.　　　　　*Epistulae morales (Moral Epistles)*

Thucydides

Hist.　　　　　*Historiai (Histories)*

이차문헌

AB　　　　　Anchor Bible

ACW　　　　Ancient Christian Writers

APB　　　　Acta Patristica et Byzantina

APR　　　　Ancient Philosophy and Religion

AYBRL　　　Anchor Yale Bible Reference Library

BBR　　　　*Bulletin for Biblical Research*

BDAG　　　Baur, Walter, Frederick W. Danker, William F. Arndt, and F. Wilbur Gingrich. *Greek-English Lexicon of the New Testament and Other Early Christian Literature*. 3rd ed. Chicago: University of Chicago Press, 2000

BECNT　　　Baker Exegetical Commentary on the New Testament

Bib　　　　*Biblica*

BibInt　　　*Biblical Interpretation*

BJRL　　　　*Bulletin of the John Rylands University Library of Manchester*

BNTC	Black's New Testament Commentaries
BR	*Biblical Research*
BSac	*Bibliotheca Sacra*
BTS	Biblical Tools and Studies
BWANT	Beiträge zur Wissenschaft vom Alten und Neuen Testament
BZ	*Biblische Zeitschrift*
BZNW	Beihefte zur Zeitschrift für die neutestamentliche Wissenschaft
CanTR	*Canadian Theological Review*
CBQ	*Catholic Biblical Quarterly*
CBR	*Currents in Biblical Research*
CC	Continental Commentaries
CCSS	Catholic Commentary on Sacred Scripture
ConBNT	Coniectanea Biblica: New Testament Series
ConcC	Concordia Commentary
ConcJ	*Concordia Journal*
COQG	Christian Origins and the Question of God
CRINT	Compendia rerum iudaicarum ad Novum Testamentum
CTJ	*Calvin Theological Journal*
CTR	*Criswell Theological Review*
DSSSE	*The Dead Sea Scrolls: Study Edition.* Edited by Florentino García Martínez and Eibert J. C. Tigchelaar. 2 vols. Leiden: Brill; Grand Rapids: Eerdmans, 1997–98
EC	*Early Christianity*
ETL	*Ephemerides theologicae lovanienses*
EvQ	*Evangelical Quarterly*
ExpTim	*Expository Times*
FC	Fathers of the Church
HBT	*Horizons in Biblical Theology*

HTKNT	Herders theologischer Kommentar zum Neuen Testament
HTR	*Harvard Theological Review*
HTSTS	*HTS Teologiese Studies / Theological Studies*
IBC	Interpretation: A Bible Commentary for Teaching and Preaching
ICC	International Critical Commentary
IJRR	*Interdisciplinary Journal of Research on Religion*
Int	*Interpretation*
JAET	*Journal of Asian Evangelical Theology*
JAOC	Judaïsme ancien et origines du christianisme
JBL	*Journal of Biblical Literature*
JEBS	*Journal of European Baptist Studies*
JETS	*Journal of the Evangelical Theological Society*
JJMJS	*Journal of the Jesus Movement in Its Jewish Setting*
JMT	*Journal of Ministry and Theology*
JSJ	*Journal for the Study of Judaism*
JSNT	*Journal for the Study of the New Testament*
JSNTSup	Journal for the Study of the New Testament Supplement Series
JSOTSup	Journal for the Study of the Old Testament Supplement Series
JSPL	*Journal for the Study of Paul and His Letters*
JSSR	*Journal for the Scientific Study of Religion*
JTI	*Journal of Theological Interpretation*
KI	*Kirche und Israel*
KNNE	Kontexte und Normen neutestamentlicher Ethik / Contexts and Norms of New Testament Ethics
LNTS	Library of New Testament Studies
LPS	Library of Pauline Studies
LQ	*Lutheran Quarterly*

LTJ	*Lutheran Theological Journal*
NCBC	New Century Bible Commentary
NIB	*The New Interpreter's Bible*. Edited by Leander E. Keck. 12 vols. Nashville: Abingdon, 1994–2004
NICNT	New International Commentary on the New Testament
NIGTC	New International Greek Testament Commentary
NIVAC	NIV Application Commentary
NovT	*Novum Testamentum*
NovTSup	Supplements to Novum Testamentum
NPNF¹	*Nicene and Post-Nicene Fathers*, Series 1
NSD	New Studies in Dogmatics
NTM	New Testament Monographs
NTR	New Testament Readings
NTS	*New Testament Studies*
NTT	New Testament Theology
OECS	Oxford Early Christian Studies
OTP	*Old Testament Pseudepigrapha*. Edited by James H. Charlesworth. 2 vols. New York: Doubleday, 1983–85
PBM	Paternoster Biblical Monographs
PFES	Publications of the Finnish Exegetical Society
PNTC	Pillar New Testament Commentary
RHCS	Romans through History and Cultures Series
SBET	*Scottish Bulletin of Evangelical Theology*
SBL	Studies in Biblical Literature
SBLDS	Society of Biblical Literature Dissertation Series
SBLECL	Society of Biblical Literature Early Christianity and Its Literature
SBLSP	Society of Biblical Literature Seminar Papers

SBLTT	Society of Biblical Literature Texts and Translations
SEÅ	*Svensk exegetisk årsbok*
SFSHJ	South Florida Studies in the History of Judaism
SJLA	Studies in Judaism in Late Antiquity
SJT	*Scottish Journal of Theology*
SNTSMS	Society for New Testament Studies Monograph Series
SP	Sacra Pagina
ST	*Studia Theologica*
TECC	Theological Explorations for the Church Catholic
Them	*Themelios*
TL	*Theology & Life*
TR	*Theological Review*
TS	*Theological Studies*
TSAJ	Texte und Studien zum antiken Judentum
TynBul	*Tyndale Bulletin*
TZ	*Theologische Zeitschrift*
VIOT	Veröffentlichungen des Instituts für Orthodoxe Theologie
WBC	Word Biblical Commentary
WTJ	*Westminster Theological Journal*
WUNT	Wissenschaftliche Untersuchungen zum Neuen Testament
ZTK	*Zeitschrift für Theologie und Kirche*

서론
바울을 전체적으로 바라보기:
『바울과 팔레스타인 유대교』 이후
40년 이상의 지형도 개관

B. J. 오로페자

스캇 맥나이트

바울과 당대 유대교에 대한 성서학자들과 신학자들의 해석 방식에 혁명을 가져온 연구, E. P. 샌더스(Sanders)의 작품 『바울과 팔레스타인 유대교: 종교 패턴 비교』(Paul and Palestinian Judaism: A Comparison of Patterns of Religion)가 출판된 지 40년이 넘었다.[1] 샌더스는 제2성전기 팔레스타인 문헌들 및 논쟁의 여지가 없는 바울서신에[2] 나타난 "종교 패턴"을 훑어 나갔다. 샌더스의 주요 목적들 중 하나는 "신약학계에 여전히 우세하거나, 어쩌면 대부분을 차지하는 랍비 유대교에 관한 견해를 파괴하는

---

1. Philadelphia: Fortress, 1977; London: SCM, 1977; 알맹e, 2018. 이 연구에 대한 Sanders의 묘사는 E. P. Sanders, *Comparing Judaism and Christianity: Common Judaism, Paul, and the Inner and the Outer in Ancient Religion* (Minneapolis: Fortress, 2016), 1-27 [= "유대교와 기독교를 비교함—내가 걸어온 학자의 길", 『바울과 팔레스타인 유대교(간추린판)』, 비아토르/ 알맹e, 2020]에 나와 있다.
2. 로마서, 고린도전서, 고린도후서, 갈라디아서, 빌립보서, 데살로니가전서, 빌레몬서.

것"이었다.[3] 샌더스는 이 연구서와 자신의 잇따른 저작 『바울, 율법, 유
대인』(Paul, the Law, and the Jewish People)에서[4] 바울과 당대 유대교에 대한 루
터교-개신교의 해석과는 다른 관점을 제시했다. 이후 모든 세대의 학자
들은 샌더스 및 그의 연구에 뒤따라 나타난 바울에 관한 새 관점에 영
향을 받거나, 거기로부터 출발점을 삼았다.[5] 이에 이 서론에서는 샌더스
와 바울에 관한 새 관점, 새 관점에 대한 비평, 잇따라 등장한 몇 가지
주요한 관점들을 다루는 간략한 "해석사"를 제공하려 한다.[6]

---

3. *PPJ*, xii. Sanders 이전에 다음을 포함한 몇몇 저명한 선구자들이 있었다. George
    Foot Moore, "Christian Writers on Judaism," *HTR* 14 (1921): 197-254; Moore,
    Judaism in the First Centuries of the Christian Era: The Age of the Tannaim, 3 vols.
    (Cambridge, MA: Harvard University Press, 1927); C. G. Montefiore, *Judaism and
    St. Paul: Two Essays* (New York: Dutton, 1915); H. J. Schoeps, *Paul: The Theology
    of the Apostle in the Light of Jewish Religious History*, trans. Harold Knight
    (Philadelphia: Westminster, 1961); W. D. Davies, *Paul and Rabbinic Judaism: Some
    Rabbinic Elements in Pauline Theology*, 4th ed. (1948; Philadelphia: Fortress,
    1980). 더 많은 예를 위해서는 다음을 보라. *PPJ*, 1-12; Preston M. Sprinkle, "The
    Old Perspective on the New Perspective: A Review of Some 'Pre-Sanders'
    Thinkers," *Them* 30 (2005): 21-31; Jay E. Smith, "The New Perspective on Paul: A
    Select and Annotated Bibliography," *CTR* 2 (2005): 91-111.
4. Philadelphia: Fortress, 1983[= 감은사/알맹e, 2021].
5. 물론 학계에 그러한 바울에 관한 관점들만 있다고 제안하는 것은 아니다. 다만, 우
    리의 초점은 Sanders 및 바울에 관한 새 관점과 관련된 전통과 비판에 놓여 있다.
6. 더 깊은 조사와 참고 문헌을 위해서는 다음을 보라. Stephen Westerholm,
    Perspectives Old and New on Paul: The "Lutheran" Paul and His Critics (Grand
    Rapids: Eerdmans, 2004), 101- 248; Westerholm, "The 'New Perspective' at
    Twenty-Five," in *Justification and Variegated Nomism, vol. 2, The Paradoxes of Paul*,
    ed. D. A. Carson, Peter T. O'Brien, and Mark A. Seifrid, WUNT 2/181 (Tübingen:
    Mohr Siebeck; Grand Rapids: Baker Academic, 2004), 1-38; Westerholm, "The
    New Perspective in Review," Direction (2015): 4-15; Michael F. Bird, "Bibliography
    on the New Perspective on Paul," in *The Saving Righteousness of God: Studies on
    Paul, Justification and the New Perspective*, PBM (Milton Keynes: Paternoster,
    2007), 196-211; Don Garlington, "The New Perspective on Paul: Two Decades

On," in *Studies in the New Perspective on Paul: Essays and Reviews* (Eugene, OR: Wipf & Stock, 2008), 1-28 (= "The New Perspective on Paul: An Appraisal Two Decades Later," *CTR* [2005]: 17-38); Jay E. Smith, "The New Perspective on Paul: A Select and Annotated Bibliography," *CTR* 2 (2005): 91-111; James D. G. Dunn, "The New Perspective: Whence, What and Whither?," in *The New Perspective on Paul*, rev. ed. (Grand Rapids: Eerdmans, 2008), 1-97 [= 『새 관점의 기원, 정의, 미래』(가제), 감은사, 2023 출간 예정]; Kent L. Yinger, *The New Perspective on Paul: An Introduction* (Eugene, OR: Cascade, 2011) [= 『바울에 관한 새 관점 개요』, 감은사, 2022]; Magnus Zetterholm, *Approaches to Paul: A Student's Guide to Recent Scholarship* (Minneapolis: Fortress, 2009); N. T. Wright, *Paul and His Recent Interpreters: Some Contemporary Debates* (Minneapolis: Fortress, 2015); Steven E. Enderlein, "Justification in Contemporary Debate," in *Justification: Five Views*, ed. James K. Beilby and Paul Rhodes Eddy (Downers Grove, IL: IVP Academic, 2011), 53-82; Murray J. Smith, "Paul in the Twenty-First Century," in *All Things to All Cultures: Paul among Jews, Greeks, and Romans*, ed. Mark Harding and Alanna Nobbs (Grand Rapids: Eerdmans, 2013), 1-33; Mark A. Chancey, foreword to Paul and Palestinian Judaism: A Comparison of Patterns of Religion, by E. P. Sanders, 40th anniversary ed. (Minneapolis: Fortress, 2017), xi-xxvi [= "40주년 기념판 서문", 『바울과 팔레스타인 유대교』, 알맹e, 2018]; Mark M. Mattison, "A Summary of the New Perspective on Paul," The Paul Page, October 16, 2009, http://www.thepaulpage.com/a-summary-of-the-new-perspective-on-paul/; 또한 The Paul Page, http://www.thepaulpage.com/new-perspective/bibliography/에 있는 참고 문헌을 보라. Paul Page는 관련 소스와 링크를 계속해서 업데이트한다.

더욱 초기의 연구를 위해서는 다음을 보라. Donald A. Hagner, "Paul and Judaism: Testing the New Perspective," in Peter Stuhlmacher, *Revisiting Paul's Doctrine of Justification: A Challenge to the New Perspective* (Downers Grove, IL: InterVarsity, 2001), 75-105, esp. nn. 64, 79; Christian Strecker, "Paulus aus einer 'neuen Perspektive': der Paradigmenwechsel in der jüngeren Paulusforschung," *KI* (1996): 3-18; A. J. Bandstra, "Paul and the Law: Some Recent Developments and an Extraordinary Book," *CTJ* 25 (1990): 249-61; Stephen Westerholm, *Israel's Law and the Church's Faith: Paul and His Recent Interpreters* (Grand Rapids: Eerdmans, 1988); F. F. Bruce, "Paul and the Law in Recent Research," in *Law and Religion: Essays on the Place of the Law in Israel and Early Christianity*, ed. Barnabas Lindars (Cambridge: James Clarke, 1988), 115-25; Douglas J. Moo, "Paul

E. P. 샌더스의 관점

샌더스의 『바울과 팔레스타인 유대교』와 『바울, 율법, 유대인』은 특히 신약학계의 많은 연구들이 역사적 진정성을 가지고 있는지 의문을 제기했을 뿐 아니라 성서 학계의 중추가 될 수많은 핵심 견해들을 내놓았다.

첫째, 샌더스는 팔레스타인의 제2성전 유대교와 사해문서, 탄나임 문헌을 연구하면서 바울 시대의 유대교가 행위의 의 내지 율법주의(legalism)로 대변될 수 없다는 결론에 이르게 됐다. 곧, 유대교는 인간의 공로로 하나님의 인정을 받으려고 하지 않았다는 것이다.[7] 루터교-개신교 학자들이 상정한 것과는 달리 고대의 유대교는 은혜의 종교였다.[8] 유

---

and the Law in the Last Ten Years," *SJT* 40 (1987): 287–307; John M. G. Barclay, "Paul and the Law: Observations on Some Recent Debates," *Them* 12 (1986): 5–15. 몇몇 기본적인 개요(일부는 친절하고, 일부는 그렇지 않음)는 다음 저술들에서 찾아볼 수 있다. James E. Allman, "Gaining Perspective on the New Perspective on Paul," *BSac* 170 (2013): 51–68; Solomon H. F. Wong, "Paul Revisited: New Perspective on Paul," *TL* 32 (2009): 145–80; Douglas C. Bozung, "The New Perspective: A Survey and Critique—Part I," *JMT* 9 (2005): 95–114; Michael B. Thompson, *The New Perspective on Paul* (Cambridge: Grove Books, 2002); James A. Meek, "The New Perspective on Paul: An Introduction for the Uninitiated," *ConcJ* 27 (2001): 208–33. 조직신학계의 평가를 위해서는 다음을 보라. Michael Scott Horton, *Justification*, 2 vols., NSD (Grand Rapids: Zondervan, 2018), esp. 2:17–55.

7.   예, *PPJ*, 233–34; 참조, 33.

8.   예, *PPJ*, 543. Sanders는 또한 제2성전기의 유대교-헬레니즘 자료들을 다룬다. "The Covenant as a Soteriological Category and the Nature of Salvation in Palestinian and Hellenistic Judaism," in *Jews, Greeks, and Christians: Religious Cultures in Late Antiquity; Studies in Honor of William David Davies*, ed. Robert Hamerton-Kelly and Robin Scroggs, SJLA 21 (Leiden: Brill, 1976), 11–44; Sanders, *Judaism: Practice and Belief, 63 BCE–66 CE* (London: SCM; Philadelphia: Trinity Press International,

대인들은 샌더스가 **언약적 율법주의**(*covenantal nomism*)라고 불렀던 것을 고수했다. "언약적 율법주의란, 간단히 말하면, 하나님의 계획 안에 있는 어떤 사람의 위치가 언약에 근거하여 확립되며, 언약은 속죄의 수단을 제공하는 동시에 언약에 합당한 반응으로 계명에 대한 순종을 요구한다는 견해다."[9] 하나님과의 언약 관계 및 모세의 율법을 고수하는 것은 하나님으로부터 오는 보상과 형벌을 이해하는 데 핵심이었다. 하나님의 택하신 백성에게 있어서, 하나님과의 언약 관계로 "들어가는 것"(getting in)은 순전히 은혜의 행위로 일어났다. 더욱이 사람들은 하나님에 대한 순종의 의미로 토라를 지켜야 했고, 이는 언약적 관계에 있어서 "머물러 있음"(staying in)을 가능하게 했다.[10] 따라서 행위들은 (언약 관계에) 머물러 있음의 조건이지만 **행위들로 구원을 얻는 것은 아니었다.**"[11] 이처럼 샌더스에게 있어서 이스라엘의 구원은 은혜에 의한 것이었고 심판은 행위에 따른 것이었다.

둘째, 바울이 그리스도를 따르는 사람이 됐을 때, 그리스도를 만난 경험은 바울을 해결책에서 곤경으로(from solution to plight) 이끌었다. 바

1992), 262-78. *PPJ*에 선행하는 것으로는, Sanders, "Patterns of Religion in Paul and Rabbinic Judaism: A Holistic Method of Comparison," *HTR* 66 (1973): 455-78을 보라.

9. *PPJ*, 75; 참조, 180. Sanders는 이렇게 말했다: "언약적 율법주의의 '패턴' 또는 '구조'는 다음과 같다: (1) 하나님이 이스라엘을 선택하셨고 (2) 율법을 주셨다. 율법은 (3) 선택을 유지하겠다는 하나님의 약속과 (4) 순종의 요구를 암시한다. (5) 하나님은 순종에 대해 상을 주시고 범법에 대해 벌을 주신다. (6) 율법은 속죄의 수단을 제공하며, 속죄는 (7) 언약 관계의 유지 또는 재확립을 가져온다. (8) 순종, 속죄, 하나님의 긍휼로 언약 안에 머무르는 모든 자들은 구원받을 무리에 속한다. 첫 번째와 마지막 사항에 대한 중요한 해석은 [하나님의] 선택과 최종적 구원이 인간의 성취보다 하나님의 자비에 의한 것으로 간주된다는 것이다"(422).

10. *PPJ*, 420, 543.

11. *PPJ*, 543 (강조 표시는 인용 출처 본래의 것).

울은 그리스도 안에 있는 하나님의 구원(해결책)으로 시작했고, 그러고
나서 인간에게 왜 구원이 필요한지(곤경) 설명하려고 했다는 것이다.[12] 이
는 바울에게 있어 토라와 관련된 문제가 순종이 불가능하다거나 자기-
의로 인도하는 것이 아님을 의미하게 된다.[13] 바울이 직면한 문제는 이
방인들이 2등급 시민이라기보다 어떻게 유대인들과 동등한 지위—더
이상 2등급 시민이 아닌—를 가질 수 있는지 하는 것이다.[14] 샌더스에 앞
서, 크리스터 스텐달(Krister Stendahl)은 루터와 서구의 정서에서 볼 수 있
는 불안한 양심(troubled conscience)이, 바울이 해결하려 했던 갈등이 아니
라고 주장한 후 유사한 결론에 이르렀다. 바리새인으로서 바울은 자신
의 지위를 확신했고 토라의 의에 관하여 자신을 "흠이 없는 것"으로 여
겼다(빌 3:4-6).[15]

   셋째, 샌더스에게 있어서, 토라를 고수하는 자들 사이에서 범법이나
다른 결점들이 나타날 때 토라는 제의적인 제사를 통해 그러한 위반을

---

12. *PPJ*, 442-47, 474-76.

13. *PLJP*, 150-51.

14. *PLJP*, 153-54.

15. Krister Stendahl, "The Apostle Paul and the Introspective Conscience of the
    West," *HTR* 56 (1963): 199-215, esp. 200-206; *Paul among Jews and Gentiles*
    (London: SCM, 1976), 76-96 [= 『유대인과 이방인 사이에 있는 바울』, 감은사,
    2021]에 수록되어 재출간됐다. Stendahl은 초기판을 *American Psychological
    Association* (1961년 9월)에서 발표했고, 그것의 요약은 *JSSR* 1 (1962): 261-63에서
    출판됐다. 서문에는 "Stendahl 교수가 스웨덴어로 더 완전하게 진술했다: 'Paulus
    och Samvetet,' *Svensk Exegetisk* [*Årsbok*], 25 (1960)"라고 기록되어 있다(261).
    Sanders (*PPJ*, 436-37)는 Stendahl의 선구자가 Lucien Cerfaux, *Le chrétien dans la
    théologie paulinienne* (Paris: Cerf, 1962); ET, *The Christian in the Theology of St.
    Paul*, trans. Lilian Soiron (New York: Herder & Herder, 1967), 375-76이라고 주장
    한다. 또한 Dunn, *New Perspective*, 469-90; N. T. Wright, *Paul and the Faithfulness
    of God*, COQG 4 (Minneapolis: Fortress, 2013), 2:988-89 [= 『바울과 하나님의 신
    실하심』, CH북스, 2015]도 보라.

해결하는 자체적인 수단을 제공했다(예, 레 4-6장; 16장). 이는 이스라엘과 하나님과의 언약적 관계를 유지하고 회복하는 데 도움이 됐다.[16] 이미 이스라엘의 속죄법은 그리스도 이전에 죄와 과실에 대한 구제책이 됐다.

넷째, 바울서신에 나타나는 토라에 대한 부정적인 태도는 그리스도를 믿는 믿음이 구원의 유일한 길이라는 결론에서 비롯했다.[17] 따라서 바울이 율법을 반대한 이유는 바로 율법이 (믿음과는) 다른 의의 방식을 도모했기 때문이다. 유대교가 율법주의적이었던 것이 아니다. 오히려 **"이것은 바로 바울이 유대교에서 발견한 문제다. 곧, 유대교는 기독교가 아니다."**[18] 하나님은 율법과 관계없이 구원할 다른 방법을 선택하셨다. 이는 예수 그리스도를 믿는 믿음을 통하는 것이기에,[19] 이방인들은 단순히 "율법으로 살아갈 수 없다."[20] 샌더스의 이 양자택일 접근 방식은 묵시론적 붕괴(disruption)나 구원-역사 성취의 축 위에서 확인할 수 있다.

다섯째, 유대인들에게 있어서 칭의(justification)는 토라에 따라 살면서 언약적 구성원의 자격을 보유하는 것을 의미하는 반면, 바울에 있어서 칭의는 그리스도를 통한 구원을 포함한다. 샌더스는 동사 '디카이오오'(δικαιόω)를 "의롭다 칭하다"(to justify)보다도 "의롭다/의롭게 되다"(to righteous)로 해석하기를 선호한다. 그렇게 되면 강조점은 법정적 양상으로서 하나님의 무죄 선고가 아닌 그리스도에 참여함으로 "의롭게

---

16. *PPJ*, 442.
17. *PLJP*, 47; *PPJ*, 519.
18. *PPJ*, 552 (강조 표시는 인용 출처 본래의 것).
19. *PPJ*, 550.
20. *PPJ*, 496.

된"(righteoused) 인간 존재에 놓이게 된다. 의롭게 된 사람은 그리스도 안에 있는 하나님의 공동체로 옮겨진다(transferred over).[21]

여섯째, 바울에게 있어서, 언약 백성의 일원으로 남아있기 위해서는 하나님의 뜻이 안식일이나 음식 규정과 같은 것들을 준수하도록 요구하는 배타주의가 아니라 이웃을 사랑함으로써 성취되어야 한다.[22] 여기에서 우리는 샌더스가 주장한 "들어감"과 "머무름"의 언약적 패턴이 단지 제2성전기 유대교에서뿐 아니라 바울에게도 적용되고 있음을 볼 수 있다.

샌더스의 관점은 어떤 면에서 비판을 받았지만 닐스 A. 달(Nils A. Dahl), 필립 킹(Philip King), G. B. 케어드(G. B. Caird), 새뮤얼 샌드멜(Samuel Sandmel)과 같은 초기 비평가들로부터 학계의 획기적인 이정표라며 찬사를 받았다.[23] 더욱 최근, 『유대교와 기독교 비교하기: 보편적 유대교와 바울, 그리고 고대 종교의 안과 밖』(Comparing Judaism and Christianity:

---

21. 그리스도에 참여와 관련한 더 깊은 설명과 관련해서 Sanders (*Paul: The Apostle's Life, Letters, and Thought* [Minneapolis: Fortress, 2015], 724-25)는 Richard B. Hays, "What Is 'Real Participation in Christ'? A Dialogue with E. P. Sanders on Pauline Soteriology"와 Stanley K. Stowers, "What Is 'Pauline Participation in Christ'?"을 따른다. 이 두 편의 논문은 *Redefining First-Century Jewish and Christian Identities: Essays in Honor of Ed Parish Sanders*, ed. Fabian E. Udoh et al. (Notre Dame, IN: University of Notre Dame Press, 2008), 336-51, 352-71에 수록되어 있다. 그리고 다음을 보라. Michael J. Gorman, *Participating in Christ: Explorations in Paul's Theology and Spirituality* (Grand Rapids: Baker Academic, 2019); Gorman, *Becoming the Gospel: Paul, Participation, and Mission* (Grand Rapids: Eerdmans, 2015); Gorman, *Inhabiting the Cruciform God: Kenosis, Justification, and Theosis in Paul's Narrative Soteriology* (Grand Rapids: Eerdmans, 2009); Gorman, *Cruciformity: Paul's Narrative Spirituality of the Cross* (Grand Rapids: Eerdmans, 2001).
22. *PLJP*, 93-135.
23. Chancey, foreword to *Paul and Palestinian Judiasm*, xiv-xv을 보라.

Common Judaism, Paul, and the Inner and the Outer in Ancient Religion)에서는 샌더스의 이전 논고들과 미발표 논문들을 모았고,[24] 방대한 『바울: 삶과 편지와 사상』(*Paul: The Apostle's Life, Letters, and Thought*)에서는 논쟁의 여지가 없는 바울의 편지들을 다루었다. 이 두 작업에서 샌더스는 무엇보다도 바울의 언약적 율법주의에 대한 본인의 해석을 재확인하고 확장시켰다. 샌더스는 『바울: 삶과 편지와 사상』에서 "나는 바울 해석자로서의 활동(career)을 마친 후 나의 견해들을 요약했다"라고 말한다.[25] 또한 최근 북미성서학회(Society of Biblical Literature)에서도 『바울과 팔레스타인 유대교』 40주년을 기념하여 샌더스에게 헌정하는 분과를 열었다. 이 분과에서 발표된 논문들은 편집되어 *JJMJS*(*Journal of the Jesus Movement in Its Jewish Setting*)에서 다시 출간됐다.[26] *JJMJS*의 편집장은 이 저널을 소개하면서 다음과 같이 이야기했다. "1977년, E. P. 샌더스는 신약학계가 유대교에 접근하는 방식과 그 결과로서 신약 본문들 자체에 접근하는 방식 둘 모두를 바꾸어 놓을 한 권의 책을 출판했습니다. … 독자들이 이 저널의 이어지는 지면들을 통해 발견하게 되겠지만, 이 탐구는 속도를 늦출 기색을 보이지 않았습니다. 반대로 강렬하고 집약적인 새로운 차원

---

24. Minneapolis: Fortress, 2016.

25. E. P. Sanders, "Preface to the 40th Anniversary Edition," in *Paul and Palestinian Judaism* (2017), xxvii–xxviii, n. 1 [= "40주년 기념판 머리말", 『바울과 팔레스타인 유대교』, 알맹e, 2018]. 하지만 어떤 서평가가 그 작품에 대해 진술한 것처럼, "독자들은 Sanders가, 묵시론적 바울, 상호텍스트성, 수사 비평, '제국' 비평, 또는 심지어 Sanders 자신이 촉발한 것으로 간주되는 '바울에 관한 새 관점'의 다양한 변화 형태에 관해 어떻게 생각하고 있는지 알기를 원할 것이다. 그러나 이들 중 어느 요소도 그 책의 담론에서 그렇게 중요하지는 않다." Garwood Anderson, review of *Paul: The Apostle's Life, Letters, and Thought*, by E. P. Sanders, *Int* 71 (2017): 434–36, 인용된 부분은 435.

26. Issue 5 (2018).

의 탐구로 들어서게 됐지요."[27]

제임스 D. G. 던과 N. T. 라이트의 바울에 관한 새 관점

샌더스의 영향을 받은 학자들, 특히 제임스 D. G. 던(James D. G. Dunn)과 N. T. 라이트(N. T. Wright)는 바울을 해석함에 있어서 샌더스를 출발점으로 삼았다. "바울에 관한 새 관점"(The New Perspective on Paul)이라는 용어는, 맨체스터에서 열린 던의 맨슨기념강연(Manson Memorial Lecture, 1982년 11월 4일) 제목에서 만들어졌는데, 그 원고는 이듬해 존 라일랜즈 총서(Bulletin of the John Rylands Library)에 동일 제목으로 게재됐다.[28] 하지만 던은 이 용어를 더 일찍 사용했던 것이 라이트의 1978년 논고 "역사의 바울과 사도의 믿음"(The Paul of History and the Apostle of Faith)에서였으며, 샌더스 시대 이전에 스텐달(Stendahl)이 그 이름도 유명한 "서구의 성찰적 양심" 논문에서 그 용어를 사용한 바 있다고 말했다.[29] 어찌됐건, 던은 "바울에 관한 새 관점"이란 "칭의/의롭다 함"(justification)을 중심적인 가르침으로 강조하면서도 현대의 바울 이해에 있어서는 대체적으로 간

---

27. Anders Runesson, "*Paul and Palestinian Judaism*: A Milestone in New Testament and Early Jewish Studies," *JJMJS* 5 (2018): 1-3.

28. "The New Perspective on Paul," *BJRL* 65 (1983): 95-122 [= 『바울에 관한 새 관점』, 감은사, 2018]; Dunn, *Jesus, Paul, and the Law: Studies in Mark and Galatians* (Louisville: Westminster John Knox, 1990), chap. 7과 Dunn, *New Perspective*, chap. 2에 수록되어 재출간됐다.

29. N. T. Wright, "The Paul of History and the Apostle of Faith," *TynBul* 29 (1978): 61-88, 특히 64; Stendahl, "Introspective Conscience," 214; 참조, Dunn, *New Perspective*, 7n24.

과되고 있던 바울 본연의 관점을 다루는 것이기에[30] 전혀 새로운 것이 아니라고 주장했다.[31] 라이트와 던은 샌더스의 바울 이해에 동의하지 않을 뿐 아니라, 각각은 여러 지점에서 의견을 달리한다.[32] 그렇기에 새 관점에 대한 논의와 비평은 각 저자들 사이의 유사점과 차이점을 모두 고려해야만 한다.

던은 자신의 새 관점 논문과 잇따른 다른 책들에서[33] 제2성전기 유대교에 대한 샌더스의 결론이 과장되기는 했지만 옳았다고 평가했다. 하지만 샌더스와는 달리 던은 바울이 유대성을 계속해서 유지했다고 주장했다. 율법과 칭의에 관한 바울의 언어는 이방 선교라는 사회적 맥

---

30. 최근의 연구인 Matthew J. Thomas, *Paul's "Works of the Law" in the Perspective of Second Century Reception*, WUNT 2/468 (Tübingen: Mohr Siebeck, 2018)에서 확인됐다.

31. James D. G. Dunn, "A New Perspective on the New Perspective," *EC* 4 (2013): 157-82, 특히 157.

32. 예를 들어, 다음을 보라. James D. G. Dunn, "An Insider's Perspective on Wright's Version of the New Perspective on Paul," in *God and the Faithfulness of Paul: A Critical Examination of the Pauline Theology of N. T. Wright*, ed. Christoph Heilig, J. Thomas Hewitt, and Michael F. Bird, WUNT 2/413 (Tübingen: Mohr Siebeck, 2016; Minneapolis: Fortress, 2017), 347-58; N. T. Wright, foreword to *Jesus and Paul: Global Perspectives in Honor of James D. G. Dunn for His 70th Birthday*, ed. B. J. Oropeza, C. K. Robertson, and Douglas C. Mohrmann, LNTS 414 (London: T&T Clark, 2009), xv-xx. Dunn과 Wright는 다음 논고에서 서로 대립했다. "An Evening Conversation on Paul with James D. G. Dunn and N. T. Wright," ed. Mark M. Mattison, *The Paul Page*, October 16, 2009 (updated March 25, 2016), http://www.thepaulpage.com/an-evening-conversation-on-paul-with-james-d-g-dunn-and-n-t-wright/. Wright의 새 관점에 대한 양면성에 대해서는 다음을 보라. 예, N. T. Wright, "Communion and Koinonia: Pauline Reflection on Tolerance and Boundaries," in *Pauline Perspectives: Essays on Paul, 1978-2013* (Minneapolis: Fortress, 2013), 257; Chancey, foreword to *Paul and Palestinian Judaism*, xxii-xxiii.

33. 상당수가 Dunn, *New Perspective* 안에 수록되어 재출간됐다.

락 안에서 이해되어야 한다. 이 문제들에 관한 바울서신의 핵심은 복음
이 모든 사람들, 곧 유대인들과 이방인들을 위한 그리스도 안에 있는 구
원에 관한 것이며, 후자는 유대 관습을 지키지 않더라도 하나님의 백성
에서 제외되어서는 안 된다는 것이다. 던에게 있어서 "율법의 행위들"
이라는 바울의 표현은 유대인들의 우월감/자만이나 배타주의와 관련
된 경계 표식(boundary marker)—할례나 음식 규정과 같은—에 중점이 있
다. 이 표식은 그리스인들이 유대인들을 공격했던 마카비 시대에 중요
해졌고, 이로써 유대인들은 "이스라엘의 특별함에 주목하면서, 이스라
엘이 구별된 민족이라는 주장을 가시적인 것으로 만들었다. 이 표식들
은 유대인들과 이방인들을 구별시켜 주는 가장 분명한 지점이었다. 율
법은 유대교와 그 경계를 같이 했던 것이다."[34] 바울의 반대자들은 자신
들의 의로움을 당연하게 여기는 유대인들이었고, 바울은 오직 그리스
도를 믿는 믿음에 의한 구원을 선포함으로써 이러한 태도에 반대했다.
구원을 받기 위해 유대교로 개종할 필요가 없다는 것이다. 그렇기는 하
지만 던은 "율법의 행위들"이 경계 표식보다도 더 넓은 의미를 지니고
있다는 것을 다시금 명확히 했다. 즉, 이 용어는 "율법이 요구하는 바,
토라에 규정된 행동"을 가리키며 "곧 율법이 (사람에게) 무엇을 행하도록
요구하든지 간에 율법의 '행함'(doing), 율법의 행위(work of the law)로 묘사
될 수 있다."[35] 이 해명은 중요하다. 반복적으로 회자되는 던의 입장 묘

---

34. Dunn, "Works of the Law and the Curse of the Law (Galatians 3.10-14)," *NTS* 31
   (1985): 526; 이 논문은 Dunn, *Jesus, Paul, and the Law*, 215-41에 수록되어 재출간
   됐다. 이 점에 주의를 기울였던 Garlington은 그러한 표식이 **유대교에 대한 충성
   을 검사하는 리트머스 시험지가 됐다**"라고 덧붙였다. Garlington, "The New
   Perspective on Paul," 4 (강조 표시는 인용 출처 본래의 것).
35. Dunn, *New Perspective*, 23-24; 참조, 25-28.

사는 그가 의미한 바를 "경계 표식"으로 잘못 제한하기 때문이다. 하지만 이방 선교의 맥락에서 이방인들이 유대인이 되도록 강요를 받을 때, 율법의 행위들은 이방인들로부터 유대인들을 분리시키는 데 더욱 특별한 중심이 됐고, 그렇기에 경계 표식은 전면에 등장하게 된다.[36]

던은 자신의 기념비적인 작품 『바울 신학』(The Theology of Paul the Apostle)에서[37] 다른 작업들을 하면서도, 새 관점에 비추어 바울을 해석하는 것은 "과거와 현재 기독교를 왜곡하고 망가뜨렸던 일종의 인종주의/민족주의와 싸우는 데 도움이 된다"라고[38] 주장하며 이 관점을 재확인하고 정교하게 다듬었다. 던은 더욱 최근에 새 관점이 "옛 관점"을 대체하려는 것이 아니라, 모든 요소들을 포괄하면서 바울의 칭의 신학을 주의 깊게 고려하려고 노력한다고 쓴 바 있다. 여기에는 중요한 네 가지 사항이 포함된다. 첫째, 유대교에 대한 "새 관점"은 언약적 율법주의(covenantal nomism)의 관점에 서 있다―비록 "율법주의"(nomism)에 방점이 있다 하더라도 말이다. 둘째, 새 관점은 유대인들과 더불어 이방인들을 (하나님의 백성에) 포함시키는 것을 강조하지만 (사실) 바울의 복음 사역은 믿는 모든 자를 위한 것이었다. 셋째, 기독교 신앙의 역사에 있어서 처음으로 바울은 유대인 신자들이 이방인 신자들로 하여금 유대인들과 같이 살도록 요구했던 결과로서 율법의 행위들에 반대하는 칭의를 주장했다. 그리고 넷째, 복음 **전체**는 바울의 구원론과 관련하여 해석자에게 긴장감이나 불일치를 일으키지 않는 부분뿐만 아니라 "가감 없이 모두" 다루어져야 한다. 이러한 양상들에는 다음과 같은 요소들이 포함된

---

36. Dunn, "New Perspective on the New Perspective," 174-75을 보라.

37. Grand Rapids: Eerdmans, 1998 [= CH북스, 2019].

38. Dunn, New Perspective, 16-17의 결론.

다. (1) (그리스도의 믿음이라기보다는) 그리스도를 믿는 믿음에 의한 칭의,
(2) 율법의 "문자"(표면적인 언급)를 파하고 믿음의 행동을 결정하는 원리,
곧 율법 기저에 놓인 원리를 기꺼이 수용하는 바울, (3) 행위에 따른 칭
의—도덕적인 실패를 경고하고 어떤 의미에서는 신실함에 의존하여 최
종 구원을 유지하며 선행을 장려하는—에 주의를 기울이는 것, (4) 법정
적 칭의와 그리스도 안에 참여 이미지를 고수하는 것이 그것이다.[39]

　　N. T. 라이트는 제2성전기 유대교에 대한 샌더스의 평가에 일반적
으로 동의하면서, 바울이 마주한 유대교 문제는 사회적 차원과 관련 있
다고 주장한다. 또한 던에 의해서도 표현됐던 "민족적 의"에 집중했다.
말하자면, "육신적인 유대 후손이 하나님의 참된 언약 백성의 자격을
보장한다"는 것이다.[40] 라이트는 1976년에 "로마서" 모멘트("Romans" mo-
ment)를 묘사한 바 있다. 그는 특히 로마서 10:3을 읽고 있었는데, 이는
하나님의 의를 알지 못하는 바울의 동료 유대인들이 자기의 의를 세우
려고 했다고 말하는 대목이었다. 라이트는 "자기의 의"라는 것을, "토라
의 **행함**과 이에 따른 공로 쌓음에 기반한 **도덕적** 상태로서의 의미가 아
니라, 자동적으로 갖게 되는 언약적 자격의 표시로서의 토라를 **소유**한
민족적 지위"로 본 것이다.[41] 그는 안식일, 할례, 음식 규정과 같은 표지

---

39. Dunn, "New Perspective on the New Perspective," 157-82. 성령에 대한 강조와 더
　　불어 이 마지막 측면에 대해서는 다음을 보라. Dunn, "The Gospel according to St.
　　Paul," in *The Blackwell Companion to Paul*, ed. Stephen Westerholm (Chichester:
　　Wiley-Blackwell, 2014), 139-53.

40. Wright, "The Paul of History," 65. 편리하게도 Wright의 논고들은 Wright, *Pauline
　　Perspectives*에 모여 있다. 또한 다음을 보라. NTWrightPage, https://ntwrightpage.
　　com.

41. 10th Edinburgh Dogmatics Conference, Rutherford House, August 25-28, 2003,
　　1-17에 실린 N. T. Wright, "New Perspectives on Paul." 인용된 부분은 2 (인용문은
　　본래 질문의 형태로 되어 있다. 강조 표시는 인용 출처 본래의 것이다).

(badge)로서의 "율법의 행위들"이 이방인들로부터 유대인들을 식별하게 한다는 던의 의견에 동의했다.[42] 더불어 바울서신에 나타나는 칭의가 보통 유대인과 이방인이 합쳐진다는 논지 및/또는 유대교 비판 맥락에서 나타난다는 것을 발견했다.[43]

라이트는 성경이 바울의 사고 안에서 하는 역할을 평가하면서, 하나님이 아브라함과 언약을 세우고 이를 악에 대처할 만한 적합한 현장/재판처(venue)로 삼으셨지만, 안타깝게도 아브라함의 후손은 악을 계속 행했다고 가정했다. 이스라엘은 세상의 빛이 되어 악한 것을 처리해야 했지만, 이방 민족들에 대하여 이 역할을 성취하는 대신, 자기들의 소명을 독점적인 특권으로 취했다.[44] 이것은 이스라엘 백성들에게 죄가 됐다. 토라가 민족적인 의를 세우도록 이스라엘을 유혹한 것이다.[45] 이에 따라 바울 당대의 이스라엘은 예언적 선언들에 근거하여 포로의 고통을 당하고 있으며, 저들의 죄로 인해 언약적 저주(신 27-30장) 아래에 있다는 것이다. 로마의 유대 점령은 이 사실을 지속적으로 상기시켜준다.[46] 하지만 메시아 예수는 백성들의 회복자가 되어 언약 갱신의 복을 가져오

42. Wright, "New Perspectives"; 참조, N. T. Wright, *The Climax of the Covenant: Christ and the Law in Pauline Theology* (Edinburgh: T&T Clark, 1991; Minneapolis: Fortress, 1992), 242-43; Wright, *What Saint Paul Really Said: Was Paul of Tarsus the Real Founder of Christianity?* (Grand Rapids: Eerdmans, 1997), 132 [= 『톰 라이트, 바울의 복음을 말하다』, 에클레시아북스, 2018]; Wright, *Paul and the Faithfulness of God*, 2:1034-35.

43. Wright, "New Perspectives," 3.

44. N. T. Wright, *Paul: In Fresh Perspective* (Minneapolis: Fortress, 2005), 36-37 [= 『톰 라이트의 바울』, 조이선교회, 2012].

45. Wright, *Climax of the Covenant*, 242-43.

46. 예를 들어, Wright, *Paul and the Faithfulness of God*, 1:150; 2:1036, 1165을 보라; 참조, 1:139-63; Wright, *Climax of the Covenant*, 141.

며 이를 이방 민족들에게까지 확장시켰다. 십자가에서의 예수의 죽음
은 백성들의 죄와 저주에 최종적인 타격을 주었다. 예수는 백성들의 대
표자였다.[47] 그리스도는 또한 세상의 통치자가 되어, 로마 제국과 그 이
데올로기에 정치적인 영향을 미쳤다.

라이트에게 있어서, 의(δικαιωσύνη)란, 언약적 자격과 비슷한 방식으
로 해석될 수 있는데,[48] 의롭다 함을 받는 일은 믿는 사람을 하나님의 가
족이라는 언약적 지위를 가진 것, 곧 이스라엘을 포함하는 모든 민족들
을 단일한 백성에 속한 것으로 밝혀낸다. 이것은 누가 진정한 하나님의
백성인지에 대한 하나님의 판결이다.[49] 더 나아가 라이트는 최종 심판이
행위들에 근거하고 있으며 따라서 행위들은 심각하게 고려되어야 한다
고 덧붙인다. 이 행위들은 누군가가 "그리스도 안에" 있다는 것과 성령
의 인도에 순종한다는 것을 보여준다.[50] 그러면 믿음에 의한 칭의는 "미
래에 일어날 칭의에 대한 **현재의 기대**",[51] 곧 "인도함을 받는 인생 전체"

---

47. 예를 들어, Wright, *Climax of the Covenant*, 141, 154을 보라; 참조, Wright, *What
    Saint Paul Really Said*, 51; Wright, *Paul and the Faithfulness of God*, 2:943–44,
    999–1000.

48. Wright, *Climax of the Covenant*, 203. "하나님의 의"는 Wright에게 "하나님의 언약
    적 신실하심"으로 이해된다. ("New Perspectives," 5). 또한 Wright, *Justification:
    God's Plan and Paul's Vision* (London: SPCK, 2009), 116, 133–34 [=『톰 라이트, 칭
    의를 말하다』, 에클레시아북스, 2016]을 보라.

49. Wright, *Justification*, 116, 121; Wright, *Paul and the Faithfulness of God*, 2:960–61.
    롬 4:3–5은 이 노선에 따라 해석된다. N. T. Wright, "Paul and the Patriarch: The
    Role of Abraham in Romans 4," *JSNT* 35 (2013): 207–41을 보라.

50. 실제로 칭의는 그리스도 안에 근거를 두고 있다. N. T. Wright, "Justification:
    Yesterday, Today, Forever," *JETS* 54 (2011): 49–63, 인용된 부분은 62.

51. Wright, "New Perspectives," 9–10 (강조 표시는 인용 출처 본래의 것); 더 나아가,
    Wright, *Paul and the Faithfulness of God*, 2:1030–32.

에 의거한 [52] 법정 언어가 된다. 라이트는 다음과 같이 분명히 한다.

> 칭의는 "어떻게 그리스도인이 되는가"가 아니다. 칭의는 이제 막 그리
> 스도인이 된 사람에 대한 하나님의 선언이다. 그리고 최종 선언이 단순
> 히 말이라기보다는 사건, 즉 (선언을 받는) 당사자가 부활한 예수의 영광
> 스러운 몸으로 부활하는 것이기에, 현재의 선언은 단순히 말로 구성되
> 어 있는 것이 아니다. 이 선언에 말이라는 요소가 물론 포함되어 있지
> 만, 사건, 곧 사람이 메시아와 함께 죽고 그와 함께 새 생명으로 부활하
> 여 최종 부활을 기대하는 사건으로 구성되어 있다. 다른 말로 하면, 세
> 례다.[53]

라이트가 행위를 구원의 (증거라기보다는) 기초로 간주하며 "오직 믿음
으로"에 의문을 던지고 있다는 다른 학자들의 (라이트에 관한) 가정에[54] 대
한 응답으로, 그는 자신의 견해가 전통적인 개신교의 개혁 신학과 일치
한다고 주장한다.[55] 또한 사람이 어떻게 구원/의롭다 함을 받는지는 이

---

52. Dunn and Wright, "An Evening Conversation," 4; 비슷하게, Wright, *Justification*, 251; Wright, *Paul: In Fresh Perspective*, 57.

53. Wright, "New Perspectives," 14.

54. 예, John Piper, *The Future of Justification: A Response to N. T. Wright* (Wheaton: Crossway, 2007) [= 『칭의 논쟁』, 부흥과개혁사, 2009]; 더 나아가 다음을 보라. Alan P. Stanley, introduction to *Four Views on the Role of Works at the Final Judgment*, by Robert N. Wilkin et al., ed. Alan P. Stanley (Grand Rapids: Zondervan, 2013), 9–24, 인용된 부분은 20 [= 『최후 심판에서 행위의 역할 논쟁: 구원과 심판에 관한 네 가지 관점』, 새물결플러스, 2019]; 또한 Michael F. Bird, "What Is There between Minneapolis and St. Andrews? A Third Way in the Piper-Wright Debate," *JETS* 54 (2011): 299–309에 나오는 논의를 보라.

55. Wright, *Justification*; Wright, "Justification"; 더 나아가 다음을 보라. Stanley, introduction to *Four Views on the Role of Works*, 20–23.

방인이 할례를 받지 않고 유대인과 이방인이 어떻게 합쳐질 수 있는지의 문제와 나뉘어져서는 안 된다고 이야기한다. 게다가 바울서신에는 법정 언어와 참여 언어("그리스도 안에")가 있다.[56]

몇몇 새 관점 학자들이 일반적으로 공유하고 있는 몇 가지 공통 핵심 사항은 다음과 같다.[57] 첫째, 유대교에 대해 민감하게 반응하며 그리스도인들이 유대교를 어떻게 인식하는지와 관련한다. 둘째, 제2성전기 유대교는 일반적으로 율법주의(legalism)의 관점이 아니라 은혜의 관점에서 이해된다. 셋째, 다메섹 이전의 바울은 죄와 죄책감에 대한 내적 갈등보다는 교만과 특권 의식을 가지고 있었다. 넷째, 이방인들에 대한 바울의 사역의 사회적 차원이 특징으로 부각된다. 다섯째, 할례와 같은 독특한 관습들이 제2성전기 유대교를 구분 지었지만, 바울은 의, 믿음, 사랑, 순종을 위해 이방인 교회들에 대한 그러한 배타주의를 거부했다. 여섯째, 그리스도 안에 참여 및 그와 관련된 의를 강조하는 데 관심이 있다. 일곱째, 새 관점 학자들은 바울을 해석함에 있어서 성경 자료와 고대 역사 사료를 전통적·신학적 교리보다도 중요하게 생각한다. 더욱이, 새 관점 연구와 관련된 여섯 가지 이점들은 반복할 만한 가치가 있다.[58] 곧, (1) 바울서신에 대한 더 나은 이해, (2) 서구의 개인주의적인 인식 회피, (3) 반-셈족주의(anti-Semitism)와 반-유대주의에 대한 반대, (4) 구약과 신약 사이의 더욱 큰 연속성, (5) 칭의에 대한 로마가톨릭과 개신교

---

56. Dunn and Wright, "An Evening Conversation," 7; 참조, Wright, *Paul and the Faithfulness of God*, 2:1038-39.

57. 다양하고도 겹치는 목록은 또한, Brendan Byrne, "Interpreting Romans Theologically in a Post-'New Perspective' Perspective," *HTR* 94 (2001): 227-41, 특히 228-29에 나타난다; Byrne, "Interpreting Romans: The New Perspective and Beyond," *Int* 58 (2004): 241-51, 특히 245-47.

58. 이 이점들에 관해서는 Yinger, *New Perspective*, 87-93을 보라.

사이의 더욱 큰 연속성이 그것이다.

새 관점에 대한 대응: 긍정적/부정적

새 관점을 지지하는 옹호자들과 작품들을 완전하게 다루는 것은 본 연구의 범위를 넘어간다.[59] 그렇더라도 이 범주에서 영향력 있는 세 명의 학자를 언급할 필요가 있다. 샌더스의 언약적 율법주의에 동의하는 테렌스 L. 도날슨(Terence L. Donaldson)은 바울의 사유의 틀을 형성했던 핵

---

59. 지지자들에 대해서는 예컨대 다음을 보라. Westerholm, "The 'New Perspective' at Twenty-Five," 13-17에서 언급된 학자들; The Paul Page에 있는 "Bibliography," http://www.thepaulpage.com/new-perspective/bibliography/; "From the New Perspective," http://www.thepaulpage.com/new-perspective/around-the-web/articles-from-the-new-perspective/을 보라. 새 관점과 관련된, 최근의 윤리, 인종, 젠더 관련 연구들은 예컨대 다음을 보라. Scot McKnight and Joseph B. Modica, eds. *The Apostle Paul and the Christian Life: Ethical and Missional Implications of the New Perspective* (Grand Rapids: Baker Academic, 2016) [= 『사도 바울과 그리스도인의 삶』, 에클레시아북스, 2018]; Jens-Christian Maschmeier, "Justification and Ethics: Theological Consequences of a New Perspective on Paul," *TR* 38 (2017): 35-53; Maschmeier, *Rechtfertigung bei Paulus: Eine Kritik alter und neuer Paulusperspektiven*, BWANT 189 (Stuttgart: Kohlhammer, 2010); Kobus Kok, "The New Perspective on Paul and Its Implication for Ethics and Mission," *APB* 21 (2010): 3-17; Friedrich Wilhelm Horn, "Die Darstellung und Begründung der Ethik des Apostels Paulus in der new perspective," in *Jenseits von Indikativ und Imperativ*, ed. Friedrich Wilhelm Horn and Ruben Zimmermann, KNNE 1, WUNT 238 (Tübingen: Mohr Siebeck, 2009), 213-31; Tet-Lim N. Yee, *Jews, Gentiles, and Ethnic Reconciliation: Paul's Jewish Identity and Ephesians*, SNTSMS 130 (Cambridge: Cambridge University Press, 2005); Kathy Ehrensperger, *That We May Be Mutually Encouraged: Feminism and the New Perspective in Pauline Studies* (London: T&T Clark, 2004).

심적인 확신 및 이방인에 관한 연구를 개진했다.[60] 돈 갈링톤(Don Garlington)은 칭의와 최종 심판 사이의 "이미와 아직"이라는 일시적인 시간 동안 믿음에 대한 순종과 그리스도를 믿는 자들의 견인(perseverance)의 중요성을 강조했다.[61] 켄트 잉거(Kent Yinger)는 칭의와 관련하여 최종 심판의 중요성에 초점을 두고서, 옛 관점과 새 관점 사이 논쟁의 요소들로서 유대교의 율법주의와 신인협력설 문제를 다루었다.[62] 이와 같은 연구들은 바울/이방인 문제,[63] 신적/인간적 행위 주체 사이의 긴장에 입각한 언약적 율법주의와 "들어감" 및 "머무름" 패턴,[64] (성도의) 견

---

60. Terence L. Donaldson, *Paul and the Gentiles: Remapping the Apostle's Convictional World* (Minneapolis: Fortress, 1997). 더욱 최근에는, Donaldson, *Judaism and the Gentiles: Jewish Patterns of Universalism (to 135 CE)* (Waco: Baylor University Press, 2007)을 보라; Donaldson, "'Gentile Christianity' as a Category in the Study of Christian Origins," *HTR* 106 (2013): 433-58.

61. Don Garlington, *"The Obedience of Faith": A Pauline Phrase in Historical Context*, WUNT 2/38 (Tübingen: Mohr Siebeck, 1991); Garlington, *Faith, Obedience, and Perseverance: Aspects of Paul's Letter to the Romans*, WUNT 79 (Tübingen: Mohr/Siebeck, 1994); Garlington, *Studies in the New Perspective*.

62. Kent L. Yinger, *Paul, Judaism, and Judgment according to Deeds*, SNTSMS 105 (Cambridge: Cambridge University Press, 1999); Yinger, "The Continuing Quest for Jewish Legalism," *BBR* 19 (2009): 375-91; Yinger, "Reformation Redivivus: Synergism and the New Perspective," *JTI* 3 (2009): 89-106; Yinger, *New Perspective*.

63. 예를 들어, 본서의 "유대교 내의 바울"에 관한 논의를 보라.

64. 예, John M. G. Barclay and Simon J. Gathercole, eds., *Divine and Human Agency in Paul and His Cultural Environment*, LNTS 335 (London: T&T Clark, 2007); Preston M. Sprinkle, *Paul and Judaism Revisited: A Study of Divine and Human Agency in Salvation* (Downers Grove, IL: IVP Academic, 2013); Kyle B. Wells, *Grace and Agency in Paul and Second Temple Judaism: Interpreting the Transformation of the Heart*, NovTSup 157 (Leiden: Brill, 2015); Jason Maston, *Divine and Human Agency in Second Temple Judaism and Paul: A Comparative Study*, WUNT 2/297 (Tübingen: Mohr Siebeck, 2010); Yinger, "Reformation

인과 배교,[65] 칭의 및 최종 심판과[66] 관련된 주제들이 여전히 학계의 관심이라는 것을 보여준다.

그럼에도 불구하고 새 관점은 수년간 많은 비판들을 받아왔다.[67] 비

Redivivus"; Paul A. Rainbow, *The Way of Salvation: The Role of Christian Obedience in Justification*, PBM (Milton Keynes: Paternoster, 2005).

65. 예, B. J. Oropeza, *Jews, Gentiles, and the Opponents of Paul: The Pauline Letters*, vol. 2 of *Apostasy in the New Testament Communities* (Eugene, OR: Cascade; Wipf & Stock, 2012); Oropeza, *Paul and Apostasy: Eschatology, Perseverance, and Falling Away in the Corinthian Congregation*, WUNT 2/115 (Tübingen: Mohr Siebeck, 2000; Eugene, OR: Wipf & Stock, 2007); Judith M. Gundry Volf, *Paul and Perseverance: Staying In and Falling Away*, WUNT 2/37 (Tübingen: Mohr Siebeck, 1990; Louisville: Westminster John Knox, 1991); Andrew Wilson, *The Warning-Assurance Relationship in 1 Corinthians*, WUNT 2/452 (Tübingen: Mohr Siebeck, 2017).

66. Chris VanLandingham, *Judgment and Justification in Early Judaism and the Apostle Paul* (Peabody, MA: Hendrickson, 2006); Wilkin et al., *Four Views on the Role of Works*; Oropeza, *Jews, Gentiles, and the Opponents of Paul*; Christian Stettler, *Das Endgericht bei Paulus: Framesemantische und exegetische Studien zur paulinischen Eschatologie und Soteriologie*, WUNT 371 (Tübingen: Mohr Siebeck, 2017); Stettler, "Paul, the Law and Judgment by Works," *EvQ* 76 (2004): 195–215; James B. Prothro, *Both Judge and Justifier: Biblical Legal Language and the Act of Justifying in Paul*, WUNT 2/461 (Tübingen: Mohr Siebeck, 2018); Kyoung-Shik Kim, *God Will Judge Each One according to Works: Judgment according to Works and Psalm 62 in Early Judaism and the New Testament*, BZNW 178 (Berlin: de Gruyter, 2010); John M. G. Barclay, "Believers and the 'Last Judgment' in Paul: Rethinking Grace and Recompense," in *Eschatologie—Eschatology: The Sixth Durham-Tübingen Research Symposium; Eschatology in Old Testament, Ancient Judaism, and Early Christianity* (Tübingen, September 2009), ed. Hans-Joachim Eckstein, Christof Landmesser, and Hermann Lichtenberger, WUNT 272 (Tübingen: Mohr Siebeck, 2011), 195–208; Dane C. Ortlund "Justified by Faith, Judged according to Works: Another Look at a Pauline Paradox," *JETS* 52 (2009): 323–39.

67. (다른 학자들보다 조금 더 논쟁적인) 실례를 위해서는 다음을 보라. Gitte Buch-Hansen, "Beyond the New Perspective: Reclaiming Paul's Anthropology," *ST* 71 (2017): 4–28; Yongbom Lee, "Getting In and Staying In: Another Look at

평가들은 보통, 인간의 공로, 곧 신적 율법에 대한 복종으로 하나님의

4QMMT and Galatians," *EvQ* 88 (2016/17): 126-42; Charles Lee Irons, *The Righteousness of God: A Lexical Examination of the Covenant-Faithfulness Interpretation*, WUNT 2/386 (Tübingen: Mohr Siebeck, 2015); Jordan Cooper, *The Righteousness of One: An Evaluation of Early Patristic Soteriology in Light of the New Perspective on Paul* (Eugene, OR: Wipf & Stock, 2013); Michael Morson, "Reformed, Lutheran, and 'New Perspective': A Dialogue between Traditions Regarding the Interpretation of 'Works of the Law' in Galatians," *CanTR* 1 (2012): 61-67; Andrew Hassler, "Ethnocentric Legalism and the Justification of the Individual: Rethinking Some New Perspective Assumptions," *JETS* 54 (2011): 311-27; Mark Seifrid, "The Near Word of Christ and the Distant Vision of N. T. Wright," *JETS* 54 (2011): 279-97; Thomas R. Schreiner, "An Old Perspective on the New Perspective," *ConcJ* 35 (2009): 140-55; Gerhard H. Visscher, *Romans 4 and the New Perspective on Paul: Faith Embraces the Promise*, SBL 122 (New York: Peter Lang, 2009); Cornelis P. Venema, *The Gospel of Free Acceptance in Christ: An Assessment of the Reformation and New Perspectives on Paul* (Edinburgh: Banner of Truth Trust, 2006); Peter T. O'Brien, "Was Paul a Covenant Nomist?," in Carson, O'Brien, and Seifrid, *Justification and Variegated Nomism*, 2:249-96; Donald Macleod, "The New Perspective: Paul, Luther and Judaism," *SBET* 22 (2004): 4-31; Paul F. M. Zahl, "Mistakes of the New Perspective on Paul," *Them* 27 (2001): 5-11; Friedrich Avemarie, "Die Werke des Gesetzes im Spiegel des Jakobusbriefs: A Very Old Perspective on Paul," *ZTK* 98 (2001): 282-309; David Abernathy, "A Critique of James D. G. Dunn's View of Justification by Faith as Opposed to the 'Works of the Law,'" *LTJ* 35 (2001): 139-44; R. Barry Matlock, "Almost Cultural Studies? Reflections on the 'New Perspective' on Paul," in *Biblical Studies / Cultural Studies: The Third Sheffield Colloquium*, ed. J. Cheryl Exum and Stephen D. Moore, JSOTSup 266 (Sheffield: Sheffield Academic Press, 1998), 433-59; Timo Eskola, "Paul, Predestination and 'Covenantal Nomism': Re-Assessing Paul and Palestinian Judaism," *JSJ* 28 (1997): 390-412; Michael Bachmann, "Rechtfertigung und Gesetzeswerke bei Paulus," *TZ* 49 (1993): 1-33; C. E. B. Cranfield, "'The Works of the Law' in the Epistle to the Romans," *JSNT* 43 (1991): 89-101; Moisés Silva, "The Law and Christianity: Dunn's New Synthesis," *WTJ* 53 (1991): 339-53; Robert H. Gundry, "Grace, Works, and Staying Saved in Paul," *Bib* 66 (1985): 1-38; John M. Espy, "Paul's 'Robust Conscience' Re-Examined," *NTS* 31 (1985): 161-88. 게다가 우리는 Monergism

인정을 받을 수 없다는 것과 믿음을 통해 은혜로 받는 칭의를 강조하는
전통적인 개신교 배경으로부터 나왔다.[68] 새 관점에 대한 대응에는 세

(www.monergism.com)으로부터 139개의 비판을 확인할 수 있다. 2011년에 Yinger
(*New Perspective*, 39)는 108개를 계수했다.

68. 예를 들어, 다음을 보라. Westerholm, *Perspectives Old and New*, 408-45; 참조, 88-
97; 칭의에 관한 더욱 구체적인 저술로는, Westerholm, *Justification Reconsidered:
Rethinking a Pauline Theme* (Grand Rapids: Eerdmans, 2013) [= 『칭의를 다시 생
각하다』, IVP, 2022]을 보라. 최근에, 루터교의 자료들로 응답하는 것으로는 예를
들어 다음을 보라. Stephen J. Hultgren, "The 'New Perspective on Paul': Exegetical
Problems and Historical-Theological Questions, *LTJ* 50 (2016): 70-86; Michael
Bachmann, "Lutherische oder Neue Paulusperspektive? Merkwürdigkeiten bei
der Wahrnehmung der betreffende exegetischen Diskussionen," *BZ* 60 (2016):
73-101; Bachmann, ed., *Lutherische und neue Paulusperspektive: Beiträge zu einem
Schlüsselproblem der gegenwärtigen exegetischen Diskussion*, WUNT 182 (Tübingen:
Mohr Siebeck, 2005); Timothy J. Wengert, "The 'New' Perspective on Paul at the
2012 Luther Congress in Helsinki," *LQ* 27 (2013): 89-91; Jens Schröter, "'The
New Perspective on Paul'— eine Anfrage an die lutherische Paulusdeutung?,"
Lutherjahrbuch 80 (2013): 142-58; Notger Slenczka, "Die neue Paulusperspektive
und die Lutherische Theologie," Lutherjahrbuch 80 (2013): 184-96; David C.
Ratke, ed., *The New Perspective on Paul* (Minneapolis: Lutheran University Press,
2012); Erik M. Heen, "A Lutheran Response to the New Perspective on Paul," *LQ*
24 (2010): 263-91.

(보수적이든, 비평적이든, 논쟁적이든) 다른 교회들/종파들의 응답을 위해서는 예
를 들어 다음을 보라. Lekgantshi C. Tleane, "N. T. Wright's New Perspective on
Paul: What Implications for Anglican Doctrine?," *HTSTS* 74 (2018): 1-9;
Athanasios Despotis, ed., *Participation, Justification, and Conversion: Eastern
Orthodox Interpretation of Paul and the Debate between "Old and New Perspectives
on Paul,"* WUNT 2/442 (Tübingen: Mohr Siebeck, 2017); Despotis, *Die "New
Perspective on Paul" und die griechisch-orthodoxe Paulusinterpretation*, VIOT 11 (St.
Ottilien: EOS-Verlag, 2014); Tara Beth Leach, "A Symphonic Melody: Wesleyan-
Holiness Theology Meets New-Perspective Paul," in *The Apostle Paul and the
Christian Life: Ethical and Missional Implications of the New Perspective*, ed. Scot
McKnight and Joseph B. Modica (Grand Rapids: Baker Academic, 2016), 153-78;
Sungkook Jung, "The New Perspective on Paul and Korean Evangelical Responses:

가지 부류가 두드러진다.

첫째로 샌더스의 제2성전기 유대교 해석과 관련한 비판이 있다.[69] 이스라엘만의 민족주의적 선택과 구원에 대한 샌더스의 경향과는 대조적으로, 마크 애덤 엘리엇(Mark Adam Elliott)은 랍비 문헌들을 제외한 제2성전기 유대교 자료들이 종종 이스라엘의 남은 자들만이 구원을 받는다는 증거를 제시한다고 주장한다.[70] 사이먼 J. 개더콜(Simon J. Gathercole)은, 제2성전기 유대교 자료들이 최종 심판에 있어서 (자신들의 구원을) 확신했던 유대인들의 조건과 근거로서 순종의 중요성을 증거하고 있음에도, 샌더스가 **최종** 신원(vindication)의 문제에 초점을 두지 않았다고 지적

Assessment and Suggestions," *JAET* 19 (2015): 21–41; Thomas D. Stegman, "Paul's Use of dikaio-Terminology: Moving beyond N. T. Wright's Forensic Interpretation," *TS* 72 (2011): 496–524; S. M. Baugh, "The New Perspective, Mediation, and Justification," in *Covenant, Justification, and Pastoral Ministry: Essays by the Faculty of Westminster Seminary California*, ed. R. Scott Clark (Phillipsburg, NJ: P&R, 2007), 137–63; Guy Prentiss Waters, *Justification and the New Perspectives on Paul: A Review and Response* (Phillipsburg, NJ: P&R, 2004) [= 『바울에 관한 새 관점』, CLC, 2012]; Theodor Stoychev, "Is There a New Perspective on St. Paul's Theology?," *JEBS* 11 (2001): 31–50.

69. 또한 예로서 다음을 보라. Friedrich Avemarie, *Tora und Leben: Untersuchungen zur Heilsbedeutung der Tora in der frühen rabbinischen Literatur*, TSAJ 55 (Tübingen: Mohr Siebeck, 1996); A. Andrew Das, *Paul, the Law, and the Covenant* (Peabody, MA: Hendrickson, 2001), 1–69; Das, "Paul and Works of Obedience in Second Temple Judaism: Romans 4:4–5 as a 'New Perspective' Case Study," *CBQ* 71 (2009): 795–812; Sigurd Grindheim, *The Crux of Election: Paul's Critique of the Jewish Confidence in the Election of Israel*, WUNT 2/202 (Tübingen: Mohr Siebeck, 2005); Charles L. Quarles, "The New Perspective and Means of Atonement in Jewish Literature of the Second Temple Period," *CTR* 2 (2005): 39–56.

70. Mark Adam Elliott, *The Survivors of Israel: A Reconsideration of the Theology of Pre-Christian Judaism* (Grand Rapids: Eerdmans, 2000).

했다. 그러면서 로마서 1-5장은 종말에 구원받기 위하여 율법을 지키는 것과 관련된 구원론을 비판하고 있다고 이야기했다.[71] 크리스 반랜딩엄(Chris VanLandingham)은 제2성전기 유대교에 있어서 샌더스가 이해한 바, 은혜와 선택 사이의 관련성에 대하여 도전했다. 이 자료들에서 분명한 것은 "하나님의 은혜가 무조건적인 선물이 아니라 하나님의 뜻에 순종하는 것에 대한 보상"이라는 점이다.[72] D. A. 카슨(D. A. Carson)과 피터 T. 오브라이언(Peter T. O'Brien), 마크 A. 사이프리드(Mark A. Seifrid)가 편집한 2권짜리 논문집, 『칭의와 다채로운 율법주의』(Justification and Variegated Nomism)는[73] 아마도 이러한 식의 가장 야심찬 대응이었을 것이다. 제1권의 기고자들은 제2성전기 유대교의 다양한 문서들이 정말로 샌더스가 제안한 바와 같이 언약적 율법주의를 가르치고 있는지 조사하기 시작했다. 제2권은 새 관점과 관련된 다양한 신학적 양상들을 평가한다. 이 작업은 제2성전기 유대교가 샌더스가 제안했던 것보다도 더 다채롭다는 것으로 결론지어졌다. 일부 기고자들은 언약적 율법주의가 자신들이 조사한 자료들에 있어서 유용한 범주라는 것을 확인했지만, 이 연구 논문집의 결론은 샌더스가 "자신의 범주가 어느 곳에서나 통한다는 것을 내세우려 했던 것은 틀렸다"였다.[74] 더욱 최근에 존 바클레이(John Barclay)는 샌더스가 제안한 것보다 훨씬 더 다양하기는 하지만, 제2성전기 유대교에 은혜 개념이 만연하게 존재한다는 것을 인정한 바 있다. 바

---

71. Simon J. Gathercole, *Where Is Boasting? Early Jewish Soteriology and Paul's Response in Romans 1–5* (Grand Rapids: Eerdmans, 2002), 33, 90, 159, 194, 214-15.
72. VanLandingham, *Judgment and Justification*, 333.
73. Tübingen: Mohr Siebeck; Grand Rapids: Baker Academic, 2001, 2004.
74. D. A. Carson, "Conclusion," in *Justification and Variegated Nomism*, 2:543.

클레이에게 있어서, 은혜는 문헌들 어느 곳에서나 존재하지만, 모든 곳에서 동일한 의미는 아니다.[75]

둘째로 바울서신에 대한 새 관점 해석에 초점을 둔 비판들이 있다. 스티븐 웨스터홈(Stephen Westerholm)은 학자들의 비평을 다섯 가지 범주로 구분 지었다.[76] 한 범주의 해석가들은 바울이 가진 견해가 유대교의 증거와 모순되거나 이를 왜곡한다고 주장한다.[77] 또 다른 범주에서는 바울의 견해가 어떤 유대 전통들과 양립할 수 있을 것이라고 믿으며, 바울과 이 전통들 모두는 다른 유대인들이 의를 위한 언약적 요구에 부응하지 못한 것으로 본다.[78] 어떤 범주는 그리스도의 속죄가 유대교의 속죄 이면에 있는 현실을 더하거나 무효화한다고 주장한다.[79] 또 어떤 범주에서는 인류학적 비관주의를 강조한다. 곧, 변화되지 않은 인간은 단순히 너무 타락하여 순종할 수 없고 구원에 이바지할 수 없다는 것이다.[80] 마

75. John M. G. Barclay, *Paul and the Gift* (Grand Rapids: Eerdmans, 2015), 예, 319 [= 『바울과 선물』, 새물결플러스, 2019]
76. Westerholm, "The 'New Perspective' at Twenty-Five," 17-18.
77. Heikki Räisänen, *Paul and the Law*, 2nd ed., WUNT 29 (Tübingen: Mohr Siebeck, 1986); Kari Kuula, *The Law, the Covenant, and God's Plan*, vol. 2, *Paul's Polemical Treatment of the Law in Galatians*, PFES 85 (Göttingen: Vandenhoeck & Ruprecht, 1999).
78. Frank Thielman, *From Plight to Solution: A Jewish Framework for Understanding Paul's View of the Law in Galatians and Romans*, NTS 41 (Leiden: Brill, 1989); Timo Eskola, *Theodicy and Predestination in Pauline Soteriology*, WUNT 2/100 (Tübingen: Mohr Siebeck, 1998).
79. Thomas R. Schreiner, *The Law and Its Fulfillment: A Pauline Theology of Law* (Grand Rapids Baker, 1993) [= 『바울과 율법: 바울의 율법 신학』, CLC, 1997]; Das, *Paul, the Law, and the Covenant*. 그러나 엄밀히 말하면 Das는 "더 새로운"(newer) 관점을 선택한다(본서에 나오는 Das의 글, "바울에 관한 전통 개신교 관점"을 보라). 그래서 아마도 Das를 더욱 최근의 지지자들 사이에 놓을 수도 있다.
80. 예, Mark A. Seifrid, *Justification by Faith: The Origin and Development of a Central*

지막 범주는, "바울은 인간 존재들이 자신들의 모든 필요에 있어서 오직 하나님의 선하심에 의존하는 것을 **원칙적으로** 중요하다고—또한 바울은 유대교가 '행위들'에 의존함으로 이 원칙으로부터 벗어났다고 간주했다"고—생각했다.[81] 웨스터홈은 바울서신의 의 언어가 언약에 관한 것이 아니라고 주장한다. 믿음으로 의롭다 함을 받는 것은 죄인의 부족함과 공로 없음에 관한 것이다. 예컨대, 로마서 4:4-6과 5:7-9은 인간이 행한 일에 관한 것이 아니다. 이들이 행한 일이라곤 죄를 짓는 것이며 범법한 일은 저주를 초래한다. 아무도 율법에 기록된 모든 것에 순종할 수 없기 때문이다. 바울은 인간이 "율법이 거기에 지배를 받는 자들에게 요구하는 선한 것을 행하지도 않고, 행할 수도 없는 죄인들"이라는 것을 강조한다.[82] 그렇게 바울은 "자신이 다루는 문제가 이방인에게 유대교의 관습을 강요하는 것이나 또는 이방인들도 자기들처럼 살아야 한다고 생각했던 유대인들의 민족중심주의를 비판하는 데 기초한 것이 아니라, 인간의 죄를 대처할 수 없는 율법의 무능함에 기초하고 있다."[83] 이방인과 유대인은 "율법(참조, 갈 2:21; 5:4; 롬 3:1) 및 그 행위들(갈 2:16; 롬

Pauline Theme, NovTSup 68 (Leiden: Brill, 1992); Seifrid, *Christ, Our Righteousness: Paul's Theology of Justification* (Downers Grove, IL: InterVarsity, 2000); Peter Stuhlmacher, *Revisiting Paul's Doctrine of Justification: A Challenge to the New Perspective* (Downers Grove, IL: InterVarsity, 2001); Timo Laato, *Paul and Judaism: An Anthropological Approach*, trans. T. McElwain, SFSHJ 15 (Atlanta: Scholars Press, 1995).

81. Westerholm, "The 'New Perspective' at Twenty-Five," 18 (강조 표시는 인용 출처 본래의 것). 예, Seyoon Kim, *Paul and the New Perspective: Second Thoughts on the Origin of Paul's Gospel* (Grand Rapids: Eerdmans, 2002) [=『바울 신학과 새 관점』, 두란노, 2002].

82. Westerholm, *Perspectives Old and New*, 444; 마찬가지로 333.

83. Westerholm, *Perspectives Old and New*, 441.

3:20, 28)**과는 관계없이** 예수 그리스도에 대한 믿음으로 의롭다고 선언
된다."[84] 그림에도 웨스터홈은 고대 유대교 자체가 "행위들에 의한 구원
을 자기 의로서 추구"하지는 않은 것 같으며[85] 새 관점이 바울 연구에
중요한 기여를 했다고 확언했다.[86]

비평의 세 번째 방식으로는 다른 학자들이 새 관점 주제나 새 관점
지지자의 저술을 평가하는 연구서나 논문을 발행하는 것이다.[87] 그러면
또 저들은 비평서에 대답하는 형식이다. 『하나님과 바울의 신실함: N.
T. 라이트의 바울 신학에 대한 비평적 고찰』(God and the Faithfulness of Paul:
A Critical Examination of the Pauline Theology of N. T. Wright)은[88] 『바울과 하나님
의 신실하심』(Paul and the Faithfulness of God)을 평가한 것이다. 이 비평서의
마지막 장에서 라이트는 기고자들에게 대답한다. 이와 비슷하게, 여러
학자들이 『포로기: N. T. 라이트와의 대화』(Exile: A Conversation with N. T.
Wright)에서 이스라엘에 대한 라이트의 관점을 평가한다.[89] 라이트는 그

---

84. Westerholm, *Perspectives Old and New*, 442 (강조 표시는 인용 출처 본래의 것).
85. Westerholm, *Perspectives Old and New*, 444.
86. Westerholm, *Perspectives Old and New*, 445.
87. 주요한 책들 외에 새 관점 비평가들에 대한 새 관점의 다른 중요한 응답으로는 다
음과 같은 책들이 있다. Dunn, *New Perspective*, esp. 1–97; Garlington, *Studies in
the New Perspective*; Yinger, *New Perspective*, 47–80. (새 관점에 찬성하거나 반대하
는) 다양한 기여자들의 관점을 위해서는 다음을 보라. James D. G. Dunn, ed., *Paul
and the Mosaic Law*, WUNT 89 (Tübingen: Mohr Siebeck, 1996); Wilkin et al.,
Four Views on the Role of Works; Beilby and Eddy, *Justification: Five Views* [= 『칭
의 논쟁: 칭의에 대한 다섯 가지 신학적 관점』, 새물결플러스, 2015]
88. Christopher Heilig, J. Thomas Hewitt, and Michael F. Bird, eds., WUNT 2/413
(Tübingen: Mohr Siebeck, 2016; Minneapolis: Fortress, 2017).
89. James M. Scott, ed. (Downers Grove, IL: IVP Academic, 2017). 또한 Nicholas
Perrin and Richard B. Hays, eds. *Jesus, Paul and the People of God: A Theological
Dialogue with N. T. Wright* (Downers Grove, IL: IVP Academic, 2011) [= 『예수, 바
울, 하나님의 백성: N. T. 라이트와의 신학적 대화』, 에클레시아북스, 2013]에 나오

책에서 두 장(chapters)을 할애하여 글을 기고했는데 두 번째 장은 비평에
대한 응답을 담고 있다. 마찬가지로 『루터와 바울에 관한 새 관점』
(*Lutherische und Neue Paulusperpektive; Lutheran and new Pauline perspective*)에서는
독일어와 영어로 쓰인 다양한 논문들을 통해 새 관점을 평가한다.[90] 그
리고 제임스 던이 마지막 장에서 대답을 제시한다. *JSNT*(*Journal for the
Study of the New Testament*)에서 배리 매트록(Barry Matlock)과 더글라스 캠벨
(Douglas Campbell)은 던의 바울 신학에 대해 비평을 하고 던은 이에 대답
한다.[91] 새 관점에 대한 일반적인 오해는 새 관점이 루터교, 개혁파, 또는
개신교 신학을 전복시키려 한다는 것이다. 라이트와 던은 모두 이를 부
정한다.[92] 그보다도 이들은 성서학자로서 바울서신에서 적절하게 지속
될 수 없는 교리를 단순하게 고수하기보다는 엄정한 원칙들을 통해 바
울의 신학을 정제하기 위해 노력한다.

흔히 간과되고 있는 화해이긴 하지만, 던과 웨스트홈은 각각 "바울
에 관한 옛 관점이 옳은 점"과 "바울에 관한 새 관점이 옳은 점"을 서로
다른 관점에 서서 칭찬하는 논문들을 연달아 쓴 적이 있다.[93] 던에게 있

는 Wright와 여러 기고자들 사이의 상호 작용도 살펴보라.

90. Michael Bachmann, ed., subtitled *Beiträge zu einem Schlüsselproblem der
    gegenwärtigen exegetischen Diskussi*on, WUNT 182 (Tübingen: Mohr Siebeck,
    2005).

91. *JSNT* 21 (1998): 67-90 (Matlock); 91-111 (Campbell); 113-20 (Dunn).

92. 예, Wright, *Justification*; Dunn, *New Perspective*, 18-23; Dunn and Wright, "An
    Evening Conversation," 2. 새 관점에 관한 더욱 깊은 질문들은, "The New Perspec-
    tive on Paul," Overthinking Christian, www.overthinkingchristian.
    com/?s=new+perspective에서 최근에 다양한 학자들에 의해 대답됐다.

93. *In Studies in the Pauline Epistles: Essays in Honor of Douglas J. Moo*, ed. Matthew S.
    Harmon and Jay E. Smith (Grand Rapids: Zondervan, 2014), 214-29 (Dunn);
    230-42 (Westerholm).

어서, 인간을 구원하시는 하나님의 의를 재발견하고 인간-하나님 관계에서 믿음의 본질적인 역할을 재확인하며 인간이 자신의 노력으로는 하나님과의 관계를 이루어낼 수 없다는 것에 대한 루터의 강조는 "옛 관점"이 가진 긍정적 특징에 속한다. 웨스터홈에게 있어서, 유대교에서 은혜의 중요성, 유대인/이방인 관계의 사회적 배경에 대한 강조, 그리고 계급, 성별, 민족성과 같은 칭의의 실천적 함의에 관한 민감도는 새 관점의 긍정적 특징에 속한다.

새 관점 이후

새 관점 지지자들과 비판자들이 존속하는 한 새 관점의 영향은 다른 학자들로 하여금 관련된 바울 본문들을 재개념화하고 저들의 출발점이나 화해 지점을 만들게끔 인도한다. 더욱 최근에 새 관점의 발전은 "새 관점 이후"(post-new perspective) 내지 "새 관점을 넘어서"(beyond new perspective)로 불린다.[94] 우리는 이제 몇 가지 중요한 예를 살펴보고자 한다.

바울에 관한 "급진적" 새 관점이라고도 불리는 "유대교 내의 바울

---

94. 이 용어는 예컨대 다음과 같은 작품들에 사용됐다. Garlington, *Studies in the New Perspective*, 1; Byrne, "Interpreting Romans Theologically in a Post-'New Perspective' Perspective"; Michael F. Bird, "When the Dust Finally Settles: Reaching a Post-New Perspective," *CTR* 2 (2005): 57-69, 후자의 두 사람은 이후 저술에서 저 용어를 "새 관점을 넘어서"(beyond new perspective)로 변경하긴 했다: Byrne, "Interpreting Romans: The New Perspective and Beyond"; Bird, *Saving Righteousness*, chap. 5, "When the Dust Finally Settles: Beyond the New Perspective."

관점"(Paul within Judaism Perspective)은[95] 마크 나노스(Mark Nanos),[96] 파울라 프레드릭슨(Paula Fredriksen),[97] 패멀라 아이젠버엄(Pamela Eisenbaum),[98] 매

95. Mark D. Nanos, introduction to *Paul within Judaism: Restoring the First-Century Context to the Apostle*, ed. Mark D. Nanos and Magnus Zetterholm (Minneapolis: Fortress, 2015), 1–29, 특히 1; Pamela Eisenbaum, "Paul, Polemics, and the Problem with Essentialism," *BibInt* 13 (2005): 224–38, 특히 232–33. 조사들을 위해서는, Daniel R. Langton, *The Apostle Paul in the Jewish Imagination: A Study in Modern Jewish-Christian Relations* (Cambridge: Cambridge University Press, 2010); Langton, "The Myth of the 'Traditional View of Paul' and the Role of the Apostle in Modern Jewish-Christian Polemics," *JSNT* 28 (2005): 69–104; Kathy Ehrensperger, "The New Perspective and Beyond," in *Modern Interpretations of Romans: Tracking Their Hermeneutical/Theological Trajectory*, ed. Daniel Patte and Christina Grenholm, RHCS 10 (London: Bloomsbury T&T Clark, 2013), 191–219; Philip La Grange Du Toit, "The Radical New Perspective on Paul, Messianic," *HTSTS* 73 (2013): 1–8; Zetterholm, *Approaches to Paul*, 127–64; Michael F. Bird and Preston M. Sprinkle, "Jewish Interpretation of Paul in the Last Thirty Years," *CBR* 6 (2008): 355–76.

96. Mark Nanos, *The Mystery of Romans: The Jewish Context of Paul's Letter* (Minneapolis: Fortress, 1996); Nanos, *The Irony of Galatians: Paul's Letter in First-Century Context* (Minneapolis: Fortress, 2002); 그리고 Collected Essays of Mark Nanos (Eugene, OR: Cascade, 2017–18)라는 부제가 달린 여러 권짜리 도서들이 있다.

97. Paula Fredriksen, *Paul: The Pagans' Apostle* (New Haven: Yale University Press, 2017) [= 『바울, 이교도의 사도』, 학영, 2022]; Fredriksen, "How Jewish Is God? Divine Ethnicity in Paul's Theology," *JBL* 137 (2018): 193–212.

98. Pamela Eisenbaum, *Paul Was Not a Christian: The Original Message of a Misunderstood Apostle* (New York: HarperCollins, 2009); Eisenbaum, "Jewish Perspectives: A Jewish Apostle to the Gentiles," in *Studying Paul's Letters: Contemporary Perspectives and Methods*, ed. Joseph A. Marchal (Minneapolis: Fortress, 2012), 135–53.

튜 티센(Matthew Thiessen),[99] 망누스 세테르홀름(Magnus Zetterholm)[100] 및 여러 학자들에[101] 의해 촉진됐다. 이들이 믿는 바가 획일석이지는 않지만 급진적 새 관점 지지자들은 일반적으로 바울이 자신을 항상 유대인으로 여겼고 메시아 예수를 만난 후에도 유대교나 그 관습들을 떠난 적이 없다고 주장한다. 바울은 유대교 내부에서 개혁 운동을 시작하거나 또는 유대교 분파를 만들었기에 율법에서 자유로운 사도가 아니었다. 바울은 그리스도를 추종했던 비유대인들을 대상으로 하면서 유대교와 일관성 있게 살도록 가르쳤고 또한 저들의 비유대인으로서의 정체성을

99. Matthew Thiessen, *Paul and the Gentile Problem* (Oxford: Oxford University Press, 2016); Thiessen, "Conjuring Paul and Judaism Forty Years after Paul and Palestinian Judaism," *JJMJS* 5 (2018): 6–20. 또한, Rafael Rodríguez and Matthew Thiessen, eds., *The So-Called Jew in Paul's Letter to the Romans* (Minneapolis: Fortress, 2016).

100. Magnus Zetterholm, "Paul within Judaism: The State of the Questions," in Nanos and Zetterholm, *Paul within Judaism*, 31–51; Magnus Zetterholm, "'Will the Real Gentile Christian Please Stand Up!' Torah and the Crisis of Identity Formation," in *The Making of Christianity: Conflicts, Contacts, and Constructions; Essays in Honor of Bengt Holmberg*, ed. Magnus Zetterholm and Samuel Byrskog, ConBNT 47 (Winona Lake, IN: Eisenbrauns, 2012), 391–411; Zetterholm, "Jews, Christians, and Gentiles: Rethinking the Categorization within the Early Jesus Movement," in *Reading Paul in Context: Explorations in Identity Formation; Essays in Honour of William S. Campbell*, ed. Kathy Ehrensperger and J. Brian Tucker, LNTS 428 (London: Bloomsbury T&T Clark, 2010), 242–54.

101. Fredriksen (*Paul: The Pagans' Apostle*, 177)은 최근에 다음 작품들을 추가했다. Gabriele Boccaccini and Carlos Segovia, eds., *Paul the Jew: Reading the Apostle as a Figure of Second Temple Judaism* (Minneapolis: Fortress, 2016); John G. Gager, *Who Made Early Christianity? The Jewish Lives of the Apostle Paul* (New York: Columbia University Press, 2015); Joshua Garroway, *Paul's Gentile-Jews: Neither Jew nor Gentile, but Both* (London: Palgrave Macmillan, 2012); J. Albert Harrill, *Paul the Apostle: His Life and Legacy in Their Roman Context* (Cambridge: Cambridge University Press, 2012).

존중했다. 이 관점은 샌더스, 던, 스텐달에게 빚지고 있음을 인정하지
만―그리고 행위 의의 종교로서의 유대교에 대한 캐리커처를 거부하지
만―스스로를 "새 관점 패러다임 **안에** 있거나 새 관점에 **반발한** 반응"
으로 나온 것이라고 생각하지 않고 바울을 다른 배경이나 해석 전통과
대화하게끔 하기 전에 "가장 개연성 있는 1세기 맥락, 곧 유대교 안에"
두려고 노력한다.[102] "유대교 내부의 바울" 관점은 새 관점에 동의하지
않는다. 예컨대, 새 관점은 바울이 "유대교 자체에 무언가 잘못된 것, 곧
(아무리 딱지에 불과하다고 하더라도) 바울의 '기독교'와 본질적으로 다른 무
언가가 있다"고 주장할 때, 급진적 새 관점은 민족 중심주의, 민족주의
및 관련된 용어들과 관련하여 바울이 유대교에서 오류를 발견했다는
개념을 거부한다.[103] 율법에 반대하는 이방인들을 향한 바울의 긴급함
배후에는 묵시론적 동기가 있다고 볼 수도 있다.[104]

　　유대교 내의 바울 관점이 새 관점보다 개신교 전통에서 멀어지면
또 다른 경향이 새 관점과 옛 관점 사이에 다리를 놓음으로써 반대 방
향으로 움직인다. 브루스 롱넥커(Bruce Longenecker)는, 루터교와 새 관점
옹호자들이 "한 접근 방식이 장점이 있다면 다른 접근 방식은 그렇지
않다는 식의 주장"을 하고 있을 때, 다리를 놓는 입장을 취한다. "하지
만 이 상황이 그렇게 명료하게 떨어지지 않고 바울 학계에서 현재 진행
중인 논쟁을 특징짓는 '둘 중 하나'를 택하는 방식은 잠시 내버려 두는
것이 가장 좋다고 생각할 이유들이 있다."[105] 롱넥커는 갈라디아서의 관

---

102. Nanos, introduction to *Paul within Judaism*, 2, 6 (강조 표시는 인용 출처 본래의
　　것).

103. Nanos, introduction to *Paul within Judaism*, 6-7.

104. 핵심 견해는 예컨대, Eisenbaum, "Jewish Perspectives"에 나온다.

105. Bruce W. Longenecker, *The Triumph of Abraham's God: The Transformation of*

심이 공로 행위를 통한 구원이 아니라 공동체 정체성에 놓여 있다는 새 관점에 동의한다. "배제되어야 하는 것은 자기 의라기보다는 민족중심주의 한 형태였다."[106] 그리고 롱넥커는 예컨대 바울이 율법이 적절한 삶의 방식이 아니라고 말하는 부분에 대해서는 또한 전통적인 개신교 관점에 동의한다. "인간의 무능력으로 인해 율법을 완벽하게 행하는 것은 불가능하고 율법은 그런 상황을 바로잡는 데 무력하다."[107] 마이클 버드(Michael Bird)는 『하나님의 구원하시는 의』(The Saving Righteousness of God)에서 바울에 대한 개혁주의 읽기와 새 관점 읽기가 사도의 구원론에 대한 보완적이고도 더욱 완전한 그림을 제시한다고 주장한다. 버드는 칭의의 법정적 측면과 언약적 측면 모두를 지지하고 "연합된"(incorporated) 의가 신자와 그리스도의 연합과 관련한 칭의를 그려낸다고 이야기한다. 더욱 최근에는 가우드 앤더슨(Garwood Anderson)은 『바울의 새 관점: 구원론적 여정 그리기』(Paul's New Perspective: Charting a Soteriological Journey)에서 논쟁의 여지가 있는/없는 바울서신을 모두 연구하면서—그의 이론은 바울서신의 연대에 의존한다—옛 관점과 새 관점 모두가 옳지만 "항상 그런 것은 아니다"라고 결론지었다.[108] 바울의 견해가 초기 "율법의 행위들"과 관련한 새 관점 편 입장에서(예, 갈라디아서) 후기 편지들의 인간의 노력을 가리키는 "행위들"로 발전했다는 것이다(예, 목회서신). 무엇보다도 스티븐 체스터(Stephen Chester)의 『개혁가들과 함께 바울 읽기: 옛 관점과 새 관점의 화해』(Reading Paul with the Reformers: Reconciling Old and New

---

Identity in Galatians (Edinburgh: T&T Clark, 1998), 179; 참조, Longenecker, "Lifelines: Perspectives on Paul and the Law," Anvil 16 (1999): 125-30.

106. Longenecker, Abraham's God, 180.

107. Longenecker, Abraham's God, 180–81.

108. Downers Grove, IL: IVP Academic, 2016 (인용된 부분은 5).

Perspectives)는[109] 초기 개혁가들이 일반적으로 스텐달과 같은 주해에 도달했다고 주장했다. 곧, 다메섹 이전의 바울은 죄책감에 시달리지 않았다는 것이다. 그런 견해는 시간이 지나면서 발전했다. 마찬가지로 개혁가들에게 있어서 그리스도와의 연합과 신자의 변화에 대한 관심이 루터의 색다른 의 개념과 결합됐다.[110]

두 관점과는 달리 프랜시스 왓슨(Francis Watson)의 『바울, 유대교, 이방인: 사회학적 접근 방식』(*Paul, Judaism, and the Gentiles: A Sociological Approach*)은[111] 본래 새 관점을 옹호하면서 루터의 견해에는 반대했지만 저 책의 개정판—"새 관점을 넘어서"(Beyond the New Perspective)라는 새로운 부제를 가진—에서는 새 관점을 비판하기도 했다.[112] 예컨대, 왓슨은 신적 행위 주체가 바울에 의해 비판됐던 "유대교에서보다 바울의 '종교 패턴' 안에서 더욱 직접적이고 즉각적인 역할"을 하며, 율법의 행위들은 경계 표식이 아니라 유대 공동체를 위한 독특한 "삶의 방식"을 가리

---

109. Grand Rapids: Eerdmans, 2017.

110. Chester, *Reading Paul with the Reformers*, 136-37, 360-61, 368-77, 421-22. 그리스도와의 연합은 최근에 두드러진 또 다른 신학적 경향이다: 예, Constantine R. Campbell, *Paul and Union with Christ: An Exegetical and Theological Study* (Grand Rapids: Zondervan, 2012) [= 『바울이 본 그리스도와의 연합』, 새물결플러스, 2018]; Grant Macaskill, *Union with Christ in the New Testament* (Oxford: Oxford University Press, 2013); J. Todd Billings, *Union with Christ: Reframing Theology and Ministry for the Church* (Grand Rapids: Baker Academic, 2011) [= 『그리스도와의 연합』, CLC, 2014]; Robert Letham, *Union with Christ: In Scripture, History, and Theology* (Phillipsburg, NJ: P&R, 2011) [= 『예수님과의 연합』, 개혁주의신학사, 2014]; Michael S. Horton, *Covenant and Salvation: Union with Christ* (Louisville: Westminster John Knox, 2007). Michael Gorman의 작품들, 예를 들어, *Participating in Christ*, 그리고 새 관점, 특히 Sanders가 이런 인식을 반영한다는 점에 주목하라.

111. SNTSMS 56; Cambridge: Cambridge University Press, 1986.

112. Grand Rapids: Eerdmans, 2007.

키는 것이라고 주장했다.[113] 로마서에 나타난 바울의 대립 진술—믿음/율법의 행위들—은 교회와 회당을 분리시킨 대립을 빈영할 수 있는데, 그런 분리는 그리스도에 대한 믿음이 어째서 "율법의 행위들과 양립할 수 없는지"를 설명하는 데 도움이 된다.[114] 왓슨은 루터교의 관점에 반대하여 율법주의나 행위 의의 유대교가 오도됐고, 또한 "은혜의 종교로서 유대교"라는 새 관점의 개념 역시 그러하다고 여전히 주장한다.[115]

더글라스 캠벨의 출발점은 『하나님의 구출』(The Deliverance of God)에서 가장 광범위하게 제시된 바, 바울에 대한 묵시론적이고 참여적인 읽기를 강조하는 데 있다.[116] 무엇보다도 그는 바울이 전형적으로 오독되어

---

113. Watson, *Paul, Judaism, and the Gentiles* (2007), 25.

114. Watson, *Paul, Judaism, and the Gentiles* (2007), 98; 참조, 60.

115. Watson, *Paul, Judaism, and the Gentiles* (2007), 346.

116. 부제는, *An Apocalyptic Reading of Justification in Paul* (Grand Rapids: Eerdmans, 2009); 또한 다음을 보라. Campbell, "Beyond Justification in Paul: The Thesis of the Deliverance of God," *SJT* 65 (2012): 90–104; Campbell, "An Apocalyptic Rereading of 'Justification' in Paul," *ExpTim* 123 (2012): 182–93; Campbell, "Christ and the Church: A 'Post-New Perspective' Account," in *Four Views on the Apostle Paul*, ed. Michael F. Bird (Grand Rapids: Zondervan, 2012); 그리고 Chris Tilling, ed., *Beyond Old and New Perspectives on Paul: Reflections on the Work of Douglas Campbell* (Eugene, OR: Cascade, 2014)에 나오는 Campbell의 응답. *The Deliverance of God*에 앞서 Campbell, *The Quest for Paul's Gospel: A Suggested Strategy*, JSNTSup 274 (London: T&T Clark, 2005)을 보라. Ernst Käsemann, J. Christiaan Beker, J. Louis Martyn, Martinus de Boer 같은 학자들이 지난 세기에 발전시킨 것과 같은 묵시론적 바울 읽기는 21세기에도 여전히 중요한 관점을 차지한다. 예, Joshua B. Davis and Douglas Harink, eds., *Apocalyptic and the Future of Theology: With and beyond J. Louis Martyn* (Eugene, OR: Wipf & Stock, 2012); Beverly Roberts Gaventa, ed., *Apocalyptic Paul: Cosmos and Anthropos in Romans 5–8* (Waco: Baylor University Press, 2013); Ben C. Blackwell, John K. Goodrich, and Jason Maston, eds., *Paul and the Apocalyptic Imagination* (Minneapolis: Fortress, 2016).

왔다고 주장한다. 캠벨이 "칭의 이론"과 관련지은 이 오독은 해방적 (liberating) 칭의, 구원의 무조건성, 그리스도의 신실하심보다는 보응적 (retributive) 칭의, 구원의 계약적 방식, 조건적인 인간의 믿음에 초점을 두고 있다. 캠벨은 하박국 2:4을 인용한 로마서 1:17이 "의인은 믿음으로 살 것이다"가 아니라 "의로우신 분[메시아 = 예수]은 신실하심으로 살 것이다"로 이해하면서, 그리스도의 부활, 구원에 있어서 그리스도의 종 말론적 중심성, 그리스도의 신실함을 하나님의 구원의 수단으로서 제 시한다. 이어지는 로마서 1-4장 본문들은 "칭의 이론"을 특징짓는 것으 로 알려져 있는데, 그 본문들은 유대 그리스도인 "교사"로 대표되는 바 울의 반대자들의 믿음을 반영한다고 한다. 캠벨의 관점에서 바울은 예 컨대 로마서 1:18-32에서 그 교사의 말을 반영하도록 화자 역할 화법 (speech-in-character: '프로소포포에이아'[prosopopoeia])을 사용한 것인데, 바울의 반대는 2:1에서 시작하고 그러고 나서 교사는 바울에게 응답하며 거기 서부터 주고받는 대화가 계속된다. 바울 자신의 견해는 로마서 5-8장에 돋보이며, 무엇보다도 거기서 구속 행위를 통해 알려진 삼위일체 하나 님을 강조한다.

마지막으로 본서에서 "선물 관점"을 새롭게 대변하는 존 바클레이 (John Barclay)는 『바울과 선물』(Paul and the Gift)에서 이끌어냈던 견해를 개 진한다.[117] 많은 논의를 촉발시킨 이 연구에서[118] 바클레이는 이방인 선교 에 기초한 바울의 칭의 신학과 "(사회적 경계뿐 아니라) 인종적 경계를 가로 지르는 공동체 건설"이라는 맥락에서 새 관점에 동의한다.[119] 동시에 바

---

117. Grand Rapids: Eerdmans, 2015.

118. 예, *JSNT* 39, no. 3 (2017)에 있는 Joel Marcus와 Margaret Mitchell의 논문 평가와 Barclay의 응답. *EvQ* 89, no. 4 (2018)도 전체적으로 Barclay의 견해를 다룬다.

119. Barclay, *Paul and the Gift*, 572.

클레이는 "아브라함의 약속, 영의 경험, 하나님의 한 분 됨에 대한 주장
을 형성하는 그리스도-선물", 곧 비상응적 은혜에 바울 신학의 뿌리를
둠으로써 새 관점에 동조한다. 그리고 이방인의 선교와 관련해서 이 은
혜는 "가치에 대한 옛 기준을 무너뜨리고 새로운 사회적 존재의 패턴을
만들어내는 혁신적인 공동체를 위한 공간을 마련한다."[120] 바클레이는
자신의 바울 읽기가 아우구스티누스-루터파 전통이나 새 관점에 조화
되는 것이 아니라 둘 모두를 재형성해낸다고 결론짓는다.[121]

바울에 대한 관점들

이제 우리는 위에서 다루었던 가장 영향력 있는 관점들 중 일부를
조직하여 "바울에 관한 다섯 가지 관점"을 제시하려 한다. 다섯 명의 저
명한 학자들이 각기 자신의 입장을 제시한다. 새 관점은 "옛 관점"—루
터와 다른 개혁가들에 의해 영향을 받은 전통적인 개신교 관점—에 대
한 반응으로 나왔고, 루터의 관점은 로마가톨릭을 출발점으로 해서 형
성됐기 때문에, 현재의 논의에 그 관점들을 포함시키는 것은 중요하다.
첫 번째 기고자 브랜트 피트리(Brant Pitre)는 바울에 관한 로마가톨릭의
입장을 제시한다. 두 번째 기고자, A. 앤드루 다스(Andrew Das)는 전통 개
신교의 관점을 제시하고, 그리고 나서 제임스 D. G. 던이 새 관점을, 망
누스 세테르홀름은 유대교 내부의 관점을 제시한다. 마지막으로 존 M.
G. 바클레이가 선물 관점을 제시하면서 이 논의를 마무리할 예정이다.

---

120. Barclay, *Paul and the Gift*, 572.
121. Barclay, *Paul and the Gift*, 573.

이들은 각기 자신의 입장을 제시하고 다른 기고자들은 각 입장에 대한 비평을 제공할 것이다. 그리고 나서 각 발제자는 그런 비평에 대답을 하면서 결론을 내린다. 이 모든 일을 마친 후에 데니스 에드워즈(Dennis Edwards)는 목회적 관점에서 여러 관점들을 평가함으로써 이 연구를 마무리할 것이다.

바라건대 우리는 이 고무적인 관점들을 교류하는 것이 모든 독자들로 하여금 바울과 구원에 대해 더욱 깊이, 심지어는 다르게 생각하는 데 도움이 됐으면 한다.

바울에 관한 로마가톨릭 관점

바울에 관한 로마가톨릭 관점

브랜트 피트리

서론

바울에 관한 "새 관점" 논쟁은 1977년 E. P. 샌더스(Sanders)의 책 『바울과 팔레스타인 유대교』(*Paul and Palestinian Judaism*)에 의해 시작됐다.[1] 수년에 걸친 이 논쟁의 흥미로운 특징 중 하나는 샌더스의 해석이 때로는 너무 "가톨릭적"이라고 비판받았다는 것이다. 예컨대, 켄트 잉거(Kent Yinger)는 새 관점 비판자들이 "[새 관점으로 인해] 로마가톨릭과 개신교의 구원론 사이의 구분이 흐려진다"라고 지적한다는 사실을 언급한다.[2] 특히 샌더스의 "언약적 율법주의" 개념은 가톨릭 관점에 위험할 정도로 가까이 있는 것으로 꼽힌다. **"언약적 율법주의와 새 관점의 구원론은**

---

1. E. P. Sanders, *Paul and Palestinian Judaism: A Comparison of Patterns of Religion* (Minneapolis: Fortress, 1977); 40th anniversary ed. (Minneapolis: Fortress, 2017) [= 『바울과 팔레스타인 유대교』, 알맹e, 2018].

2. Kent L. Yinger, *The New Perspective on Paul: An Introduction* (Eugene, OR: Cascade, 2011), 80 [= 『바울에 관한 새 관점 개요』, 감은사, 2022].

루터교 관점보다도 로마가톨릭 관점에 더 가까운 것처럼 보인다. 저들은 분명 '오직 믿음을 통한 은혜'보다 순종의 역할을 강조한다. … 많은 사람들에게는 그러한 교회일치(ecumenical) 연합이 종교개혁에서 얻은 것들을 앗아간다는 분명한 신호로 들린다."[3]

샌더스는 "행위 의"의 율법주의적인 종교로서의 유대교에 대한 19세기 개신교의 캐리커처와 가톨릭에 대한 유사한 관점 사이의 연관성을 처음으로 제시했다. "우리는 특히 개신교도들이 로마가톨릭에서 가장 거부감을 느꼈던 견해—잉여 행위(공로)로 세워진 공로의 보고가 존재한다는 견해—가 유대교에 투영됐다는 점에 주목해야 한다. 여기서 우리는 개신교와 로마가톨릭의 논쟁이 시간을 거슬러 올라가 고대사 속에 역투영되고 있음을 본다. 유대교가 로마가톨릭교 역할을 하고 기독교가 루터파 역할을 하는 셈이다."[4]

이 글에서 나는 바울에 대한 샌더스의 해석이 실제로 몇 가지 핵심 요소에 있어서 가톨릭의 구원론과 매우 가깝다는 것을 보이고자 한다. 나는 가톨릭 신도로서 이것이 샌더스 입장의 약점이라고 생각하지 않는다. 그보다도 샌더스의 바울 해석이 수 세기에 걸친 가톨릭의 해석과 일치한다고 주장할 것이다. 양측 모두가 바울이 실제로 말했던 것에 관한 설득력 있는 해석에 근거하고 있기 때문이다. 예증을 위해 내 글에 세 가지 목표를 두었다.

첫째, 가톨릭 주해에 근본이 되는, 바울서신의 핵심 구절에 초점을 둘 것이다. 제한된 지면으로 인해 가톨릭 칭의론의 모든 양상을 다룰 수는 없을 것이다. 그 대신 나는 논의를 네 가지의 중심적인 문제에 제한

---

3.   Yinger, *New Perspective*, 80 (강조 표시는 첨가됨).

4.   *PPJ*, 57 (『바울과 팔레스타인 유대교』 한국어판에서 그대로 인용함).

하려 한다. (1) 용서의 칭의 및 "그리스도 안에" 실제로 참여하는 칭의, (2) 오직 믿음을 통해 은혜로 주어지는 최초 칭의(initial justification), (3) "율법의 행위들"의 의미, (4) 믿음만이 아닌 행위에 따른 최종 칭의(final justification)가 그것이다.[5]

둘째, 나는 바울서신의 이 핵심 구절들이 가톨릭 전통에서 어떻게 해석되어 왔는지에 대한 간결한 개요를 제공할 것이다. 한편으로 이 작업은 교부 시대, 중세, 현대에 개개의 주석가들이 주장한 내용에 대한 탐구를 수반한다. 다른 한편으로 나는 "바울에 관한 로마가톨릭 관점"(The Roman Catholic perspective on Paul)을 요약하는 과업을 가지고 있기에 우리는 칭의에 관한 가톨릭의 공식적인 가르침에도 주의를 기울여 볼 필요가 있다. 이는 세 개의 핵심적인 곳에서 발견된다. (1) 트리엔트 공의회의 『칭의 교령』(1547),[6] (2) "은혜와 칭의"에 대한 공식적인 『가톨릭 교회 교리서』(1992),[7] (3) 사도 바울에 관해 이야기한 교황 베네딕토 16세의 일반알현(2008-9)이[8] 그것이다. 가톨릭 관점에 익숙하지 않은 독자들을 위해 나는 가톨릭에서 바울을 어떻게 해석하는지 세심히 주의

5.　지면이 제한되어 있기 때문에 나는 Sanders를 따라 논쟁의 여지가 없는 일곱 개의 바울서신에 초점을 둘 것이다.

6.　여기에서 사용된 트리엔트공의회 문서에 대한 번역본은, Heinrich Denzinger, *Compendium of Creeds, Definitions, and Declarations on Matters of Faith and Morals*, ed. Peter Hünermann, 43rd ed. (San Francisco: Ignatius, 2012), 374-88 [= 『(하인리히 덴칭거) 신경, 신앙과 도덕에 관한 규정·선언 편람 : 제44판 원문 대역』, 한국천주교 중앙협의회, 2017]에서 가져왔다.

7.　*Catechism of the Catholic Church*, 2nd ed. (Vatican City: Libreria Editrice Vaticana, 1997), nos. 1987-2029 [= 『가톨릭 교회 교리서』, 한국천주교 중앙협의회, 2020]. 여기서 언급되는 교리문답서의 번호는 단락 번호다.

8.　Pope Benedict XVI, *Saint Paul: General Audiences*, July 2, 2008-February 4, 2009 (San Francisco: Ignatius, 2009).

를 기울이면서 저 문서들을 직접 읽는 것의 중요성을 강조하고자 한다.[9]

셋째, 나는 바울에 관한 가톨릭 관점과 E. P. 샌더스의 작품이 공유하는 핵심 영역들을 강조할 것이다. 어떤 유명한 루터교 주석가는 최근 샌더스의 작품을 "루터교의 바울"에 대한 "맹공격"이라고 묘사한 바 있다.[10] 내가 보여주고자 하는 바와 같이 샌더스가 개신교의 종교개혁을 훼손했다고 비난받는 한 가지 이유는 바울에 대한 그의 주해가 본의 아니게 트리엔트공의회뿐 아니라 교부 및 중세 가톨릭의 바울 해석과 동일한 결론에 이르렀기 때문이다. 내가 아는 한 샌더스와 가톨릭 관점을 이러한 식으로 면밀하게 비교한 사례는 없었다. 나는 이 작업이 "바울을 함께, 다시 읽는" 작업 가운데 둘 사이의 공통분모를 강조하게 되기를 바란다.[11]

---

9.   안타깝게도 나는 여기서 The Lutheran World Federation and the Roman Catholic Church, *Joint Declaration on the Doctrine of Justification* (Grand Rapids: Eerdmans, 2000) [= "칭의론에 대한 공동선언 1997/1999: 루터교회 세계연맹과 그리스도인의 일치 촉진을 위한 교황청 평의회", 『기독교사상』, 2000년 1월호(통권 제493호), 217-35]을 다룰 수 없다. 이 문서는 매우 중요하지만 공동선언이 가진 고유한 복잡성으로 인해 나는 여기서 그 문서를 정당하게 다룰 수 없다. 이 문서의 최종판에 익숙한 독자들은 나의 결론에서 그 문서와 겹치는 여러 지점들을 발견하게 될 것이다. 특히 *Joint Declaration*, nos. 22, 25, 31, 37-38; Annex, nos. 2A, 2C, 2E 를 보라.
10. John Reumann, "Justification by Faith in Pauline Thought: A Lutheran View," in *Rereading Paul Together: Protestant and Catholic Perspectives on Justification*, ed. David E. Aune (Grand Rapids: Baker Academic, 2006), 111.
11. 나의 박사 과정 지도 교수(*Doktorvater*)의 중요한 논문, 곧 David E. Aune, "Recent Readings of Paul Relating to Justification by Faith," in Aune, *Rereading Paul Together*, 188-245, esp. 241을 보라.

용서의 칭의 및 "그리스도 안에" 실제로 참여하는 칭의

강조되어야 할 바울에 관한 가톨릭 관점의 첫 번째 측면은 칭의가 죄 사함 및 그리스도의 죽음/부활에 대한 실제 참여를 모두 포함한다는 것이다. 믿음과 세례를 통해 사람은 의롭다고 여겨지고 동시에 "아담 안에 있던" 죄의 노예의 존재에서 "그리스도 안에 있는" 하나님의 자녀의 존재로 변화된다.

사도 바울: 칭의, 세례, 그리고 "그리스도 안에 있는" 존재

이 견해를 뒷받침함에 있어서, 바울이 특히 세례를 통해 "그리스도 안에서" 죽고 부활하는 것과 칭의를 연결하고 있는 다음 구절들을 살펴보자.[12]

> 이같이 율법이 우리를 그리스도께로 인도하는 보호자가 되어 우리로 하여금 믿음으로 말미암아 **의롭다 함을 얻게**(justified) 하려 함이다. … 너희가 다 믿음으로 **그리스도 예수 안에서** 하나님의 아들이 됐으니, 누구든지 **그리스도와 합하도록 세례를 받은** 자는 그리스도로 옷 입었다. (갈 3:24-27)

> 너희 중에 이와 같은 자들이 있더니 주 예수 그리스도의 이름과 우리 하나님의 성령 안에서 **씻음과 거룩함과 의롭다 함을 받았다**(justified). …

---

12. 명확하게 하기 위해 언급하자면, 따로 언급하지 않는 한 성경 인용문은 RSV를 사용한 Sanders를 따랐다. 인용된 성경 구절에서 볼드체로 강조된 것은 모두 내가 추가한 것이다.

주와 연합하는 자는 한 영이다. (고전 6:11, 17)

그런즉 누구든지 **그리스도 안에 있으면 새로운 피조물이다.** … 모든 것
이 하나님께로서 났으며 그가 **그리스도를 통해 우리를 자기와 화목하
게 하시고** … 하나님이 죄를 알지도 못하신 이를 우리를 대신하여 죄로
삼으신 것은 우리로 하여금 **그 안에서 하나님의 의가 되게 하려**(become
the righteousness) **하심이다.** (고후 5:17-18, 21)

그런즉 한 범죄로 많은 사람이 정죄에 이른 것 같이 한 의로운 행위는
많은 사람의 무죄 선언과 생명으로 인도한다. 한 사람이 순종하지 아니
함으로 **많은 사람이 죄인이 된** 것 같이 한 사람이 순종하심으로 많은
사람이 **의로워질 것이다**(be made righteous). (롬 5:18-19)

**그리스도 예수와 합하여 세례를 받은 우리는 그의 죽으심과 합하여 세
례를 받은 줄을** 알지 못하느냐? 그러므로 우리가 그의 죽으심과 합하
여 세례를 받음으로 그와 함께 장사됐나니 이는 아버지의 영광으로 말
미암아 그리스도를 죽은 자 가운데서 살리심과 같이 우리로 또한 새 생
명 가운데서 행하게 하려 함이다. … **이는 죽은 자가 죄에서 벗어나 의
롭다 함을 얻었기**(justified) **때문이다.** (롬 6:3-4, 7)

아래에서 우리는 믿음의 구체적인 역할로 돌아갈 것이다. 그러기 위
해 지금 여기서는 세 가지 관찰이 필요하다. 첫째, 바울은 명사 "의"(δι-
καιοσύνη) 및/또는 동사 "의롭다 하다"(δικαιόω)를 "그리스도 안에"(ἐν Χρι-
στῷ) 또는 그리스도와 "(연)합한"(갈 3:24, 26; 고전 6:11, 17; 고후 5:17, 21; 롬 6:1-

11)이라는 어구와 반복해서 연결하고 있다. 둘째, 바울은 또한 "그리스도 안에" 있는 것과 "세례 주다"(βαπτίζω)라는 동사를 연결 짓는다(갈 3:27; 롬 6:3). 어떤 경우에 바울은 세례에서 "씻겨지는" 것을 "거룩하게 되는" 것 및 "의롭다 함을 받는" 것과 분명하게 연결한다(고전 6:11).[13] 셋째, 칭의는 개인의 범죄에 대한 용서와 의롭다 함을 받는 사람의 진정한 변화 모두를 가져오는 것처럼 보인다. 예컨대, 성적 부도덕, 음행, 우상 숭배, 도둑질 등등을 행하는 사람들이 실제로 "불의한"(ἄδικοι) 것처럼(고전 6:9-10), 세례로 씻음 받은 사람들도 실제로 "의롭다 함을 받고"(justified) 또는 "의롭게 된다"(ἐδικαιώθητε, made righteous, 고전 6:11). 이와 비슷한 맥락에서 아담 안에 있는 사람들이 실제로 "죄인이 된"(ἁμαρτωλοὶ κατεστάθησαν) 것처럼, 그리스도 안에 있는 사람들도 실제로 "의로워질 것이다"(δίκαιοι κατασταθήσονται, 롬 5:19).[14] 아마도 가장 강력한 진술은 바울이 그리스도 안에서 하나님과 "화목하게 된" 사람들은 "하나님의 의가 된다"(γενώμεθα δικαιοσύνη θεοῦ)라고 말한 것이다(고후 5:21).[15] 중요하게도 "의인이 될 것이다"(롬 5:19)라는 바울의 진술은 "아담의 범죄"(롬 5:14)의 효과를 논의한 직후에 등장한다. 따라서 문맥상 "의인이 될 것이다"라는 것은 개개인의 범죄에 대한 용서뿐 아니라 아담 안에 있는 상태에서 그리스도 안

13. Isaac Morales, "Baptism and Union with Christ," in *"In Christ" in Paul: Explorations in Paul's Theology of Union and Participation*, ed. Michael J. Thate, Kevin J. Vanhoozer, and Constantine R. Campbell (Grand Rapids: Eerdmans, 2018), 151-79, 특히 166-68을 보라.
14. Thomas D. Stegman, "Paul's Use of *dikaio*-Terminology: Moving beyond N. T. Wright's Forensic Interpretation," *TS* 72 (2011): 496-524을 보라.
15. Edith Humphrey, "Becoming the Righteousness of God: The Potency of the New Creation in the World (2 Cor. 5:16-21)," in Thate, Vanhoozer, and Campbell, *"In Christ" in Paul*, 125-58을 보라.

에 있는 상태로 옮겨가는 것을 의미한다. 바울이 다른 곳에서 말한 것처럼, "**아담 안에서** 모든 사람이 죽은 것 같이 **그리스도 안에서** 모든 사람이 삶을 얻을 것이다"(고전 15:22).

교부와 중세의 해석: 그리스도 안에서 "의롭게 된다"

위와 같은 구절들에 비추어 볼 때 몇몇 영향력 있는 교부 및 중세 가톨릭의 바울 해석가들은 칭의에 죄의 용서와 그리스도 안에 실제로 참여함 모두가 포함된다고 결론짓는다. 다음을 살펴보자.[16]

> [그리스도] 자신이 모든 사람을 **의롭게 하는**(become righteous) 의다. ··· [바울이] 말했던 것, 곧 "하나님의 사랑이 우리 **마음에 부어졌다**"(롬 5:5)는 것을 깊이 숙고할 필요가 있다. ··· 신적 성품에 **참여**할 수 있도록, 성령의 충만함으로부터 사랑의 충만함이 성도들의 **마음에 주입됐다**(infused into the hearts). (Origen, *Commentary on the Epistle to the Romans* 3.6.5; 4.10.11-12)[17]

> 이처럼 하나님도 무수한 죄로 고난받아 마땅한 자[신자들]를 사랑하시는데, **단지 형벌을 면하게 하실 뿐 아니라 그를 의롭게 만드심으로써**(making him righteous) 사랑하신다. (John Chrysostom, *Homilies on Romans* 8.2)[18]

---

16. 따로 명시하지 않더라도 교부 및 중세 해석가들의 인용문에 사용된 강조 표시는 내가 추가한 것이다.

17. Origen, *Commentary on the Epistle to the Romans*, trans. Thomas P. Scheck, 2 vols., FC 103, 104 (Washington, DC: Catholic University of America Press, 2001-2), 1:205, 292.

18. John Chrysostom, *Homilies on the Acts of the Apostles and the Epistle to the Romans*, NPNF¹ 11:386 (고대 영어를 전체적으로 수정했다).

모든 사람을 **자녀 삼는 것**은 믿음을 통해 "그리스도를 입음으로써" 되는 것이지, (참으로 하나님의 지혜이신, 독생자의 경우처럼) 본성으로 되는 것이 아니다. … 그보다도 우리는 지혜에 **참여함으로 자녀가 된다.** (Augustine, *Commentary on Galatians* 3.27)[19]

"우리로 하여금 **그 안에서** 하나님의 의가 되게 하려 하심이다"[고후 5:21], 즉 **죄인인 우리가 단지 의롭게 될 뿐 아니라** 의 자체(*be made not only just*, but justice)가 되게 하려는 것이다. … 그러나 그는, 자기 공로를 신뢰하는 사람의 의를 제거하도록 … "그 안에서", 곧 **그리스도 안에서** "하나님의 [의]"라고 말한다. (Thomas Aquinas, *Commentary on 2 Corinthians* 5.5.202)[20]

　그리스 교부 요한네스 크뤼소스토모스(John Chrysostom)가 로마서의 '디카이오오'(*dikaioō*)를 단순한 법정적 의미가 아니라 변혁적/변화적 의미로 해석했다는 사실에 주목하라.[21] 그런 증거에 비추어 볼 때 변화적 해석이 그리스어 단어를 라틴어로 번역할 때 오역한 데서 비롯했다는 일반적인 주장은 받아들이기 어렵다.[22] 또한 오리게네스(Origen)와 아우

19. Augustine, *Augustine's Commentary on Galatians*, trans. Eric Plumer, OECS (Oxford: Oxford University Press, 2003), 173.

20. Thomas Aquinas, *Commentary on the Letters of Saint Paul to the Corinthians*, trans. F. R. Larcher, B. Mortensen, and D. Keating, ed. J. Mortensen and E. Alarcón (Lander, WY: Aquinas Institute for the Study of Sacred Doctrine, 2012), 486-87.

21. John Chrysostom, *Homilies on Romans* 8.2. 또한 Thomas P. Scheck, *Origen and the History of Justification: The Legacy of Origen's Commentary on Romans* (Notre Dame, IN: University of Notre Dame Press, 2008), 13-62, esp. 32-38을 보라.

22. 예, Alister E. McGrath, *Iustitia Dei: A History of the Christian Doctrine of Justifi-

구스티누스(Augustine) 모두, "그리스도 안에서" 칭의가 수반하는 바를 묘사하는 데 "참여"(라틴어 *participatio/nem*) 용어를 사용했음에도 주목하라. 최근 연구들에서 알 수 있듯이 참여적 의 개념은 교부의 바울 해석에서 중요한 역할을 한다.[23]

트리엔트공의회와 오늘날:

세례받은 자들은 "의롭다고 여겨지고" 또한 "의롭게 된다"

16세기 트리엔트공의회를 살펴보면, 가톨릭의 공식 『칭의 교령』은 다음과 같이 말한다.

> 죄인의 칭의는 … 사람이 첫 아담의 자녀로 **태어난 상태로부터** 둘째 아담이신 우리 주 예수 그리스도를 통하여 하나님의 자녀로 **입양되는 상태로의**(롬 8:15) **전환**이다. (Council of Trent, *Decree on Justification*, chap. 4)[24]

> 칭의는 … **죄를 용서하는 것일 뿐 아니라** 은혜와 선물을 자발적으로 수용함으로써 인간의 내면이 성화되고 새롭게 되는 것이다. 거기서 불의한 자는 **의롭게 된다**(*becomes just*). … 따라서 **우리는 의롭다고 여겨질**

---

cation, 3rd ed. (Cambridge: Cambridge University Press, 2005), 20 [= 『하나님의 칭의론』, CLC, 2008]. 안타깝게도 McGrath는 이 점에서 Origen와 Chrysostom의 해석을 완전히 무시했다.

23. Athanasios Despotis, ed., *Participation, Justification, and Conversion: Eastern Orthodox Interpretation of Paul and the Debate between "Old and New Perspectives on Paul,"* WUNT 2/442 (Tübingen: Mohr Siebeck, 2017); Ben C. Blackwell, *Christosis: Engaging Paul's Soteriology with His Patristic Interpreters* (Grand Rapids: Eerdmans, 2016).

24. Denzinger, *Compendium of Creeds*, no. 1524. 따로 명시하지 않더라도 트리엔트공의회 문서 인용의 모든 볼드체 강조는 내가 첨가한 것이다.

(*considered just*) **뿐 아니라** 진정으로 의롭다고 불리고, 또한 우리는 **의로워진다**(*are just*). … 바로 그 지극히 거룩한 수난의 공로로 "하나님의 사랑이 성령을 통해" 의롭다 함을 받고 **내면에** [의를] **가지고 있는** 사람들의 "마음에 **부어졌다**"(롬 5:5). (Council of Trent, *Decree on Justification*, chap. 7)[25]

여기서 세 가지가 강조되어야 한다. 첫째, 트리엔트공의회에 있어서 칭의는 단순히 한 개인의 죄를 용서하는 것이 아니다. 이는 또한 아담 안에 있는 "상태"에서 그리스도 안에 있는 "상태"로의 전환(라틴어 *translatio*)이기도 하다. 둘째, 트리엔트공의회에 따르면 많은 사람들이 흔히 생각하는 것과는 달리 칭의의 "선물"은 **법정적이면서도 변혁적/변화적이다**. 곧, 그리스도 안에 있는 사람들은 의롭다고 간주되거나 그렇게 여겨지고/판단되고(*reputamur*) 또한 실제로 "의롭게 된다"(*fit iustus*).[26] 실제로 그리스도 안에 있는 사람들은 "실제로 … 의롭다"(*vere iusti*).[27] 셋째, 오리게네스와 마찬가지로 트리엔트공의회는 인간의 마음에 신적 "사랑"이 내재한다는 바울의 진술이 실제로 주입된 의(*infused righteousness*)에 대한 주장에 기초를 두고 있음에 주목하라. "우리에게 주신 성령을 통해 하나님의 사랑[ἀγάπη]이 우리 **마음에 부어졌다**"(롬 5:5). 하나님의 영이 실제로 신자들 안에 거할 수 있다면, 하나님의 의 역시 그렇게 할 수 있다.

이제 현대의 해석을 살펴보자면 가톨릭 주해가들이 바울의 칭의에는 법정적 용서 선언과 그리스도 안에 진정한 참여 모두가 포함된다는

25. Denzinger, *Compendium of Creeds*, nos. 1528, 1530.
26. Council of Trent, *Decree on Justification*, chap. 7.
27. Council of Trent, *Decree on Justification*, chap. 7.

점을 계속해서 강조하고 있음을 확인하게 된다. 예를 들어, 먼저 조셉 피츠마이어(Joseph Fitzmyer)의 말을, 그러고 나서 프랭크 마테라(Frank Matera)의 말을 생각해보자.

> "모두 값없이 의롭다 함을 얻는다"[롬 3:24]. … 즉, 하나님의 강력한 무죄 선고를 통해 은혜롭게도 "올바르게 된다." … 죄 많은 인간은 "올바르다고 선언될"(declared upright) 뿐 아니라 ([롬] 5:19이 말하는 것처럼) "올바르게 된다"(made upright). 왜냐하면 죄인의 상태가 바뀌었기 때문이다.[28]

> 비록 칭의가 법정적 메타포지만, 그리스도 안에서 하나님의 사역의 결과는 어떤 형태의 변화를 포괄한다. … 그들이 그리스도 안에서 새로운 피조물이 되고, 또한 그리스도의 형상으로 변화되고 있다는 의미에서 말이다.[29]

이와 유사한 노선에서 교황 베네딕토 16세는 최근에, "그리스도 안에" 있다는 것은 신자가 실제로 의롭게 되는 변화적 의를 수반한다고 강조한 바 있다. 곧, **"의롭다는 것은 그리스도와 함께, 그리고 그리스도 안에 있다는 것을 의미한다.** … 우리는 그저 그분과 연합할 뿐이며 다른 방법은 없다. … **그분의 사랑으로,** 하나님과 이웃에 대한 사랑으로 변화

---

28. Joseph A. Fitzmyer, *Romans: A New Translation with Introduction and Commentary*, AB 33 (New York: Doubleday, 1993), 347; 참조, 421 [= 『(앵커바이블) 로마서』, CLC, 2015].
29. Frank J. Matera, *God's Saving Grace: A Pauline Theology* (Grand Rapids: Eerdmans, 2012), 106n27 [= 『하느님의 구원 은총: 바오로 신학』, 바오로딸, 2016].

된 **우리는 하나님의 눈에 실제로 의로울 수 있다.**"³⁰ 요약하자면 가톨릭 관점에서 칭의는 죄의 용서에 대한 법정적 선언일 뿐 아니라 아담 안에 있던 죄의 노예로부터 그리스도 안에 있는 하나님의 입양된 자녀로의 전환이기도 하다. 아우구스티누스에서, 아퀴나스(Aquinas), 베네딕토 16 세에 이르기까지 가톨릭의 바울 해석자들은 칭의가 그리스도 안에 진정한 참여를 뜻하므로 신자들은 의롭다고 여겨지고 또한 의로워진다는 데 동의한다. 공식적인 『가톨릭 교회 교리서』에서 "칭의는 죄로 인한 죽음에 대한 승리와 은혜에 새롭게 참여하는 것이다. … 은혜의 선물로 … 입양된 관계에서 우리는 독생자의 삶에 실제로 참여하게 된다."³¹

E. P. 샌더스: "단순한 전가"가 아닌 진정한 "참여"로서의 칭의

E. P. 샌더스의 작업을 다시 살펴보면 가톨릭의 바울 해석과 겹치는 두 지점을 즉각 발견할 수 있다.

첫째, 샌더스는 바울의 칭의가 반사실적인(counterfactual), 전가된 의 선언이 아니라고 주장한다.

> 허구적이면서도 전가된 의 개념은 [바울에게] 나타나지 않지만, 만일 그랬다면 바울은 거기에 분노했을 것이다.³²

허구적인 의 또는 전가된 의는 … 개신교 바울 해석의 보루다. 따라서

---

30. Benedict XVI, *Saint Paul*, 82-83 (강조 표시는 첨가됨).
31. *Catechism of the Catholic Church*, no. 654 (약간 수정하여 사용함).
32. E. P. Sanders, *Paul: A Very Short Introduction* (1991; Oxford: Oxford University Press, 2001), 81 [= 『사도 바오로』, 뿌리와이파리, 2016]; 참조, 85. 또한 *PPJ*, 492 n57을 보라.

의롭다 하다/여기다(*justify*)는 식의 적절하지 않은 번역어가 지지하는 이 해석에서는 **사람에게 아무 일도 일어나지 않는다**. 오히려 사람은 자신을 유죄로 만드는 행동을 계속 행하더라도 유죄가 아닌 무죄로 선언된다.

바울은 그리스도인들이 **변화됐다고** 생각했다. ⋯

"믿음으로 의롭게 된다"라는 수동태 어구를 "그리스도에 대한 믿음이 **사람을 의롭게 만든다**(*makes a person righteous*)"라고 번역하는 것이 바울이 의미한 바에 더 가깝다.[33]

이 진술들은 가톨릭의 칭의 개념과 놀랍도록 비슷하다. 트리엔트공의회가 "오직 전가"(라틴어 *sola imputatione*)의 칭의 개념을 거부한 것과 마찬가지로[34] 샌더스도 "오직 전가" 개념을 거부했다.[35] 트리엔트공의회가 칭의를 가리켜 법정적 판결로 "간주된" 의와 실제로 "의롭게 되는" 것 모두를 의미한다고 말했던 것처럼,[36] 샌더스도 바울에게 있어서 그리스도 안에서의 칭의가 "법정적 성격"을 가지고 있지만[37] 실제로도 "사람을 의롭게 만든다"라고 결론지었다.[38]

둘째, 샌더스는 "죽은 자가 죄에서 벗어나 의롭다 함을 얻었다"(롬 6:7)라는 바울의 말을 "'의'가 바울서신에 있어서 주로 **옮겨감을 뜻하는 용어**(*transfer term*)라는 주장"의 증거로 해석한다.[39] 이 옮겨감(transferal)은

---

33. *PALLT*, 506 (강조 표시는 인용 출처 본래의 것).
34. Council of Trent, *Canons on Justification*, no. 11을 보라.
35. *PALLT*, 457.
36. Council of Trent, *Decree on Justification*, chap. 7.
37. *PPJ*, 536.
38. *PPJ*, 470-71.
39. *PPJ*, 501.

반사실적인 것(counterfactual)이 아니라 실제다.

> 바울이 의미한 바를 말하고 그가 말한 바를 의미하는 것으로 바울을 이
> 해하는 것이 가장 좋은 것 같다. 곧, 그리스도인은 실제로 그리스도와
> 한 몸 및 영을 이룬다. … 그리스도인은 실제로 영광의 한 단계에서 다
> 른 단계로 변화되고 있다[고후 3:18]. … 그리고 그리스도 안에 있는 사람
> 들은 실제로 변화될 것이다.
>
> 그러나 이것은 무엇을 의미하는가? 우리가 그것을 어떻게 이해해야
> 하는가? 우리에게는 "실제"(reality)—**그리스도 안에 실제로 참여함**—라
> 는 범주가 없는 것 같다.[40]

놀랍게도, 칭의를 아담 안에 있는 것에서부터 그리스도 안에 있는 것으
로 "전환"되는 것으로 묘사한 트리엔트공의회와 같이 샌더스도 바울의
의를 "옮겨감"의 용어로 묘사한다.[41] 아마도 가장 놀라운 것은 공식적인
『가톨릭 교회 교리서』가 칭의를 그리스도 안에 "실제로 참여함"(라틴어
participationem realem)으로 말하는 것처럼[42] 샌더스도 바울의 칭의는 "그리
스도 안에 실제로 참여함"을 수반한다고 생각했다는 점이다.[43]

---

40. *PPJ*, 522 (강조 표시는 첨가됨).
41. Council of Trent, *Decree on Justification*, chap. 4.
42. *Catechism of the Catholic Church*, no. 654 (나의 번역).
43. Sanders가 평생의 연구 끝에 *PALLT*, 723-24의 마지막 지면에서 "실제 참여"에 관
    한 본래의 진술(*PPJ*, 522)을 인용했다는 것은 매우 중요하다.

오직 믿음을 통해 은혜로 얻는 최초 칭의

강조되어야 할, 바울에 관한 로마가톨릭 관점의 두 번째 측면은 어느 누구도 그리스도 안에서의 삶의 시작에 있어서 칭의의 최초 은혜를 받을 자격이 없다는 것이다. 몇몇 독자들에게는 놀라울 수도 있지만 사실상 교부, 중세, 현대 가톨릭 해석가들—토마스 아퀴나스와 베네딕토 16세를 포함하여—은 최초 칭의가 "오직 믿음"을 통해 은혜로, 말하자면 "행위들과 별개인 믿음"으로 주어지는 것이라 단언한다.

사도 바울: "행위들"과 별개로 "믿음"을 통해 "은혜로" 얻는 칭의

이 견해를 뒷받침하기 위해 바울의 로마서에서 두 구절을 고려해보도록 하자.

> 이제는 율법과 별개로 하나님의 한 의가 나타났다. ⋯ 곧 **예수 그리스도를 믿음을 통해** 모든 믿는 자에게 미치는 하나님의 의니 차별이 없다. 모든 사람이 죄를 범했으매 하나님의 영광에 이르지 못하더니, ⋯ 하나님의 **은혜로 값없이 의롭다 함을 얻는다.** (롬 3:21-24)

> 하나님이 자기 백성을 버리셨는가? 그럴 수 없다! ⋯ 지금도 **은혜로 택하심을 받은** 남은 자가 있다. 만일 은혜로 된 것이면 **행위에 기초한 것이 아니니, 그렇지 않으면 은혜는 더 이상 은혜 되지 못한다.** (롬 11:1, 5-6)

나중에 우리는 바울이 "행위들"로 정확히 무엇을 가리키고 있는지에 관한 문제를 다룰 것이다. 지금은 단순히 사람이 "믿음"(πίστις)을 통

해 "은혜"(χάρις)로 "의롭다 함을 얻다"(δικαιόω)는 바울의 주장에 초점을
두려 한다(롬 3:24, 26, 28; 갈 2:16[2x]).[44] 첫 번째 본문에서 바울은 "모든" 인
간 존재가 "죄를 지었기" 때문에 그들이 "선물"(δωρεάν, "값없이")인 "은혜
로"(τῇ χάριτι)로 "의롭다 함을 얻는다"(δικαιούμενοι)라고 분명하게 선언한
다(롬 3:24). 다른 말로, 모든 인간이 죄를 지었기 때문에 그리스도 안에
있는 의는 (노력으로) 얻는 것이 아니라 신적 선물이라는 뜻이다. 실제로
예수를 믿는 "남은 자"에 속하는 바울의 동족 이스라엘 사람들도 "행위
들로부터"(ἐξ ἔργων)가 아니라 "은혜로"(χάριτι) 선택됐다(롬 11:6). 여기서
바울은 은혜의 우선성에 대한 자신의 가장 강력한 진술을 전달하고 있
는 것 같다. 곧, 의가 어떤 식으로든 "행위들로부터"(ἐξ ἔργων) 난다면 "은
혜는 더 이상 은혜 되지 못한다"(ἡ χάρις οὐκέτι γίνεται χάρις, 롬 11:6).

교부와 중세 해석가들: "오직 은혜"를 통해 "은혜"로 얻는 칭의

그런 구절들에 비추어 볼 때, 유명한 교부 및 중세 가톨릭의 바울 해
석가들은 죄인의 최초 칭의가 "오직 믿음"을 통해 은혜로—즉, 어떤 행
위들과는 별개로—된다고 주장한다.[45] 다음의 인용문들을 살펴보자.

> [모든 사람은] 그리스도 예수 안에 있는 **은혜와 구속을 통해 의롭다 함을**
> **얻는다.** … [바울은 롬 3:28에서] **오직 믿음**에 따른 칭의로 충분하기에 믿기

---

44. Fitzmyer (*Romans*, 137-38)는 바울에게 있어서 "믿음은 하나님의 선물"(예, 롬
    3:24-25; 6:14; 12:3)이라고 강조했다. 더 나아가 믿음은 "단지 '예수가 주시다'라는
    명제에 대한 지적 동의뿐 아니라 그리스도 안에서 하나님에게 전인격적으로 헌신
    하는 것을 뜻한다. … ['믿음'은] 하나님의 약속과 도우시는 은혜에 대한 확신이며,
    그리스도인은 그 신뢰 위에 소망을 둔다."
45. 더 많은 예시들을 위해서는 Fitzmyer, *Romans*, 359-62을 보라.

만 하는 자가 **단 하나의 행위**도 성취하지 못한다 하더라도, 믿기만 하면 의롭다 함을 받는다고 말한다. (Origen, *Commentary on the Epistle to the Romans* 3.9.2)[46]

[바울은] 또한 의를 더한다. 의는 너희의 것이 아니며, 오직 하나님의 것이다. … **너희가 수고와 노력으로 의를 이루는 것이 아니라** 오직 **선물로** 위로부터 받는 것이다. 너희 저장고에서 너희가 기여한 것이 **단 한 가지** 있다면 그것은 바로 "**믿은 것**"이다. (John Chrysostom, *Homilies on Romans* 2)[47]

바울은 이 편지에서 … "율법을 통해 죄를 깨닫는다"(롬 3:20)라고 말한다. 그러나 그것이 **오직 은혜**를 통해 오는 죄의 제거는 아니다. (Augustine, *Propositions from the Epistle to the Romans* 13-18 [= 『로마서 미완성 해설』, 부크크, 2022])[48]

[바울이] 의미했던 믿음이 죽은 믿음이 아니라 사랑을 통해 활동하는 산 믿음이라면, 하나님의 계명은 **오직 믿음**에만 속해 있다고 참으로 말할 수 있을 것이다. (Augustine, *On Faith and Works* 22.4)[49]

---

46. Origen, *Commentary on the Epistle to the Romans*, 1:226.

47. John Chrysostom, *Homilies on the Acts of the Apostles and the Epistle to the Romans*, *NPNF¹* 11:349. 또한 John Chrysostom, *Homilies on Romans* 9, *NPNF¹* 11:396을 보라.

48. Paula Fredriksen Landes, trans., *Augustine on Romans: Propositions from the Epistle to the Romans, Unfinished Commentary on the Epistle to the Romans*, SBLTT 23 (Chico, CA: Society of Biblical Literature, 1982), 5-7.

49. Augustine, *On Faith and Works*, trans. Gregory J. Lombardo, ACW 48 (New York:

실제로 행위들은 의롭다 함을 받은 후에 오는 것이지 의롭다 함을 받기 전에 오는 것이 아니다. 그러나 **사람은 선행하는**(preceding) **행위들 없이 오직 믿음으로만 의롭다 함을 받는다.** (Glossa Ordinaria, on Rom. 3:28)[50]

사도[바울]는 도덕적 계율에 대해 말하는 것 같다. … [그러나] **칭의의 소망을 거기에 두지 말고 오직 믿음에만 두어야 한다.** "사람이 의롭다 함을 얻는 것은 율법의 행위에 있지 아니하고 믿음으로 되는 줄 우리가 인정한다." (Thomas Aquinas, Commentary on 1 Timothy 1.3.21)[51]

여기서 세 가지를 짚고 넘어갈 필요가 있다. 첫째, 교부와 중세의 바울 주해가들은 모두 "오직 믿음"(라틴어 sola fide)을 통한—즉, 행위들과는 별개인—"오직 은혜"(라틴어 sola gratia)로 주어지는 칭의에 관해 이야기했다(오리게네스, 아우구스티누스, 『글로사 오르디나리아』, 아퀴나스). 둘째, 더욱 넓은 맥락을 고려할 때 앞에서 인용된 주석가들은 구체적으로는 그리스도 안에서 생명이 시작될 때 칭의의 **최초** 은혜에 대해 말하고 있는 것이 분명하다. 나중에 우리는 이 동일한 주석가들이 세례 **이후에** 행위들의

Newman, 1988), 46.

50. The Glossa Ordinaria on Romans, trans. Michael Scott Woodward (Kalamazoo: Medieval Institute Publications, Western Michigan University, 2011), 59.
51. Thomas Aquinas, Commentary on the Letters of Saint Paul to the Philippians, Colossians, Thessalonians, Timothy, Titus, and Philemon, trans. F. R. Larcher, ed. J. Mortensen and E. Alarcón (Lander, WY: Aquinas Institute for the Study of Sacred Doctrine, 2012), 251. Aquinas가 '솔라 피데'(sola fide) 용어를 저 경우에만 사용한 것은 아니다. Aquinas, Commentary on Romans 4.1.330: "'그의 믿음으로 여겨진다/평가된다'[롬 4:5]. 즉, 외적 행위 없이 오직 믿음으로[fides ... sola sine operibus] …"

역할에 대해 말하는 것을 살펴보게 될 것이다. 세 번째이자 마지막으
로—이것은 아무리 강조해도 지나치지 않는다—"오직 믿음"을 통한 은
혜로 주어지는 최초 칭의에 대한 교부의 개념은 **중세에도 여전히 존재
했다.** 무엇보다도 이 개념은 막대한 영향력이 있었던 12세기의 『글로사
오르디나리아』(*Glossa Ordinaria*)—중세 가톨릭의 "성경 주석"—의 로마서
주석에 활용됨으로써 더욱 유명해졌다.[52] 최초 칭의에 있어서 "오직 믿
음"(*sola fide*)은 파리대학교에서 강의들을 통해 전달된 토마스 아퀴나스
의 13세기, 바울 주석들에도 나타난다.[53]

다시 말해, 마르틴 루터와 장 칼뱅(John Calvin)의 시대보다 수 세기 전
에 이미 바울이 "오직 믿음"을 통한 은혜로 얻는 최초 칭의를 가르쳤던
것으로 해석했던 중세 가톨릭 전통이 자리 잡고 있었다.[54]

---

52. Lesley Smith, *The Glossa Ordinaria: The Making of a Medieval Bible Commentary*, Commentaria 3 (Leiden: Brill, 2009). '솔라 피데'(*Sola fide*)는 또한 12세기의 작품 에도 나온다. Bernard of Clairvaux, *Sermons on the Song of Songs* 22.8: "그러므로 죄에 대해 슬퍼하는, 의에 주리고 목마른 자는, 죄인을 의로운 자로 변화시키며, **오 직 믿음**으로 의롭다고 판단하시는 분을 신뢰하라(롬 4:5). 그자는 하나님과 더불어 화평을 누리게 될 것이다(롬 5:1)." 다음을 보라. Bernard of Clairvaux, *On the Song of Songs*, vol. 2, trans. Kilian Walsh, Cistercian Fathers (Kalamazoo, MI: Cistercian Publications, 1976), 20 [= 『내 사랑아 네 눈이 비둘기 같구나 : 클레보르의 베르나 르의 아가서 설교 2』, 은성, 2011].

53. Thomas Weinandy, *Aquinas on Scripture: An Introduction to His Biblical Commentaries* (London: T&T Clark, 2005)를 보라.

54. 안타깝게도 많은 연구들은 로마서에 대한 *Glossa Ordinaria*와 Thomas Aquinas의 바울 주석에 나타난, 최초 칭의에 있어서 '솔라 피데'(*sola fide*)에 대한 확신을, 마치 둘 어디에도 존재하지 않는다는 듯이, 무시한다. 예를 들어, 다음을 보라. Michael Scott Horton, *Justification*, 2 vols., NSD (Grand Rapids: Zondervan, 2018); Stephen J. Chester, *Reading Paul with the Reformers: Reconciling Old and New Perspectives* (Grand Rapids: Eerdmans, 2017); Thomas Schreiner, *Faith Alone: The Doctrine of Justification; What the Reformers Taught … and Why It Still Matters* (Grand Rapids: Zondervan, 2015); McGrath, *Iustitia Dei*.

트리엔트공의회와 오늘날: 최초 칭의의 은혜를 받을 자격은 "아무것도" 없다

16세기 트리엔트공의회의 『칭의 교령』에서는 바울의 가르침을 요약하면서 "오직 믿음"이라는 교부와 중세의 표현을 사용하지는 않지만, 칭의의 최초 은혜를 받을 만한 가치가 있는 것은 **아무것도** 없다고 주장한다. 더욱이 트리엔트공의회는 바울의 로마서에서 그 가르침을 명시적으로 못 박는다.

> 이 사도[바울]가 "믿음을 통해" 그리고 "은혜로" 의롭다 함을 받는다고 말했을 때(롬 3:22, 24), 그 말은 가톨릭교회가 만장일치로 주장하고 선언하는 의미로 이해되어야 한다. 즉, "믿음이 사람 구원의 시작점", 곧 "모든 칭의의 근원이자 뿌리"이기 때문에 우리는 **믿음을 통해 의롭다 함을 받는다**는 것이다. … 그리고 믿음이든 행위든, 칭의에 선행하는 어떤 것도 칭의의 은혜를 받는 데 아무 가치가 없기 때문에, 우리는 거저 **의롭다 함을 받는다고 말한다.** "은혜로 된 것이면 더 이상 행위에서 난 것이 아니다. 그렇지 않으면 (바로 그 사도[바울]가 말했던 것과 같이) 은혜는 더 이상 은혜 되지 못할 것이다(롬 11:6)". (Council of Trent, *Decree on Justification*, chap. 8)[55]

바울 해석에 있어서 트리엔트공의회의 세 가지 특징이 중요하게 돋보인다. 첫째, 트리엔트공의회는 로마서 3:24을 "은혜"(라틴어 *gratis*)에 의한 최초 칭의에 대한 것으로 해석한다. 실제로 『칭의 교령』은 "아무것도"(*nihil*)—"믿음이든 행위들이든"(*sive fides, sive opera*)—구원의 "시작"(*ini-*

---

55. Denzinger, *Compendium of Creeds*, no. 1532.

tium)에 있어서 "칭의의 은혜[*gratia*]"를 얻어내거나 공로로 여겨질 수 없다는 것을 분명하게 한다. 둘째, 트리엔트공의회는 로마서 3:22을 "믿음을 통한"(*per fidem*) 칭의에 관한 것으로 해석한다. 더 나아가 심지어 믿음은 모든 칭의의 "근원"(*fundamentum*)이자 "뿌리"(*radix*)라고 주장한다. 트리엔트공의회가 "믿음"에 의한 칭의를 말할 때 아우구스티누스처럼 죽어버린 "소망과 자비가 없는 믿음"이 아니라 사랑에 의해 활성화되는 믿음(faith enlivened by love)을 의미함을 강조한다는 것이 중대하다.[56] 이를 지지하기 위해 트리엔트공의회는 "하나님의 사랑[*caritas Dei*]이 성령을 통해 우리 마음에 부어졌고"(롬 5:5) 중요한 것은 "할례"가 아니라 "사랑을 통해 활동하는 믿음"(갈 5:6)이라는 바울의 진술을 인용한다.[57] 셋째이자 마지막 사항으로 트리엔트공의회는 로마서 11:6을 해석하면서 "행위들"(*opera*)이 그리스도 안에서 생명을 시작할 때 칭의에서 **어떤 역할도** 하지 않는다고 주장한다. 실제로 트리엔트공의회는 이를 지지하는 바울의 진술을 직접 인용한다. 곧, "더 이상 행위에서 난 것이 아니다[*non ex operibus*], 그렇지 않으면 은혜는 더 이상 은혜 되지 못한다[*non est gratia*]"(롬 11:6). 요약하자면, 트리엔트공의회는 "오직 믿음"이라는 교부와 중세의 용어를 사용하지는 않았지만, 최초 칭의가 **어떤 행위나 공로와는 별개로 믿음을 통해 은혜로 된다는 것**을 분명히 가르쳤다.

현대를 살펴보면 현대 가톨릭 바울 해석자들은 행위들과 관련 없이 믿음을 통한 공로 없는 은혜에 의한 최초 칭의를 동일하게 강조하고 있

---

56. Council of Trent, *Decree on Justification*, chap. 7.
57. Council of Trent, *Decree on Justification*, chap. 7: "지극히 거룩한 수난과 동일한 공로로 '하나님의 사랑이 성령을 통해' 의롭다 함을 받아 그들 안에 의를 가지게 된 사람들의 '마음에 부어졌다'(롬 5:5)" Denzinger, *Compendium of Creeds*, no. 1530을 보라.

음을 발견하게 된다.[58] 지난 세기에 아마 틀림없이 가장 다작했던 가톨
릭 바울 학자, 조셉 피츠마이어의 말과 더불어 바울에 대한 단권 분량의
책을 저술했던 베네딕토 16세의 말을 곱씹어보자.

> "모든 사람이 값없이 의롭다 함을 얻는다"[롬 3:24]. … 즉, 하나님의 강
> 력한 무죄 선언을 통해 모든 사람이 "올바르게 세워진다." … 이 지위
> 는 저들 자신의 능력이나 공로로 계산되는 어떤 것에 의해 얻어지는 것
> 이 아니다. 그것은 주도권을 가지고 계신 하나님 자신의 공로 없는 섭
> 리를 통해 인류에게 온다.[59]

> 사도 바울을 따라 우리는 인간이 자신의 행동으로 스스로를 "의롭다
> 할" 수 없고, 오직 하나님이 "의"를 수여해주심으로써 인간을 그분의
> 아들 그리스도와 연합시켜 하나님 앞에서 참으로 "의롭게" 될 수 있다
> 는 것을 보았다. 그리고 사람은 믿음을 통해 이 연합을 얻게 된다. 이러
> 한 의미에서 사도 바울은 우리에게 이렇게 말한다. 곧, 우리의 행위가
> 아니라 "믿음"이 우리를 의롭게 한다는 것이다. … 이 믿음은 주님이
> 우리에게 주시는 바, 그리스도와 함께하는 교제다.[60]

무엇보다도 가장 놀라운 것은 피츠마이어와 베네딕토 16세 모두
"오직 믿음"이라는 표현이 로마서 3장에 있는 바울의 가르침에 대한 적

---

58. 예를 들어, Frank J. Matera, *Romans*, Paideia (Grand Rapids: Baker Academic,
    2010), 263; Jerome Murphy-O'Connor, *Paul: A Critical Life* (Oxford: Oxford
    University Press, 1996), 153을 보라.
59. Fitzmyer, *Romans*, 347; 또한 605을 보라.
60. Benedict XVI, *Saint Paul*, 84.

절한 요약이라는 데 동의했다는 것이다.

> "율법의 행위들과는 별개로"[롬 3:28] 얻어지는 자격은 그 문맥에서 바
> 울이 "오직 믿음으로"를 의미하고 있음을 보여준다. 오직 믿음만이 인
> 간을 위한 하나님의 효과적인 올바름 선언을 수용하게 한다.[61]

> 의롭다는 것은 단지 그리스도와 함께 그리고 그리스도 안에 있음을 의
> 미할 뿐이다. 이것으로 충분하다. 더 이상 준수해야 할 것은 없다. 이러
> 한 이유로 루터의 **"오직 믿음"이라는 어구는 믿음이 자비에, 사랑에 반
> 대되지 않는 한 참되다.**[62]

피츠마이어나 베네딕토 16세가 "특징적인 개신교"의 주해를 지지
하면서 칭의에 관한 트리엔트공의회의 교리를 내버린 것이 아니라는
점을 기억하라.[63] 그보다도 저들은 로마서에서 최초 칭의에 대한 바울의
가르침을 요약하는 **교부와 중세 가톨릭 전통**을 단순히 다시 살려낸 것
뿐이다. 또한 베네딕토 16세가 강조한 것처럼 가톨릭 신도들이 "오직
믿음"에 대해 말할 때는 "하나님의 사랑(ἀγάπη)"(롬 5:5)의 선물로 활성화

---

61. Fitzmyer, *Romans*, 363.
62. Benedict XVI, *Saint Paul*, 82 (강조 표시는 추가됨). 나는 원문의 이탈리아어 *"se
    non si oppone la fede alla carità, all'amore"*를 더 정확하게 반영하기 위해 영역판의
    마지막 줄을 약간 수정했다. 이에 대해 John Sehorn에게 감사의 마음을 전한다.
63. Michael Bird, "Progressive Reformed" response in *Justification: Five Views*, ed.
    James K. Beilby and Paul Rhodes Eddy (Downers Grove, IL: IVP Academic,
    2011), 296 [= "진보적 개혁파", 『칭의 논쟁: 칭의에 대한 다섯 가지 신학적 관점』,
    새물결플러스, 2015]. Bird는 구체적으로 Fitzmyer, *Romans*, 307을 언급하면서 이
    어구를 사용했다.

되는 믿음을 뜻한다—곧, 바울이 다른 곳에서 이야기한 것처럼, "사랑을 통해 활동하는 믿음"(πίστις δι' ἀγάπης ἐνεργουμένη, 갈 5:6) 말이다.[64]

요약하자면 특히 교황 베네딕토 16세가 바울을 해석한 결과로 교부, 중세, 현대 가톨릭 관점이 "오직 믿음"을 통해 은혜로 받는 최초 칭의를 확언하고 있음이 분명해졌다—"오직 믿음"은 "하나님의 '아가페'(agapē, "사랑")의 선물이 없는 [오직] 믿음"이 아니라 "행위들 외의 [오직] 믿음"을 뜻한다.

E. P. 샌더스: "오직 믿음"을 통해, 공로 없는 은혜로, "들어감"

최초 칭의에 대한 가톨릭 관점은 E. P. 샌더스의 해석과 어떻게 들어 맞는가?

첫째, 그것은 다음과 같이 정의되는 샌더스의 "언약적 율법주의" 개념과 매우 잘 어울린다.[65] "언약적 율법주의는 인간의 위치가 하나님의 계획 안에서 언약에 기초하여 세워진다는 견해다. … **순종은 언약 안에서 인간의 위치를 유지하게 해주지만 하나님의 은혜는 그렇게 얻어지지 않는다.**"[66] 다른 곳에서 샌더스는 더욱 간단하게 말한다. 언약에 "들어가는 것"은 "선택하시는 하나님의 은혜"에 의해 발생하지만 "[언약 안에] 머무르는 것"은 "순종"에 달려 있다.[67] 우리는 나중에 이 순종에 대해

---

64. 여기서 Benedict는 구체적으로 Augustine의 갈 5:6 읽기를 따르고 있다. Augustine, *On Faith and Works* 22.4을 보라(본서 80쪽에서 인용됨).

65. E. P. Sanders, "Covenantal Nomism Revisited," in *Comparing Judaism and Christianity: Common Judaism, Paul, and the Inner and Outer in Ancient Religion* (Minneapolis: Fortress, 2016), 51-84 [= "다시 살펴본 언약적 율법주의", 『바울과 팔레스타인 유대교(간추린판)』, 알맹e/비아토르, 2020]을 보라.

66. *PPJ*, 75, 420 (강조 표시는 인용 출처 본래의 것).

67. E. P. Sanders, *Judaism: Practice and Belief, 63 BCE-66 CE* (London: SCM;

살펴볼 것이다. 지금의 요지는 어느 누구도 하나님의 백성 안으로 "들어가게 하는" 최초 은혜를 받을 자격이 없다는 것이다. 샌더스 이전의 가톨릭 해석가들처럼 그는 칭의의 최초 은혜를 얻어낼 수 있는 것이 아니라고 주장한다.

둘째, 몇몇 비평가들은 샌더스가 "오직 믿음"을 통한 칭의라는 바울의 가르침을 훼손시켰다고 제안하지만,[68] 그의 작품을 면밀히 들여다보면 그렇지 않음을 알 수 있다.

> 하나님의 백성 안으로 들어가는 이방인들은 오직 믿음에 기초하여 그렇게 하고 … 또한 율법이 저들의 입회(admission) 조건이 되어서는 안 된다.[69]

> 만일 누군가 어떻게 그리스도의 몸에 들어가느냐고 묻는다면 바울은 "유대 율법을 지킴으로써 그리고 유대인이 됨으로써가 아니라 오직 믿음으로"라고 대답할 것이다.[70]

여기서 샌더스가 "오직 믿음" 용어를 항상 "그리스도의 몸에" "입회" 또는 "들어감"과 관련하여(즉, 최초 칭의) 사용한다는 점에 유의해야 한다. 또한 최초 칭의가 불가피 **집단적**(corporate) 차원으로 제시되고 있음을 주목하라. 이는 곧 개인의 구원에 관한 것이 아니라 "하나님의 백성"에 들어감에 관한 것이다. 마지막으로 샌더스가 아우구스티누스 및 베네딕

Philadelphia: Trinity Press International, 1992), 262.

68. Yinger, *New Perspective*, 73-77에 나오는 새 관점에 대한 비평 사례를 보라.

69. *PLJP*, 29; 참조, 30, 57n64 [= 『바울, 율법, 유대인』, 감은사/알맹e, 2021].

70. *PALLT*, 573.

토 16세처럼 오직 믿음에 관해 말할 때마다 자비와 관련 없는 (오직) 믿음에 대해 말하는 것이 아니다. 그보다도 샌더스는 "사랑을 통해 활동하는 믿음"(갈 5:6)에 대한 바울의 언급을 "**오직** 그리스도를 믿는 **믿음**, 곧 **사랑에 더하여** ⋯ 그리스도 안에 있는 것이 진정으로 중요한 전부"라는 의미로 해석한다.[71]

　　요약하자면 샌더스가 "'솔라 피데'(*sola fide*), 오직 믿음"은 "기독교에 대한 바울의 관점에서 중차대하다"고 주장한 것과 마찬가지로,[72] 아우구스티누스, 아퀴나스, 베네딕토 16세도 "오직 믿음"을 통해 은혜로 얻는 최초 칭의에 대해 말했다. 그리고 샌더스가 바울에게 있어 그리스도 안에 있는 "생명"으로서의 최초 칭의가 "오직 선물로서 주어질 수 있다"고 주장한 것처럼[73] 『가톨릭 교회 교리서』는 "은혜의 이치에서 주도권이 하나님에게 속해 있기 때문에 어느 누구도 회심/개종의 시작부에 **용서와 칭의의 최초 은혜를 받을 자격이 없다**"라고 기록하고 있다.[74]

"율법의 행위들" ≠ "선한 행위들"

　　칭의에 대한 가톨릭 관점의 세 번째 측면은 바울이 "율법의 행위들"이라는 어구로 의미했던 바와 관련이 있다. 이 문제에 관한 가톨릭의 공식적인 입장은 없다. 그 대신 수 세기에 걸친 가톨릭 해석자들은 바울이 이 어구를 가지고 (1) 할례, 안식일 준수, 모세의 음식 규정만을 가리켰

71.　*PALLT*, 704 (강조 표시는 첨가됨); 참조, 552.

72.　*PALLT*, 722.

73.　*PALLT*, 509; 참조, 517, 447.

74.　*Catechism of the Catholic Church*, no. 2010 (강조 표시는 첨가됨).

는지, 또는 (2) 십계명을 포함한 모세 율법에 관한 모든 행위를 가리켰는지 논쟁해 왔다. 그렇기는 하지만 바울이 "율법의 행위들"에 대해 말하면서 이미 그리스도 안에 있는 사람들이 행하는 "선한 행위들"을 가리키는 것은 아니라는 데에는 폭넓은 동의가 있다.

사도 바울: "율법의 행위들로" 의롭게 되는 것이 아니다

이를 명확하게 확인하기 위해 우리는 바울이 "율법의 행위들"과 관련 없는 칭의에 대해 말한 본문들을 간단히 살펴볼 필요가 있다.

> 우리는 본래 유대인이요 이방 죄인이 아니로되, 사람이 의롭게 되는 것은 율법의 행위에 의한 것이 아니요, 오직 예수 그리스도를 통해 되는 줄 알므로, 우리도 그리스도 예수를 믿는다. 이는 우리가 **율법의 행위들로써가 아니라** 그리스도를 믿음으로써 의롭다 함을 얻으려 함이다. **율법의 행위들로써는 의롭다 함을 얻을 육체가 없다.** (갈 2:15-16)

> 그러므로 **어느 인간 존재도 율법의 행위들로** 그의 앞에 **의롭다 함을 얻게 되지 않는데,** 이는 율법을 통해서는 죄를 깨닫기 때문이다. ··· 그런즉 자랑할 것이 있느냐? 있을 수가 없다. 무슨 법으로냐? 행위로냐? 아니다. 오직 믿음의 법으로다. 그러므로 사람이 **의롭다 함을 얻는 것은 율법의 행위에 있지 않고** 믿음으로 되는 줄 우리가 인정하노라. (롬 3:20, 27-28)

여기서 우리의 목적을 위해 단지 두 가지를 관찰해볼 필요가 있다. 한편으로 바울은 갈라디아서와 로마서 모두에서, "할례"의 구체적인 역할을 논의하는 맥락 가운데 "율법의 행위들"(ἔργα νόμου)이라는 표현을 분명하게 언급한다(갈 2:16[3x]; 롬 3:20, 28).[75] 다른 한편으로 바울이 사용한 "율법의 행위들"은 십계명을 포함한 전체적인 모세 율법을 가리키는 것처럼 보일 때도 있다. 예컨대, 바울은 "어느 인간 존재도 율법의 행위들로[ἐξ ἔργων νόμου] 그의 앞에 의롭다 함을 얻게 되지 않는데, 이는 율법을 통해서는[διὰ νόμου] 죄를 깨닫기 때문이다"라고 말할 때(롬 3:20), 할례법을 특정하고 있지 않다. 그보다도 나중에 바울이, "율법"이 "탐내지 말라"(롬 7:7[참조, 출 20:17])라고 말하지 않았더라면 그가 "죄를 알지" 못했을 것이라고 말할 때는 십계명을 염두에 두고 있는 것처럼 보인다. 마찬가지로 바울이, "아브라함이 행위들로[ἐξ ἔργων] 의롭다 함을 받았다"(롬 4:2)는 사상을 거부할 때는 "삯"(μισθός)을 받아야 할 "인간의 노동/노력"에 대해 말하는 것처럼 보이고(롬 4:4) 단순히 할례와 같은 입회 의식에 관해 말하는 것 같지는 않다.[76]

교부와 중세 해석가들: "율법의 행위들" ≠ "선한 행위들"

바울은 "율법의 행위들"이라는 어구로 무엇을 의미했는가? 수 세기에 걸쳐 해석가들은 서로 다른 입장을 취해 왔다.

한편으로 몇몇 교부 및 중세 해석가들은 그 표현이 할례, 모세의 음식 규정, 안식일 준수를 가리킨다고 주장한다.

> 바울이 거부하고 자주 비판하던 행위들이란, 율법에서 명했던 **의**의 행위들이 아니라 … 육신의 **할례**, 희생제사 의식, 안식일 또는 초하루 절

---

75. 참조, 갈 2:12; 5:6, 11; 6:15; 롬 2:25-29; 3:1, 30; 4:9-12.
76. 참조, Yinger, *New Perspective*, 65.

기들의 준수를 가리킨다. (Origen, *Commentary on the Epistle to the Romans* 8.7.6)[77]

나는 지금 [갈 3:2에서] 눈앞에 놓인 것이 무엇인지 물어야겠다. 즉, 그것은 **율법의 행위들**, 곧 **안식일** 준수, **할례**의 미신, 초하루다. … (단순히) "행위들로"가 아니라 "율법의 행위들로" "성령을 받은 것"인지 "내가 너희에게서 알기를 원한다"라고 [바울이] 말했다는 사실에 주의를 기울여보자. (Jerome, *Commentary on Galatians* 1.3.2)[78]

[갈 2:16에서] 바울의 대상은 … 제자들을 향하고 있었다. 그리고 갈라디아인들뿐 아니라 그들과 같은 오류 아래서 수고하는 다른 사람들도 향하고 있었다. 그들 중 지금 **할례받은** 자는 거의 없지만 그들은 유대인들과 함께 금식하고 안식일을 지킴으로써 은혜에서 떨어진 자들이다. (John Chrysostom, *Homilies on Galatians*, on Gal. 2:17)[79]

[롬 3:20에 있는] 율법의 행위들은 율법으로 제정된 것들이며, 그것들은 의례적이고(ceremonial) 표상적(figurative)이기 때문에 끝난 것들이다. … 복음 안에서 완전하게 되고 확실히 의롭게 된 **도덕적인 법들이 아니라, 의식적인 것**에 입각해서 이것을 이해하라. (*Glossa Ordinaria*, on Rom.

---

77. 참조, Origen, *Commentary on the Epistle to the Romans*, 2:159.

78. *St. Jerome's Commentaries on Galatians, Titus, and Philemon*, trans. Thomas P. Scheck (Notre Dame, IN: University of Notre Dame Press, 2010), 114.

79. John Chrysostom, *Homilies on the Epistles to the Galatians, Ephesians, Philippians, Colossians, Thessalonians, Timothy, Titus, and Philemon*, NPNF[1] 13:21.

3:20)[80]

위의 바울 해석자들 가운데 유명하지 않은 인물이 없다는 것은 중
요하다. 이들은 특정 장소나 시간에 제한되지도 않는다. "율법의 행위
들"이 특히 할례, 안식일, 음식 규정을 가리킨다는 생각은 동방과 서방,
그리스와 라틴, 교부와 중세 바울 해석자들 가운데서 발견할 수 있다.[81]

그러나 어떤 교부 및 중세 주석가들은 바울이 모세 토라의 모든 명
령들을 지칭하는 데 "율법의 행위들"을 사용했다고 주장한다. 예컨대,
먼저 아우구스티누스의 말과 토마스 아퀴나스의 말을 살펴보자.

> 그러므로 **"율법"**이라는 단어가 할례 자체와 다른 유사한 법적 준수 사
> 항들을 가리킨다는 관점에서, 사도[바울]가 할례받도록 설득당하는 사
> 람들을 책망하고 잘못을 지적하고 있는 것처럼 보이지만, … 그럼에도
> 동시에 그가, **율법으로는 어느 누구도 의롭다 함을 얻지 못한다**[롬 3:20]
> 고 할 때, **율법은 단순히 약속의 표상들을 담고 있는 성례전적 제도들
> 에만 있는 것이 아니라 거룩하게 사는 행위들에도 담겨 있으며**, 그 가
> 운데는 "탐내지 말라"라는 금지도 나타난다. … 이는 할례 규정을 포함
> 하고 있지 않은 십계명에 요약되어 있다. (Augustine, *On the Spirit and the
> Letter* 23)[82]

---

80. *The* Glossa Ordinaria *on Romans*, 54-55.
81. 더 깊이는 Matthew J. Thomas, *Paul's "Works of the Law" in the Perspective of
     Second Century Reception*, WUNT 2/468 (Tübingen: Mohr Siebeck, 2018)을 보라.
82. Augustine, *Anti-Pelagian Writings*, NPNF[1] 5:93 [= "영과 의문에 관하여(*De Spiritu
     et Littera*)", 『어거스틴의 은총론 2』, 한국장로교출판사, 1997].

율법의 행위들에는 두 가지 종류가 있다. 하나는 의식적 계율에 대한 준수와 같은 특징적인 모세법이고, 다른 하나는 "살인하지 말라", "도둑질하지 말라" 등등과 같은 자연법에 속하기 때문에, 자연법적 행위라고 할 수 있다. 이제 어떤 사람들은 [율법의 행위들을] 위의 첫 번째 행위들 개념으로 받아들여서, 말하자면 의식들이 사람에게 의롭게 하는 은혜를 줄 수 없다는 것으로 사도[바울]의 말을 이해한다. 그러나 이것은 사도가 의도한 바가 아닌 것 같다. 왜냐하면 그가 바로 "율법으로는 죄를 깨닫는다"(롬 3:20)라는 말을 덧붙이기 때문이다. 그렇지만 분명한 점은 도덕적 계율에 포함된 금지 사항을 통해 죄가 깨달아진다는 것이다. 결과적으로 이 사도는 율법의 행위들로는, 심지어 도덕적 계율로 명령된 것들로는 사람이, 행위들로 인해 의가 발생한다는 의미에서, 결코 의롭다 함을 받지 못한다고 말하려 하고 있다. 왜냐하면 그가 이렇게 말하고 있기 때문이다. "은혜로 된 것이면 이제 행위들에서 난 것이 아니다"(롬 11:6). (Thomas Aquinas, *Commentary on Romans* 3.2.297)[83]

아우구스티누스와 아퀴나스는 모두 "율법의 행위들"에 대한 더욱 제한적인 해석을 분명히 알고 있었지만 그것이 너무 제한적이기 때문에 거부했다. 더욱이 둘 모두 십계명을 포함하는 더 넓은 해석을 명시한다.[84] 마지막으로 아퀴나스가 주해를 근거로 하여 제한적 견해에 동의하지 않았다는 것은 중요하다. "이것은 사도가 의도한 바(라틴어 *intentio Apostoli*)가 아닌 것 같다."

83. Thomas Aquinas, *Commentary on the Letter of Saint Paul to the Romans*, trans. F. R. Larcher, ed. J. Mortensen and E. Alarcón (Lander, WY: Aquinas Institute for the Study of Sacred Doctrine, 2012), 99.
84. 마찬가지로 Aquinas, *Commentary on Romans* 3.4.317을 보라.

트리엔트공의회와 오늘날: "율법의 행위들" ≠ "선한 행위들"

앞에서 언급했듯이 트리엔트공의회는 바울의 "율법의 행위들"에 대한 가톨릭의 공식적 해석을 발표한 바가 없다. 하지만 모세 율법에 대해서는 다음과 같이 말한다.

> 그렇게 [인간 존재는] 완전히 죄의 노예였다[롬 6:20]. 그리고 마귀와 사망의 권세 아래서 이방인들은 본성의 힘으로, 유대인들은 **모세 율법의 문자**로 스스로를 해방해서 그 상태로부터 일어날 수 없었다. (Council of Trent, *Decree on Justification*, chaps. 1,4)[85]

여기서 트리엔트공의회가 유대교에 대해 "율법주의적"(legalistic)이라고 하지 않았다는 점에 주목하라. 이 교령은 단순히 "모세 율법의 문자"(라틴어 *litteram Legis Moysi*)를 지키는 것이 "아담의 죄"(롬 5:12)로 인해 모든 인간을 괴롭히는 "죄"와 "사망"의 상태에서 "해방"(라틴어 *liberari*)시킬 능력이 없다고 말할 뿐이다.[86] 요약하자면 (이방인들에게 있어서) 자연의 도덕법을 지키거나 (유대인들에게 있어서) 모세 율법을 지키는 일은 사람을 아담 안에서 그리스도 안으로 옮길 능력이 없다.[87]

결과적으로 바울서신에 나타난 "율법의 행위들"의 의미에 대한 가톨릭의 논쟁은 계속되고 있다. 몇몇 현대 가톨릭 주해가들은 바울이 할례, 안식일 준수, 음식 규정을 가리키는 데 이 표현을 사용했다고 주장

---

85. Denzinger, *Compendium of Creeds*, no. 1521.
86. Denzinger, *Compendium of Creeds*, no. 1521.
87. Denzinger, *Compendium of Creeds*, no. 1523.

한다.[88] 어떤 이들은 "율법의 행위들"이 십계명을 포함한 전체 모세 오경을 가리킨다고 주장한다.[89] 하지만 저들 모두가 동의하는 것처럼 보이는 것은 **바울이 그리스도 안에서 행하여진 "선한 행위들"에 반대하고 있지 않다**는 점이다. 예컨대, 조셉 피츠마이어는 넓은 관점을 취하지만 바울에게 "이것은 단순히 '선한 행동들'이 아니라 율법에 순종하는 행동"이라고 주장한다.[90]

이런 논쟁에 비추어 2008년에 교황 베네딕토 16세가 바울의 "율법의 행위들"에 관해 언급한 것은 매우 중요하다. 한편으로 베네딕토 16세는 "율법의 행위들"을 할례, 안식일, 음식 규정에 제한하지 않았던 아우구스티누스와 아퀴나스를 따르는 것처럼 보인다. "그렇다면 우리를 해방시키고 구원해내지 못하는 율법은 무슨 의미인가? 모든 동시대 사

---

88. 예, Scott W. Hahn, *Kinship by Covenant: A Canonical Approach to the Fulfillment of God's Saving Promises*, AYBRL (New Haven: Yale University Press, 2009), 274–76; Luke Timothy Johnson, *The Letter of James: A New Translation with Introduction and Commentary*, AB 37A (New York: Doubleday, 1995), 62; Frank J. Matera, *Galatians*, SP 9 (Collegeville, MN: Liturgical Press, 1992), 94 [= 『갈라티아서』, 대전가톨릭대학교출판부, 2020].

89. Ronald D. Witherup, "Galatians," in *The Paulist Biblical Commentary*, ed. José Enrique Aguilar Chiu et al. (Mahwah, NJ: Paulist Press, 2018), 1389; Jean-Noël Aletti, *Justification by Faith in the Letters of Saint Paul: Keys to Interpretation*, trans. Peggy Manning Meyer (Rome: Gregorian and Biblical Press, 2015), 68; Joseph Fitzmyer, "Justification by Faith in Pauline Thought: A Catholic View," in Aune, *Rereading Paul Together*, 88; Brendan Byrne, *Romans*, SP 6 (Collegeville, MN: Liturgical Press, 1996), 121 [= 『로마서』, 대전가톨릭대학교출판부, 2019]; Fitzmyer, *Romans*, 338. Frank Matera가 그의 더욱 최근 작품에서 자신의 관점을 넓은 해석으로 바꾸었다는 것은 주목할 필요가 있다. Matera, *God's Saving Grace*, 105을 보라. Scott W. Hahn, *Romans*, CCSS (Grand Rapids: Baker Academic, 2017), 49–53와 비교해보라. 그는 문제를 (결정하지 않은 채) 열어두고 있다.

90. Fitzmyer, *Romans*, 337.

람들에게 있어서와 마찬가지로 사도 바울에게 있어서 **'율법'이라는 단
어는 토라 전체**, 곧 모세오경을 의미했다."⁹¹

　또 다른 한편으로 베네딕토 16세는 바울이 그리스도 안에서 행하여
진 "선한 행위들"에 반대하고 있는 것이 아니라고도 주장한다.

> 우리는 먼저 우리를 해방시키는 이 "율법"이 무엇인지, 의롭게 하지 못
> 하는 "율법의 행위들"이 무엇인지 설명해야 한다. 역사에 있어 체계적
> 으로 반복됐던 견해는 이미 고린도 공동체에 존재하고 있었다. 그 견해
> 는 바로 그것이 **도덕법**의 문제이며 따라서 그리스도인의 자유는 윤리
> 로부터의 해방에 있다고 생각하는 견해다. 그처럼 고린도에서는 "나는
> 내가 원하는 것을 할 수 있다"(Πάντα μοι ἔξεστιν)는 어구가 널리 퍼졌었다
> [고전 6:12]. **저 해석이 잘못됐다는 것은 분명하다.** 곧, 그리스도인의 자유
> 는 방종(libertinism)이 아니다. **사도 바울이 말했던 해방은 선한 행위들로
> 부터의 해방이 아니다.**⁹²

　여기서 베네딕토 16세의 진술이 가톨릭 교리를 결정하는 진술로서 의
도된 것은 아니지만,⁹³ 그럼에도 이는 바울의 "율법의 행위들"에 대한
가톨릭 관점에 기여한다.

91.　Benedict XVI, *Saint Paul*, 80-81 (강조 표시는 첨가됨).
92.　Benedict XVI, *Saint Paul*, 80 (강조는 추가됨).
93.　기본적으로 일반알현은 매주마다 하는 교황의 설교다. 이는 교황의 통상적인 교도
　　권(magisterium)의 일부이지만, 일반적으로 에큐메니칼 공의회(Ecumenical
　　Council), 교황 회칙(Papal Encyclical), 또는 사도 법령(Apostolic Constitution)에
　　서 선언되는 교리를 정의하는 표준적인 자리는 아니다.

E. P. 샌더스: "율법의 행위들" ≠ "선한 행위들"

"율법의 행위들"에 대한 E. P. 샌더스의 해석으로 다시 돌아가면 가톨릭의 바울 주해와 더욱 겹치는 부분을 발견하게 된다. 한편으로, 오리게네스, 히에로니무스(Jerome), 크뤼소스토모스, 로마서에 대한 『글로사 오르디나리아』와 같이 샌더스는 주로 이 어구가 할례, 안식일 준수, 음식 규정을 가리킨다는 제한적인 견해를 취한다. 한편으로, 조셉 피츠마이어와 교황 베네딕토 16세처럼 샌더스는 바울이 율법의 "행위들과는 별개로" 믿음을 통한 칭의를 말할 때 "선한 행동들"에 대해 반박하고 있는 것이 **아니라**고 주장한다.[94] 다음을 살펴보자.

> 바울이 선한 행동들과 보상을 반대했다는 잘못된 견해는 그가 반대했던 "율법의 행위들"(특히 이방인들의 할례)을 선한 행동들과 동일시함으로 비롯했다. 실제로 "율법의 행위들"(유대인이 되는 것)은 "선한 행동들"과는 별개의 범주에 속해 있다. **선한 행동들은 율법의 행위들이 아니었고, 율법의 행위들도 선한 행동들이 아니었다.**[95]

> "율법의 행위들"은 다른 사람을 위한 선한 행동들이나 자선 활동들이 아니다. 바울은 이 용어를 사용하면서 주로 할례를 염두에 두었다.[96]

샌더스의 "율법의 행위들"에 대한 제한적인 해석에 동의하든 안 하든, 오리게네스, 크뤼소스토모스, 히에로니무스에 의해 주장됐던 비슷한 견

---

94. 다음을 보라. *PLJP*, 18; *PALLT*, 497, 513-14.
95. *PALLT*, 561 (강조 지점은 수정됨).
96. *PALLT*, 562.

해들이 새로운 것으로 치부될 수는 없다. 어떤 경우든, 바울이 "선한 행동들로부터 해방되는 것"에 대해 말한 것이 아니라는 베네딕토 16세의 주장처럼[97] 샌더스도 바울이 "선한 행동들"에 "반대"한 것이 아니라고 주장한다.[98] 잠시 후 살펴보겠지만 이 특이점은 바울이 "율법의 행위들과는 별개로 믿음으로 의롭다 함을 받는다[δικαιοῦσθαι]"(롬 3:28)라는 진술과 "율법을 행하는 자들이 … 의롭다 함을 받을 것이다[δικαιωθήσονται]" (롬 2:13)라는 진술 모두를 확증할 수 있었는지를 이해하는 데 중대한 역할을 할 것이다.

믿음만으로가 아닌 행위에 따른 최종 심판

우리가 주목해야 할 바울에 관한 가톨릭 관점의 네 번째이자 마지막 측면은 다음과 같다. 곧, 최초 칭의는 행위와는 관계없이 믿음을 통한 공로 없는 은혜에 의한 것이지만, 심판의 날에 있을 최종 칭의는 오직 믿음이 **아니라** 행위를 따른다는 것이다. 샌더스의 언어를 사용하자면 선한 행위들은 그리스도의 몸에 "들어가는" 데 필요하지 않지만, 그리스도 "안에 머무르고" 영원한 삶을 보상으로 받는 데에는 **필요하다.**

사도 바울: "행위들에 따른" 최종 심판/칭의

행위들에 의해 최종 심판이 주어진다는 견해를 지지하는 경우로 다

---

97. Benedict XVI, *Saint Paul*, 80.
98. *PALLT*, 561.

음의 구절들을 살펴보라.[99]

> **너희 안에서 선한 행위를 시작하신 이가** 그리스도 예수 그리스도의 날에 이루실 것을 우리는 확신한다. (빌 1:6)

> 그러나 **각각 자기의 행위를 살피라.** 그리하면 자랑할 것이 자기에게는 있어도 남에게는 있지 않다. … **사람이 무엇으로 심든지 그대로 수확할 것이다.** 자기의 육체를 위하여 심는 자는 육체로부터 **썩어질 것을 수확하고** 성령을 위하여 심는 자는 성령으로부터 **영생을 수확할 것이다.** 우리가 **선을 행할 때** 낙심하지 말자. **우리가 낙심하지 않으면** 때가 이를 때 수확할 것이다. 그러므로 우리는 기회 있는 대로 모든 이에게 **선한 행위를** 하되 더욱 믿음의 가정들에게 하자. (갈 6:4, 7-10)[100]

> 나는 심었고 아볼로는 물을 주었으되 오직 하나님이 자라나게 하셨다. … **각각 자기가 일한 대로 자기의 삯을 받을 것이다.** 우리는 하나님의 **동역자들**이요 너희는 하나님의 밭이요 하나님의 집이다. … 만일 누구든지 금이나 은이나 보석이나 나무나 풀이나 짚으로 이 터 위에 세우면, **각 사람의 행위가** 나타날 터인데 그날이 그것을 밝힐 것이다. 이는 불로 나타내고, **그 불이 각 사람이 행한 행위가 어떤 것인지를 시험할 것이다.** 만일 누구든지 그 위에 세운 **행위가** 그대로 있으면 **삯을** 받

---

99. 많은 영역본들이 바울서신에 나타나는 "행위"(ἔργον, work)의 긍정적인 용례를 모호하게 흐려놓거나 제거했기 때문에 나는 *PALLT*, 571-74 (강조는 추가됨)을 따라 핵심 어구를 가능한 한 문자적으로 번역했다.

100. 바울이 사람의 "행위"(work)를 자랑하는 것에 대해 말할 때(갈 6:4), NIV는 "행위"(work)를 "행동들"(actions)로 바꾸었다.

고 누구든지 그 **행위**가 불타면 **형벌을 받을 것이다**. 그러나 자신은 **구
원을 받되 불 가운데서 받은 것 같을 것이다**. (고전 3:6, 8-9, 12-15)[101]

그러므로 [사탄의] 일꾼들도 자기를 의의 일꾼으로 가장한다. 그들의 마
지막은 그 **행위들대로** 될 것이다. (고후 11:15)[102]

하나님이 각 사람에게 **행위들에 따라** 보응하시되, 참고 **선한 행위** 가운
데 영광과 존귀와 썩지 아니함을 구하는 자에게는 **영생**으로 하시고, 오
직 당을 지어 진리를 따르지 아니하고 불의를 따르는 자에게는 **진노와
분노**로 하실 것이다. **악을 행하는** 각 사람의 영에는 환난과 곤고가 있
으리니 먼저는 유대인에게요, 그리고 헬라인에게며, **선을 행하는** 각 사
람에게는 영광과 존귀와 평강이 있으리니 먼저는 유대인에게요 그리
고 헬라인에게다. (롬 2:6-10)[103]

하나님 앞에서는 율법을 듣는 자들이 의인이 아니요, **오직 율법을 행하
는 자들이 의롭다 함을 얻을 것이다**. 율법 없는 이방인이 본성으로 **율
법의 일을 행할** 때에는 이 사람은 율법이 없어도 자기가 자기에게 율법
이 되나니 이런 이들은 그 양심이 증거가 되어 그 생각들이 서로 혹은
고발하며 혹은 변명하여 그 마음에 새긴 **율법의 행위**를 나타낸다. 곧,

---

101. 선한 "행위"(work, 고전 3:14)에 대해서 NRSV와 NIV는 모두 "행위"(work)를 생략
했다.
102. "행위들"(works, 고후 11:15)에 대해서 NRSV에는 "행함들"(deeds)로 되어 있고,
NIV 는 "행위들"(works)을 "행동들"(actions)로 바꾸었다.
103. "행위들"(works, 롬 2:6)에 대해서 NRSV는 "행함들"(deeds)로, NIV(1984)는 "그가
행한 것"(what he has done)으로 바꾸었다. "선한 행위"(good work, 롬 2:7)에 대해
서 NRSV, NIV, NEB는 모두 "행위"(works)라는 단어를 삭제했다.

나의 복음에 이른 바와 같이 하나님이 예수 그리스도로 말미암아 사람들의 은밀한 것을 심판하시는 그날이다. (롬 2:13-16)[104]

바울서신은 전체적으로 행위들에 따른 심판에 대해 기록하고 있다.[105] 지면의 부족으로 네 가지 사항만 간략하게 살펴보려 한다.

첫째, 바울은 미래의 심판의 "날"에 일어날 일을 설명하는 데 "의롭다 하다"(δικαιόω)라는 동사를 사용한다(롬 2:16; 고전 3:13; 참조, 빌 1:6). 즉, 칭의는 과거의 현실이면서 미래의 것이기도 하기에 최종 칭의와 최종 심판은 동일한 현실을 가리키는 두 가지 방식이 된다.

둘째, 바울은 최초 칭의는 행위와 상관없이 일어난다고 주장하지만, 최종 칭의는 "각각 자기 행위대로"(ἑκάστῳ κατὰ τὰ ἔργα αὐτοῦ, 롬 2:6), "자기 수고대로"(κατὰ τὸν ἴδιον κόπον, 고전 3:8), 또는 "그들의 행위들에 따라"(κατὰ τὰ ἔργα αὐτῶν, 고후 11:15) 될 것이라고 동등하게 강조한다. 여기서 바울이 최종 심판의 (단지 집단적인 것이 아니라) 개인적인 성격을 강조했다는 사실에 주목하라. 바울은 심지어 "율법을 행하는 자들[οἱ ποιηταὶ νόμου]이 의롭다 함을 얻을 것"(롬 2:13)이라고 주장한다. 그런 본문들에 비추어 볼 때 바울에게 있어 최종 심판이 행위들에 따른다는 것을 확언할 수 있다.

셋째, 이는 그리스도 안에 거하지 않고 **악한 행위들**을 계속하는 개인들이 진노와 멸망의 형벌을 받는다는 의미다. 그래서 바울은 각각의 신자가 "자기 행위[ἔργον]를 시험"(갈 6:4)해야 한다고 말하고 또한 누구든지 "육체의 행위들[ἔργα]"(갈 5:19)에 사로잡힌 사람은 "하나님 나라를

---

104. "율법의 행위"(work of the law, 롬 2:15)에 대해서 NRSV는 "율법이 요구하는 것"(what the law requires)으로 NIV(1984)는 "율법의 요구들"로 옮겼다.

105. 예, Kent L. Yinger, *Paul, Judaism, and Judgment according to Deeds*, SNTSMS 105 (Cambridge: Cambridge University Press, 1999).

유업으로 얻지 못하고"(갈 5:21) "멸망"의 열매를 "수확"(갈 6:8)하게 된다
고 경고한 것이다. 마찬가지로 "악을 행하는[κατεργάζομαι]" 모든 사람은
"진노와 분노"(롬 2:8-9)를 초래하게 될 것이다.[106]

넷째, 반대로 그리스도 안에서 **선한 행위들**을 지속적으로 하는 사람
들은 영생의 보상 또는 삯을 받을 자격이 있다. 이것이 바로 바울이 "선
을 행하고[ἐργάζομαι]" "낙담하지" 않는 사람들은 "영생"을 열매로 "수확
하게 될 것"(θερίζω)이라고 말한 바의 의미다(갈 6:8-9). 여기서 바울이 사
용한 농업의 "수확/추수" 이미지는 하나님의 은혜와 **인간의 협력**을 전
제로 한다는 점을 주목하라. (논이나 밭에서 일해본 적이 없는 사람만이 인간의 노
력이 없는 수확을 상상할 수 있을 것이다!) 마찬가지로 자신의 "행위"(ἔργον)를
그리스도의 "기초" 위에 세운 사람은 "보상" 또는 "삯"(μισθός)을 답례로
받게 될 것이다(고전 3:8, 14). 무엇보다도 가장 놀라운 일은 아마도 "선한
일"(ἔργου ἀγαθοῦ)을 지속하는 사람들이 "영생"을 "갚음 받거나" 또는 "보

---

106. 바울은 다른 곳에서 신자들이 "그리스도에게서 끊어지고" 또한 "은혜에서 떨어질"
(갈 5:4) 수 있고, "영생의 열매"를 "수확"할 사람은 "낙심하지" 않을 "경우"에만 그
렇게 될 것이라고 주장한다. 마찬가지로 신자들이 하나님의 인자하심에 "머물러 있
지" 않는다면 그들 역시 "찍히는 바"(롬 11:22)가 될 것이다. 바울은 분명 자신이
"그리스도 안에" 있다고 생각하고 자책할 것을 "알지 못한다"는 사실로 인해, "그로
말미암아 의롭다 함"을 받지 않는다는 사실을 쉽게 인정하고, "썩어지지 않을" 면
류관을 위한 경기에서 자신이 "낙오"하지 않도록(고전 9:25, 27) 자신의 몸을 쳐서
복종하게 한다. 비교, *PPJ*, 517-18: "바울은 [롬 11:22; 고전 6:9-11; 갈 5:21에서] 특정
방식에 있어서 죄를 짓지 않고 올바르게 행동해야 구원을 얻는다는 것을 뜻하는 것
이 아니다. … 그러나 고의적이거나 가증스럽게 불순종하는 사람은 구원에서 제외
될 것이다." 이와 관련하여 아무것도 "우리를 우리 주 그리스도 예수 안에 있는 하
나님의 사랑에서 끊을 수 없다"(롬 8:39)라는 바울의 선언에는 **죄들이 열거되어 있
지 않다**. 바울은 "음행이든, 우상 숭배든, 도둑질이든, … 하나님의 사랑에서 끊을
수 없다"라고 말하지 않았다. 바울이 말하는 바는 **고난**("환난, 곤고, 박해")이나 **악
한 세력**("천사들", "권세자들", "능력")이 그리스도로부터 끊을 수 없다는 뜻이다.

상반게"(ἀποδίδωμι) 된다는 점이다(롬 2:6-7).[107] 분명 이는 바울이 다른 곳에서 "의의 열매"(καρπὸν δικαιοσύνης, 빌 1:11) 또는 "의의 수확"(τὰ γενήματα τῆς δικαιοσύνης, 고후 9:10)을 언급할 때 의미하는 바다.

그러나 바울은 영생으로 "보상되거나" 또는 "갚아지는" 선한 행위들에 대해 어떻게 말할 수 있는가? 이는 바울에게 있어서 하나님의 행위와 그리스도 안에서 행해지는 선한 행위들이 **충돌**을 일으키지 않기 때문이다. 바울에게 있어서 신자들 안에서 "선한 행위"(ἔργον ἀγαθόν)를 시작하시고 심판의 "날"에 그것을 "완성"하실 분이 하나님이시고(빌 1:6; 참조, 빌 2:13) 또한 그들을 "통해" 그분의 선한 일/행위를 "성취"하거나 "이루실"(κατεργάζομαι) 분이 바로 그리스도시기 때문이다(롬 15:18). 이러한 이유로 그리스도 안에 있는 사람들은 "하나님의 은혜로"(하나님과) "함께 일하는"(συνεργέω) 진정한 "동역자"(συνεργοί)이다(고전 3:9-10; 고후 6:1).

교부 및 중세 해석가들: "오직 믿음"에 의한 것이 아닌, 행위에 따른 심판

이와 같은 바울서신 구절들에 비추어 볼 때 최초 칭의가 "오직 믿음"을 통해 은혜로 된다고 주장했던 바로 그 교부 및 중세 해석가들은 최종 칭의가 믿음만으로 되는 것이 아니라 "행위들"에 따른 것이라고 주장한다. 다음을 살펴보자.

신자들은 **자신들이 믿기 때문에 그것만으로 충분하다**는 생각을 품지 않도록 계발되어야 한다. 그보다도 하나님의 의로운 심판이 각 사람의

---

107. *apodidōmi*에 대해서는 BDAG 109-10 [≒ 『바우어 헬라어 사전』, 생명의 말씀사, 2017]을 보라.

행위에 따라 갚는다는 사실을 알아야 한다. (Origen, *Commentary on the Epistle to the Romans* 2.5.7)[108]

어떤 사람이 올바른 믿음을 가지고 병든 삶을 살고 있다면 그의 믿음은 형벌에서 그를 보호하지 못하고 그의 행위는 불타버릴 것이다. … 그렇기 때문에 [바울은] … "자신은 구원을 받되 불 가운데서 받은 것 같을 것이다"(고전 3:15)라고 말했던 것이다. (John Chrysostom, *Homilies on 1 Corinthians* 9.5)[109]

[신실한 자들이] **믿음만으로도 구원에 충분하다거나 구원되기 위해 선한 행위들을 수행할 필요가 없다**고 잘못 확신하고 행동한다면 저들의 영혼 구원은 위태롭게 될 것이다. … 따라서 사도 바울이 율법의 준수가 아니라 믿음으로 의롭게 된다고 말할 때 이는 **선한 행위들이 필요하지 않다거나 믿음을 받아들이고 고백하는 것으로 충분하고 그 이상은 필요하지 않다**는 의미가 아니다. 오히려 바울이 의미한 바는 … 사람이 이전에 율법의 행위들을 행하지 않았더라도 믿음으로 의롭다 함을 받을 수 있다는 말이다. **율법의 행위들은 칭의 이전이 아니라 칭의 이후에 가치를 발하기 때문이다.** (Augustine, *On Faith and Works* 14.21)[110]

"율법의 행위들 없이"[롬 3:28]란, "선행하는(preceding) 행위들 없이"라는 뜻이지 **"후속 행위들이 없다"**는 뜻이 아니다. 만일 그렇다면 야고보가

---

108. Origen, *Commentary on the Epistle to the Romans*, 1:112.
109. John Chrysostom, *Homilies on the Epistles of Paul to the Corinthians*, NPNF[1] 12:51.
110. Augustine, *On Faith and Works*, 28-29.

"행위/행함 없는 믿음은 죽은 것"(약 2:17)이라고 말한 것처럼 믿음은 헛
될 것이다. (*Glossa Ordinaria*, on Rom. 3:28)[111]

"율법의 행위들 없이"[롬 3:28]. … 물론 이것은 의로워지기 이전의 행위
들 없음을 의미하지만 **그 이후의 행위들이 없는 것**은 아니다. 왜냐하면
야고보서에서 진술된 것처럼 "행위/행함이 없는", 즉 **후속적인 행위들**
이 없는 "믿음"(약 2:26)은 "죽은 것"이기 때문이다. (Thomas Aquinas, *Com-
mentary on Romans* 3.4.317)[112]

믿음만으로는 최종 심판에 충분하지 않고 통상 선한 행위들이 수반되
어야 한다는 사상은 동방과 서방, 그리스어 문헌과 라틴어 문헌, 교부와
중세 바울 주석가들에게 나타난다. 몇몇 사람들은 행위에 의한 심판에
대한 바울의 가르침이 야고보의 선언, "사람이 행위로 의롭다 함을 받
고[ἐξ ἔργων δικαιοῦται] 믿음으로만은 아니다[οὐκ ἐκ πίστεως μόνον]"(약 2:24)와
일치한다고 주장한다. 이는 바울과 야고보 모두 최초 칭의 **이후의** 행위
의 역할을 말하고 있기 때문이다.

트리엔트공의회와 오늘날: "오직 믿음"에 의한 것이 아닌, 행위에 따른 심판

이와 같은 교부와 중세의 배경을 염두에 두고 우리는 이제 "오직 믿
음"(라틴어 *sola fide*)에 대한 트리엔트공의회의 유명한 거부를 적절한 맥락
가운데 해석할 수 있을 것이다.

---

111. *The* Glossa Ordinaria *on Romans*, 59.
112. Aquinas, *Saint Paul to the Romans*, 106.

어느 누구도, "그리스도와 함께 영광을 받기 위하여 **고난을 함께**"(롬
8:17) **받지 않고서, 오직 믿음으로 상속자가 되고 유업을 얻을 것이라고
생각하며, 믿음 하나로** 자만해서는 안 된다. … 그래서 사도[바울] 자신
은 의롭다 함을 받은 자들에게 이렇게 훈계한다. "… 내가 내 몸을 쳐
복종하게 함은 내가 남에게 전파한 후에 **자신이 도리어 버림을 당하지
않기 위함이다**"(고전 9:24-27). (Council of Trent, *Decree on Justification*, chap. 11)[113]

트리엔트공의회는 '솔라 피데'(*sola fide*)에 대한 이러한 언급에서 교부 및
중세 가톨릭 전통의 "오직 믿음"을 통한, 공로 없는 은혜에 의한 **최초**
칭의를 거부하지 **않는다**. 하지만 트리엔트공의회에서 인용된 바울서신
본문들이 분명하게 밝히듯이 이 공의회는 **최종** 칭의에 관한 개념, 곧
"협력의 방식으로 어떤 다른 것도 필요하지 않으며"[114] 신자는 그리스도
와 함께 기꺼이 고난을 감내하지 않고도 "유업을 얻을" 수 있다는 개념
에 명확히 반대했다(롬 8:17; 고전 9:27). 트리엔트공의회에 있어서 오직 믿
음만으로는 이미 "그리스도 안에" 있는 사람들이 최종 칭의를 받는 데
충분하지 않다.[115]

바울에 관한 현대 가톨릭 해석을 살펴보면 행위에 따른 최종 심판
이 계속해서 강조되고 있음을 알 수 있다. 조셉 피츠마이어의 말과 교황
베네딕토 16세의 말을 다시금 고찰해보자.

---

113. Denzinger, *Compendium of Creeds*, no. 1538.
114. Council of Trent, *Canons on Justification*, no. 9.
115. 트리엔트공의회가 다른 곳에서 말했듯이, "그리스도 예수 안에서는[*in Christo Iesu*]
　　　할례나 무할례나 효력이 없고 사랑을 통해 활동하는 믿음뿐이기"(갈 5:6; 참조,
　　　6:15) 때문에 "행위 없는 믿음[*fidem sine operibus*]은 죽은 것이요 무익하다(약 2:17,
　　　20)"(Council of Trent, *Decree on Justification*, chap. 7). Denzinger, *Compendium of
　　　Creeds*, no. 1531.

108 바울에 관한 다섯 가지 관점

바울은 사람이 믿음으로 의롭다 함을 받고 **행위들로 심판받는다**고 말하는 것처럼 보인다. ⋯ 오직 인간의 행위에 따른 신적 심판에 비추어 볼 때만 죄인이 믿음을 통해 은혜로 의롭다 함을 받는 것을 바르게 볼 수 있다. 그러므로 믿음에 의한 칭의와 **행함에 따른 심판**에 관한 바울의 가르침 사이에는 실제로 모순이 없다.[116]

갈라디아서에서 한편으로 사도 바울이 거저 주어지는 칭의의 성질이 우리의 행위들에 의존하지 않는다고 강조했던 것과 **동시에** 믿음과 자비 사이, 즉 **믿음과 행위들 사이**의 관계를 강조했던 것은 중요하다. "그리스도 예수 안에서는 할례나 무할례가 효력이 없되 **사랑을 통해 활동하는 믿음뿐이다**"(갈 5:6). ⋯ 그리스도에 대한 믿음의 선물을 통해 의롭다 함을 받은 우리는 이웃을 위한 그리스도의 사랑으로 살도록 부름을 받았다. **우리는 삶의 마지막에 이 기준에 따라 심판받게 될 것이기 때문이다.**[117]

이와 비슷한 노선 위에서, 마이클 바버(Michael Barber)는 행위에 의한 심판을 다루는 최근의 논문에서 바울이 그리스도 안에서 수행되는 선한 행위들이 적절할 뿐 아니라 보상을 가져온다고 생각하는 이유를 설명한다.

그리스도와 연합한 사람들에 의해 수행되는 행위들은 공로의 가치

---

116. Fitzmyer, *Romans*, 306, 307 (강조 표시는 첨가됨).
117. Benedict XVI, *Saint Paul*, 85–86 (강조 표시는 첨가됨).

x

(meritorious value)가 있다. 공로의 가치가 없을 수 없다. 왜인가? 이는 그리스도의 행위/일하심의 결과이기 때문이다. 신자는 "이제는 더 이상 내가 사는 것이 아니요 오직 내 안에 그리스도가 사시는 것이라"(갈 2:20)라고 말한다.

신자의 선한 행위들은 신자 안에서 그리스도가 성취하신 선한 행위들이다. **신자의 행위들이 공로의 가치가 없다고 주장하는 것은 그리스도의 행위에 공로가 없다고 주장하는 것과 같다.**[118]

가톨릭 관점에서 볼 때 오직 믿음을 통해 은혜로 받는 최초 칭의와 믿음만이 아닌 행위에 따른 최종 칭의에 대한 바울의 교리 사이에는 모순이 없다. 바울에게 있어서 하나님이 그리스도 안에 있는 신자들이 행한 선한 행위들을 보상하실 때, 그들 "안에 거하시고"(갈 2:20) 그들 안에서 "일하시는"(ἐνεργῶν, 빌 2:13) **그리스도 자신의** "선한 행위"(ἔργον ἀγαθόν, 빌 1:6)를 보상하시는 것이다.

E. P. 샌더스: 행위에 따른 심판 및 그리스도 안에 있는 "선한 행위들"에 대한 "보상"

이 지점에서 독자들은 바울서신의 행위에 의한 심판에 대한 E. P. 샌

118. Michael P. Barber, "A Catholic Perspective: Our Works are Meritorious at the Final Judgment Because of Our Union with Christ by Grace," in Robert N. Wilkin et al., *Four Views on the Role of Works at Final Judgment*, ed. Alan P. Stanley (Grand Rapids: Zondervan, 2013), 161-84, 인용된 부분은 180 [= "가톨릭 교회의 관점: 우리는 은혜로 그리스도와 연합되었기 때문에 우리의 행위는 최후의 심판 때 공로로 인정받는다", 『최후 심판에서 행위의 역할 논쟁: 구원과 심판에 관한 네 가지 관점』, 새물결플러스, 2019](강조 지점은 변경됨)

더스와 가톨릭 관점이 꽤 일치한다는 사실에 놀라지 않을 것이다.

　　첫째, 샌더스는 "율법을 행하는 자들이 의롭다 함을 받을 것이다"(롬 2:13)라는 진술을 최종 칭의가 행위에 따라 된다는 증거로 해석한다.

> 바울서신에 있어서 이상한 구절이 있다면 그것은 로마서 2:12-16이다. 하지만 이는 행위에 기초한 심판을 언급하기 때문이 아니다. 흥미로운 지점은 오히려 이 구절이 **행위에 의한 의**를 언급하고 있다는 데 있다. 그렇지 않다면 바울은 행위가 아니라 믿음으로 된다고 주장했어야 했다. **이 난제에 대한 해결책은 미래 시제 동사, "의롭다 함을 얻을 것이다"에 있는 것 같다.** … 의 또는 의롭다 함을 받는 것은 여기서 누군가 **심판 날에** 형벌을 받는지 아닌지와 관련이 있다.[119]

바울은 최초 칭의의 경우(롬 3:28)와 "종말론적" 칭의(롬 2:12-16)에 대해 말하고 있기 때문에 샌더스는 여기서 어떤 모순도 느끼지 못한다.[120]

　　둘째, 샌더스는 "바울서신에서 '행위'는 일반적으로 긍정적 의미의 선행(positive good)을 가리킨다"라고 강조한다.[121] 그는 심지어 바울에게 "선한 행위들"이 "보상"을 받으려는 바람을 따라 그리스도 안에서 수행될 수 있다고 주장한다. 예컨대, "각 사람이 하나님으로부터 칭찬(ἔπαι-νος)을 받을 것이다"(고전 4:5)라는 진술 및 선을 행하는 사람들은 "영생을 수확할 것"(갈 6:8-9)이라는 바울의 진술에 관하여 샌더스는 다음과 같이 썼다.

---

119. *PPJ*, 516 (강조 지점은 변경됨).
120. *PPJ*, 516.
121. *PALLT*, 572.

은혜로 얻은 구원이 행위에 따른 형벌 및 보상과 양립할 수 없는 것은
아니다.[122]

행함에 보상이 있다는 사상에 대한 개신교의 두려움 때문에 나는 갈라
디아서 6:7-10을 인용해야겠다. "… 자기의 육체를 위하여 심는 자는
육체로부터 썩어질 것을 거두고 성령을 위하여 심는 자는 성령으로부
터 영생을 거둘 것이다. 우리가 선을 행하되 낙심하지 말자. …" **그렇기
에 바울이 보상을 바라는 선한 활동에 반대했다는 주장은 사실이 아니
다.** 하나님은 의로우시기에 선한 행동들을 보상하시고 악한 행동들에
벌을 내리신다.[123]

요약하자면 『가톨릭 교회 교리서』가 "그리스도의 은혜로 이루어진
선한 행위들에 대한 하나님의 영원한 상급"에 관해 기록하고 있는 것과
같이,[124] 샌더스도 바울이 "보상을 바라고" 수행한 "선한 행동들"을 지지
하고 있다고 말할 수 있었다.[125] 마찬가지로 『가톨릭 교회 교리서』가 "하
나님의 은혜"를 통해 "그리스도 안에서" 행해진 "선한 행위들의 공로"
를 지지하는 것처럼,[126] 샌더스도 바울이 "행함에 대한 보상"과 심지어
는 "공로 개념"까지도 가지고 있었다고 주장했다.[127]

---

122. *PPJ*, 517.
123. *PALLT*, 560 (첫 문장의 강조 표시는 인용 출처 본래의 것이고, 마지막 문장에 있는
    강조는 첨가한 것임). .
124. *Catechism of the Catholic Church*, no. 1821.
125. *PALLT*, 560.
126. *Catechism of the Catholic Church*, no. 2008.
127. *PPJ*, 517n3.

결론

약 40년 전에 E. P. 샌더스는 『바울과 팔레스타인 유대교』에서 "율법주의적 행위-의"의 종교로서의 유대교의 캐리커처를 "파괴"하는 것이 자신의 "주된 목적" 중 하나라고 진술했다.[128] 이제 가톨릭에 대한 유사한 캐리커처를 파괴할 아주 좋은 때다. 이 글에서 나는 적어도 세 가지 방식으로 그것을 교정하려고 했다.

첫째, 나는 가톨릭 구원론에서 **바울의 절대적인 중심 역할**—특히 로마서에서—을 보여주었기를 바란다. 안타깝게도 우리는 (바울서신은 말할 것도 없고) 성경 자체가 가톨릭의 칭의 관점에 거의 또는 전혀 들어맞지 않는다는 인상을 받곤 한다. 예컨대, N. T. 라이트(Wright)는 자신의 중요한 책 『톰 라이트, 칭의를 말하다』(*Justification: God's Plan and Paul's Vision*)에서, "루터와 칼뱅은 성경으로 대답했고, 트리엔트공의회는 전통을 주장함으로 대응했다"라고 진술했다.[129] 나는 바울을 50회 이상 인용하고 성경을 100회 이상 인용한 트리엔트공의회의 『칭의 교령』을 어떻게 그런 식으로 설명할 수 있는지에 대해 할 말을 잃었다. 우리는 트리엔트공의회가 바울을 **잘못 해석**한 것은 아닌지 논의해야겠지만 『칭의 교령』이 단순히 "전통"에 기대고 있다고 기술하는 것은 역사적으로 바르지 않은 처사다. 동의하든 안 하든 간에, 칭의에 대한 가톨릭의 교리는 명시

---

128. *PPJ*, xxxi; 참조, 33-59.

129. N. T. Wright, *Justification: God's Plan & Paul's Vision* (Downers Grove, IL: IVP Academic, 2009), 23 [= 『톰 라이트, 칭의를 말하다』, 에클레시아북스, 2016]. 비교, McGrath (*Iustitia Dei*, 338-44). 그는 트리엔트공의회의 칭의 관련 교령이 "성경 구절에 직접 호소하기를 특별히 선호하는 것으로 유명하다"라고 언급했지만, 이 공의회가 바울을 어떻게 해석했는지는 말할 것도 없고 거기서 인용한 성경 구절에 대해서는 아무것도 이야기하지 않았다.

적으로 성경, 특히 바울에 뿌리를 두고 있다.

둘째, 나는 루터와 칼뱅보다 이전에 최초 칭의에 대한 바울의 가르침을 "오직 믿음"을 통해 은혜로 가능하다고 요약했던 **중세 가톨릭 전통**이 있었다는 사실을 다소간에 밝혀주었기를 바란다. 분명한 것은 '솔라 피데'(*sola fide*)라는 어구는 바울 자신이 사용한 표현이 아니기에 **단순히 전통일 뿐**이다.[130] 동시에 그것은 구석진 곳에서 일어난 일이 아니다. 그보다도 '솔라 피데'는 바울에 관한, 가장 중요한 중세 가톨릭 주석가에 의해 그리고 주석에서 사용된 어구다. 곧, 토마스 아퀴나스와 『글로사 오르디나리아』 말이다. 그런 증거들에 비추어, 특히 베네딕토 16세의 바울에 대한 가르침의 결과에 따라 나는 가톨릭교회가 "오직 믿음"—"행위들과는 별개인"을 의미하는—을 통해 은혜로 받는 **최초** 칭의를 확증한다는 것을 명확하게 했기를 바란다.[131] 가톨릭의 바울 해석은 펠라기우스주의(Pelagian)가 아니다. 마찬가지로 반율법주의(antinomian)도 아니다. 그러므로 실제로 불일치하는 지점은 바울이 **최종** 칭의 역시 행위 없이 오직 믿음으로 된다고 가르쳤는지에 놓여 있는 것 같다. 여기서 트리엔트공의회는 로마서 2:6과 야고보서 2:24을 인용하며 철저하게 반대했다.[132] 우리가 이미 살펴본 것과 같이 바울은 최종 심판에 있어

---

130. 신약에서 "오직 믿음으로"(ἐκ πίστεως μόνον)라는 어구는 약 2:24에만 나오는데, 여기서 이 어구는 부정된다("오직 믿음으로만은 아니다").
131. 놀랍게도 Horton (*Justification*)과 Schreiner (*Faith Alone*)는 *Glossa Ordinaria*, Thomas Aquinas, 교황 Benedict XVI에게서 등장하는 '솔라 피데'에 의한 최초 칭의에 대한 확신을 완전히 무시하고 있다.
132. Council of Trent, *Decree on Justification*, chaps. 7, 11, 16. 비교, James Dunn, "New Perspective View," in Beilby and Eddy, *Justification: Five Views*, 199은 "새 관점이 많은 사람들을 동요시키는 가장 큰 특징 중 하나"는 "바울의 최종 심판에 대한 가르침"에 주의를 기울이는 것이라고 올바르게 지적한 바 있다.

서 각 개인이 "행위"에 따라 "갚아질" 것이며 따라서 "영생"의 보상을 "수확"할 것이라고 선언했다(롬 2:6-7; 갈 6:8-9).

마지막으로 나는 바울에 관한 새 관점—적어도 E. P. 샌더스에 의해 대표되는—이 트리엔트공의회를 포함하여 교부, 중세, 현대 가톨릭 해석가들의 바울 해석과 놀랍도록 유사하다는 것을 보여주려고 했다.[133] 샌더스 자신이 "자유주의적이고 현대적이며 세속화된 개신교인"으로서 글을 쓴다고 말할 때 우리는 이를 어떻게 설명할 수 있는가?[134] 내 생각에 가장 간단한 설명은 여기서 다룬 네 주제와 관련하여 바울에 대한 샌더스의 해석이 대체로 **옳다는 것**이다. 이는 적어도 다른 언어와 다른 문화 가운데 있던 바울 주석가들이 어떻게 2000년 동안 계속 바울과 동일한 결론에 도달할 수 있는지를 설명해줄 것이다. 이렇게 말하면서 나는 더 많은 작품이 샌더스의 "새로운" 언약적 율법주의 개념에 대해 다루어 주기를 바란다.

> 우리는 이미 바울에게서 어떻게 기독교가 **새로운 형태의 언약적 율법주의**, 세례에 의해 들어가는 언약적 종교, 구원을 제공하고 구체적인 명령들을 가지고 있는 구성원 자격, 언약 관계를 유지하게끔 하는 순종(또는 범죄에 대한 회개), 반복적이거나 가증한 범죄로 구성원 자격이 박탈되는 것에 관해 이야기하고 있는지 보았다.[135]

---

133. 이는 샌더스가 모든 면에 있어서 가톨릭 관점과 일치한다는 뜻은 아니다. 예컨대, 가톨릭은 사람이 은혜로 그리스도에게로 "들어갈" 뿐 아니라 또한 은혜로 거기에 "머무르며" 선한 행위들을 한다는 사실을 샌더스보다도 더욱 강조한다. 예를 들어, *Catechism of the Catholic Church*, nos. 2007-8, 2011을 보라.

134. E. P. Sanders, *Jesus and Judaism* (Philadelphia: Fortress, 1985), 334 [= 『예수와 유대교』, 알맹e, 2022].

135. *PPJ*, 513 (강조 표시는 첨가됨).

내가 다른 곳에서 주장했듯이 바울 자신이 "새 언약의 유대인"이었고 초기 기독교는 정확히 "새 언약적 율법주의"(new covenantal nomism)로 묘사되는 것이 설득력을 가질 수 있다.[136] 이러한 시각에서 볼 때 바울에 관한 샌더스의 관점과 가톨릭 관점 사이의 유사점은 가톨릭 전통에서 그 사도(the Apostle)로 알려진 한 사람의 삶과 편지를 이해하기를 바라는 모든 사람들의 향후 대화를 자극해줄 것이다.[137]

---

136. Brant Pitre, Michael P. Barber, and John A. Kincaid, *Paul, A New Covenant Jew: Rethinking Pauline Theology* (Grand Rapids: Eerdmans, 2019)를 보라. 우리가 지적한 것처럼 Sanders는 바울에게 있어서 "언약적 범주들"이 적절하지 않다고 주장하지만(*PPJ*, 513), 그가 제시한 이유들은 특히 주의 만찬에서 "새 언약"의 중심성에 비추어 볼 때 설득력이 없다(고전 11:25; 참조, 고후 3:6-18).

137. 트리엔트공의회는 (베드로가 아니라) 바울을 가리킬 때 늘 "사도"(the Apostle)라는 표현을 사용한다. 예를 들어, Denzinger, *Compendium of Creeds*, nos. 1521, 1532, 1538을 보라.

피트리에게 응답하는
전통 개신교 관점

A. 앤드루 다스

16세기 루터교인들은 참된 믿음이란 하나님의 행하심의 증거로서 필연적으로 선한 행위를 낳는다고 고백했다(Formula of Concord, Epitome IV.2, 10). 그러나 선한 행위는 마지막 날에 그리스도인을 단장시키고 하나님을 의로우신 재판관으로 입증하는 데 필요하지만, 그 사실을 구원이나 칭의의 근거로 간주하면 안 된다. 개인은 행위로 구원받거나 의롭다 선언되지 않는다.

피트리 교수는 유사성(parallelism)에 크게 의존한다. 곧, 바울은 칭의를 세례 및 "그리스도 안에서의" 연합과 연결했다는 것이다(갈 3:24-27; 고전 6:11, 17). 피트리는 "문맥상 '의인이 될 것이다'라는 것은 개개인의 범죄에 대한 용서뿐 아니라 아담 안에 있는 상태에서 그리스도 안에 있는 상태로 옮겨가는 것을 의미한다."(원서 29쪽)고 말한다. 찰스 리 아이언즈(Charles Lee Irons)가 증명한 것처럼, **유사성은 본질을 증명하지 못한다.**[1]

1.　　Charles Lee Irons, *The Righteousness of God: A Lexical Examination of the*

어떤 해석가도 의, 그리스도와의 연합, 변화 사이의 **관계**에 대해서 논쟁하지 않을 것이다. 분명히 칭의와 성화는 그리스도인의 경험에서 깔끔하게 분리될 수 없다.[2] 문제는 칭의를 그러한 용어들로 **정의**해야 하는가이다. 마지막 날에 일어날 일을 이해하기 위해서 바른 정의가 반드시 필요하다. 바울은 칭의를 법정적**이면서** 변화적/참여적인 방식 두 가지 모두로 다루지 않는다. 칭의를 신자들 안에서 일어나는 또는 신자들을 위한 하나님의 역사라는 **더 큰 범주**와 혼동하면 안 된다.[3]

"의롭다 하다"(justify)라는 동사는 (법정의) **논의** 중에 취하는 행동 그리고/또는 선언으로 일관되게 사용된다.[4] 명사 "의"는 바울 자신의 것이 **아니라** "하나님으로부터 난" 선물(빌 3:9), 곧, 로마서 10:3-5에 나오는 의의 선물과 유사한 구조다. 로마서 1:17과 3:21-22에서 "의"는 근원/출처의 속격(genitive of source), 즉 선물이다. 의가 어떤 곳에서는 선물이고 다른 곳에서는 변화(transformation)라고 한다면 독자를 혼란스럽게 할 것이며, 이는 바울이 제공하지 않는 설명을 필요로 한다. 고린도후서 5:21에서 신자가 "하나님의 의가 되게 하려" 한다는 것은 바로 앞부분

Covenant-Faithfulness Interpretation, WUNT 2/386 (Tübingen: Mohr Siebeck, 2015), 65-68, 142-56, 274.

2.   A. Andrew Das, "Oneness in Christ: The *Nexus Indivulsus* between Justification and Sanctification in Paul's Letter to the Galatians," *ConcJ* 21 (1995): 173-86의 제목에 주목하라.

3.   James Barr, *The Semantics of Biblical Language* (Oxford: Oxford University Press, 1961), 218, 221-22에서 단어 자체가 아니라 문맥의 요소를 단어에 투영해 잘못 읽는 것을 경고했다.

4.   James B. Prothro, *Both Judge and Justifier: Biblical Legal Language and the Act of Justifying in Paul*, WUNT 2/461 (Tübingen: Mohr Siebeck, 2018)가 보여준 것처럼, 이 동사는 (용서와 함께) 죄인의 편에 서거나 상대방의 기소를 취하는 재판관의 행동을 자주 표현한다.

인 5:19에서 언급한 죄의 용서를 누리는 것을 뜻한다.

사도는 믿음"으로" 또는 믿음을 "통해"(ἐκ; διά) 의롭다고 선언되거나 구원받는 것을, 행위들에 "따라"(κατά) 심판을 받는 것과 **일관성 있게 구별한다**(롬 3:22, 25; 5:1; 갈 2:16; 참조, 엡 2:8; 골 2:12 대[vs.] 롬 2:6; 고후 11:15; 롬 2:2; 딤후 4:14). "칭의는 믿음**에 달려 있고**, 심판은 순종**과 조화를 이룬다.**"[5] 다시 말해, 피트리의 주장과는 반대로, 행위들에 따라 심판을 받고, **그리고** 행위와는 별개로 믿음으로 의롭다 함을 받는다.

신자들은 믿음"으로" 또는 믿음을 "통해" 의롭게 될 뿐만 아니라 이러한 믿음은 행위들과 대조된다(롬 1:17; 3:22, 26, 4:3; 5:9; 9:30; 10:4; 갈 2:16; 3:6, 11; 5:5; 빌 3:9). 로마서 4:4-5에서 하나님 앞에서 의로운 사람은 **행하는** 사람이 아니라 **믿는** 사람이다! 바울이 설명했듯이 **모든** 사람이 하나님의 영광에 이르지 못했기 때문에 행위로 하나님 앞에 의롭게 되는 것은 불가능하다(롬 3:23). 그러므로 그것은 행함보다 믿음에 기초한 선물이어야 한다. 믿음은 용서를 위한 그리스도의 죽음에 달려 있다(롬 3:21-26; 4:25). 의는 신자들에게서 난 것이 아니기 때문에 신자들에게 **여겨지는**(λογίζομαι) 것이어야 한다(롬 3:28; 4:3-6, 8-11, 22-24; 9:8; 갈 3:6). 명사 "의"는 **용서**와 연결되곤 한다(예, 롬 4:25; 8:32-33). 마찬가지로 동사 "의롭다 하다"(δικαιόω)는 용서와 자주 연결된다. 로마서 4:1-8에서 어떻게 다윗의 용서**가** 하나님 앞의 칭의**인지** 주목하라. 하나님은 **죄인을** 용서하신다! 그분은 그리스도를 믿는 자들의 죄를 "인정하지" 않으신다(고후 5:19). 의는 **값없이 주어지는 선물**이다(롬 5:17). 바울은 최초 칭의든, 최종

---

5.   Dane C. Ortlund, "Justified by Faith, Judged according to Works: Another Look at a Pauline Paradox," *JETS* 52 (2009): 323–39, 인용된 부분은 332.

칭의든 하나님의 칭의를 얻는 과정을 설명하지 않는다.[6]

아무도 행위에 따른 심판이 바울의 중요한 주제라는 점에 반박하지 않는다(갈 5:21; 6:8, 10; 고전 6:9-10; 9:24-27; 엡 5:5-6; 골 3:5-6). 다시 말해, 행위 는 심판에 필요하지만, 율법의 행위들(갈 2:16; 3:2, 5, 10) 또는 일반적 의미 의 행위들에 **의해** 구원받거나 의롭다 함을 얻지는 못한다. 바울은 결코 그렇게 주장하지 않는다.[7] 로마서 2:6에서 바울은 "하나님이 각 사람에 게 그의 행위들에 따라 보응하신다"라고 말하지만, "하나님 앞에서는 율법을 듣는 자들이 의인이 아니요 오직 율법을 행하는 자들이 의롭다 함을 얻을 것이다"(롬 2:13)라는 말은 어떤 의미인가? 아무도 하나님의 율법에 순종하지 않는다는 바울의 주장과 모순되는가(갈 3:10; 롬 7:7-25; 참조, 롬 3:23)? 바울은 로마서 3:20에서 "그러므로 율법의 행위로[ἔξ] 그의 앞에 의롭다 함을 **얻을** 육체가 없나니 율법을 통해서는 죄를 깨닫기 때 문이다"라고 말한다. 로마서 3:28에서는 "그러므로 사람이 의롭다 함을 얻는 것은 율법의 행위들에 있지 않고 믿음으로[여격: πίστει] 되는 줄 우 리가 인정한다"라고 말한다. 갈라디아서 2:16에서 바울은 "율법의 행위 들로[ἔξ] 의롭다 함을 얻을 육체가 없다"라고 말한다. 바울은 스스로 모

---

6. Pitre는 순종에 대한 복을 포함하는 "새 언약" 배경에 선행을 삽입한다. 특별히 순 종을 강조하는 언약 범주에 대한 불편함과 언약 범주의 수정에 대해서는 다음을 보 라. A. Andrew Das, "Rethinking the Covenantal Paul," in *Paul and the Stories of Israel: Grand Thematic Narratives in Galatians* (Minneapolis: Fortress, 2016), 65–92.

7. 왜 "율법의 행위들"이 할례나 유대인들의 특징에 제한되지 않고 더 광범위하게 적 용되는지에 대해서는 다음을 참조하라. A. Andrew Das, *Paul, the Law, and the Covenant* (Peabody, MA: Hendrickson, 2001), 145–267; Das, "Galatians 3:10: A 'Newer Perspective' on an Omitted Premise," in *Unity and Diversity in the Gospels and Paul: Essays in Honor of Frank J. Matera*, ed. Christopher W. Skinner and Kelly R. Iverson, SBLECL 7 (Atlanta: Society of Biblical Literature, 2012), 203–23.

순되는 말을 하고 있는가? 바울은 "율법을 행하는 자들"이 율법을 **완전히** 행했다고 말하지 않는다. 행위에 "의해"(by) 의롭다 함을 받는다고도 말하지 않는다. 또한 피트리는 로마서 2:13에 대해서 더욱 가능성 있는 다른 접근을 시도하지 않는다. 율법을 행하는 자들은 선한 행위들이 칭의 또는 구원을 가져다 주기 때문에 의롭다 함을 받는 것이 **아니다**. 그 보다도 그리스도를 믿는 믿음을 유일한 근거로 삼아 의롭다 함을 얻는 사람들은 결국 성령이 가져온 것(그리고 그리스도의 구속 사역이 지워버린 것[롬 3:21-26; 5:6-11])에 힘입어 율법을 행하는 자들이다. 바울은 로마서 2:13에서 (일반적으로 유대인과 이방인에 초점을 맞추듯이) 그리스도인을 특정하지는 않지만, 그의 생각에서 그리스도인이 멀리 있지는 않다.

바울은 다음 단락에서 율법을 "행할" 때에만 할례가 가치가 있다고 설명한다(롬 2:25).[8] 순종이 기준이다. 율법을 어기면 할례가 무할례가 된다. 할례를 받지 않은 사람이 "율법의 규례"를 행하면 그 사람은 할례를 받은 것으로 여겨질 것이다(26절). 27절에서, 할례를 받고 율법을 범하는 자는 율법을 지키는(τελοῦσα) 무할례자에 의해 심판을 받는다고 한다. 28-29절은 외적인 할례가 아니라 성령을 통한 내적인 할례가 유대인으로 만든다고 결론을 내린다. 하나님의 차별이 없는 심판 앞에서 선한 것을 행하는, 마음에 할례를 받은 이방인이 존재한다.

바울은 이방인을 참된 유대인으로 묘사하는데, 이것은 바울이 이후에 **그리스도인**을 묘사하는 언어에 의존한다. 로마서 2:26의 율법의 요구들(δικαιώματα τοῦ νόμου)은 로마서 8:4의 표현(단수)이다. 8:4에 따르면 성령을 따라 행하는 자들은 율법의 요구를 이룬다(1:32에 나오는 하나님의

---

8. 롬 2:25-29에 대한 더 자세한 논의는 다음을 참고하라. Das, *Paul, the Law, and the Covenant*, 184-88.

요구[δικαίωμα]에 대한 불순종을 참조하라). 2:29의 "성령"과 "율법 조문"(letter)의 대조는 로마서 7:5-6과 8:1-4에서 반복된다(참조, 고후 3:6-7). 바울은 그리스도 안에서 성령을 가진 사람들의 새로운 상황과 성령 없이 율법의 조문 안에 있는 사람들을 대조한다. 로마서 2:26에서 할례받지 않은 사람들은 할례를 받은 것으로 "여겨진다". 이 표현은 로마서 3장과 4장에서 믿음을 근거로 의롭다 여겨지는 사람들에게 사용되는 표현이다(3:28; 4:3, 4, 5, 6, 8, 9, 10, 11, 22, 23, 24; 9:8; 참조, 갈 3:6; 고후 5:19). 할례는 로마서 4장에서 **믿음**의 표지다. 성령으로 예배하는 자들이 "참된 할례자들"이다(빌 3:3).

바울이 로마서 2:25-29에서 이방인 **그리스도인**을 염두에 두었다면 그들의 신원을 밝히지 않는 이유는 무엇인가? 바울은 3:21-26에까지 그리스도의 사역이라는 주제를 제시하지 않는다. 로마서 2장에서 바울의 요지는 사실 제한적이다. 하나님의 심판은 차별이 없다. 바울은 이러한 이방인이 **있다**고 단언하지도 않는다. 그는 사실 2:25-29 또는 2:6-10에서 선의 범주에 속하는 사람이 누구인지 밝히지 않는다. 2:25에서는 "만일"이라고 제안 정도만 하고 있지만, 2:27에서는 이와 같은 사람들이 그리스도인의 역할로서 유대인을 "판단"할 것이라고 말한다(고전 6:2). 결국 바울은 예견하게끔 하는 언어를 사용한다. 바울이 논의를 진행해갈수록 마지막 날에 의롭다고 판단될 이방인들은 **그리스도 안에** 있는 이방인들이라는 사실이 분명해질 것이다.

바울은 계속해서 주의 깊게 "율법을 행하는 자들"(롬 2:13)의 자격을 부여한다. 그는 율법의 행함을 두드러지게 말한다. 그는 반복해서 그리스도인이 율법을 **성취한다**고 설명한다.[9] 율법 아래의 "나"는 단순히 율

---

9.   여기에서 나는 A. Andrew Das, *Paul and the Jews*, LPS (Peabody, MA: Hendrick-

법을 "행할" 수 없다고 한탄한 후에(롬 7:14-25, "행함"에 대한 다양한 동의어, πράσσω[7:15, 19]; ποιέω[7:15, 16, 19, 20, 21]; κατεργάζομαι[7:15, 17, 18, 20]), 성령 주제와 더불어 율법을 다시 언급한다. "율법의 요구"는 성령을 따라 행하는 사람들에게서 "성취된다"(8:4). 성령은 율법의 종으로 만드는 의무를 행하기 위한 헛된 수고를 없애버리고 율법이 원래 요구했던 모든 것을 성취하는, 율법을 행할 능력을 준다.

　　로마서 13:9a에서 십계명 중 몇 가지를 나열한 후, 바울은 13:9b-10에서 이 계명들과 "그 외에 다른 계명이 있을지라도 '네 이웃을 네 자신과 같이 사랑하라' 하신 그 말씀 가운데 다 들어 있다. 사랑은 이웃에게 악을 행하지 않는다. 그러므로 사랑은 율법의 완성이다"라고 덧붙인다. 바울은 율법을 **행하려** 한다는 개념을 애써 피한다. 바울은 로마서 10:5-8에서, (5절에서는) 레위기 18:5과 (6-8절에서는) 신명기 9:4; 30:12-14을 인용한다. 신명기 30:12-14 원래 본문의 율법을 "지키는 것"에 대한 세 가지 강조를 눈에 띄게 없애면서, 믿음과 율법 행함을 대조했다. 로마서 13:8-10에서 "율법을 행하는 자들"은 역설적으로 그것을 "행하기"로 한 사람들이 아니라 성령의 인도를 받아 그것을 **성취하는** 사람들이다. 다시 말해, 로마서 2:13에 이어서 나오는 내용은 이 내용에 적합하다. 그 반대는 어울리지 않는다.

　　갈라디아 교인들에게 보낸 바울의 편지는 이 점을 확증한다. 갈라디아의 그리스도인들은 성령으로 시작했다가 율법의 행위들과 더불어 육체로 돌아간 일을 스스로 완성하려고 하고 있었다(갈 3:2-5). 율법은 의롭게 할 수 없으며(2:15-16), 아무도 그것을 "행할" 수 없다(3:10). 갈라디아서

---

　　son, 2003), 166-86; Stephen Westerholm, "On Fulfilling the Whole Law (Gal. 5:14)," *SEÅ* 51-52 (1987): 229-37에서 더 자세히 논의된 내용에 의지하고 있다.

3:23-4:7은 일시적인 한계를 강조한다. 율법 아래 **종 됨**과 저주는 그리스도가 오시기 전의 시대로 귀속된다. 그리스도인의 존재는 매우 근본적으로 새롭고 불연속적이어서 바울은 그것을 새로운 세계, 새로운 창조의 여명으로 묘사해낼 수 있다(6:15). 더 이상 그리스도인은 "율법 아래" 있지 않다.

바울은 율법에 반대하는 두 가지 논쟁적인 주장 안에서 그리스도인의 삶을 긍정적으로 해석한다(갈 5:2-12; 6:11-16). 할례받은 사람은 율법 전체를 준수해야 한다(5:3). 바울은 하나님의 율법에 부분적으로만 순종하는 사람들을 책망한다(6:12-13). 율법은 갈라디아 **신자들**(!)에게 하나님 앞에서 의롭다 함을 받을 만한 길을 제공하지 않는다. "율법 안에서[ἐν] 의롭다 함을 얻으려 하는 너희는 그리스도에게서 끊어지고 은혜에서 떨어진 자다"(5:4). 두 경고 부분(5:2-12; 6:11-16)은 그리스도인의 삶에 대한 바울 자신의 접근 방식을 포함한다(5:13-6:10).[10] 사랑으로 행동하는 것(5:13)은 정확히 율법이 장려하는 일이다. 예컨대, 바울은 "온 율법은 '네 이웃 사랑하기를 네 자신 같이 하라' 하신 한 말씀에서 이루어졌다"(갈 5:14)라고 말했다. 바울이 말한 "온 율법"(ὁ πᾶς νόμος)의 성취는 율법 전체(ὅλος ὁ νόμος, 5:3)를 준수할 의무에 대한 응답이다. 율법에 따라 살기를 열망하는 청중을 위해서 바울은 다른 길, 곧 사랑의 길을 제시한다. 이는 아이러니하게도 율법 자체의 언어로 표현됐다. "네 이웃 사랑하기를 네 자신 같이 하라"(갈 5:14에서 인용된 레 19:18). 그리스도인들은 그들의 사랑으로—그리스도께 붙잡힌 바 되어—율법 전체를 **성취한다**(갈 6:2).

그리스도인은 더 이상 율법에 속박되어 있지 않지만 성령의 길은

---

10. Frank J. Matera, "The Culmination of Paul's Argument to the Galatians: Gal. 5.1-6.17," *JSNT* 32 (1988): 79-91.

분명히 율법이 명하는 것과 반대되지 않는다(갈 5:23b). 성령의 열매는 율법을 완전히 만족시킨다. 율법은 그러한 덕목을 요구했다(참조, 레 19:18// 갈 5:14의 율법의 요약과 함께 5:22의 성령의 열매로서의 사랑). 바울은 이미 다른 사람을 위한 예수의 자기 희생을 통한 사랑을 해석했다(2:20). 이제 그리스도인은 서로의 짐을 져야 한다(6:2). 그리스도의 자기 희생적인 모범은 패턴을 형성한다. 다시 말해, 그리스도인은 주님과 그 모범을 따르기 시작함으로써 결과적으로 그리스도의 사랑의 프리즘을 통해 해석된 율법을 성취하게 될 것이다. 이는 율법을 "행하려고" 하는 것이 아니다. 율법의 요구는 성령의 "열매"로서 맺히게 된다. 초점은 항상 행동들이 아니라 그리스도에게 있다(3:1)!

빌립보서 2:12-13에서 바울은 "두렵고 떨림으로 너희 구원을 이루라. 너희 안에서 **행하시는 이는 하나님**이시니 자기의 기쁘신 뜻을 위하여 너희에게 소원을 두고 행하게 하신다"라고 말한다. 바울은 성령으로 만들어진 열매를 그리고 있다. 율법을 "행하려고" 하지 않으면서 그리스도를 따르는 성령 충만한 신자는 하나님의 율법이 요구하는 바를 행하는 데 실패한 유대인들을 덮는 역할을 한다. 성령은 거저 주시는 선물인 그리스도를 믿음으로 마음에 들어오며, 그에 따른 행위들은 마찬가지로 기적적이고 은혜롭다. 구원은 행위들을 근거로 하지 않지만, 행위들 없이는 구원받을 수 없다. 요약해서, 많은 바울 신학자들이 오랜 기간에 걸쳐 인정한 것처럼 행위는 구원의 수단이 아니라 하나님의 공의로운 심판의 증거가 된다. 그리스도인의 순종은 완전하지는 않지만 중요하고 실질적이며 관찰 가능하다. 그리스도의 피는 모든 죄를 없앤다 (롬 3:21-26; 고후 5:19-21). 마지막 날의 하나님의 칭의는 최초 칭의와 마찬가지로 관대하고 은혜롭다.

피트리에게 응답하는
새 관점

제임스 D. G. 던

브랜트 피트리의 글은 매우 인상적이다. "바울에 관한 샌더스의 관점과 가톨릭 관점 사이의 유사점"(원서 55쪽)이라고 묘사한 것에 대한 그의 설명은 아주 값지다. 피트리가 전통적으로 대립 관계에 있는 견해와 입장을 한데 모은 것은 에큐메니칼 대화의 모범적인 예라고 할 수 있다. "샌더스와 가톨릭 관점을 면밀히 비교"(원서 27쪽)하는 시도는 상당히 좋았고 흥미로웠다. 나는 피트리가 칭의와 세례와 "그리스도 안에" 있음에 관해 한 말에 대해서는 별로 질문할 거리가 없고 보탤 말도 없다. 개신교 전통 안에 있는 사람들에게 던지는 호소, 즉 가톨릭 전통을 대변하는 이의 말에 좀 더 귀를 기울이라는 호소도 타당하며 설득력 있다. 하지만 피트리의 글을 읽으며 몇 가지 질문이 떠올랐는데, 그중에서 특히 다음의 질문이 중요하다고 생각한다. 피트리의 광범위한 검토가 특정 문제들이 생겨난 역사적 맥락과 의견 충돌이 생기게 된 맥락—특정 바울서신 본문들을 논쟁의 핵심 문제로 만든 역사적 맥락—을 무시하고 있는 것은 아닌가?

먼저, 율법의 행위들과 믿음(의 관계)에 관한 질문이 특정한 역사적 정황에서 나왔고, 신학 논쟁에서 사용된 용어들이 이러한 구체적 상황에 의해 결정됐다는 사실을 굳이 다시 말할 필요가 있을까? 브랜트가 잘 설명한 것처럼, 논쟁이 여러 세대에 걸쳐 확장되면서 논쟁에 사용되는 용어와 표현들도 마찬가지로 확장됐다. 하지만 우리가 1세기에 바울이 직면했던 문제 상황을 표현한 용어를 제대로 알려면, 바울 이후 수 세기 동안 논쟁이 어떻게 진행됐는지에 대한 관심을 (일단은) 제쳐 놓아야 한다. 원래 유대교 안에서 배태된 기독교가 점차 구별된 종교로 발전했다는 사실이 1세기 기독교 문서를 해석할 때 염두에 두어야 할 중요한 점이다. 바로 이러한 역사적 환경이 갈라디아서 2장에서 그리스도에 대한 믿음을 율법의 행위들과 대치시키는 바울의 사고를 만들어 낸 바탕이 됐다. 안디옥 사건(갈 2:11-16)의 핵심 문제에 처음 매료된 이래로 나는 너무나 자주 갈라디아서 2장 하반부를 상반부의 내용과 분리시켜 다루는 접근 때문에 불편함을 느꼈다. 갈라디아서 2장을 통째로 읽어야만 비로소 "행위가 아니라 믿음"이라는 주제가 "이방인 개종자들은 할례 받을 필요가 없거나 유대 음식 규정을 지킬 필요가 없다"는 바울의 주장에서 비롯됐다는 점이 분명해진다. 바로 이러한 바울의 주장을 통해 그가 선포한 믿음이 단순히 유대교의 한 형태로 간주될 수 없다는 점이 분명해지고, 바울의 메시지에 의해 개종된 이들이 단순히 유대교로 개종한 사람들이 아니라는 점이 분명해진다. 브랜트는 단순히 가톨릭 논쟁의 사안으로만 이러한 내용을 살짝 언급하고 더 깊이 들어가지는 않는다. 간단히 말해서, 안디옥 사건을 제대로 이해하지 못하면, 우리는 기독교의 뿌리가 전적으로 유대적이었다는 사실이나 기독교가 유대교와 구분되어 발전하게 된 이유를 이해할 수 없다.

둘째, 수 세기에 걸친 (그리고 현대의) 탁월한 가톨릭 신학자들의 주장과 공의회들의 신중한 선언을 조명한 것은 무척 좋은 일이다. 하지만, 공식적 신조로 표현된 이러한 선언들이 역사 속에서 적절한 행동으로 일관되게 표현됐다면, 굳이 개혁이 필요했었을까? 종교개혁은 교회의 개혁이었다. 개혁이 필요했는지 그리고 바람직했는지에 대한 질문을 그냥 무시하는 것은 바울과 루터에게 가장 중요했던 신학적 문제를 다루지 않는 것이다. 로마의 면벌부 판매가 사실상 복음을 왜곡한 것이며 "믿음과 행위 **둘 다** 구원에 필요하다"라는 주장과 사실상 다르지 않다는 루터의 주장이 온당하지 않았다는 말인가? 종교개혁을 촉발시킨 쟁점을 단순히 무시하고 얼버무린다면, 우리를 불편하게 만드는 역사의 측면을 무시함과 동시에 이러한 논쟁을 통해 얻은 교훈을 무시하는 위험에 빠지게 되지 않을까? "항상 개혁되어야 한다"(*Semper reformanda*)라는 슬로건은 전체 교회에 해당된다. 그렇지 않은가?

셋째, 고백하기 유감스럽지만 나는 이 논쟁 전반에 걸쳐 전체 그림을 보지 못하는 위험에 빠질 가능성에 대해 종종 생각했다. 내가 때때로 호소하는 슬로건은 "이미 그러나 아직"인데, 이것은 뿌리와 열매의 차이를 표현하는 또 하나의 방식이다. 물론 브랜트가 잘 파악했듯이, 요점은 선한 행위들이 논쟁에서 무시되어서는 안 된다는 것이다. 선한 행위들은 믿음에 뿌리를 내린 삶에서 기대되어야만 하는 열매다. 하지만 그러한 삶의 기반은 믿음이다. 아니, 오직 믿음이라고 말해도 되지 않을까? 믿음만이 열매 맺는 삶의 기반이라는 사실은 우리가 구원을 얻거나 보증받을 만한 어떤 일도 할 수 없다는 사실을 깨닫는 것에 뿌리를 둔다. 이는 또한 우리가 어떤 식으로든 구원을 얻을 수 있다거나 구원을 얻을 만한 사람이라고 증명할 수 있다는 생각 자체가 하나님과 인간 사이의 엄청난 간극을 무시하거나 저평가하는 것이라는 점을 파악하는 것에 뿌리를 두고 있다. 하지만 이와 동시에, 믿음만이 열매 맺는 삶의 기반이라는 사실은 하나님과의 관계가 새롭게 된 목적이 바로 하나님에게 인정받는 삶을 사는 것, 즉 예수에 의해 표현된 가치들을 살아내고 그분을 늘 찬양하는 삶이라는 점을 깨닫는 것과 같다. 바로 여기가 성령이 개입(관여)하는 지점이다. 내가 보기에 성령의 관여라는 주제는 전체의 핵심 부분인데, 브랜트의 글은 이 주제에 충분한 관심을 기울이지 않았다. 믿음과 행위의 문제를 칭의에만 지나치게 집중했기 때문에 생긴 문제다. 성령이라는 선물을 논의에 포함시키면 개종/칭의가 믿음의 삶에서 단지 시작일 뿐이라는 것과 성령이라는 선물이 최초의 분납금이라는 사실을 즉각 깨닫게 된다. 갈라디아서 5:22-23에서 볼 수 있듯이, 성령의 열매를 율법의 행위들과 대조시켜야 바울의 구원론이 정확히 설명하는 균형을 볼 수 있다. 하나님의 영으로 힘을 얻어 가능하게 된 (오직) 믿음에 뿌리를 둔 삶이 반드시 그리고 필연적으로 변화된 인격이라는 열매(이 열매는 선한 행위들로 표현된다)를 만들어 낸다.

피트리에게 응답하는
유대교 내부의 바울 관점

망누스 세테르홀름

브랜트 피트리의 기고문이 이 편서에 실린 다른 소논문들과 중요한 점에서 차이를 보인다는 점을 언급해야 한다. 제임스 D. G. 던, 존 바클레이, A. 앤드루 다스, 그리고 나는 **학문적** 입장을 제시하는 반면, 피트리에게는 하나의 **신학적** 입장, 곧 바울을 바라보는 가톨릭 관점을 제시하는 과제가 맡겨졌다. 따라서 여기서 논의의 대상이 되는 것은 신앙 공동체 내에서 이루어진 바울 수용 및 바울 학계 수용에 관한 것이다. 내가 비록 피트리의 글이 지닌 큰 가치를 인정하지만, 그 글이 다른 글들과 함께 이 책에 실린 것이 그렇게 자연스러운 모양새가 아님을 강조할 필요가 있다. 실은 서로 비교 대상이 아닌 것을 비교하는 일에 가깝다. "가톨릭(혹은 개신교) 관점"이라는 개념은 바울 학계와 규범적 신학 사이의 아주 가까운 연결성을 강조하며, 이 연결성은 신약학이 오랫동안 규범적 기독교 신학에 의해 식민화된 상태였다는 점을 고려할 때(이는 다른 연구 분과에서는 용납하기 어려운 방식이다), 문제가 없지 않다. 예를 들어, 샌더스의 재구성이 개신교 구원론에 대한 위협에 해당하는지 아닌지의 문제가 바울에 대한 학문적 연구에 있어서 실제로 진지하게 다룰 만한 관심사인가? 그리고 역사적 조사에 대한 평가는 그 조사가 특정한 신학적 입장을 어느 정도 지지하는가에 따라 이루어지는 것인가? 내 생각엔 그렇지 않다. 그러나 나는 이것이 이 분과 안에서 소수 의견임을 인지하고 있다.

내가 볼 때 바울 학자들이 마주하는 첫 번째 과업은, 자신의 연구가 **규범적 신학에 어떤 결과를 가져올지에 관계없이**, 바울 자신이 살았던 사회적·종교적·정치적 상황 속에서 무엇을 소통하고 있었는지 알아내고자 노력하는 것이다.[1] 나는 현재의 상황이 오랜 시간에 걸친 역사적 발전의 결과임을 인식하지만, 또한 나는 신약학의 유관성이 기독교 교회의 이해 관계를 훨씬 넘어선다고 생각한다. 바울을 올바로 이해하는 일은 서양 사회의 역사 및 발전을 바르게 이해하는 것의 한 부분이며, 전 지구적 발전에도 영향을 미친다.

그럼에도 나는 물론 바울 학계가 규범적 신학에 어떻게 관련되는지 조사하는 것을 정당한 학문적(scientific) 과업으로 인정한다. 그런 점에서 피트리의 글은 매우 흥미로우며, 그가 제시한 분석에 대해 반박할 부분이 거의 없다. 개신교 구원론에 비해서 가톨릭 구원론이 역사적 바울에 더 가깝다는 것을 나는 오랫동안 추측만 해왔는데, 이 점을 피트리는 설득력 있게 입증했다. 그리고 나는 내 안에 종교심이란 것이 조금이라도

---

1. 저자의 의도가 무엇인지에 대한 논의, 그리고 저자가 의도한 의미를 텍스트로부터 재구성해내는 전망에 대한 논의에 참여할 생각이 나에게는 전혀 없다. 물론 그것이 가능하리라 전제하는 것이 대부분 신약학자들의 입장이란 점을 지적할 수밖에 없다. 원칙적으로는 나도 거기에 동의한다. 그러나 유관한 많은 정황들이 우리에게 알려져 있지 않기 때문에(또는 진위를 확인하기 어렵기 때문에), 우리가 제시하는 재구성들은 개연성(probability)에 있어서 다양한 정도의 차이를 드러낸다.

있다면, 유대교로 개종하거나 또는 로마가톨릭으로 개종하겠다는 농담
을 내 제자들에게 종종 하곤 한다.

피트리는 중요하지만 흔히 잘못 해석되어 온, 바울에게서의 "믿음"
과 "행위들"의 관계를 화제로 삼는다. 존 바클레이와 앤드루 다스의 글
에 대한 내 응답에서도 암시한 바 있지만, 나는 바울이 다음과 같이 주
장했다고 이해한다. 곧, (열방을 향한) 하나님의 선물은 실로 (열방을 향한 약
속이 토라에 들어 있다는 바울의 말을 무시한다면) 토라와 관계없이 은혜로 주어
지지만, 그리스도 안에 있는 (바울의 주된 관심사인) 비유대인들은 유대적
생활 방식을 어느 정도는 채택해야 한다. 다른 것들 중에서도 그들은 특
히 "우상 숭배," 금지된 성관계(πορνεία), 그리고 "우상에게 바쳐진 음식"
을 먹는 것을 삼가야 한다. 심지어, 비유대인들이 유대인들에게 허용된
음식만을 먹고, "무엇이든 목매단 것이나 피째 먹는 것"(τοῦ πνικτοῦ καὶ
τοῦ αἵματος, 행 15:20)을 피하는 것이 바울이 그들에게 기대했던 바에 들어
있었을 가능성도 있다(그러나 물론 이것은 행 15장을 어느 정도 기초로 세워 본 하
나의 추측일 뿐이다). 또한 불순종이 '에클레시아'(*ekklēsia*)에서 축출당할 한
가지 사유였을 가능성도 생각해 보라(고전 5:1-5). 따라서 우리가 언약적
율법주의를 언약적 맥락에서의 특정한 순종으로 정의한다면, 바울이
그 언약적 율법주의를 나타내는 것은 분명하며, 이것이 샌더스 및 "가
톨릭 관점" 양쪽 모두와 합치되는 것 같다는 피트리의 주장에 나 역시
동의한다.[2]

그러나 피트리가 제시하는 내용에는 개인의 죄들의 용서에 특정한
강조점이 놓여 있다. 곧, 어떤 개인이 그리스도에게로 돌이켜 "의롭다

---

2.   E. P. Sanders, *Paul and Palestinian Judaism: A Comparison of Patterns of Religion*
     (Minneapolis: Fortress, 1977), 422과 본서의 원서 25쪽을 보라.

함"을 받아 죄를 용서받는 것이다. 피트리는 "칭의는 개인의 범죄에 대
한 용서와 의롭다 함을 받는 사람의 진정한 변화 모두를 가져오는 것처
럼 보인다"라고 말한다(원서 28쪽). 후자의 것(실제의 변화)과 관련해서 나
는 전적으로 동의한다. 그러나 내가 보기에 죄들의 용서라는 사상이 참
으로 바울다운 것이 되려면 약간의 수정이 필요하다. 오래전에 크리스
터 스텐달이 지적했듯, "용서는 바울서신에서 구원을 가리키는 모든 용
어 중 가장 적게 사용됐다."[3] 바울은 주로 범주들에 관심이 있어 보인다.
바울이 핵심적 문제로 보는 것은 "열방"이라는 범주가 진노로부터, 곧
"모든 불경건과 불의함에 맞서 하늘로부터 계시되는[ἀποκαλύπτεται]" 진
노로부터(롬 1:18) 어떻게 구원을 받아야 하는가의 문제다. "열방"의 주된
문제는 그들이 죄를 짓는다는 사실이 아니다. 유대인들 역시 죄를 짓는
다("모든 이들이 죄를 지었고 하나님의 영광에 미치지 못했다", 롬 3:23). 그러나 열방
의 문제는 그들이 본질상 "이방 죄인들"이라는 점에 있다(갈 2:15). 그리
스도에게로 돌아와 세례를 거치며—그리고 여기서 피트리는 올바르게
파악했다—비유대인들은 "죄인"이라는 범주에서 "거룩하고 정결한" 범
주로 이전하는 것을 경험한다. 그들은 "주 예수 그리스도의 이름과 우
리 하나님의 영 안에서" 씻김 받고, 거룩해지고, 의롭다 함을 받았다(고
전 6:11). 따라서 내가 존 바클레이를 향한 응답에서 지적했듯이, 비유대
인들은 이스라엘이 되지는 않았지만, 이스라엘**처럼** 되며 동일한 조건
들이 적용된다. 언약적 규범에의 순종은 그들이 언약 안에 머무르도록
만들어 준다. 죄들 및 구원에 대한 개인화는 아마도 "가톨릭 관점"의 일

3.　Krister Stendahl, "The Apostle Paul and the Introspective Conscience of the
　　West," *HTR* 56 (1963): 199–215, 특히 202 [= "사도 바울과 서구의 성찰적 양심",
　　『유대인과 이방인 사이에 있는 바울』, 감은사, 2021].

부일 수 있지만, 나는 그것이 바울적이라고 생각하지는 않는다. 그러나 일반적으로 가톨릭 신도들은 바울을 올바로 이해한 것처럼 보인다.

또한 나는 "율법의 행위들"(ἔργων νόμου)(갈 2:15-16; 3:2, 5, 10; 롬 3:20, 28)의 의미에 대한 피트리의 논의가 우리의 이해에 도움을 준다고 생각한다. 저 본문들이 본서에 자주 등장하는 데에는 분명한 이유가 있다. 왜냐하면 그 의미가 명확하지 않고, 따라서 서로 다른 신학적 함의를 지닌 해석을 자아내기 때문이다. 오늘날 논의의 핵심에는 바울이 토라 전체를 가리키는지, 아니면 소위 바울을 바라보는 새 관점 입장을 따르는 이들이 주장한 것처럼 토라의 어떤 측면들을 가리킬 뿐인지의 질문이 자리 잡고 있다. 그러나 해 아래 새로운 것은 없다. 매튜 티센(Matthew Thiessen)은 훌륭한 연구서인, 『바울과 이방인 문제』(Paul and the Gentile Problem)에서 "급진적 새 관점", 곧 "유대교 내부의 바울 관점"이 새로운 것도, 급진적인 것도 아니라고 결론을 내렸다. 이미 누가는 바울을 토라 준수 유대인으로 묘사했고, 사도행전은 분명히 교회의 권위 있는 정경 안에 포함됐다.[4] "율법의 행위들"이 할례와 같은 특정한 유대 정체성 표지들만을 가리킬 뿐이라는 견해에 대해서도 비슷한 점이 드러난다(샌더스의 견해). 나는 이 견해가 교부 시대로부터 기원했다는 사실을 모르고 있었다는 점을 인정할 수밖에 없다. 그리고 우리는 이 견해가 단지 새로운 것으로 여겨져 무시되어서는 안 된다는 피트리의 주장에 동의해야만 한다.

그러나 역사적 바울에 관해서 말하자면, 나는 바울이 ("율법의 행위들"이라는 어구로) 전반적인 의미의 토라를 가리키고 있었다고 추정한다. 피

4.　Matthew Thiessen, *Paul and the Gentile Problem* (Oxford: Oxford University Press, 2016), 169.

트리 역시 알아챘듯이, 로마서 3:20에서 바울은 유대 정체성 표지보다
더 넓은 범위의 어떤 것을 염두에 두고 있는 것처럼 보인다. 앤드루 다
스의 글에 대한 논평에서 내가 제시했듯, 가장 단순한 설명은 바울이 잘
못된 신념을 가진 비유대인들, 곧 유대인의 방식으로 토라를 준수하는
것이 그들을 이스라엘의 신 앞에서 올바르게 만들어 줄 것이라는 잘못
된 신념을 가진 비유대인들을 대면했다고 보는 것이다. 그러나 일반적
으로 유대인들은 의로운 자들 역시 하나님의 은혜를 고려해야만 한다
는 점을 알고 있었다. 왜냐하면 "사람은 율법의 행위들이 아니라 예수
그리스도를 믿는 믿음을 통해 의롭다 함을 받기" 때문이다(갈 2:16). 율법
의 "성취"(τέλος)인 그리스도는 "모든 믿는 자에게"(롬 10:4) 하나님의 은
혜가 의인화된 형태다.[5]

피트리가 제시한 "가톨릭 관점"에 아쉽게 결여된 부분은 흔히 이 논
의에서 결여된 부분과 일치한다. 곧, 그리스도 사건이 야기한 새로운 구
원 경륜 안에서의 이스라엘과 열방 사이의 관계가 빠져 있다는 것이다.
교회와 유대 민족 사이의 관계를 정의하는 가장 최신의 급진적 시도
인 〈우리 시대〉(Nostra aetate)라는 선언문에서조차도 대체주의까지는 아
니지만 승리주의적인 경향이 어느 정도 나타난다. 오늘날 모든 종교들
은(유대교까지도) 대체주의적이 되는 경향이 있는데(곧, 새것이 오래된 것보다
낫다는 입장), 일반적으로 나는 이러한 현상을 문제 삼지 않는다. 모든 종
교들은(기독교까지도) 그들 자신의 신학을 발전시킬 권리가 있다.

그러나 피트리가 (물론 칭의에 대한 가톨릭 교리의 측면에서) 그러하듯, 누

---

5. Magnus Zetterholm, "Paul and the Missing Messiah," in *The Messiah: In Early
    Judaism and Christianity*, ed. Magnus Zetterholm (Minneapolis: Fortress, 2007),
    33-55.

군가가 "명시적으로 성경, 특히 바울에 뿌리를 두고 있다"라고 주장한다면(원서 54쪽), 바울이 늘 이스라엘의 수위성을 인정했음을 언급해야만 한다. 바울은 분명 복음을 부끄러워하지 않는다. "그것은 믿음을 가진 모든 이에게 구원을 주시는 하나님의 능력이며, 먼저는 유대인에게, 그리고 또한 그리스인에게다"(롬 1:16). 따라서 (역사적) 바울에 대한 가톨릭(또는 개신교) 관점은 교회가 바울의 유대교에 접붙임 받았다는 사실의 중요성을 알아보아야 한다. 이는 실로 은혜로 접붙임 받은 것이며, 바로 이스라엘의 신에 의해 접붙임 받은 것이다.

"유대교 내부의 바울" 학자들 대부분은 피트리가 구원론에 관한 "가톨릭 관점"을 제시하는 데 활용한 몇몇 측면들에 대해 샌더스와 대체로 동의할 것이다. 그러나 다른 영역들, 예컨대 바울의 유대 정체성이나 그의 토라와의 관계 등에 있어서 바울 학계는 샌더스의 바울 읽기를 훨씬 넘어서는 방식으로 지난 수십 년간 진행되어 왔다. 내가 느끼는 바로는, 가톨릭 신학자들이 유대교 내부 관점에서 앞으로 탐구할 수 있는 부분이 상당히 많을 것 같다.

결론적으로 나는 피트리가 역사적 바울과 "바울에 관한 가톨릭 관점" 사이에, 적어도 구원론의 측면에 있어서는 밀접한 연관성이 있음을 설득력 있게 보여주었다고 주장한다. 물론 이것은 매우 역설적이다. 개신교 최고의 영웅인 바울이 첫 번째 참된 가톨릭 신도로 드러나기 때문이다.

피트리에게 응답하는
선물 관점

존 M. G. 바클레이

　　브랜트 피트리는 가톨릭 교회가 항상 바울에 대한 진지한 연구에 몰두해 왔으며, 바울 본문에 대한 참고 구절들이 가톨릭 교회의 교리적 진술들을 관통하고 있음을 우리에게 유익하게 상기시켜 주었다. 그는 가톨릭 신학에 대한 개신교의 몇몇 오해들을 불식시키고, 심지어는 가톨릭 신학이 "오직 믿음"으로 표현되는 개신교 신학과 언어 사용에 있어서 공감대를 형성하고 있음을 발견하기까지 한다. 피트리의 보고서는 복잡한데, 그가 말하듯이, 로마가톨릭 관점은 무수한 자료들로부터 정제되어야 하기 때문이다. 여기서 그는 다양한 범위의 교부들(오리게네스, 크뤼소스토모스, 히에로니무스, 아우구스티누스)의 자료를 중세의 『글로사 오르디나리아』(Glossa Ordinaria), 트리엔트의 교령, 『가톨릭 교회 교리서』, 베네딕토 16세의 일반알현 등과 함께 엮어 사용한다. 하지만 가톨릭 관점의 일관된 그림을 창조하기에 충분한, 연속되는 관점이 추출됐다.

　　바울의 수용사에 있는 모든 지류에 대해서 연구할 때 중요한 것은 인용되는 바울 본문뿐만 아니라 그 본문들이 위치하고 있는 신학적인

(혹은 이념적인) 더 큰 틀이다. 똑같은 바울 본문도 협력 본문들(co-texts)과 함께 다른 모음군(matrix) 속에 위치하면서, 하나님, 인간, 구원, 은혜에 대한 공유된 전제들을 기저에 깔게 될 때, 다르게 들릴 수 있다. 내 가톨릭 동료인 카렌 킬비(Karen Kilby)가 지적했듯이, 가톨릭과 개신교는 은혜를 다른 신학적인 조합 속에 위치시키는 경향이 있다. 가톨릭은 은혜를 본성(nature)과 짝지음으로써 은혜를 죄와 짝지어 설명하는 개신교와는 다른 주제 패턴(그래서 다른 바울 해석)을 형성한다.[1] 은혜가 인간의 본성을 완전하게 만들 수 있다면, 즉 죄로 인해 망가졌더라도 일단 은혜가 주입되고 나면 선을 행할 수 있는 본성이 되게 한다면, 이는 개신교의 특징인 은혜와 죄인 사이의 절대적인 대조 속에서 발견되는 것과는 다른 뉘앙스의 은혜를 만들어낸다. "은혜", "믿음", "칭의", "그리스도 안에 참여" 등이 의미하는 바는 단지 이런저런 바울 본문의 해석만을 반영하는 것이 아니라, 이 주제들이 자리 잡고 있는 전체적인 신학적 기반을 반영하게 된다.

이 책에 실린 피트리의 글에서 흥미로운 요소 중의 하나는 E. P. 샌더스의 바울 읽기와 가톨릭 전통 사이의 일치성에 대한 분석이다. 피트리는 샌더스를 바울에 대한(그리고 제2성전기 유대교에 대한) 좋은 해석자로 간주하는데, 이는 그에게 있어 가톨릭 해석의 정확성을 재확인하는 일이기도 하다. 그러나 샌더스의 바울 읽기에 의문을 제기하는 다른 이들에게는 정반대의 결론이 도출될 것이다. 이는 샌더스가 공로가 아닌 은혜로 "들어감"(getting in)과 순종으로 "머무름"(staying in)을 구분하는 것과

---

1.   이 주제에 대한 Kilby의 언급은 내 책 *Paul and the Gift* (Grand Rapids: Eerdmans, 2015) [= 『바울과 선물』, 새물결플러스, 2019]에 대한 응답으로 작성된 글에 나오는데, 곧 *IJST*(*International Journal of Systematic Theology*)에 수록되어 출판될 것이다.

피트리의 가톨릭이 믿음에 의한 "최초 칭의" 및 공로에 의한 "최종 칭의"를 구별하는 것 사이에 겹치는 부분이 있다는 점에 있어서 특히 중요하다. 실제로 샌더스의 "들어감"과 "머무름" 모델에 대한 비판이 없지 않았다. 제2성전기 유대교와 관련하여 샌더스의 "언약적 율법주의"의 근간을 이루는 이 순차적 모델은 제한적이며, 지나치게 경직된 것으로 보인다.[2] 그리고 바울과 관련해서 나는 샌더스의 "들어감"/"머무름" 모델과 피트리의 "최초 칭의"/"최종 칭의" 사이의 구분 모두 아주 문제가 많다고 생각한다.[3]

　피트리는 가톨릭 전통 속에서 이전 행위에 따른 공로가 아니라 은혜로 받는, 믿음에 의한 "최초" 칭의를 분명히 강조한다(내가 은혜의 "비상 응성"이라고 불렀을 법한 내용도 언급하면서 말이다).[4] 그러나 피트리의 주장 중 대부분의 내용은 우리가 "믿음"으로 표현하는 것에 의존하고 있다. 믿음이 인간 편에서의 어떤 "기여"(원서 35쪽에서 피트리에 의해 인용되고 있는 크뤼소스토모스의 글을 보라)나 하나님/그리스도에 관한 진술에 대한 동의라면, 피트리의 초점은 인간 신자에게 잘못 맞추어져 있는 셈이다. 바울에게 있어, 그리스도가 오신 이후에 믿음이 의미하는 바는 그리스도를 믿는 믿음(또는 더 나은 표현으로, 그리스도를 신뢰하는 믿음)이다. 이는 인간적 부분에 대한 일종의 파산 선언이며, 그리스도의 죽음과 부활에 대한 전적

---

2. 비판에 대해서는, 예를 들어 다음을 참고하라. Simon J. Gathercole, *Where Is Boasting? Early Jewish Soteriology and Paul's Response in Romans 1-5* (Grand Rapids: Eerdmans, 2002); Barclay, *Paul and the Gift*, 151-58.

3. Pitre 자신도 이 지점에서 Sanders의 해석에 있는 결함을 인식한다("가톨릭은 사람이 은혜로 그리스도에게로 '들어갈' 뿐 아니라 또한 은혜로 거기에 '머무르며' 선한 행위들을 한다는 사실을 샌더스보다도 더욱 강조한다", 원서 54쪽 각주 133번). 그러나 그는 여전히 샌더스와 가톨릭 전통 사이에 있는 유사성을 이용하고 있다.

4. Barclay, *Paul and the Gift*를 참고하라.

이고 완전한 의존을 의미한다.[5] 이런 의미에서의 믿음은 단지 시작뿐만
아니라, 그리스도인의 삶 전체를 형성한다. 이에 대해 바울은 다음과 같
이 썼다. "나는 그리스도와 함께 십자가에 못 박혔습니다. 이제 살고 있
는 것은 내가 아닙니다. 그리스도께서 내 안에서 살고 계십니다. **내가
지금 육신 안에서 살고 있는 삶**은 나를 사랑하셔서 나를 위하여 자기
몸을 내어주신 하나님의 아들을 믿는 **믿음으로 살아가는 것입니다**"(갈
2:20). 이는 그리스도인의 삶 전체가 처음부터 끝까지 그리스도의 구원
하시는 사역과 구원하시는 임재에 의해서 지탱되고 있음을 뜻한다. 계
속해서 다른 곳으로부터 공급받는 은혜에 대한 완전한 의존이라는 뜻
에서, 이 **모든 것**이 믿음의 삶이다.[6]

피트리가 옳게 주장하듯이, 바울에게 있어 구원은 가톨릭 전통에서
만큼이나 개신교 전통에서도 강조되어 온 지점인 "그리스도 안에 참
여"를 중점적으로 수반한다.[7] 그러나 의문은 남는다. 이것이 무엇을 의
미하는가? 그리스도의 속성들(거룩, 의 등)이 신자들에게 "전달"된 결과,

---

5. 개신교 종교개혁자들에게 "오직 믿음"(*sola fide*)은 "오직 은혜"(*sola gratia*) 및 "오
    직 그리스도"(*solus Christus*)와 결코 분리시킬 수 없다. Stephen J. Chester, *Reading
    Paul with the Reformers: Reconciling the Old and New Perspectives* (Grand Rapids:
    Eerdmans, 2017)을 보라.

6. 그리스도에 대한 이 완전한 신뢰는 확실히 사랑 안에서 역사하지만, 갈 5:6에서 바
    울이 말하는 πίστις δι' ἀγάπης ἐνεργουμένη가 Pitre의 주장처럼 "사랑에 의해 활성
    화되는 믿음"(faith enlivened by love, 원서 37쪽)으로 번역되는 것은 어려워 보인
    다.

7. Chester, *Reading Paul with the Reformers*가 바로 이 지점을 강조한다. 그러므로
    Chester가 보여주듯이, Sanders(그리고 다른 이들도)가 Luther의 "법정적" 칭의를
    "허구적인" 것으로 묘사하는 것은 부조리하다. 종교개혁자들에게 있어서 "그리스
    도 안에서" 신자들이 가지는 칭의에 대해 허구적인 것은 아무것도 없다. 그러나 그
    의는 신자들 자신의 것이 아니라 그리스도의 의다("**그**[그리스도] **안에서** 하나님의
    의", 고후 5:21).

그것들이 어떤 의미에서 "신자들 자신의 것"이 되는가? 아니면, 신자들은 그리스도의 부활 생명과 성령의 살아계신 임재 위에 영구적으로 의존하는, 항상 "외부 중심적인"(ex-centric) 존재로 살아가는가? 그래서 모든 호흡과 행동 속에서 그리스도의 부활 생명과 성령의 임재에 의존하지만, 이를 결코 신자들 속에 "내재하는" 것으로는 말할 수 없는가? 이것이 논란이 되는 '디카이오오'(δικαιόω)의 번역—피트리는 "의롭게 만들다"라는 의미로 해석하는—배후에 있는 더 큰 질문이다. (피트리가 원서 29쪽에서 인용하는) 크뤼소스토모스의 해석에도 불구하고, 가톨릭과 개신교의 대부분의 현대 바울 해석자들은 바울서신이나 다른 곳에서 사용되는 이 동사를 "의롭게 만들다"로 해석하는 것을 미심쩍은 번역으로 간주할 것이다. 왜냐하면 그런 해석은 관계적 행위("누군가를 의롭다고 간주하는 것")를 도덕적 변화의 행위("누군가를 도덕적으로 의롭게 만드는 것")로 바꾸어 버리기 때문이다.[8]

　바울은 신자들의 도덕적인 변화를 실제로 기대한다. 비록 그가 그런 기대를 '디카이오오'(δικαιόω)동사를 가지고 표현하지는 않지만 말이다. 피트리가 주장하듯이, 그리고 내가 『바울과 선물』에서 강조했듯이, 은혜의 비상응적인 선물은 신자들의 삶과 공동체 속에서 필연적인 변화들을 가져오도록 설계됐으며, 신자들과 하나님의 의지 사이에서의 어울림 또는 상응성을 창조해 낸다(롬 12:1-2). 즉, 하나님의 비상응적인 은혜는 순종적인 반응을 이끌어내는데, 이는 양자 삼음(adoption)을 통해서 받게 되는 성령이 열매를 맺도록 하기 때문이다. 이 상응성은 믿음에 추

8. 　물론 이에 대한 문헌들은 광범위하다. 이에 대한 최근의 중요한 공헌을 보려면, James B. Prothro, *Both Judge and Justifier: Biblical Legal Language and the Act of Justifying in Paul*, WUNT 2/461 (Tübingen: Mohr Siebeck, 2018)을 참고하라.

가되는 것 내지 다른 차원에서 실현 가능한 상태에 대한 후속 편이 아
니다. 이 상응성은 그리스도를 믿는 믿음의 표현이며, 이것이 없이 다른
방식으로는 결코 살아 있다고 주장할 수도 없는, 그리스도 안에서의 삶
을 상연(enactment: 무대에서 연기하듯이 실제로 보여주는 것—역주)하는 것이다.
그러나 바로 이러한 이유로 상응성은 그리스도와 은혜로부터 분리될
수 없다. 성령 안에서 행하는 것은, 모든 순간과 모든 면에서, 신자들이
현재 살고 있는 삶을 창조하는 기적적이고 비상응적인 은혜에 근거한
다. 다른 말로 하자면 우리는 이렇게 물을 수 있다. 믿음으로부터 나오
는 사랑의 행위를 행하는 "나"는 누구인가? 은혜에 의해서 강화되고,
보완되어 이제는 은혜와 "협력하는", 즉 하나님의 행위 주체(agency)와
나란히 놓인 행위 주체로서의, 예전의 "나"인가? 아니면, 그리스도 안에
있는 새 창조인(고후 5:17)—"이제는 더 이상 내가 사는 것이 아니라, 오직
내 안에 계신 그리스도가 사는 것입니다"(갈 2:20)—부활에 근거하며(롬
6:1-11), 성령에 의해 주어진 생명에 매 순간 의존하는(갈 5:25), 새로운
"나"인가? 성령은 신자들의 삶에 대한 원천이자 에너지이고, 신자들 속
에는 그리스도의 생명이 있기 때문에(갈 4:19), 신자들의 "본성적인" 존
재와 "그리스도 안에 있는" 존재 사이에는 끝까지 영구적인 비상응성
이 남아 있다. 비록 나는 로마서 7:7-25이 그리스도인의 삶에 대한 묘사
로서(따라서 의인인 동시에 죄인인 삶의 묘사[simul justus et peccator]로서) 설득력 있
게 읽힐 수 없다고 생각하지만, 바울은 하나님을 위한 열매 맺는 새 생
명이 "성령의 새로움"(롬 7:6)에 의해 창조된다고 모든 곳에서 분명히 주
장한다. 그 결과 신자의 모든 행위는 비상응적인 은혜에 의해서 지속적
으로 그리고 전체적으로 이루어진다.

　나는 여기서 "신인협력설"(synergism), "도움" 또는 "협력" 등의 용어

가 도움이 된다고 생각하지 않는다. 이 같은 용어들은 신자들이 어떤 의미에서는 하나님의 행위 주체와 분리가 가능하면서도, 다른 어떤 의미에서는 하나님의 행위 주체에 더해져서 그것과 나란히 협력해서 일하는, 어떤 행위 주체를 소유하고 있음을 시사한다.[9] 피트리가 말하고 있듯이, "하나님의 행위와 그리스도 안에서 행해지는 선한 행위들이 충돌을 일으키지 않는"(원서 49쪽) 이유는 그들 사이에 좋은 협력이 있기 때문이 아니라, "그들 안에 선한 행위를 시작하셨고", "그 일을 이루실"(빌 1:6) 그리스도라는 행위 주체 안에 신자들이 놓여지기 때문이다.[10] 나는 이미 '시너지즘'(synergism, "신인협력설")이나 '모너지즘'(monergism, "신단동설")이라는 용어보다는 '에너지즘'(energism)이 도움이 되는 용어라고 제안했는데, 바울은 확실히 신자들이 선을 행하기를 기대하고, 그 선한 행위는 "우리가 서 있는"(롬 5:2) 하나님의 지속적인 은혜에 의해 기초가 세워지고 에너지를 공급받기 때문이다.[11] 그리고 나는 은혜가 신자들에게 "주입되는" 어떤 것이라고 바울이 상상했다고 생각하지 않는데(비록 그리스도의 사랑을 표현하기 위해 액체 은유가 사용되고 있지만[롬 5:5]), 은혜는 어떤 물질이 아니라 관계이기 때문이다. 즉, 은혜는 하나님으로부터 신자들에게 전달 가능해서 그들 안에 "내재되는" 어떤 물질이 아니라, 그들

---

9. Pitre가 이 개념을 위해서 인용하고 있는 바울 본문들(고전 3:9-10; 고후 6:1)이 나에게는 적절해 보이지 않는다(그 본문들은 협력해서 일하는 인간 행위 주체들에 관한 것이다). 고전 15:10이 더 적절한 본문일 것인데, 여기서도 바울은 "신인협력설"이라는 용어의 사용에 의문을 품게 할 정도로 행위 주체의 개념을 아주 복잡하게 만들고 있다.

10. "협력"(collaboration)의 언어에 대해서는, *Catechism of the Catholic Church*, nos. 2001, 2003, 2008, 2025을 보라. 참조, "cooperation" (nos. 1993, 2001), "assistance" (no. 2008), 그리고 "help" (nos. 1996, 2021).

11. Barclay, *Paul and the Gift*, 441-42을 보라.

이 유지하고 있는 관계다.[12] 그런데 본성과 은혜의 관계에 대한 근본적인 사고의 구조는 어떤 초자연적인 첨가(은혜의 주입─역주)에 의해 본성이 완전하게 된다는 가톨릭의 바울 해석에 영향을 미친다. 그러나 바울은 보다 역동적인 은혜의 의미를 가지고 있다. 즉, 신자들은 은혜에 의해서 재창조될 뿐만 아니라, 깊은 의미에서는 결코 그들 자신의 것이 아닌 그리스도의 생명에 항상 의지하게 된다는 의미로 은혜를 이해한다.[13]

이것이 행위에 의한 심판을 이해하기 위한 맥락이다. 피트리처럼 나는 이 주제에 대한 바울의 진술들이 진지하게 받아들여져야 한다고 생각하는데, 그렇다고 해서 나는 신자의 행위가 두 번째이자 마지막인 은혜(최초 칭의와 구별되는 종말론적인 최종 칭의)를 받기 위한 공로가 된다는 의미가 아니라, 그보다도 최종 심판이 선물의 진실성(integrity)과 필연적인 실현성(actualization)을 검사하고 새 창조라는 하나의 비상응적 선물을 적절하게 완성되게 한다는 의미로 받아들인다.[14] 영생은 획득할 수 있는 어떤 상(prize)이 아니다. 그것은 시작부터 끝까지 하나님의 선물(χάρισμα)이다(롬 6:23). 이 선물의 완성과 "참으면서 선한 일을 하여 영광과 존귀와 불멸의 것을 구하는"(롬 2:7) 사람들의 행위 사이에는 어떤 상응성이

---

12. "주입"에 대해서는 *Catechism*, no. 2023을 주목하라. "성화의 은혜는 하나님이 우리를 위해 주시는 그분의 생명의 거저 주는 선물이다. 그것은 죄로부터 영혼을 치유하고 거룩하게 하기 위하여, 성령에 의해 영혼 안에 주입된다."

13. 『가톨릭 교회 교리서』에 있는 ("회심의 초기에" 받는 은혜 같은) "실제 은총들"(actual graces)과 "상존 은총"(habitual grace)과의 구별에 주목하라. 상존 은총은 "영혼이 하나님의 사랑에 의해 행하게 하고, 하나님과 함께 살게 하기 위하여 영혼 자체를 완전하게 하는, 안정되고 초자연적인 특성"이다(no. 2000; 참조, no. 2024).

14. *Paul and the Gift*, 463-71에 있는 로마서 2장에 대한 나의 해석을 참고하라. 거기서 나는 그 본문을 열외로 취급하거나 가상적인 시나리오로 다루는 읽기를 모두 거부했다.

있게 될 것이다. 그러나 그들이 "구하는" 것을 가능케 하는 것은 오직 마음에 새겨진 율법(롬 2:15)과 성령에 의해 변화된 마음의 숨겨진 할례 덕분이다(롬 2:29). 다시 말해, 선한 행위 자체가 그리스도 안에 있는 결과로 생긴, 하나님의 선물의 산물이다.[15] 그 선한 행위 자체가 그리스도의 생명으로부터 나온 것이기 때문에 그것을 **따로 분리해서** 신자들로부터 기인한 것으로 여길 수 없고, 그 선한 행위에 영향을 미친 은혜와 구별되는 구원받는 **두 번째** 칭의 행위의 기초가 될 수도 없다. "머무름"과 "들어감"이 다른 근거 위에서 행해지는, 이러한 두 단계 칭의는 바울이 은혜, 성령, 그리스도 안에 참여에 대해 말하는 모든 것에 부합하지 않는다. 물론 그것들이 과거, 현재, 미래 시제 속에서 작동한다 하더라도 말이다. 신자는 분명히 은혜로부터 떨어져 나가고 그리스도로부터 끊어질 수도 있으며(갈 5:4), 그를 지탱하고 있는 자비의 뿌리로부터 끊어질 수도 있다(롬 11:17-24). 그러나 신자가 그리스도라는 기초 위에 세워져서(고전 3:11), 은혜 안에 서 있는 이상(롬 5:1-2), 그리고 그리스도에게 속한 이상(고후 13:5), 신자의 행위가 영생을 얻을 만큼 충분했는지 여부에 따라 심판이 결정되지는 않을 것이다. 심판은 단지 (하지만 여전히 중요하게) 그리스도인의 삶을 형성하는 성령의 선물로부터 흘러나온 행위들을 시험하고 드러낼 것이다. 여기서 "보상"은 최종 구원을 결정짓는 별개의 은혜의 행동이 아니라, 처음부터 신자의 삶을 창조하고 정의했던, 공

---

15. 이 점은 『가톨릭 교회 교리서』에서 반복적으로 강조되지만, 정의와 평등을 모두 보존하기 위해서는 "공로"(merit)의 원칙이 필요하다(no. 2006). 공로에 대한 Pitre의 특징적인 주장은 『가톨릭 교회 교리서』 2027번에 잘 요약되어 있다. "누구도 회심의 기원이 되는 첫 은총에 대해 공로를 주장할 수 없습니다. 성령의 감화를 받음으로, 우리는 꼭 필요한 현세적 재화뿐만 아니라 영생을 얻는 데 필요한 모든 은총에 대해 우리 자신과 타인의 공로를 주장할 수 있게 됩니다."

로 없이 받은 선물의 효력에 대한 합당한 면류관이다.

　트로이인들은 그리스인들이 선물을 가져왔을 때에도, 그들을 두려워해야 한다는 것을 배웠다. 샌더스가 가톨릭의 특정한 바울 읽기 방식을 어떻게 지원하든지 간에, 내 생각에 "들어감"과 "머무름"에 대한 그의 개략적인 구분은 바울 연구에 가장 도움이 되지 않는 기여 중 하나다. 『바울과 선물』에서 나는 바울에 대한 통합적인 읽기를 가능하게 하는 "은혜"에 대한 면밀한 분석을 제공하면서, 믿음에 의한 최초 칭의와 행위에 의한 최종 칭의 사이의 비바울적인(un-Pauline) 구분에 의존하지 않은 채, 변화, 그리스도 안에 참여, 행위에 의한 심판에 관한 피트리의 장점을 통합했다. 자기 포기적 신뢰로서의 그리스도에 대한 믿음은 세례의 날과 마찬가지로 "그리스도의 날"에도 결정적이다. 믿음 없는 행위들은 아무런 의미도 가치도 없다. 그리고 신자들이 그리스도의 은혜에 붙들림을 받는 한(그러므로 그 안에 서 있는 한), 그들 속에서 선한 행위를 시작하신 이가 그 일(바로 선한 행위)을 이루실 것을 알기 때문에, 그들 앞에 놓여진 경주를 확신을 가지고 행하며 달려갈 것이다(빌 1:6; 3:12-14).

비평자들에게 응답하는
로마가톨릭 관점

브랜트 피트리

이 책에 기고할 수 있었던 것이 얼마나 큰 특권이었는지 말함으로써 글을 시작하려 한다. 나는 앤드루 다스, 제임스 던, 망누스 세테르홀름, 존 바클레이의 글에서 많은 것을 배웠다. 감사의 마음을 담아 내 글에 대한 각각의 응답에 간략하게 답변하고자 한다.

A. 앤드루 다스: 전통 개신교 관점

사실 나는 다스가 나의 실제 논증에 대해 어떻게 생각했는지 궁금하다. 다스의 응답은 나의 글과 관련이 거의 없다. 나는 다스가 E. P. 샌더스와 가톨릭의 바울 해석 사이에 겹치는 지점에 대해 무엇이라고 말할지를 기대했기에 조금 아쉬운 마음이 든다. 간략하게 두 가지를 말하자면 다음과 같다.

1. **긍정 진술 대 부정 진술**. 전체적으로 다스는 자신이 긍정하는 면에서는 옳고 부정하는 면에서는 틀린 경향이 있는 것 같다. 예컨대, 다스는 바울에게 있어서 "초점은 항상 그리스도에게 있다"라고 올바르게 주장하지만, 바울의 초점이 "행동들이 아니라"(원서 61쪽)라고 주장한 점은 그릇되다. 바울은 거듭해서 행동의 중요성을 강조한다.

[하나님께서] 각 사람에게 그 행한 대로[κατὰ τὰ ἔργα αὐτοῦ] 갚으실 것이다. (롬 2:6)

율법을 행하는 자들이[οἱ ποιηταὶ νόμου] … 의롭다 하심을 얻을 것이다. (롬 2:13)

우리가 다 반드시 그리스도의 심판대 앞에 나타나게 되어 각각 행한 대로[ἃ ἔπραξεν] 보응을 받을 것이다. (고후 5:10)

각각 자기의 행위를[ἔργον] 검사해보라. (갈 6:4)

선을 행하는 일에[καλὸν ποιοῦντες] 낙심하지 말자. 우리가 포기하지 않으면 추수하게 될 것이다. (갈 6:9 AT)

마찬가지로 다스는 "의는 **값없이 주어지는 선물**이다(롬 5:17)"(원서 58쪽)라고 올바르게 주장하지만, 바울이 "최종" 칭의와 관련해서 "벌다/획득하다"(earning) 용어를 "결코" 사용하지 않는다고 잘못 주장한다(원서 58쪽). 그러나 바울은 사실상 최종 심판과 관련하여 "삯/임금"(wages)과 "보상"(reward) 용어를 사용한다.

> 하나님께서 각 사람에게 그 행한 대로 갚으실 것이다[ἀποδώσει]. (롬 2:6)

> 심는 이와 물 주는 이는 한가지이나 각각 자기가 일한 대로 자기의 삯[μισθόν]을 받을 것이다. (고전 3:8)

> 만일 누구든지 그 위에 세운 행위가 그대로 있으면 삯을[μισθόν] 받을 것이다. (고전 3:14 AT)

내 글에서 위와 같은 구절들을 강조했다. 안타깝게도 다스는 최종 갚음(repayment)과 삯에 관한 바울의 언어를 결코 다루지 않는다.

　　2. **바울이 말하는 "믿음/신앙"**(faith)**은 단순한 "믿음"**(belief)**이 아니다.** 비슷한 노선에서 다스는 칭의가 "행함보다 믿음에 기초한 선물이어야 한다"(원서 57쪽)라고 말하면서 바울에게 있어서 '피스티스'(πίστις)가 단순한 "믿음"(belief)이라는 인상을 준다. 하지만 "바울은 신뢰(trust)뿐 아니라 특정 명제에 대한 믿음(belief)을 가리키는 데 '피스티스' 용어를 사용하면서 동시에 또한 신실함(faithfulness) 내지 충실함(fidelity)을 지칭하는 데 그 용어를 사용한다."[1] 다음과 같은 예를 들 수 있다.

1.　Brant Pitre, Michael P. Barber, and John A. Kincaid, *Paul, A New Covenant Jew: Rethinking Pauline Theology* (Grand Rapids: Eerdmans, 2019), 185에서 살전 1:3, 8-10; 3:2-10; 5:8; 갈 5:6; 롬 1:5; 3:31; 16:26을 인용한 것을 보라. 또한 Teresa Morgan, *Roman Faith and Christian Faith: Pistis and Fides in the Early Roman Empire and Early Churches* (Oxford: Oxford University Press, 2015), 36-175을 보라.

또 하나님이 이방을 믿음으로 의롭다 하실 것을 성경이 미리 알고 먼저
아브라함에게 복음을 전했다. "모든 이방인이 네 안에서 복을 받을 것
이다." 그러므로 믿는 자는[οἱ ἐκ πίστεως] 신실한 아브라함과 함께[τῷ
πιστῷ Ἀβραάμ] 복을 받는다. (갈 3:8-9)

여기서 바울은 "믿음/신앙"(πίστις, faith)이 "신실함"(πιστός, faithfulness)과
관련되어 있다고 말한다![2] **"그렇다면 바울의 '믿음/신앙'(faith)은 급진
적이면서도 모든 것을 포괄하는 미덕이다."**[3] 실제로 매우 다른 관점을
가진 학자들도 "바울에게 있어서 이 단어가 더욱 풍성한 의미를 가지고
있다는 데" 동의한다.[4] 아마도 그래서, 바울은 자신의 사명이 "믿음의
순종"(ὑπακοὴν πίστεως, 롬 1:5; 16:26)을 가져온다고 묘사하는 것일 것이다.

가톨릭 관점의 한 가지 강점은 바울이 "행동", "행위", "순종", "신실
함"에 대해 말한 것을 경시하거나 둘러대지 않고 "믿음/신앙"(faith)에
대해 말하는 바를 확증할 수 있다는 것이다.

---

2. Pitre, Barber, and Kincaid, *Paul, A New Covenant Jew*, 191-92.
3. Joseph A. Fitzmyer, *Paul and His Theology: A Brief Sketch* (Englewood Cliffs, NJ: Prentice Hall, 1987), 84-85 [늑 『바울로의 신학』, 분도출판사, 2001]을 따른, Pitre, Barber, and Kincaid, *Paul, A New Covenant Jew*, 185 (강조 표시는 인용 출처 본래의 것).
4. Thomas R. Schreiner, *Paul, Apostle of God's Glory in Christ: A Pauline Theology* (Downers Grove, IL: IVP Academic, 2001), 211 [= 『바울 신학: 그리스도 안에 있는 하나님의 영광의 사도』,은성, 2005]을 인용한, Pitre, Barber, and Kincaid, *Paul, A New Covenant Jew*, 185; Matthew Bates, *Salvation by Allegiance Alone: Rethinking Faith, Works, and the Gospel of Jesus the King* (Grand Rapids: Baker Academic, 2017), 20-22, 98-99 [= 『오직 충성으로 받는 구원: 값싼 구원 문화에서 참된 제자도로의 전환을 위한 대담한 시도』,새물결플러스, 2020]; Douglas Campbell, *The Quest for Paul's Gospel: A Suggested Strategy* (London: T&T Clark, 2005), 186.

제임스 D. G. 던: 새 관점

제임스 던의 예리한 응답 중 세 가지 측면이 눈에 띈다.

1. **바울 해석사.** 나는 주해가들이 "1세기에 바울이 직면했던 문제 상황을 표현한 용어"(원서 62쪽)를 이해해야 한다는 던의 주장에 전적으로 동의하는 바다. 나도 다른 곳에서 첫째 되는 과제가 "바울을 **바울의 관점에서 해석하는 것**"이라고 쓴 적이 있다.[5] 하지만 나는 "바울 이후 수세기 동안 논쟁이 어떻게 진행됐는지에 대한 관심을 (일단은) 제쳐 놓아야 한다"(원서 62쪽)는 데에는 동의하지 않는다. 반대로 오히려 현대 바울 주해가 발전하기 위해서는 **전체적인** 바울 해석사에 **더—덜**이 아닌—**친숙해져야** 한다. 이는 다양한 시대(교부, 중세, 현대), 다양한 언어(그리스어, 라틴어, 독일어, 영어), 다양한 대륙(아프리카, 소아시아, 유럽, 북미)의 주석가들이 바울을 비슷하게 해석했을 때 특히 중요해진다. 내가 교부, 중세, 현대 가톨릭 해석가들을 E. P. 샌더스의 작품과 비교하기로 결정한 한 가지 이유는 바로 내가 아는 한 샌더스가 가톨릭 전통에 대한 직접적인 지식이 없기 때문이다. 그럼에도 샌더스는 바울에 대한 면밀한 주해에 기초하여 (가톨릭 전통과) 놀랍도록 **유사한** 결론에 이른다. 이런 현상은 설명이 필요하다. (내가 원하는) 한 가지 가능한 설명은 저들이 모두 바울을 제대로 읽었다는 것이다.

2. **"율법의 행위들"의 의미.** 던은 "율법의 행위들"에 관한 "가톨릭의 논쟁"을 다루기를 피했다고 바르게 지적했다(원서 63쪽). 그래서 지금 해보려 한다. 다른 곳에서 진술했듯이 나는 "율법의 행위들"이라는 바울

---

5. Pitre, Barber, and Kincaid, *Paul, A New Covenant Jew*, 7 (강조 표시는 인용 출처 본래의 것).

의 표현이 **항상 무조건은 아니지만 전형적으로** 할례, 음식 규정, 안식일 준수를 가리킨다고 본다.[6] 바울이 "율법의 행위들"이라는 표현을 처음으로 사용했을 때 주로 할례와 다른 경계 표지들을 가리켰다는 것은 분명한 것 같다(갈 2:15-16).[7] 반면, 다른 구절들에 나오는 그 표현은 더 넓은 범위의 의미를 암시한다. 예컨대, 바울은 "사람이 율법의 행위들과 상관없이 믿음으로 의롭다 함을 받는다"(롬 3:28)라고 선언한 직후에 다윗을 예로써 인용한다.

> **행위들 없이 하나님께 의로 여기심을 받는 사람의 복에 대하여 다윗이 말했다.** "불법이 용서함을 받고 죄가 가려짐을 받는 사람들은 복이 있고, 주께서 그 죄를 인정하지 아니하실 사람은 복이 있도다." (롬 4:6-8)

유대 성경이 분명히 보여주는 것과 같이 다윗은 할례와 음식 규정에 있어서 실패했던 것이 아니다! 그보다도 그는 간음과 살인을 저질렀다(삼하 11:1-25; 참조, 출 20:13-14). 따라서 문맥에 따라 보자면, 하나님이 "행위들 없이"(μὴ ἐργαζομένῳ) "경건하지 않은" 자를 "의롭다 하시는"(δικαιόω) 경우의 예로 다윗이 사용됐을 때(롬 4:5)는 십계명 준수와 관련이 있는 것 같다.[8]

3. 루터의 주장이 정당한가? 던은 마지막으로 루터가 "로마의 면벌부 판매가 사실상 복음을 왜곡"(원서 63쪽)했다고 주장한 것이 정당하지

---

6. Pitre, Barber, and Kincaid, *Paul, A New Covenant Jew*, 53-54을 보라.

7. James D. G. Dunn, *The New Perspective on Paul*, rev. ed. (Grand Rapids: Eerdmans, 2008), 1-120 [= 『새 관점의 기원, 정의, 미래』(가제), 감은사, 2023 출간 예정]을 보라.

8. Pitre, Barber, and Kincaid, *Paul, A New Covenant Jew*, 53을 보라.

않았다는 것인지 묻는다. 이 지점에 대한 나의 생각은 이렇다. 말하자면, 그렇기 때문에 트리엔트공의회는 "그리스도인 사이에서 **상당한 오용**의 근거가 된, 면벌부 확보를 위한 모든 비열한 쟁취가 **전면적으로 폐지되어야 한다**"라고 선포했다는 것이다.[9] 동시에 루터는 또한 오늘날까지 계속되는 분열을 초래했다. 우리가 중세 기독교의 오용을 무시하면 안 되듯이 우리 역시 분파주의(schism)에 대해 바울이 말한 것과 루터의 해결책을 신중히 검토해볼 필요가 있다. "형제들아 내가 우리 주 예수 그리스도의 이름으로 너희를 권하노니 모두가 같은 말을 하고 **너희 가운데 분쟁이**[σχίσματα] **없이** 같은 마음과 같은 뜻으로 온전히 합하라"(고전 1:10).

그러므로 던이 "'항상 개혁되어야 한다'(*Semper reformanda*)라는 슬로건은 전체 교회에 해당된다. 그렇지 않은가?"라고 쓴 것에 대해, 나는 '그렇다!'라고 말하고 싶다.[10] 하지만 항상 개혁하는 것과 항상 나누어지는 것은 다르다. 나는 본서 『바울에 관한 다섯 가지 관점』과 같은 책들이 연합된 교회에 관한 바울의 비전을 여전히 가로막는 생각의 다름(rifts)을 치유하는 데 도움이 되기를 바라본다.

---

9.   Council of Trent, *Decree on Indulgences* (December 4, 1563) (강조 표시는 첨가됨). *Decrees of the Ecumenical Councils*, ed. Norman P. Tanner, 2 vols. (Washington, DC: Georgetown University Press, 1990), 2:797을 보라.

10. 가톨릭 관점을 위해서는 Yves Congar, *True and False Reform in the Church*, trans. Paul Philibert (Collegeville, MN: Liturgical Press, 2011)을 보라.

망누스 세테르홀름: 유대교 내부의 바울 관점

나는 망누스 세테르홀름과 몇몇 지점에서 일치한다는 점을 기쁘게 생각한다. 여기서는 그의 두 가지 비평을 다루고자 한다.

1. **죄들의 용서.** 세테르홀름은 크리스터 스텐달이 지적한 바와 같이 "용서는 바울서신에서 구원을 가리키는 모든 용어 중 가장 적게 사용" 됐기 때문에 "죄들의 용서라는 사상이 참으로 바울다운 것이 되려면 약간의 수정이 필요하다"(원서 67쪽)라고 제안한다. 하지만 바울서신이 특별한 경우를 위해 쓰였다는 점을 감안할 때 용어의 빈도는 중요성을 가늠하는 하나의 지표일 뿐이다. 또 다른 지표가 있다면 그것은 바울이 어느 곳에서 그런 용어를 사용했느냐 하는 것이다. 바울은 중심 구절에서 속죄를 강조한다.

> 모든 사람이 죄를 범했기 때문에 하나님의 영광에 이르지 못했다. **그리스도 예수 안에 있는 구속을 통해 하나님의 은혜로 값없이 의롭다 함을 얻은 자가 됐다.** 하나님이 이 예수를 그의 피로써 믿음을 통해 효력이 있는, 속죄의 제물로 세우셨다. … (롬 3:23-25)

바울이 "구속"(ἀπολύτρωσις, 롬 3:24)에 대해 말할 때 "죄로부터"의 구속을 의미한다고 생각할 수 있다.[11] 마찬가지로 바울이 "속죄의 제물"(ἱλαστήριον, 롬 3:25)에 대해 말할 때 유대 절기인 욤 키푸르(Yom Kippur,

---

11. Mark D. Nanos, "The Letter of Paul to the Romans," in *The Jewish Annotated New Testament: New Revised Standard Version Bible Translation*, ed. Amy-Jill Levine and Marc Zvi Brettler, 2nd ed. (Oxford: Oxford University Press, 2017), 293.

"대속죄일")에 속죄의 피가 뿌려졌던 "시은좌"(hilastērion: 또는 "속죄소", 레 16:13-15 LXX)를 암시하고 있다.[12] 만일 죄들의 용서가 진정으로 "바울적인" 것이 아니라면 바울은 어째서 대속죄일 이미지를 사용하여 사람이 "의롭다 함"(롬 3:24)을 받을 때 일어날 일을 묘사하는가?

2. **개인의 구원.** 세테르홀름은 또한 "죄들 및 구원에 대한 개인화는 아마도 '가톨릭 관점'의 일부일 수 있지만, 나는 그것이 바울적이라고 생각하지는 않는다"(원서 67쪽)라고 이야기했다. 또다시 나는 이의를 제기한다. 왜냐하면 바울 자신은 눈에 띄게 개인적인 용어들로 이야기하기 때문이다.

> 행위들 없이 하나님께 의로 여기심을 받는 사람의 복에 대하여 다윗이 말한 바, "불법이 용서함을 받고 죄가 가려짐을 받는 사람들은 복이 있고, **주께서 그 죄를 인정하지 아니하실 사람은 복이 있도다**." (롬 4:6-8)

> **내가** 그리스도와 함께 십자가에 못 박혔다. 그리고 이제는 **내가** 사는 것이 아니라 오직 **내** 안에 그리스도께서 사시는 것이다. 이제 **내가** 육체 가운데 사는 것은 **나를** 사랑하사 **나를** 위하여 자기 자신을 버리신 하나님의 아들을 믿는 믿음 안에서 사는 것이다. (갈 2:20)

여기서 바울이 다윗의 **개인적인** "불법"(ἀνομίαι)과 "죄들"(ἁμαρτίαι)이 "용서함을 받고"(ἀφίημι) "가려짐을 받다"(ἐπικαλύπτω, 롬 4:7)라는 용어로 칭의

---

12. Daniel Stökl Ben Ezra, *The Impact of Yom Kippur on Early Christianity: The Day of Atonement from Second Temple Judaism to the Fifth Century*, WUNT 2/163 (Tübingen: Mohr Siebeck, 2003), 197-205을 보라.

를 묘사하고 있음에 주목해보라. 갈라디아서 2장에 관해서 나는 세테르 홀름에게 모든 제2성전기 유대 문헌에서 죄와 구원에 대한 더더욱 개인 적인 설명을 찾아보라고 말하고 싶다.

이처럼 나는 바울의 칭의에 관한 나의 설명을 지지한다. 결국 바울은 유대인이었고, 1세기 유대교에서 죄의 용서는 욤 키푸르에서와 같은 집단적 희생제사 및 성전에서의 유대인 개인들의 무수한 "속죄제"(sin offerings)와 "속건제"(guilt offerings)와 같은 개인적 희생제사(레 4:1-7:10) 모 두와 관련된다. 이는 토라에서 "제사장이 그 범한 죄에 대하여 그를 위하여 속죄한즉 그가 사함을 얻을 것이다"(레 4:26)라고 말한 바와 같다.

이는 "둘 모두"를 포괄하는 가톨릭의 접근법이 바울을 읽는 데 어떻게 도움이 되는지 보여주는 또 다른 예가 된다. 유대인 바울에게 있어서 죄의 용서는 집단적인 것이자 개인적인 것이다.[13]

존 M. G. 바클레이: 선물 관점

존 바클레이의 풍성한 응답으로 인해 적절한 답변이 쉽지 않다. 다행히도 나는 그가 제시한 몇몇 문제들과 관련한 책을 다른 곳에서 출판한 적이 있다. 나는 마이클 바버(Michael Barber), 존 킨케이드(John Kincaid)와 공동 저작한 책의 "신적 아들 됨을 통한 새 언약 칭의"(New Covenant Justification through Divine Sonship)라는 장을 참고하기를 권한다.[14]

1. 은혜와 "행위 주체의 얽힘(intertwining)". 바클레이는 내가 "그리스

---

13. Pitre, Barber, and Kincaid, *Paul, A New Covenant Jew*, 211-50을 보라.
14. Pitre, Barber, and Kincaid, *Paul, A New Covenant Jew*, 162-210을 보라.

도 안에 있는 새 창조인(고후 5:17) … 새로운 '나'" 대신에 "은혜에 의해서 강화되고, 보완되어 이제는 은혜와 '협력하는', 즉 하나님의 행위 주체(agency)와 나란히 놓인 행위 주체로서의, 예전의 '나'"(원서 72쪽)를 상정하고 있다고 제안하는데, 이 지점에서 그가 나를 오해했던 것이 아닌가 싶다. 물론 "새로운 '나'"가 있다. 하지만 이것이 바울로 하여금 자신의 "행위"와 그 안에서 행하시는 하나님의 "은혜"를 **구분**—분리가 아닌—하는 일을 막지는 못한다. "그러나 내가 나 된 것은 **하나님의 은혜로** 된 것이니 내게 주신 그의 은혜가 헛되지 아니하여 **내가 모든 사도보다 더 많이 수고했으나 내가 한 것이 아니요 오직 나와 함께하신 하나님의 은 혜다**"(고전 15:10).

실제로 바울은 세례 이후에도 자신 안에 살아 계신 "그리스도"와 "살고 있는" 자기 자신에 대해 이야기한다. "이제는 **내가 사는 것이 아 니요 오직 내 안에 그리스도께서 사시는 것이다. 이제 내가 육체 가운데 사는 것은** … 하나님의 아들을 믿는 믿음 안에서 **사는 것이다**"(갈 2:20).

분명히 바울 자신은 "이 새 생명의 원천이 아니다." 또한 동시에 "이 것은 바울이 더 이상 행동 주체(acting subject)가 아니라는 것을 의미하지 않는다. 그리스도는 신자의 역할을 없애지 않으셨다. … 바울 자신은 행위/일하고 있으며 그의 행위는 유효하다. 이는 **오직** 그리스도가 그 안에서 행위/일하고 계시기 때문이다."[15] 내가 제안하는 바 이것은 바클레이가 "행위 주체의 얽힘"이라고 잘 묘사한 것이다.[16] 바울에게 있어서

---

15. Pitre, Barber, and Kincaid, *Paul, A New Covenant Jew*, 169 (강조 표시는 인용 출처 본래의 것).

16. John Barclay, "Grace and the Transformation of Agency in Christ," in *Redefining First-Century Jewish and Christian Identities: Essays in Honor of Ed Parish Sanders*, ed. Fabian E. Udoh et al. (Notre Dame, IN: University of Notre Dame Press,

인간 행위 주체는 은혜를 통해 변화되고 능력을 부여받았다—그렇지만 없어지지는 않았다.[17]

2. **내주하는 "능력"으로서의 "은혜"**. 바클레이는 또한 "은혜가 신자들에게 '주입되는' 어떤 것"이라는 개념에 반대하면서 "은혜는 그들 안에 '내재되는' 어떤 물질이 아니라, 그들이 유지하고 있는 관계"라고 주장한다(원서 73쪽). 나는 바울이 은혜를 "물질"(substance)이나 "물체"(object)로 결코 묘사하지 않았다는 데 동의한다. 그런데 나 역시 그렇게 묘사한 적이 없다! 그렇지만 바울은 은혜를 신자 안에 거하고 있는 "능력"으로 묘사한다. "나에게 이르시기를, '내 **은혜**가 네게 족하다. 이는 내 **능력**이 약한 데서 온전하여지기 때문이다.' 그러므로 도리어 크게 기뻐함으로 나의 여러 약한 것들에 대하여 자랑할 것이다. 이는 **그리스도의 능력**이 내게 거하게 하려 함이다"(고후 12:9).

여기서 "은혜"(χάρις, '카리스')와 내주하는 그리스도의 "능력"(δύναμις) 사이의 유사점에 주목하라. 바울에게 있어서 '카리스'는 신자들이 접붙여지는 관계이자 그들 안에 거하는 "그리스도의 능력"(ἡ δύναμις τοῦ Χριστοῦ)이다. 간단히 말해, "바울은 신적인 능력 공급의 관점에서 은혜를 바라본다."[18]

3. **"칭의": "관계적 행위"와 "도덕적 변화의 행위"**. 바클레이는 동사 '디카이오오'(δικαιόω, "의롭다 하다")가 "의롭게 만들다"를 의미할 수 있다는 어떤 제안에도 반대한다. 그에게 있어서 "그런 해석은 관계적 행위('누군가를 의롭다고 간주하는 것')를 도덕적 변화의 행위('누군가를 도덕적으로 의

2008), 372-89, 특히 383-84.
17. Pitre, Barber, and Kincaid, *Paul, A New Covenant Jew*, 169.
18. Pitre, Barber, and Kincaid, *Paul, A New Covenant Jew*, 168.

81-82

롭게 만드는 것')로 바꾸어 버리는 것"(원서 71쪽)이다. 나는 이것이 불필요한 이분법이라고 생각한다. 나는 바울이 사용한 '디카이오오'가 법정적 진술이라는 데 동의하지만 이 선언이 도덕적으로 현실적이며 반드시 반사실적(counterfactual) 진술이지는 않다고 제안하는 바다.[19] 바클레이 자신은 이러한 사실주의(realism)를 다음과 같이 잘 진술한 적이 있다. "이러한 '의롭다고 간주하는 것'이 **죄인은 의롭다는 식으로 단순히 꾸며낸 것이 아니라면**, 이는 수행적 진술(performative statement: 사람들을 옳다고 선언할 때 실제로 저들을 '올바르게' 만들게끔 하는 진술) 또는 **새로운 현실**에 대한 선언을 나타낸다."[20]

바울이 "의롭다 하다"는 동사를 그리스도를 "본받는" 존재를 지칭하는 데 사용하기 때문에 바클레이가 그렇게 제안하는 것은 옳다. "하나님이 미리 아신 자들을 또한 그 아들의 형상을 **본받게 하기** 위하여 미리 정하셨다. … 또 미리 정하신 그들을 또한 부르시고 부르신 그들을 또한 **의롭다 하시고 의롭다 하신** 그들을 또한 영화롭게 하셨다"(롬 29-30). 그러나 바울이 칭의를 "도덕적 변화"와 관련된 것으로 보지 않는다면, 어째서 "의롭다 하신"(δικαιόω, 롬 8:30) 사람들을 "본받은"(σύμμορφος) 존재로 묘사하는가? 나는 바울에게 있어서 "칭의의 선언은 법정적이면서도 도덕적 변화의 특징 **모두를** 가지고 있다"고 주장하는 바다.[21]

---

19. Pitre, Barber, and Kincaid, *Paul, A New Covenant Jew*, 163, 186n66, 205. 나 역시 훌륭한 저술, James B. Prothro, *Both Judge and Justifier: Biblical Legal Language and the Act of Justifying in Paul*, WUNT 2/461 (Tübingen: Mohr Siebeck, 2018)에 의존했다.

20. John M. G. Barclay, *Paul and the Gift* (Grand Rapids: Eerdmans, 2015), 476 (강조 표시는 인용 출처 본래의 것). 저 대목은 Pitre, Barber, and Kincaid, *Paul, A New Covenant Jew*, 209n128에서 인용했다.

21. Pitre, Barber, and Kincaid, *Paul, A New Covenant Jew*, 209 (강조 표시는 인용 출

바울 신학에서 "마음의 의"(cardiac righteousness)라고 불릴 만한 것이 있는데, 이때 사람은 "마음으로 믿어 의에 이른다"(καρδίᾳ γὰρ πιστύεται εἰς δικαιοσύνην, 롬 10:10). 말하자면, "영"의 내주하심을 통해(참조, 롬 5:5; 갈 4:6), "마음"(καρδία)은 진정으로 변화되고 따라서 사람은 진정으로 의롭게 된다—곧, 사람은 의롭다.[22]

___

처 본래의 것).

22. "마음의 의"에 관한 더 많은 것은, Pitre, Barber, and Kincaid, *Paul, A New Covenant Jew*, 172-88, 208-9을 보라.

바울에 관한 전통 개신교 관점

바울에 관한 전통 개신교 관점

A. 앤드루 다스

전통 개신교의 해석에서는 다양하지만 전형적으로 상호 연관된 세 가지 주장이 제기된다. (1) 제2성전기 유대인들은 행위에 따른 의와 율법주의의 종교를 고수했다. (2) 바울은 이에 대한 응답으로 인간의 행위에 대한 하나님의 값없는 은혜를 강조했다. (3) 행위 없는 순전한 은혜에 대한 강조가 구원하고 의롭다 선언하는 하나님의 일하심의 특징이다. 예를 들어, 19세기 독일 루터교 학자 페르디난트 베버(Ferdinand Weber)는 유대교를 행위로 얻어지는 의를 주장하는 종교, 즉 율법주의의 종교라고 선언했다. 이에 반해 바울은 예수 그리스도의 복음에서 하나님의 값없는 은혜를 주장했다. 홀로코스트 이후, 현대 해석가들의 신학적 성향은 해석에 영향을 미쳤고 바울 본인의 관점과 종교적 환경에서 해석한 바울은 다르게 이해되어야 한다고 결론 짓기 시작했다. 테렌스 도날슨(Terence Donaldson)은 종교개혁과 루터교의 뿌리에서 벗어나는, 그리고 전통적인 은혜/칭의와 인간의 행위/죄책에서 벗어나는 패러다임

전환이 현대 학자들에 의해 일어나고 있다고 설명한다.[1] 짧은 글로써 전통 개신교의 입장을 재확인하는 일은 쉽지 않다. 이 비판은 종종 무시되지만 그만한 이유가 있다.

1980년대에 내가 다녔던 보수적인 루터교 신학교의 로마서 수업은 8장에서 마무리됐다. 로마서 9-11장과 나머지 부분은 거의 잘 개설되지 않는 선택 과목이었다. 교수님은 믿음에 관한 위대한 교리인 기독론, 칭의, 성화에 많은 시간을 할애했다. 나는 우리가 간과했던 편지의 특징들이 교리적 강조점에 어떻게 반영되는지 이해하기 위해 노력했다. 바울은 자신의 복음이 **먼저는** 유대인에게며 또한 헬라인에게라며 반복해서 말한다. 그는 로마서 4장에서 할례받은 자와 할례받지 않은 자를 다시 거론한다. 신학교에서 선택한 로마서의 장들을 넘어 로마서 9-11장에서 이방인들이 이스라엘을 위한 하나님의 구속 역사에 계속 포함된다는 사실은 그리 놀랍지 않았다.

그 후 J. 루이스 마틴(J. Louis Martyn)과 함께했던 대학원 갈라디아서 세미나에서 나는 제임스 던(James D. G. Dunn)의 갈라디아서 3:10-14 논문에 대한 레포트를 썼다.[2] 던은 유대인과 이방인을 다시 섞어 놓았다. 그리고 사실상 그것이 로마서의 핵심이라고 주장했다. 그가 쓴 내용 대부분은 이치에 맞았고 도움이 됐다. 그러나 동시에 이방인이 하나님의 백성에 포함된다는 사실이 핵심이며 이신칭의가 다소 부차적이라는 던의 주장은 충격적이었다. 던은, 루터교인인 나에게 너무나 친숙한 율법-복

---

1. Terence L. Donaldson, *Paul and the Gentiles: Remapping the Apostle's Convictional World* (Minneapolis: Fortress, 1998), 4-6; 참조, ix.

2. James D. G. Dunn, "Works of the Law and the Curse of the Law (Gal. 3.10-14)," in *Jesus, Paul, and the Law: Studies in Mark and Galatians* (Louisville: Westminster John Knox, 1990), 215-41; 본래 *NTS* 31 (1985): 523-42에서 출판된 논문이다.

음의 변증법적 관점에서 바울의 글들을 해석하지 않았다. 제2성전기 유대교가 은혜와 속죄의 종교라고 주장하는 E. P. 샌더스(E. P. Sanders)는 던에게 확신을 주었다. 행위로 얻어지는 의에 대한 반응이 아니라면 바울이 "행위들"을 반박한 이유는 무엇인가? 던에 따르면 바울은 "율법의 행위들"이라는 표현을 통해 전체 율법을, 특히 민족적인 경계 표지 역할을 하는 율법의 측면들을 염두에 두었다. 그리스도를 믿는 믿음과 율법의 행위들에 대한 바울의 대조는 **이방인을 하나님의 백성에 포함**—바울에 관한 새 관점—시켜야 한다는 주장의 한 요소였다.

나는 이 책에서 바울의 전통적인 견해를 대표하고 있지만, 샌더스의 『바울과 팔레스타인 유대교』[3] 및 제2성전기 유대교에서의 다양한 은혜의 요소를 더욱 미묘하게 표현했던 존 M. G. 바클레이(John M. G. Barclay)에게 대체로 설득됐다.[4] 나는 **"선택적인 율법주의"**(*elective* nomism)라는 용어를 선호하지만, 샌더스는 특별한 언약 개념이 아니라 제2성전기 유대교에 있던 이스라엘에 대한 선택의 중심성을 입증했기에 샌더스의 언약적 율법주의에 대한 설명으로 시작하려고 한다.[5] 예를 들어, 샌더스는 제2성전기 유대 문헌인 『희년서』가 하나님의 율법에 대한 엄격하고도 완전한 순종을 요구하지만 그 완전한 순종에 대한 요구는 실패에 대

---

3.   E. P. Sanders, *Paul and Palestinian Judaism: A Comparison of Patterns of Religion* (Philadelphia: Fortress, 1977) [= 『바울과 팔레스타인 유대교』, 알맹e, 2018].

4.   John M. G. Barclay, *Paul and the Gift* (Grand Rapids: Eerdmans, 2015) [= 『바울과 선물』, 새물결플러스, 2019].

5.   다음을 보라. "Rethinking the Covenantal Paul" in A. Andrew Das, *Paul and the Stories of Israel: Grand Thematic Narratives* (Minneapolis: Fortress, 2016), 65-92. 예, 갈 3:16에서 한 가지 의도를 가진 하나의 언약, 갈 4:21-31에서 나란히 나타난 아브라함의 두 언약, 고후 3장의 옛 언약과 새 언약은 제2성전기 유대교에서 언약과 율법이 어떻게 결합됐는지에 대한 특별한 상황에 따른 반응(contingent responses)을 보여준다.

한 준비(은혜로운 하나님의 선택 및 속죄 제사)를 포함하는 은혜로운 틀 안에 있음을 보여주었다.[6] 나는 샌더스의 "해결책에서 곤경으로"라는 제안과 병행되는 "더 새로운" 관점, 즉 바울이 기독론적으로 추론하는 관점을 제안했다. 만일 하나님의 구원이 그리스도를 믿는 믿음 또는 그리스도의 믿음을 통해 이루어진다면, 그것은 율법 준수를 통해서가 아니다. 이 관점에서 나는 이방인을 포함시키려는 바울의 변호가 자신의 기독론적인 신념에서 나온 것이라고 주장했다. 만약 하나님이 그리스도를 통해서 구원하시며 모세 율법을 통해서가 아니라면, 어째서 이방인들에게 구원을 위해 모세 율법을 억지로 부과하겠는가? 말 앞에 수레를 놓고 있는 던의 강조점에 나는 놀랐다. 나의 "더 새로운 관점"은 제2성전기 유대교에 대한 샌더스의 기본적인 통찰에서 시작하지만, 샌더스와는 달리 "더 새로운" 궤도에서 시작했다. "더 새로운" 궤도는 바울 본문에 대한 "새 관점"의 요소를 부정하지 않고 인정한다. 그것은 단순히 "양자택일"의 문제가 아니다. 다시 말하지만 만일 하나님이 예수 그리스도를 믿는 믿음 또는 그리스도의 믿음을 근거로 구원하신다면, 구원은 율법이나 그 행위에 근거하지 않는다. 만약 그렇다면 그리스도를 믿는, 유대인이 아닌 사람들은 하나님의 구원에서 배제될 이유가 없다. 바울의 주장에서 민족적인 요소는 하나님이 그리스도를 믿는 믿음 또는 그리스도의 믿음을 근거로 구원하신다는 구원론적 주장**으로부터** 비롯된다.

내가 바울에 관한 "더 새로운 관점"을 옹호함에도 불구하고—그리

---

6. *PPJ*, 381: "완전한 순종이 명시적으로 나타난다." 그러나 Sanders가 설명하듯이, 율법에 대한 완전한 순종은 『희년서』의 은혜라는 틀 안에서 효과적으로 완화된다. Sanders의 입장을 사용한 것과 수정한 것에 대해서는 다음을 참조하라. A. Andrew Das, *Paul, the Law, and the Covenant* (Peabody, MA: Hendrickson, 2001), 1-2장: 선택, 언약, 실패에 대한 속죄 희생을 포함하는 제도의 실제적인 결과.

고 망누스 세테르홀름(Magnus Zetterholm)의 글은 여전히 또 하나의 "더 새로운" 관점을 제시하고 있음에도 불구하고—나는 이 책에서 전통적인 관점을 대변하고 있다. 여기에는 바울이 율법주의 또는 행위를 기반으로 한 유대인 동료들의 관점에 대응하고 있었다는 주장이 포함된다. 전통주의자들은 그리스도를 믿는 믿음으로 구원을 얻는다는 바울의 구원론이 행위에 대한 유대인 동료들의 확신과 **어느 정도** 반대된다고 주장한다.[7] 모든 제2성전기 유대인이 율법주의 또는 행위를 기반으로 하는 접근 방식을 긍정하지는 않았다. 그러나 적어도 일부는 그렇게 했으며 바울은 그 주장에 대응하고 있다. 비록 나는 바울이 율법주의에 대응하고 있다는 주장을 부인하지만, 갈라디아서가 유대 기독교인 내부의 분쟁 맥락에서, 행위를 배제하고 아브라함의 믿음을 긍정하면서, 아브라함에게 의지하는 것에 관한 중추적인 부분이 포함되어 있음을 인정한다.

제2성전기 유대교에 나타난 순종 모델로서의 아브라함과 갈라디아서에 나타난 바울의 접근

아브라함은 제2성전기 유대교 담론에서 이교도의 개종을 위한 모델로 두드러지게 그려진다. 갈대아인인 아브라함은 유일신의 진리와 자기 가족의 우상 숭배의 오류를 깨닫게 됐다(Philo, *Virt.* 39.212-19; 『희년서』

---

7. 예, D. A. Carson, Peter T. O'Brien, and Mark A. Seifrid, eds., *Justification and Variegated Nomism*, vol. 1, *The Complexities of Second Temple Judaism*, WUNT 2/140 (Tübingen: Mohr Siebeck; Grand Rapids: Baker Academic, 2001).

11:3-5, 7-8, 16-17; 12:1-8, 12-13:1; Josephus, *Ant.* 1.154-57; 『아브라함의 묵시록』 1-8; 유디
트 5:6-9; Philo, *Migr.* 176-86; *Abr.* 60-88; *QG* 3.1; *Somn.* 1.41-60; *Her.* 96-99; 『성경 고
대사』 6.3-4, 16-17; 23.5). 이방인이 유대교로 개종하면 아브라함의 여정이
재현된다. 유대 그리스도인 교사들이 갈라디아 이방인들에게 유대인
규례들을 받아들이도록 영향을 주려고 시도했을 때 아브라함은 증거 1
호가 됐다.

아브라함은 또 다른 면에서도 증거 1호였다. 아브라함의 순종에 대
한 칭송은 항상 있진 않았지만 널리 퍼져있었다. 이는 단순히 위인에 대
한 전기가 아니었다. 아브라함은 **모델**로 기능했다. 요세푸스는 아브라
함이 "모든 면에서"(ἄπαντα) 하나님의 뜻에 순종했음을 인정한다(Jose-
phus, *Ant.* 1.225). 『희년서』의 저자는 시험을 받은 여섯 차례 모두 아브라
함의 "신실함"을 증명했다(『희년서』 17:15[2회], 17, 18[2회]; 18:16). 이 시험은
기근, 땅의 부족, 할례의 고통, 왕의 부에 직면한 유혹, 사랑하는 사람의
상실에 대한 시험, 그리고 특별히 아들을 희생으로 바치라는 하나님의
명령에 대한 즉각적인 순종에 관한 것이었다(17:18; 18:3, 9). 15:3에서 하나
님은 아브라함에게 "내 앞에서 기뻐하고 완전하라"라고 말씀하셨다. 아
브라함은 23:10에서 "주와 함께 모든 행동에서 완전하고 … 그의 삶의
모든 날 동안 의로움으로 기뻐한다"고 칭송받는다.[8] 24:11에서는 "너의
조상[아브라함]이 나에게 순종했고 나의 규정과 명령과 율법과 규례와 언
약을 지켰기 때문에 땅의 모든 나라가 너의 씨를 통해서 스스로 복될
것이다"라고 묘사된다. 아브라함의 모범적인 또는 완전한 순종은 제2
성전기 유대교의 공통된 주제였다. 『므낫세의 기도』 8절(『므낫세의 기도』는
별도의 장이 없이 단 15절로 구성되어 있다—편주)에서는 "그러므로 의인의 하나님 여호

---

8.   여기에서 구약위경의 번역은 *OTP*를 따른다.

와여, 당신에게 죄를 짓지 않은 … 아브라함과 같은 의인에게는 회개를 명하지 않으셨습니다"라고 말한다.

필론은 후대의 경건 모델인 족장 아브라함이 기록되지 않은 율법—시내산 언약에 상응하는 신적 율법이든지 모세 율법에 대한 시내산 언약 이전 표현이든지 간에—을 기꺼이 준수했던 것을 칭송한다(*Abr.* 3-6). 그러므로 기록된 토라를 지키는 사람들은 아브라함처럼 행동하는 자신을 발견하게 된다. 필론은 아브라함을 아직 기록되지 않은 율법의 **체현/화신**(*embodiment*)으로 제시한다(*Abr.* 275-76)! 바룩2서 57:1-3은 기록되지 않은 율법과 아브라함에 의해 성취된 계명을 언급한다. 『다마스쿠스 문서』(CD)는 "아브라함은 … 하나님의 계율을 지키고 자기 영혼의 욕망을 따르지 않는 친구로 여겨졌다"라고 말한다(III 2-3).[9] 미쉬나 킷두쉰(*Qiddushin*) 4:14은 "그리고 우리는 우리 조상 아브라함이 율법이 주어지기 전에 율법 전체를 행했음을 안다. … **아브라함은 내 목소리에 순종했고, 내 명령, 계명, 법규, 율법을 지켰다**"라고 기록한다.[10]

아브라함이 바로에게 사라를 자신의 누이라고 하며 넘겨버린 창세기 12장의 명백한 실패를 제2성전기 문헌은 실패로 해석하지 않는다. 예를 들어, 『창세기 비록』(사해문서 1QapGen XIX 14-16; XX 2-15)에서 사라가 애굽 사람들의 눈에 너무 아름다웠기에 그들은 바로에게 그녀를 묘사하지 않을 수 없었다고 말한다. 바로가 사라를 아브라함의 아내로 의심했다면 아브라함을 죽였을 것이다. 아브라함은 바로를 속일 수밖에 없었고, 또한 여전히 최고의 믿음의 사람으로 남아 있다. 그의 불안과 두

9.　여기에서 사해문서의 번역은 *DSSSE*를 따른다.

10.　이 번역은 다음을 따른다. Herbert Danby, *The Mishnah: Translated from the Hebrew with Introduction and Brief Explanatory Notes* (Oxford: Clarendon, 1933).

려움이 다른 관점으로 이해되고 합리화된 결과다.

어떤 유대 작가는 심지어 아브라함의 모범적인 순종이라는 널리 퍼진 전통에 **반응**하는 것처럼 보인다. 『아브라함의 유언』은 낯선 이방인과 궁핍한 사람을 향한 아브라함의 의, 경건, 환대, 친절을 표준적으로 서술하면서 시작한다(『아브라함의 유언』 1:1-2, 5). 천사 미가엘은 아브라함을 위해서 하나님에게 간청한다. 아브라함은 악을 멀리하면서, 자비, 신실함, 정의, 환대에 있어 이 땅의 어느 누구와도 같지 않았기 때문이다(『아브라함의 유언』 4:6). 하늘의 음성은 그때까지 "아브라함이 **죄를 범하지 않았다**"라는 데 동의한다(『아브라함의 유언』 10:13, 강조는 추가됨). 놀랍게도 독자는 아브라함이 죽음을 두려워하지 않음을 알게 된다. 그래서 하나님은 그에게 다른 세계의 영역으로 여행을 허락하신다. 죽음이 마침내 아브라함의 영혼을 요구할 때 아브라함은 계속해서 저항한다. 그러나 속임수에 의해 결국 죽음에 이른다. 『아브라함의 유언』은 아브라함에 대한 대중적인 평가와 "이 족장[아브라함]이 이상적인 모델, 경쟁할 수 있는 수준을 뛰어 넘는 완벽한 위치로 올라간 것"에 대해 질문한다.[11]

시락서 44:20은 "그가 시험받았을 때 신실함을 증명했다"라고 말한다. 아브라함의 시험(נסה)이라는 표현은 창세기 22:1에서 왔다. 그러나 아마도 **신실함**(*faithfulness*)은 느헤미야 9:8을 따른 것이다. 이 구절은 "그의 마음이 주 앞에서 **신실한 것**[נאמן, *faithful*]을 보시고"라고 말한다. 느헤미야 9:7-9에서는 하나님이 선택하신 아브라함, 우르에서 떠난 아브라함, 그의 이름이 변경됨, 그에게 땅을 주겠다는 언약을 언급하지만, 아

---

11. Annette Yoshiko Reed, "The Construction and Subversion of Patriarchal Perfection: Abraham and Exemplarity in Philo, Josephus, and the *Testament of Abraham*," *JSJ* 40 (2009): 185-212, 인용된 부분은 208-9.

케다(이삭의 결박)에 대해서는 아무것도 말하지 않는다. 느헤미야 9:8의
"신실한"(faithful)은 창세기 15:6에서 왔다. 아브라함의 신실함에 대한 언
급은 두 문맥에서 땅에 대한 언약적인 약속에 이어서 나온다. 그러므로
시락서 44:20은 창세기 15장에 있는 아브라함의 믿음/신실함(faith[ful-
ness])과 창세기 22장의 시험, 즉 신실함의 궁극적인 예를 혼합하고 있다.
"이미 시락서에서 이스라엘의 미래에 대한 축복은 아브라함의 순종, 특
별히 창세기 22장에 나타나는 그의 가장 위대한 시련에 의존한다."[12] 이
지혜 문학의 저자인 벤 시라는 궁극적으로 하나님의 더 큰 복의 기초로
서 아브라함의 것과 같은 신실한 순종을 독자들에게 권고한다.

비슷하게 사해 문서 4QMMT 117(4Q398 II 2; 4Q399 I 2)은 창세기 15:6
의 언어를 반향하는데 그 언어는 아브라함의 믿음의 신뢰가 아니라 선
한 행동으로 해석한다. "너희[복수]가 그 앞에서 옳고 선한 일을 행할 때
그것이 너희에게 정의로 여겨질 것이다. 너희의 선(good)과 이스라엘의
선을 위해서 말이다." 마카비1서 2:52에서 맛디아는 아들들에게 다음과
같이 상기시킨다. "아브라함은 시험을 받았을 때 [이삭을 기꺼이 바치려는 의
지를 통해, 창 22장] 신실한 것으로 드러나지[εὑρέθη πιστός] 않았느냐? 그리
고 그것이 그에게 의[εἰς δικαιοσύνην]로 여겨지지[ἐλογίσθη] 않았느냐?" 마
카비1서 본문은 창세기 15:6에 나오는 아브라함의 "믿음"을 하나님의
약속을 믿는 것이 아니라 이삭을 희생시키려 했던 "신실함"으로 해석
하는 전통을 보여준다. 그러나 바울은 창세기 15:6을 다르게 해석한다.

많은 학자들이 살핀 바와 같이 바울은 갈라디아서 3:7에서 "아브라

---

12. Bradley C. Gregory, "Abraham as the Jewish Ideal: Exegetical Traditions in Sirach
    44:19-21," *CBQ* 70 (2008): 66-81, 인용된 부분은 76-77; 또한 다음을 참고하라.
    73-75, 79-80.

함의 자손"이라는 용어를 예상치 못한 방식으로 사용하는 것 같다. 말하자면, 마치 다른 사람의 주장, 즉 경쟁적인 선생들의 주장에서 사용되는 표현에 **대답하려는** 것처럼 보인다. 그들은 갈라디아 교인들이 아브라함의 자녀가 되도록 격려하고 있었다.[13] 바울은 갈라디아서 3:6-9에서 제2성전기 유대교에 널리 퍼져 있는 전통에 반대하면서 분명하게 그리고 아마도 의도적으로 아브라함의 믿음의 신뢰를 강조한다. 바울은 창세기 15:6에서 아브라함이 하나님을 믿는 사람으로 제시되고 또한 믿음이 그에게 의로 여겨졌던 것을 이야기한다. 바울은 저 구절들에서 아브라함의 순종을 언급하지 않는다. 바울과 갈라디아의 경쟁하는 선생들 사이의 논쟁은 아브라함의 신실함에 대한 당대의 의견들에 비추어 해석될 수 있다.

적어도 갈라디아서 3:6-9에서 바울은 신실함에 대한 언급 없이 하나님에 대한 믿음 또는 신뢰라는 의미로 '피스티스'(πίστις)를 엄격하게 정의한다. 갈라디아서 3:6에서는 창세기 15:6을 인용한다. 아브라함은 하나님을 "믿었다"(ἐπίστευσεν). 갈라디아서 3:6은 3:5에서의 율법의 행위들과 믿음의 들음(ἀκοῆς πίστεως: 개역개정에서는 "믿고 들음"—편주) 사이의 대조를 밝히고 있다. 아브라함의 믿음에 대한 6절 동사 바로 뒤에 나오는 7절의 "믿음의" 사람들(οἱ ἐκ πίστεως)은 6절에서의 아브라함처럼 하나님을 믿거나 신뢰하는 사람들로 여겨져야 한다. 따라서 7절의 '아라'(ἄρα: 개역개정에서는 "그런즉"—역주)는 6절의 진정한 결론이나 추론을 나타낸다. '피스티스'(πίστις)는 6절에서 아브라함의 믿음의 신뢰로 정의되며 아브

---

13. 예, J. Louis Martyn, *Galatians: A New Translation with Introduction and Commentary*, AB 33A (New York: Doubleday, 1997), 299 [= 『(앵커바이블) 갈라디아서』, CLC, 2018]

라함의 신실함에 대한 언급이 아니다. "믿음의" 사람들은 아브라함처럼 하나님을 믿거나 신뢰한다. 7절은 7-9절의 삼단 논법의 전제 역할을 한다. 이것은 갈라디아 교인들의 믿음/신뢰에 기반을 둔다. 율법이나 율법의 행위들 또는 아브라함의 순종 전통이나 신실함은 배제된다.

바울은 갈라디아서 3:8에서 형식적인 도입구를 사용하지 않지만 성경(ἡ γραφή)을 인용했다는 사실과 인용에서 대명사를 2인칭 대명사로 바꾸었다는 점은 당시 사람들에게 분명했을 것이다. 문제는 창세기에서 창세기 12:3뿐 아니라 창세기 22장에 있는 아케다 전승, 곧 이삭의 희생 이야기를 포함하여 **여러 차례** 이 언어 또는 변형된 언어를 사용하고 있다는 점이다. 그렇다면 쟁점은 바울이 창세기 22장 및 아브라함의 순종하는 신실함과 관련하여 창세기 12:3의 언어를 사용하고 있는지, 아니면 바울이 창세기 22장과 아브라함의 순종에 대한 언급을 피하고 있는지 여부다.

바울은 주로 창세기 12:3을 인용하고 있지만 12:3의 "땅의 족속들"(αἱ φυλαὶ τῆς γῆς)을 "민족들/이방인들"(τὰ ἔθνη)로 바꾸었다. 바울은 일반적으로 "이방인들"(τὰ ἔθνη)을 유대인과 반대되는 개념으로 사용한다(예, 갈 1:16; 2:2, 8, 9, 12, 14, 15). 여기서 바울은 복에 비유대인들이 포함됨을 강조하고 있는 것이다. 그래서 바울은 "땅의 모든 족속"을 "이방인들"(τὰ ἔθνη)로 바꾸었다. 주석가들은 "민족들/이방인들"(nations)이라는 단어가 창세기 18:18에서 온 것인지 창세기 22:18에서 온 것인지에 대해 의견을 달리한다(표1).

표1. 갈라디아서 3:8에서 창세기의 언어

갈 3:8	ἐνευλογηθήσονται 복을 받을 것이다.	ἐν σοὶ 네 안에서	πάντα τὰ ἔθνη 모든 민족들이
창 12:3	ἐνευλογηθήσονται 복을 받을 것이다.	ἐν σοὶ 네 안에서	πᾶσαι αἱ φυλαὶ τῆς γῆς 땅의 모든 족속들이
창 18:18	ἐνευλογηθήσονται 복을 받을 것이다.	ἐν αὐτῷ 그[아브라함] 안에서	πάντα τὰ ἔθνη τῆς γῆς 땅의 모든 민족들이
창 22:18	ἐνευλογηθήσονται 복을 받을 것이다.	ἐν τῷ σπέρματί σου 네 씨 안에서	πάντα τὰ ἔθνη τῆς γῆς 땅의 모든 민족들이
창 26:4	ἐνευλογηθήσονται 복을 받을 것이다.	ἐν τῷ σπέρματί σου 네 씨 안에서	πάντα τὰ ἔθνη τῆς γῆς 땅의 모든 민족들이
창 28:14	ἐνευλογηθήσονται 복을 받을 것이다.	ἐν σοὶ 네[야곱] 안에서	πᾶσαι αἱ φυλαὶ τῆς γῆς καὶ ἐν τῷ σπέρματί σου 땅의 모든 족속들이 네 씨 안에서

바울이 창세기 12:3과 22:18을 혼합했다는 견해를 선호하는 일부 해석가들은 창세기 18:18이 사용된 것은 아니라고 주장한다. 18:18은 창세기 12:3, 22:18의 약속처럼 아브라함에게 약속되고 있는 장면이 아니기 때문이다. 그러나 그 주장에는 문제가 있다. 창세기 주석가들은 창세기 18:18이 창세기 12:3을 다시 언급하는 것이기에 12:3의 관점에서 해석해야 한다는 것을 오랫동안 인지해 왔다. 내러티브의 요약으로서 아브라함을 가리키는 3인칭 대명사가 **기대된다**. 그러므로 창세기 18:18의 "그[아브라함] 안에서"는 12:3의 "네 안에서"와 관련이 있다. 이와 같은 창세기 18:18의 내적인 독백은 이전에 12:1-3에서 아브라함에게 드러내신 하나님의 계시가 "**참되고**, 순전하고, 진실되다"는 사실을 증명한다.[14]

이삭의 희생제사 사건 이후에 하나님은 아브라함의 **씨**와 관련하여

---

14. Roger Lapointe, "Divine Monologue as a Channel of Revelation," *CBQ* 32 (1970): 161-81, 인용된 부분은 179 (강조는 인용 출처 본래의 것); 참조, 예, Claus Westermann, *Genesis 12-36*, CC (Minneapolis: Augsburg, 1995), 288 [≒『창세기 주석』, 한들출판사, 1998].

민족들에 대한 복을 아브라함에게 약속하셨다(22:18). 갈라디아서 3:8은
아브라함의 **씨**에 대한 언급이 분명 나타나지 않기 때문에 창세기 22:18
을 가리키는 것은 아닌 것 같다. 바울은 "씨"라는 단어를 쉽게 포함시킬
수 있었다. 이것은 다음 단락에 나타나는 "씨"의 논의를 소개하고 기대
하는 역할을 했을 것이다. 그러나 바울은 창세기 22장의 언어를 **피했다**.
따라서 대부분의 주석가들은 바울이 창세기 18:18의 언어로 창세기
12:3을 채택했다고 결론 내린다. 제임스 던은, "바울이 [아브라함의] 약속
이 처음부터 보편적 측면을 가졌다는 암시와 함께 이 약속의 처음 두
표현을 인용한 것은 중요할 수 있다"라고 올바르게 말한다.[15] 창세기
22:18과 26:4-5에 나오는 이후의 약속의 예는 갈라디아서 이 구절들의
주제인 약속에 대한 아브라함의 믿음보다는 순종하는 신실함과 관련이
있다. 바울은 여기서 아케다 전승이나 이후의 아브라함의 신실함을 암
시하지 않는다. 아브라함의 믿음의 신뢰와 이방인의 포함이라는 근본
적인 약속만이 있다. 하나님은 행위들이나 순종이 아니라 믿음으로 구
원하신다.

　아브라함의 믿음의 신뢰에 관한 이와 같은 강조는 약속된 씨, 이삭
과 창세기 22장 논의를 끌고 온다. 바울은 갈라디아서 3:16에서 아브라
함의 씨 이야기로 돌아가 약속이 아브라함뿐만 아니라 그의 씨에게도
있었다고 언급한다. 놀랍게도 바울은 이삭(과 창세기 22장)을 완전히 무시
하거나 지나치지 않고 하나의 씨인 예수 그리스도에게로 간다. 갈라디
아서 3장의 마지막 부분인 3:27-29에서는 그리스도를 믿는 사람들이
그와 하나가 됐으며 따라서 아브라함과 그 유일한 씨인 예수 그리스도

---

15. James D. G. Dunn, *The Epistle to the Galatians*, BNTC (Peabody, MA:
　　Hendrickson, 1993), 164.

에게 주어진 약속을 누리게 된다고 언급한다.

바울의 논리 진행 과정에서 순종의 행위들은 어떤 역할에서도 배제된다. 갈라디아서 3:10-14에서 지적하는 것처럼, 이것은 율법의 행위들이 아니라 믿음에 의해 일어난다. 갈라디아서 3:12은 율법이 믿음에서 난 것이 아니라 율법의 요구를 **행하는 것**에 근거하고 있음을 분명히 밝힌다. 여기서 말하는 믿음은 신실함이나 순종이나 행위들이 아니다. 그것은 믿음의 신뢰다. 유대인들은 종종 모세의 토라의 관점에서 신실함을 해석했지만 바울은 이 본문에서 이삭의 희생제사 사건 훨씬 전의 약속에 대한 아브라함의 믿음을 강조하려고 한다. 약속은 율법의 행위들이 아니라 (그리스도를 믿는) 믿음을 통해 누려지게 된다. 바울이 다른 곳에서 그리스도의 신실하심이나 하나님의 신실하심에 대한 언급을 배제하지는 않지만 갈라디아서 3:6-9의 초점은 아브라함과 함께 복을 누릴 수 있는 기초인 믿음의 신뢰에 있다.

완벽한 순종?

전통적인 해석가들은 바울의 관점에 따르면 율법이 엄격하고 완전한 순종을 요구한다고 단언했다. 따라서 사도는 율법에 순종하려는 헛된 시도에 반대하여 그리스도를 믿는 믿음을 그 대척점에 놓는다. 샌더스는 다른 이해를 위한 자극제를 제공했다. 그는 유대 민족에 대한 하나님의 선택, 그들의 언약, 용서를 위한 속죄 제사라는 은혜로운 틀로 율법의 순종을 해석한다. 이에 따른 실천적인 결론은 하나님이 이미 실패를 대비해 이런 장치들을 율법 안에서 마련하셨기 때문에 율법의 준수가 완전하거나 엄격할 필요가 없다는 것이다. 샌더스를 따라서 던은 갈라디아서 3:10에 대해, "율법의 의에는 희생제의와 대속죄일의 혜택이 포함되어 있다"라고 주석한다.[16] 따라서 바울은 자신의 율법 준수를 "흠이 없다"라고 묘사할 수 있었던 것이다(빌 3:6). 던은 (율법에) 내재된 요구를 완화시키기 위해서 "언약적 율법주의"의 은혜의 맥락에 호소했다. 곧, "또다시 실수한 점은 율법이 죄 없고 흠 없는 순종으로 만족될 것이라는 생각으로 그 논의를 읽어낸 데 있다."[17] 노만 영(Norman Young)도 똑같이 주장한다. "유대교는 전체 율법을 완벽하게 순종하라고 요구하지 않는다."[18] 리처드 헤이스(Richard Hays)는, "경쟁하던 교사들이, 율법에 회개, 희생제사 제도, 대속죄일이라는 엄숙한 연례 행사를 통한 범법 용서 규정이 충분하게 있었음을 지적하며 [바울을] 쉽게 반박할 수 있었기" 때문에, 하나님의 율법에 완벽하게 순종하지 않는다는 비판을 "유대교에 대한 말도 안 되는 풍자"로 불렀다.[19] "범법함은 율법의 규정대로 처리됐다."[20] 하지만 새 관점을 주장하는 이들에게 여전히 걸림돌로 남아 있는 것은 갈라디아서 3:10이다.

갈라디아서 3:10에서 바울은 율법을 지키지 않는 자들에게 저주를 선포하는 신명기의 한 구절을 인용한다. 놀랍게도 사도는 율법의 길을

16. Dunn, *Galatians*, 171. 비슷한 예로, N. T. Wright, *The Climax of the Covenant: Christ and the Law in Pauline Theology* (Minneapolis: Fortress, 1991), 146: "토라는 모든 유대인들이 항상 완전하기를 기대하지 않기에, 회개와 제사로 속죄가 이루어질 수 있도록 한다."

17. Dunn, *Galatians*, 171.

18. Norman H. Young, "Who's Cursed—And Why? (Galatians 3:10-14)," *JBL* 117 (1988): 79-92, 인용된 부분은 83.

19. Richard B. Hays, "The Letter to the Galatians," *NIB* 11:181-348, 인용된 부분은 257 [=『갈라디아서』, 그리심, 2021].

20. Hays, "Letter to the Galatians," 257; 또한 312을 보라.

택하는 자들이 **스스로** 율법의 저주를 받을 것이라고 결론 짓는다.

> 전제: 율법 책에 행하라고 기록된 모든 것을 지키지 않는 모든 사람들
> 은 저주를 받는다.
> 결론: 율법의 행위들에 속한(ἐκ) 모든 사람들은 저주 아래 있다.[21]

바울서신의 일반적인 특징 중 하나는 전제들의 생략이다.[22] 진술된
전제와 결론으로부터 내포된 전제를 재구성하여 문자적으로 읽으면 다
음과 같다. "율법의 행위들에 속한 모든 사람들이 율법 책에 행하라고
기록된 모든 것을 준수하지는 않는다."

이런 내포된 전제가 없다면, 바울은 율법이 그것을 지키지 않는 모
든 사람에게 저주를 선고하기 때문에, 율법에 순종하는("율법의 행위들에
속한"—편주) 사람들은 저주 아래 있다는 이상한 결론을 말하는 셈이 된
다. 고대 수사학자들은 삼단논법이 분명하거나 명확할 경우 전제를 생
략하기(생략삼단논법)를 추천했다(Aristotle, *Rhet.* 1.2.13 [1357a]; 2.22.3 [1395b];
3.18.2, 4 [1419a]; Epictetus, *Diatr.* 1.8.1-4; Quintilian, *Inst.* 5.14.24; 5.10.3; Aelius Theon,
Prog. 3.99-100). 바울은 갈라디아서 3:10에서 율법 준수자들이 율법에 기
록된 모든 것을 행하지는 않는다고 단순히 가정하고 있다. 율법 지지자
들은 적어도 바울의 경험으로 볼 때 율법이 요구하는 포괄적이고도 완
전한 순종에 이르지 못했다. 전통적인 주석가들은 갈라디아서 3:10에서

---

21. 전치사 ἐκ의 번역에 대해서는 다음을 보라. Jan Lambrecht, "Critical Reflections on
Paul's 'Partisan ἐκ' as Recently Presented by Don Garlington," *ETL* 85 (2009):
135-41.

22. 예, John D. Moores, *Wrestling with Rationality in Paul: Romans 1–8 in a New
Perspective*, SNTSMS 82 (Cambridge: Cambridge University Press, 1995).

바울이 갈라디아 교인들에게 모세 율법의 완벽한 표준을 상기시키고 있다고 결론 내리곤 했다. 1977년 샌더스의 『바울과 팔레스타인 유대교』는 새로운 패러다임을 열었다. 샌더스가 설명한 대로라면 제2성전기와 타나흐(Tanakh) 시대의 유대교는 실패에 대한 긍휼의 규정이 없는, 은혜가 결여된 종교 패턴이 아니었다. 바울은 경쟁자들이 동의하지 않을 전제를 가정할 수 없었을 것이다. 학자들은 갈라디아서 3:10을 이해하는 다른 방법을 모색했다.

사람들이 하나님의 율법을 완벽하게 순종하지 못한다는 가정에 대해 널리 퍼진 그와 같은 회의주의는 정당하지 않다. 바울이 인용한 구절(들)을 포함하여 신명기는 이스라엘이 율법에 순종하지 못한 것을 거듭 슬퍼한다. 갈라디아서 3:10에 내포된 전제는 율법이 불순종으로 인해 저주를 가져올 뿐이라는 바울의 묵시적 관점을 뒷받침한다. 하나님의 구원 사역은 시내산이 아니라 아브라함의 약속들과 엄격하게 연결되어 있다. 약속은 오직 예수 그리스도 안에서만 실현된다.[23]

바울에 의하면 죄를 범하는 자들이 하나님 앞에서 의로울 수 있다는 **수단**이 참으로 문제가 된다. 바울은 자신의 편지에서 동물 희생제사가 하나님의 자비나 죄 용서를 얻는 효력이 있다고 말한 적이 없다. 그는 대신해서 **그리스도**의 죽음의 효력을 말한다. 율법이 그 계명을 지키는 데 실패하는 자들에게 부과하는 언약적인 저주(3:10)는 인류를 대신

---

23. 다음을 참고하라. A. Andrew Das, "Galatians 3:10: A 'Newer Perspective' on an Omitted Premise," in *Unity and Diversity in the Gospels and Paul: Essays in Honor of Frank J. Matera*, ed. Christopher W. Skinner and Kelly R. Iverson; SBLECL 7 (Atlanta: Society of Biblical Literature, 2012), 203-23. 갈 3:10을 생략삼단논법으로 이해하지 않으려는, 다양하지만 문제가 많은 시도들에 대해서는 다음을 참고하라. Das, *Paul, the Law, and the Covenant*, 145-70.

하여 "저주"(3:13)가 된 사람에 의해서만 해결된다. 예수 그리스도는 "우리 죄를 대속하기 위하여 자신을 주셨다"(1:4). 많은 사람들이 추측하는 것처럼 저 구절이 바울 이전 자료(pre-Pauline material)를 나타낸다면, 바울은 자신의 경쟁자들이 죄를 다루는 유일한 효력 있는 수단이 예수 그리스도라는 데 동의할 것이라고 가정했을 것이다. 율법은 "묶고" "가둘" (3:23) 수 있다. 그러나 범법하지 않도록 돕지는 않는다(2:21; 3:21). 갈라디아서 5-6장을 보면 율법이 아닌 그리스도의 영이 육신을 거스른다.

샌더스의 패러다임에서 속죄 희생제사는 하나님의 은혜로운 선택 및 이스라엘 백성과의 언약 관계의 틀의 일부분으로 기능했다. 바울은 어떤가? 갈라디아서 6:16에서 바울은 "하나님의 이스라엘"을 부른다. 대부분의 해석가들은 "하나님의 이스라엘"을 그리스도의 십자가에 비추어 할례/무할례가 중요하지 않다는 바울의 원리를 따르는 유대인과 이방인으로 이해했다. 그렇다면 "하나님의 이스라엘"은 율법 아래에 있는 사람이 아니라 그리스도 안에 있는 사람들로 구성될 것이다. 소수의 해석가들은 바울이 두 개의 **분리된** 그룹, 곧 그의 원리를 따르는 사람들과 "하나님의 이스라엘"을 가리키고 있다고 제안했다. 바울은 1:6-9에서 시작했던 것과 같이 6:10-16에서 매우 논쟁적인 어조로 편지를 마친다. 그는 갈라디아 교인들 가운데서 이방인의 할례를 조장하는 거짓 "이스라엘"에 반대하여 "하나님의 이스라엘"이라는 어구를 만들었을 것이다.[24] 어떤 해석에서든 하나님의 이스라엘은 유대인의 민족적인 정체성과 구원의 무관함을 인식할 것이다. 하나님이 택하신 사람들은 유대인이든 **이방인**이든 그리스도 안에서의 하나 됨과 그리스도를 믿는

---

24. 다음 논의를 참조하라. A. Andrew Das, *Galatians*, ConcC (St. Louis: Concordia, 2014), 644-52.

믿음으로 정의된다(3:27-29). 그러므로 바울은 아브라함의 "언약"이 오직 하나의 "씨"인 예수 그리스도(3:15-17, 29)—새 언약(예, 고후 3:6)—를 통해서만 효력이 있다고 이해한다. 바울은 제2성전기 유대교에서 은혜의 요소들, 즉 민족의 선택, 언약, 실패에 대한 규정을 모두 그리스도의 관점에서 이해한다. 죄에 대한 유일한 해결책이 예수 그리스도 안에 있다면(참조, 갈 2:21; 3:21), 율법은 자체적으로 범법 행위에 대한 해결 가능한 수단을 제공하지 않는 셈이다. 하나님의 자비와 용서를 받을 수 있는 효과적인 장치가 없다면 율법을 범하는 것은 바울의 관점에서 볼 때 "율법 아래" 있는 사람들에게 심각한 문제가 된다. 그러므로 바울은 하나님이 그리스도 안에서 행하신 일을 고려할 때 유대인으로서 "흠 없는" 율법 준수가 별 가치가 없음을 인식했다(빌 3:3-11).[25] 바울은 율법의 계명들을 제2성전기 유대교의 은혜롭고 자비로운 맥락에서 분리시켰다.

　새 관점에 대한 이와 같은 재개념화는 흔히 간과된다. 새 관점 해석가들은 그리스도를 믿는 믿음이 아닌 다른 어떤 회개나 속죄 메커니즘, 동물 희생제사, 또는 이스라엘에 대한 선택에 호소할 수 없다. 이 "더 새로운" 관점에서, 바울이 율법에 대한 완전한 순종을 강조한 것은 분명 당대 제2성전기 유대교에 대한 주석이 아니라 그의 기독론적 강조의 결과다.

---

25. 율법 자체의 규정에 비추어 볼 때 "흠 없음"이지만 완전함은 아니다. 롬 7:14-25의 율법 아래 있는 자들이 순종하는 데 무능력한 것과 그들의 실패를 참조하라.

민족주의와 경계 표지에 특별히 초점을 맞춘 "율법의 행위들"?

갈라디아서 3:10은 율법의 **모든 것**에 순종할 것을 강조한다. 새 관점 해석가들은 "율법의 행위들"을 율법 전체를 가리키는 약칭으로 받아들여야 한다고, 그러나 특히 하나님의 백성과 다른 사람들과의 경계를 표시하는 전체 율법의 측면을 가리킨다고 대답할 것이다.[26] 율법 전체에 대한 강조는, 순종이 엄격했는지 여부와 관계없이, 완전함을 목표로 하는 것이 아니라 율법 전체에 대한 준수를 목표로 한다. 던과 여러 학자들은 "율법의 행위들"이라는 문구를 특별히 경계 표지 관점에서의 율법으로 강조했다.

그러나 바울은 갈라디아서 2:21에서 다음과 같이 이야기한다. "만일 의롭게 되는 것이 율법으로 말미암으면 그리스도께서 헛되이 죽으셨다." 여기에서 바울의 진술은 "율법의 행위들"로 의롭다는 선언을 받는 사람이 없다는 이전 구절과 병행된다. 마찬가지로 2:19에서 "내가 율법으로 말미암아 율법에 대하여 죽었나니 이는 하나님에 대하여 살려 함이다"라고 말한다. 이어지는 구절에서 바울의 설명은 율법의 일부에만 초점을 맞추지 않고 율법을 전체적으로 다루는 것으로 보인다.[27] 바울의

---

26. James D. G. Dunn이나 N. T. Wright의 틀을 따르는 새 관점 해석자들은 갈 3:10의 "율법의 행위들"을 바울의 관점에서 볼 때 그릇된 민족주의와 같은 율법의 민족적 경계 표지라고 제안한다. 다음을 보라. Dunn, "Works of the Law"; Wright, *Climax of the Covenant*, 3, 150.

27. Heikki Räisänen은 "'정체성 표지' 문제는 한때 율법에 관한 바울의 신학 작업의 출발점이 됐을지 모르지만 그는 마침내 율법 **자체와 전체**에 대해 매우 부정적인 진술에 도달했다"라고 쓴다. Räisänen, "Galatians 2.16 and Paul's Break with Judaism," in *Jesus, Paul and Torah: Collected Essays*, trans. David E. Orton, JSNTSup 43 (Sheffield: JSOT Press, 1992), 122.

요점은 **율법 자체로는** 의롭다 함을 받을 수 없다는 것이다. 더 나은 해석 방식은 율법의 경계 표시 기능이 아니라 율법 전체에서 시작하는 것이다. 율법에 대한 순종이란 율법의 **모든** 요구에 순종하는 것이기에 여기에는 분명 유대인과 이방인을 구분하는 측면이 있을 것이다. 다시 한번 말하자면, 이방인이 유대 관습을 받아들이는 것에 대한 비판은 바울의 구원론적 신념**으로부터** 나온다.

바울은 단순히 율법의 분파주의적 측면을 조장하는 것에 대해 갈라디아의 경쟁자들을 비난하지 않는다. 그는 그들이 이방인에게 율법 자체를 요구했다고 비난한다(4:21). 의식법은 나머지 율법과 분리될 수 없다(5:3, 14). 율법은 그리스도와 함께 때가 찰 때까지 옛 시대의 후견인 역할을 했다(3:24-25; 4:4-5). "율법의 행위들"이라는 어구는 "율법이 요구하는 행위 또는 행동"을 의미할 때 "가장 자연스럽다".[28] 모세는 이스라엘 백성에게 하나님의 "율례와 법도를 가르쳐서 마땅히 갈 길과 할 일"을 그들에게 보여주었다(출 18:20).[29] 그러므로 바울은 때때로 "율법의 행위들"을 언급하지만 다른 곳에서는 일반적으로 "율법"이라고 지칭한다(예, 갈 2:21; 3:11; 5:3-4). 그는 "율법"과 "율법의 행위들"을 동의어로 사용한다(예, 2:16과 2:21; 3:10과 3:11).

사해문서 중 하나인 4QMMT는 바울의 "율법의 행위들"과 병행을

---

28. Dunn, *Galatians*, 135.
29. Robert L. Brawley, "Meta-Ethics and the Role of Works of Law in Galatians," in *Lutherische und neue Paulusperspektive: Beiträge zu einem Schlüsselproblem der gegenwärtigen exegetischen Diskussion*, ed. Michael Bachmann and Johannes Woyke, WUNT 182 (Tübingen: Mohr Siebeck, 2005), 135-59, 인용된 부분은 147: "율법의 행위들(ἔργα νόμου)이 게바, 바나바, 그리고 다른 유대인들의 행동의 윤리 차원과 관련해서 나타날 때, ἔργα가 메타-윤리 차원에서 '규례들'(regulations)에 엄격하게 국한된다고 주장하기 어렵다."

이룬다(ἔργα νόμου). 4QMMT는 쿰란 공동체를 (다른 공동체로부터) 구별하는 데 필요한 다양한 분파주의적 법에 대한 결정들을 나열한다. 던은 4QMMT C 27이 "율법의 행위들"(מעשי תורה)이라는 완전한 어구를 보여주며 그 어구가 자신의 입장을 지지한다고 강조한다. 또한 축약된 형태인 "행위"는 항상 분파주의적인 공동체를 구별하는 율법의 측면을 말한다고 강조한다. 같은 단락에서 4QMMT C 23은 "선한 행동의 사람"(איש חסדים, a man of good deeds)인 다윗을 포함하는 이스라엘의 왕들의 행동과 관련하여 "행위들"(מעשיהם)이라는 단어를 사용한다. 4Q-MMT C 26에서 다윗의 용서를 언급할 때 제2성전기 유대인들은 다윗의 간음을 즉시 떠올렸을 것이다(예, CD V ll 5b-6a; 삼하 12:13; 왕상 15:5; 또는 C 23-26과 C 27의 근접성에 주목하라). 왕들의 일반적인 행동 또는 "행위들"이 나오는 본문의 근접 문맥에서 그러한 언급은 C 27의 "율법의 행위들"(מעשי תורה)이라는 완전한 어구를 해석하는 데 고려되어야 한다.[30] "율법의 행위들"을 전체 율법이라는 넓은 의미로 받아들이면, 필요한 분리 개념과 관계없이, 4QMMT C 23에서 제기된 문제를 깔끔하게 해결할 수 있다. "율법의 행위들"이라는 완전한 어구가 율법의 도덕적, 비

---

30. 다음을 보라. James D. G. Dunn, "4QMMT and Galatians," in *The New Perspective on Paul: Collected Essays*, WUNT 185 (Tübingen: Mohr Siebeck, 2005), 333-39, esp. 336-37. Dunn은 C 27에 나타나는 "몇몇 토라의 행위들"(some of the works of the Torah)이라는 문구가 B 2와 함께 해석되어야 한다고 생각하지만 이 연결은 4QMMT에 명시적으로 나타나지 않는다. Dunn의 추론을 확신하기에는 B 2의 본래 문맥이 너무 많이 손실됐다. Dunn과 다른 학자들은 B 2의 "행위들"을 명사로 가정했다. 그러나 이는 칼(Qal) 능동태 남성 복수 분사일 수도 있다. B 2는 C 23의 "그들의 행동들을 생각하라"와 평행한 방식으로 재구성될 수 있다. "우리가 행한 행동들을 생각하라[התבנן ב]מעשים שא א[נ]ח[נ]ו עשינו]"(참조, 창 20:9; 삼상 8:8; 왕하 23:19; 렘 7:13; 전 1:14); 다음을 보라. Jacqueline C. R. de Roo, *"Works of the Law" at Qumran and in Paul*, NTM 13 (Sheffield: Sheffield Phoenix, 2007), 91.

경계적 측면과 관련하여 "행위"와 교환적으로 사용되기 때문이다. 조셉 피츠마이어(Joseph Fitzmyer)는 4QMMT에 관하여 다음과 같이 썼다.

> 그러나 이제 이 쿰란 문서에 비추어 볼 때 "율법의 행위들"이 그렇게 [민족 정체성 표지 역할을 하는 율법의 측면으로] 제한될 수 없다는 것을 알게 된다. 4QMMT는 20개의 할라코트(halakhot)를 선별했지만 할례와 음식 규정으로 제한되지 않는다. 그것들은 하나님 앞에서 "의롭다"는 지위를 가지고 이 문서를 쓴 유대인 지도자와 관련이 있다. 여기에는 예를 들어 희생제사에 대한 규정, 구성원들의 부정, 바쳐야 할 십일조에 관한 규정 등 다른 많은 것들이 포함되어 있다. 사실 거기에는 "모세의 책, 예언자와 다윗의 말씀"이라는 어구가 명시되어 있다. 이와 같은 넓은 시야를 고려할 때 던이 의미한 바 바울의 어구를 제한하는 것이 어떻게 이해될 수 있는지 납득하기 어렵다.[31]

이어서 피츠마이어는 하나님 보시기에 의가 그런 규율들을 준수하는 데 달려 있기 때문에, 슬로건과 같은 이 문구에 율법주의적인(legalistic) 의미가 들어 있다고 덧붙인다(특히 4QMMT [4Q399]의 에필로그를 참고하라). 피츠마이어는 쿰란에서 "율법의 행위들"은 일반적인 의미의 율법이 요구하는 행위들로 받아들여져야 한다고 자신의 논문 전체에서 반복해서 강조한다.[32] 로마서 3:27-4:5이 보여주는 것처럼, 바울에게서도 동일한 교환이 일어난다. "둘 다 포함하는" 해석이 주로 율법의 민족주의적이

31. Joseph A. Fitzmyer, "Paul's Jewish Background and the Deeds of the Law," in *According to Paul: Studies in the Theology of the Apostle* (Mahwah, NJ: Paulist Press, 1993), 18-35, 인용된 부분은 23.
32. Fitzmyer, "Paul's Jewish Background," 19-24.

며 분파주의적인 요구에 초점을 맞춘 접근 방식보다 더 나을 것이다.

전통적인 읽기를 뒷받침하는 로마서 4:4-5

로마서 3:27-29은 바울과 율법에 관한 새 관점 해석의 중심부다. 28
절에서 사도는 "율법의 행위들"에 의한 칭의를 절대적으로 부인한다.
바로 다음에서 "하나님은 다만 유대인의 하나님이시냐"(29절)라고 질문
한다. 여기에서 "율법의 행위들"은 유대인과 이방인을 구별한다. 유대
인 민족 중심주의에 대한 관심은 다음 장에서 바울이 민족에 관계없이
모든 인류를 위한 믿음의 우선성을 말하면서 유대인 고유의 율법을 증
거로 강조할 때 계속된다. 아브라함은 할례를 받기 **전에** 바울 시대의 이
방인과 같은 방식으로 믿음으로 의롭게 됐다(4:10-11). 유대인들의 "육신
에 따른 조상"(4:1)이 할례와 관계없이 의롭다고 선언받았기 때문에 아
무도 하나님의 백성에 무할례의 이방인을 포함시키는 것을 반대할 수
없다. 아브라함은 할례받은 사람과 할례를 받지 않는 사람(4:10-18), 그리
고 율법을 지키는 사람과 율법을 지키지 않고(οἱ ἐκ νόμου) 그리스도를 믿
는 사람 모두의 조상이다(4:14; 참조, 16절).

로마서 4장은 3장 끝부분의 핵심 개념을 설명한다. "칭의"(δικαιοσύ-
νη, 3:20, 21, 22, 24, 25, 26, 28, 30; 4:2, 3, 5, 6), "은혜"(χάρις, 3:24; 4:4, 16), "믿음/
믿다"(πίστις/πιστεύω, 3:22, 26, 27; 4:3, 5, 11-13, 16-17), 할례/무할례(3:30; 4:9-12),
기독론(3:25-26; 4:25), 자랑(3:27; 4:2), 율법의 파기/약속의 파기(3:31; 4:14)
말이다. 로마서 4장에서 바울은 또한 아브라함을 믿음의 수위성에 대한
증거의 예로 제시함으로써 3:27, 31에서 소개한 율법의 내적 긴장—율

법의 요구와 율법이 증언하는 믿음 사이의 긴장—을 구성한다.

새 관점의 해석으로는 로마서 4:4-5을 설명하기 어렵다는 사실이 입증됐다. 왜냐하면 바울은 이 구절에서 "행위들"(ἔργα)을 유대인의 민족적 정체성이나 민족주의적인 관점이 아니라 인간의 행동이라는 더 넓은 관점("일/행위"는 삯/임금을 보상으로 받을 만한 가치가 있다)에서 정의하기 때문이다. 다른 한편으로 하나님의 의롭다 여기심은 은혜로운 "선물"(참조, 3:24: δωρεάν)과 같으며 "보수"(4:4)가 아니다. 따라서 4:4-5에서 "행위들"(ἐξ ἔργων), "일함"(ἐργάζομαι), "보수에 따라"(κατὰ ὀφείλημα) 여기는 것과 "은혜/선물에 따라"(κατὰ χάριν) "믿음"(ἡ πίστις)으로 여기는 것을 대조시킨다. "행위"와 "은혜"/"믿음" 사이의 대조는 이 부분 전체에서 반복되며(예, 3:20-22, 27; 4:4-5) 발전하는 논쟁의 중심이 되는 것으로 보인다.[33] 선물(χάρις)과 보수(ὀφείλημα)의 대조는 고대의 '토포스'(topos: 정형화된 주제)였다(예, Thucydides, *Hist.* 2.20.4; Aristotle, *Eth. nic.* 1165a3). 마찬가지로 "일하는 사람"(τῷ ἐργαζομένῳ)의 이미지는 "일하지 않는 사람"(τῷ μὴ ἐργαζομένῳ)과 대조된다. 4절에서 "삯/임금"(ὁ μισθός)에 대한 바울의 논의는 그런 배경에 놓여 있기 때문에 그에 따라 이해되어야 한다.[34] 3:27-29에 뒤이어 바울은 "율법의 행위들"이 일반적인 행위로 이해되어야 한다고 설명한다. 스티븐 웨스터홈(Stephen Westerholm)이 말했듯이, "이 문제('율법의 행위들'

---

33. 대조, Michael Cranford, "Abraham in Romans 4: The Father of All Who Believe," *NTS* 41 (1995): 71-88, 특히 80. Cranford는 그것을 "비본질적"인 것이라고 주장한다. N. T. Wright, "Paul and the Patriarch: The Role of Abraham in Romans 4," *JSNT* 35 (2013): 207-41, 특히 234. N. T. Wright는 놀랍게도 (믿음과) 인간의 노력과의 대조를 보지 않는다.

34. 대조, Wright, "Paul and the Patriarch," 233. N. T. Wright는 언약적 수단에 전체성을 적법하지 않게 부과하는 언어학적 오류의 실례인, μισθός에 과도하게 의미를 부여한다(참조, 하나님이 아브라함과 언약 관계로 들어간, 창 15:1의 μισθός).

대 '예수 그리스도를 믿음')가 '행위'와 '믿음'의 일반적인 구분의 측면에서 다시 진술되기 때문에 공격의 요점을 유대인의 '정체성 표지' 역할을 하는 율법의 규정에만 제한할 수 없다."[35] 바울의 비판은 이 지점에서 하나님의 은혜에 반대하는 행위들을 다루면서 확대된다.

로마서의 뒷부분에서 바울은 로마서 4:4-5의 "행위들"이 더 일반적으로 해석되어야 함을 보여준다. 로마서 6:23은 죄의 "삯"과 하나님의 "값없는 선물"을 대조한다. 던은 로마서 주석에서 바울이 4:4에 다시 귀를 기울였을 것이라고 추측했다. "만일 그 문장이 얻은 무언가[즉, '삯']에 관한 것이라면 죽음만이 눈에 띈다."[36] 바울은 또다시 9:11-12에서 같은 언어를 사용한다. "그 자식들[에서와 야곱]이 아직 나지도 아니하고 무슨 선이나 악을 행하지 아니한 때에 (택하심을 따라 되는 하나님의 뜻이 행위로 말미암지 않고 오직 부르시는 이로 말미암아) …" 여기에서 "행위들"은 선행과 악행으로 정의된다. 마찬가지로 9:16에서 "그런즉 원하는 자로 말미암음도 아니요 달음박질하는 자로 말미암음도 아니요 오직 긍휼히 여기시는 하나님으로 말미암는다"라고 말한다. 다시 말해, 이 언어는 노력이라는 측면에서 일반적으로 표현된다. 또한 11:6에서 "만일 은혜로 된 것이면 행위들로 말미암지 않음이니 그렇지 않으면 은혜가 은혜 되지 못한다"라고 말한다. 반복되는 인간의 노력/행위들과 하나님의 자비로운 선물 사이의 바울의 대조는 4:4-5의 대조를 분명하게 해준다.[37]

---

35. Stephen Westerholm, *Israel's Law and the Church's Faith: Paul and His Recent Interpreters* (Grand Rapids: Eerdmans, 1988), 119.

36. James D. G. Dunn, *Romans 1–8*, WBC 38A (Dallas: Word, 1988), 357 [= 『WBC 성경주석 38(상): 로마서 1-8』, 솔로몬, 2003].

37. 롬 9:11, 16; 11:6에 대한 다음 논의를 보라. Das, *Paul, the Law, and the Covenant*, 237-41.

새 관점 학자들은 이에 대해 응답해왔다. 마이클 크랜포드(Michael Cranford)는 로마서 4:4-9에서 민족중심주의가 실제로 핵심 요소라고 주장했다. 4:7에서 "불법"(αἱ ἀνομίαι)과 "죄"(αἱ ἁμαρτίαι)는 "일반적으로 이방인에 관련된" 단어다.[38] "불법"(ἀνομία)과 "죄인"(ἁμαρτωλός)은 "언약 밖의" 행동을 가리킨다.[39] 이와 비슷하게, 4:5의 "경건하지 아니한 자"(τὸν ἀσεβῆ)는 "언약에서 제외된" "이방인"을 의미한다.[40] 그런 주장과는 달리 "불법"(ἀνομία)과 "죄인"(ἁμαρτωλός)은 일반적으로 "죄악"을 의미하는 데 사용됐고 (이방인뿐 아니라) 유대인을 특징짓는 데 사용되기도 한다(예, 죄인[ἁμαρτωλός]: 시락서 11:32; 15:12; 27:30; 32:17; 마카비1서 2:44, 48, 62[구분된 범주로서의 "이방인"에 주목하라]; 불법[ἀνομία]: Philo, *Sobr.* 48[출 20:5과 관련하여]; *Mut.* 150[덕에 반대되는]; *Spec.* 1.188; 1.279). 시편 32편은 **저자 자신에 대하여** 이와 같은 용어를 사용한다. 비슷하게 로마서 1:18-32에서 바울의 "불경건"(ἀσέβεια)에 대한 비난은 이방인에 제한되지 않고 유대인을 포함한다. 로마서 1:23은 **이스라엘의** 우상 숭배를 비난하는 구절을 인용한다. 바울은 **모든** 인류와의 편견이 없는 관계를 강조하는 인클루지오(*inclusio*)로 1:16-2:10을 구성한다. 로마서 1장 끝에 있는 죄의 목록에는 유대인과 이방인 모두에게 해당하는 도덕적인 본성이 포함되어 있다. 로마서 11:26은 하나님이 "**야곱**으로부터 불경건함"(ἀσέβειας ἀπὸ Ἰακώβ)을 제거할 것이라고 선언한 예언자를 인용한다! 로마서 5:6에서 바울은 일반적으

---

38. Cranford, "Abraham in Romans 4," 82.
39. Cranford는 Dunn (*Romans 1-8*, 206)을 이 점에서 긍정적으로 인용했다. 그리고 Wright, "Paul and the Patriarch," 218n33에서도 이를 따르고 있다.
40. Cranford, "Abraham in Romans 4," 82에서 또다시 Dunn, *Romans 1-8*, 204-5을 따른다. 사실 롬 4장에서 Wright의 논리("Paul and the Patriarch," 218)는 ἀσεβής가 이방인을 가리킨다는 점에 의존한다. 이는 로마서 다른 곳에서는 통하지 않는 주장이다.

로 그리스도의 죽음의 은혜를 받은 자들에게 불경건함(ἀσεβής)이라는 용
어를 적용한다. "불경건함"(ἀσεβής)이라는 단어는 이방인과 유대인 모두
에게 적용될 수 있는 **일반적인** 죄의 고발로 여겨져야 한다. 로마서
4:4-5에는 불경건함(ἀσεβής)이 더 좁은 의미의 우상 숭배나 토라에 대한
특정한 위반으로 받아들여져야 한다는 것을 암시하는 내용이 없다.[41]

존 M. G. 바클레이는 로마서 4:4-5에 나타나는 행위와 은혜 사이의
대조를, "행위들의 부재와 불충분함"을 통해 "인간의 부족함을 강조"하
는 "'믿음 그 자체'와 '행위 그 자체'에 관해 일반화된 부차적인 언급"으
로 축소시킨다.[42]

새 관점을 지지하는 또다른 해석자 폴 악트마이어(Paul Achtemeier)는
이 구절들이 제기하는 문제에 대해 더 솔직하게 표현한다. "나는 율법
의 행위들을 유대인 경계 표지로 가장 명확하게 보여주는 본문이 자랑
할 수 있는 인간의 성취로서의 행위들을 가장 분명하게 가리키는 본문
(4:4-5)과 나란히 놓인다는 사실이 로마서를 해석하는 데 있어 아이러니
중 하나라고 생각한다."[43] 더 나은 해석은 로마서 4:4-5을 바울의 주장
전개에 기여하는 것으로 보는 것이다. 바울은 3:27의 "믿음의 법"과 "행
위들의 법"을 대조한 직후에 4:4-5에서 "행위들"을 "믿음"의 대조로 제
시한다. 그러므로 4:4-5에서 바울의 "행위들"에 대한 이해는 3:27의 "행
위들의 법"의 해석에 영향을 미쳐야 한다. 3:27-28에 나오는 "율법의 행

---

41. Robert Jewett, *Romans: A Commentary*, Hermeneia (Minneapolis: Fortress, 2007), 314.

42. John M. G. Barclay, *Obeying the Truth: Paul's Ethics in Galatians* (Minneapolis: Fortress, 1988), 246-47 [= 『진리에 대한 복종』, 감은사, 2020].

43. Paul J. Achtemeier, "Unsearchable Judgments and Inscrutable Ways: Reflections on the Discussion of Romans," in *1995 SBL Seminar Papers*, ed. Eugene H. Lovering Jr., SBLSP 34 (Atlanta: Scholars Press, 1995), 521-34, 특히 533n44.

위들"은 유대 민족의 경계 표지 역할을 하는 율법의 측면으로 제한될
수 없다.

아브라함을 신실하고(πιστός) 순종적인 행동의[44] 모델로 보는 제2성
전기에 널리 퍼진 전통은 바울로 하여금 아브라함의 신실함(faithfulness:
πίστις–편주)에 구원의 의미가 있음을 부인하도록 요구한다. 바울은 "믿
음"(πίστις)을 인간의 행위들(ἔργων, ἐργάζομαι)과 별개인 믿음(또는 신뢰)으로
해석한다. 바울은 로마서 3:21-31과 4:2의 행위들과는 상관없는 칭의를
반복해서 주장한 후, 4:4에서 "일하는 자에게는 그 삯이 은혜로 여겨지
지 아니하고 보수로 여겨진다"라고 말한다. 바울은 4:5에서 아브라함의
하나님을 "경건하지 아니한 자"(τὸν ἀσεβῆ)를 의롭다 하시는 분으로 묘사
한다. 이 묘사는 아브라함이 약속을 받고 믿었을 때, "경건하지 않은
자"였다는 것을 의미한다.[45] 4:7-8의 다윗 시편 인용은 죄를 용서받고
죄가 죄로 여겨지지 않는 죄인을 말한다. 바울은 시편 기자의 언어를
"일한 것이 없이 하나님께 의로 여기심을 받는 사람"(4:6)에 연결시킨다.
바울은 9-10절에서 시편의 언어를 **아브라함**에게 적용한다. 이는 아브
라함이 죄를 사함 받고 죄가 죄로 여겨지지 않는 사람이라는 의미다.[46]
도덕적인 죄에 대해 말하는 시편 인용(참조, 다윗 및 삼하 11-12장과 시편과의
연관성)은 아브라함도 그런 죄를 범했을 수 있음을 암시한다.[47] "신실한

---

44. N. T. Wright의 분석은 확연히 사실적이지 않다("Paul and the Patriarch").
45. Anthony Tyrrell Hanson, "Abraham the Justified Sinner," in *Studies in Paul's Technique and Theology* (London: SPCK, 1974), 52-66, 인용된 부분은 53.
46. Hanson, "Abraham," 53.
47. C. E. B. Cranfield, "'The Works of the Law' in the Epistle to the Romans," *JSNT* 43 (1991): 89-101, 특히 97. Hanson("Abraham," 55-56)은 롬 4장과 시 32편의 평행을 발전시키면서, 아브라함을 시편과 관련해서 이해해야 한다고 주장했다. 5절의 불경건함(ἀσεβής)이라는 단어는 바울서신에는 흔하지 않지만 칠십인역 시편

아브라함"조차도 충분히 신실하지 않았다. 하나님은 인간의 행위들이나 신실함과는 별개로 의롭다 선언하신다. 그러므로 "의롭다 선언받은 죄인" 아브라함은 이방인 회심의 모델이 될 수 있었다.

N. T. 라이트는 바울이 로마서 3:27-31과 4:9-25(4:1-8에는 이방인의 포함 모티프가 없다)에 나오는 믿음을 근거로 이방인이 아브라함의 약속과 가족에 포함된다는 사실을 증명하기 위해 창세기 15장을 사용하고 있는 것에 관한 유용한 논문을 썼다.[48] 여기서 라이트가 전통적인 해석을 배제하지 않는 많은 부분을 확인할 수 있다. 4-5절의 쟁점은 아브라함의 자녀가 되는 **방법**에 있다. 곧, 인간의 행위들과는 별개로, 하나님의 은혜로운 선물로 자녀가 된다는 말이다. 그렇기에 바울은 로마서에서 "행위들"과 "은혜"의 대조를 자주 언급한다. 로마서 4:4-5의 올바른 해석은 "양자택일"에 관한 문제가 아니다. 바울이 이해하는 율법의 문제점은 3:28-29과 4:9-15의 경우처럼, 이방인이 유대인이 되기 위해 필요하다거나 또는 율법이 사람들로 하여금 공허한 인간의 성취나 행위들에 대한 확신을 갖게 한다는 데 있다(4:4-5). 로마서 4:4-5은 하나님의 구원에 이방인이 포함된다는 주장을 **지지한다**. 이 주장은 제2성전기 문헌들에서 공로에 가까운 아브라함의 순종을 강조할 때 필요했다. 일반적

32:5(31:5)에서 등장하는 것으로 보인다. 시편 32:3은 "내 몸이 쇠했다"라고 말한다. 참조, 롬 4:19. 시 32:10은 "여호와를 신뢰하는 자에게는 인자하심이 둘러쌀 것이다"라고 말한다. 참조, 롬 4:18. 시 32:7과 창 15:1, 그리고 시 32:8과 창 15:7을 비교하라.

48. Wright, "Paul and the Patriarch"에서는 Cranford 및 다른 학자들과 함께 전통적인 입장을 반대하는 논쟁을 하지만, 가장 최근의 나의 전통적인 주장을 간과했다. Andrew Das, "Paul and Works of Obedience in Second Temple Judaism: Romans 4:4-5 as a 'New Perspective' Case Study," CBQ 71 (2009): 795-812. 여기서 나는 Wright가 의존하는 Cranford와 다른 학자들의 논의에 대답했다.

으로 행위들에 관한 논의는 4:9(οὖν)에서 할례와 관련한 결론, 즉 민족 중심주의에 대한 함의의 근거가 된다. 이전에 인류를 갈라놓았던 모세의 율법에는 근본적으로 구원의 의미는 없었고, 단지 인간의 노력을 의미했다. 바울은 행위와는 별개로, 죄인이지만 믿음으로 의롭다 함을 받은 아브라함을 하나님이 진정 같은 믿음을 기초로 하여 무할례자인 **이방인** 죄인을 의롭다고 하실 수 있는 증거로 언급한다.

주엣 배슬러(Jouette Bassler)는 갈라디아서 3:10과 로마서 4:4-5이 새 관점의 접근 방식에 맞지 않는다고 강조했다.[49] 이 구절은 "옛 관점에 더 자연스럽게 자리를 내어 준다."[50] 그럼에도 그녀는 제2성전기 유대교에 대한 율법주의적 관점에 빠져 있는, 새 관점에 대한 최근 비평가들을 지적한다. "그 모든 설명은 … 1세기 유대교에서 하나님의 긍휼, 용서, 속죄의 중심 역할을 설명하지 못한다."[51] 이 논쟁에서 다른 대안을 알지 못했던 배슬러는 다음과 같이 결론을 내린다. "우리는 명백한 교착 상태에 있다. '율법의 행위들'에 대한 바울의 비판을 (부드럽게든지 거칠게든지) 율법주의적으로 해석하는 것은 제2성전기 유대교의 현실이나 몇 가지 중요한 구절에 나타나는 바울의 주장을 제대로 다루지 못한다. 반면에 새 관점은 일부 다른 중대한 구절들에 대해 부자연스러운 해석을 요구한다[롬 4:1-5; 갈 3:10-14]."[52]

이 교착 상태에 대한 해결책은 배슬러가 논문을 쓰던 당시에 쉽게

---

49. Jouette M. Bassler, *Navigating Paul: An Introduction to Key Theological Concepts* (Louisville: Westminster John Knox, 2007), 15-16.
50. Bassler, *Navigating Paul*, 15.
51. Bassler, *Navigating Paul*, 16.
52. Bassler, *Navigating Paul*, 17.

접할 수 있었다.[53] 다시 말하지만 학자들은 바울이 "1세기 유대교의 하나님의 긍휼, 용서, 속죄"를 개인의 구원에만 유효한 것으로 보았다고 잘못 가정했다. 바울은 결코 율법의 규정대로 동물로 드리는 제사가 오직 그리스도의 죽음에서만 오는 죄 용서를 제공할 수 있다고 여기지 않았다(갈 1:4; 3:13).[54] 하나님과의 화해는 그리스도 안에서 일어났다. 바울은 결코 그리스도와 상관없이 구원을 가능하게 하는 선택을 이스라엘에 허락하지 않는다(예, 갈 3:27-29, "**유대인**이나 헬라인"; 갈 6:14-16, "하나님의 이스라엘"; 롬 10:9-13, "모든 사람"). 실패를 보충하는 규정으로서 율법이 구원할 수 있었다면 그리스도의 죽음은 불필요했을 것이다(갈 2:21; 3:21).

그러므로 바울은 계명을 순종할 수 없는, 율법 아래의 "나"의 "비참한" 곤경을 묘사할 수 있다(롬 7:7-25). 이것은 동사의 변형(κατεργάζομαι, ποιέω, πράσσω: 모두 "행하다"와 관련된, 비슷한 뜻을 가진 동사다—편주)으로 강조된다. "나"는 선한 일을 "행하고" 싶지만 죄와 육신이 그것을 막는다. 민족적인 경계에 관한 논의는 이 유효하지 않은 투쟁 어디에서도 나타나지 않는다. 사도는 이스라엘 민족에 대한 하나님의 선택과 자비로부터 엄격한 순종을 떼어 냈다. 로마서 7:7-25에서 그리스도와 상관없이 속죄의 방법을 찾는 사람은 헛된 일을 하는 것이다(24-25절).[55] 율법을 따른다

---

53. Das, *Paul, the Law, and the Covenant*.

54. 사실 많은 제2성전기 문헌은 속죄의 수단으로서의 희생제사 개념에서 벗어난다. 참조, 토비트 12:9; 시락서 3:3, 30; 45:23; 『마카비4서』 17:22; 『솔로몬의 시편』 3:8. 이와 같이 쿰란 공동체도 선행을, 성전을 대신하는 속죄의 수단으로 여겼다(예, 1QS 3:6-12; 8:3, 6, 10; 9:4-7); 다음을 보라. Mark A. Seifrid, *Justification by Faith: The Origin and Development of a Central Pauline Theme*, NovTSup 68 (Leiden: Brill, 1992), 93-108. 바울에게 있어서 속죄 희생제사의 결점은 다음을 참고하라. Das, *Paul, the Law, and the Covenant*, chap. 5.

55. 이 본문의 논의는 다음을 참고하라. Das, *Paul, the Law, and the Covenant*, 222-28. 두 언약 또는 '존더베크'(*Sonderweg*: 그리스도라는 길 외에, 유대인들이 하나님에

는 것은 단순히 인간의 노력, 즉 헛된 수고, 또는 "행위들"에 참여하는 것이다. "더 새로운 관점"은 교착 상태를 깔끔하게 해결한다. 제2성전기 유대교에 대한 더욱 긍정적인 평가와 하나님의 구원에 이방인을 포함 시키고자 하는 바울의 강렬한 관심은 배슬러 및 다른 사람들이 가장 자연스럽게 제시하는 갈라디아서 3:10과 로마서 4:4-5 해석과 완벽하게 양립될 수 있다.

칭의라는 선물

현대 바울 신학 학계는 칭의에 대한 논란으로 가득하다. 그러나 바울은 자신의 사상이라는 직물에 칭의를 짜서 넣기 때문에 한 가지 입장을 선택하는 것은 불가피하다. 그는 칭의를 그리스도의 구원하시는 죽음(롬 5:9; 갈 2:21) 및 세례(롬 6:3-4; 고전 6:11)와 연결 짓는다. 그리고 칭의를 하나님의 은혜 및 하나님의 의에 연결한다(롬 3:21-26; 5:16-21). 하나님의 약속에 유대인들과 함께 이방인까지 포함시키는 것과도 연결한다(롬 3:28-30). 바울은 최후의 심판(롬 2:13-16; 고전 4:4-5)과 영생(롬 5:18)을 기대하면서도 칭의를 논한다. 바울과 율법에 대한 전통적인 견해와 일치하는 인간의 노력과 하나님의 행동/일하심 사이의 대조는 칭의/의에 대한 바울의 접근 방식의 특징이다. 비록 이 책의 다른 저자들이 언급할 수 있겠지만 (이 짧은 글에서는) 다루지 않은 채 남겨둔다.[56]

게로 가는 또 다른 특별한 길) 접근에 대한 자세한 비판은 다음을 참조하라. Das, *Paul and the Jews*, LPS (Peabody, MA: Hendrickson, 2003), 96-106.

56. 참조, *Justification: Five Views*, ed. James K. Beilby and Paul Rhodes Eddy (Downers Grove, IL: IVP Academic, 2011) [=『칭의 논쟁: 칭의에 대한 다섯 가지 신학적 관

빌립보서 3:9에서 바울은 하나님의 의(ἡ ἐκ θεοῦ δικαιοσύνη), 즉 믿음의
의(ἡ [δικαιοσύνη] διὰ πίστεως Χριστοῦ … ἐπὶ τῇ πίστει)를 율법에 근거한 자신의
의(ἐμὴ δικαιοσύνη ἡ ἐκ νόμου)와 대조시킨다.[57] 그러므로 의는 모세의 율법
에 근거한 인간의 의와는 다른 하나님의 선물이다. 빌립보서 3:9은 로
마서, 특히 로마서 10:3을 이해하는 데 도움이 된다. 즉, 하나님의 의(ἡ
τοῦ θεοῦ δικαιοσύνη … ἡ δικαιοσύνη τοῦ θεοῦ, 10:3)는 믿음의 의(ἡ δικαιοσύνη ἡ
ἐκ πίστεως; ἡ ἐκ πίστεως δικαιοσύνη, 9:30; 10:6)이며 율법에서 나오는(νόμος
δικαιοσύνης; ἡ δικαιοσύνη ἡ ἐκ νόμου, 9:31; 10:5) 이스라엘 자신의 의(ἡ ἰδία
δικαιοσύνη, 10:3)에 반대된다. 빌립보서 3:9에서 의가 하나님에게서 나온
것처럼 로마서 10:5에서도 마찬가지다. 두 본문에서 반대하고 있는 것
은 모세의 율법을 통한 자기 의의 추구다. 바울은 율법과 별개인(χωρὶς
νόμου) 그리스도를 믿는 믿음/그리스도의 믿음을 가지고 하나님의 의를
묘사한 로마서 3:21에서 동일하게 대조한다(참조, 롬 1:17).[58]

이 구절들에서 명사 "의"(δικαιοσύνη)가 가지는 선물의 특징은 동족
동사(δικαιόω)가 어떻게 기능하는지를 보면 이해할 수 있다. 일반 그리스

점』, 새물결플러스, 2015].

57. 바울은 규칙적으로 "하나님의" 것과 "사람의" 것을 대조한다. 예를 들어, 고후 4:7,
구원을 위한 하나님의 능력(참조, 4:1-6). 고후 3:5에서 인간에게서 난 것(ἐξ
ἑαυτῶν)은 무엇이든 스스로(ἀφ' ἑαυτῶν) 만족할 수 없다. 오히려 만족함은 하나님
에게로부터 온다(ἐκ τοῦ θεοῦ). Josephus의 글에 나타난 사두개파 교리(Ant. 13.172-
73)와 비교해 보라. 거기서 모든 것은 우리의 능력에 있다(ἄπαντα δὲ ἐφ' ἡμῖν
αὐτοῖς κεῖσθαι).

58. Thomas R. Schreiner, New Testament Theology: Magnifying God in Christ (Grand
Rapids: Baker Academic, 2008), 357-58; 이 내용은 다음을 따른다. Charles Lee
Irons, The Righteousness of God: A Lexical Examination of the Covenant-
Faithfulness Interpretation, WUNT 2/386 (Tübingen: Mohr Siebeck, 2015), 334-
36.

문학에서 이 동사는 심판이나 정죄를 나타내지만(Dio Cassius, *Hist. rom.*
40.54.1; Aelian, *Var. hist.* 5.18), 칠십인역과 제2성전기 유대 문헌에서, 즉 유
대인에게 있어서 이 동사는 사람**을 위한** 법정적 행위만을 의미한다.[59]
바울은 때때로 성경을 인용하거나 암시하면서 이 동사를 사용하는데(롬
3:20과 갈 2:16의 시 143:2 [142:2 LXX]; 롬 8:33-34의 사 50:8), 그러한 유대적인 용
례 패턴이 바울의 생각을 보여준다. 곧, 유대 문헌은 양자 또는 삼자 논
쟁에서 '디카이오오'(δικαιόω)를 사용한다(롬 5:16-19). 이 패턴이 바울이 따
르는 방식이다. 동사 '디카이오오'(δικαιόω)는 기소와 고발이 제출되고(롬
2:15; 8:33-34), 증인을 부르고 변호하고(롬 1:20; 2:1; 참조, 2:15), 판결이 내려
지는(고전 4:2-5) 곳에서 "정죄하다" 동사의 반의어로서 사용된다(롬 5:16-
19).

　개인이든 집단이든, 두 당사자가 서로 잘못이라고 이해하는 사실을
놓고 다투는 경우, 한쪽이 화해를 목적으로 증인에 호소하면서 다른 쪽
을 고소한다. 고소당한 사람은 반박(예, 창 38:25-26)하거나 유죄를 인정(예,
창 44:16)하는데, 그때 고백, 몸짓, 침묵을 통해 상대방의 옳음을 인정할
수 있다. 고소당한 자는 화해의 선물을 주거나 계약을 맺을 수도 있다.
화해에 이르지 못한 당사자들은 제3자에게 재판을 하도록 할 수 있다.
제3자 또는 주권자는 정의를 집행하고, 죄를 정죄하며, 의인을 "의롭다
고 선언"함으로 공동체를 회복한다(예, 삼하 15:2, 4). 제3자는 한쪽 편에 반
대하여 다른 쪽 편을 들면서 "의롭다고 선언한다"(왕상 8:32). 이는 한 당
사자의 결백함을 입증할 뿐만 아니라 도움을 제공한다(삼하 14:4-11). 하나
님이 양쪽의 다툼에서 한쪽에 서 계시거나, 분쟁을 해결하는 제3자일

---

59. James B. Prothro, *Both Judge and Justifier: Biblical Legal Language and the Act of
　　Justifying in Paul*, WUNT 2/461 (Tübingen: Mohr Siebeck, 2018), 3-5.

때, 누구도 의롭다 선언되지 않을 것이다(시 143:2[142:2 LXX]; 시락서 7:5;
18:2; 고전 4:4["하나님의 심판에서"]; 갈 2:16). 그럼에도 하나님은 통회하는 죄
인의 편을 들어 용서하고 의롭다 선언하실 것이다(예, 시 51:3-4[50:5-6
LXX]; 130:3-4[129:3-4 LXX]; 사 43:22-28). 하나님은 한쪽을 의롭다 선언하고
다른 한쪽을 정죄할 수 있다(예, 이스라엘과 열방, 『에스더서 부기』 10:8-12[10:3e-
i LXX]; 사 50:7-9). 주님은 의인을 "의롭다" 하시고 그들의 죄를 없애신다
(사 53:10-12). "의롭게 된" 죄인을 위한 하나님의 행동/일하심은 행위들
로 얻어지는 의(롬 2:13)와는 다른, 선물의 성격을 지니고 있다(고전 6:11).[60]
그러므로 바울이 의롭다 선언하시는 하나님의 선물을 하나님의 의
(δικαιοσύνη θεοῦ)라고 칭하는 것은 놀라운 일이 아니다.

바울은 여러 명사들(δωρεά, δώρημα, χάρισμα)로 칭의의 은혜로운 선물
의 성격을 반복해서 설명한다.

… 하나님의 은혜에 의해 선물로서[δωρεάν] 의롭다 함을 얻었다(롬 3:24).

그러나 이 선물은[τὸ δώρημα] 그 범죄와 같지 않다. … 더욱 하나님의 은
혜[ἡ χάρις τοῦ θεοῦ]와 또한 한 사람 예수 그리스도의 은혜 안에 있는 선
물이[ἡ δωρεά] 많은 사람에게 넘쳤다(롬 5:15).

또 이 선물은[τὸ χάρισμα] 범죄한 한 사람으로 말미암은 것과 같지 않다.
… 많은 범죄에 뒤따르는 이 선물은[τὸ χάρισμα] 의롭다 함을 가져온다

---

60. Prothro의 저서, *Both Judge and Justifier*는 특히 Pietro Bovati, *Re-Establishing
Justice: Legal Terms, Concepts and Procedures in the Hebrew Bible*, trans. Michael J.
Smith, JSOTSup 105 (Sheffield: JSOT Press, 1994)에서 발전된 것처럼, 바울에게
양자 또는 세 당사자 간의 논쟁의 맥락에서 δικαιόω의 사용 패턴을 적용한다.

(롬 5:16).

> … 더욱 은혜와 의의 선물을 넘치게 받는 자들은[οἱ τὴν περισσείαν τῆς χάρι-
> τος καὶ τῆς δωρεᾶς τῆς δικαιοσύνης λαμβάνοντες] 한 분 예수 그리스도를 통하
> 여 생명 안에서 왕 노릇 하리로다(롬 5:17).

> … 하나님의 선물은[τὸ χάρισμα τοῦ θεοῦ] 그리스도 예수 우리 주 안에 있
> 는 영생이다(롬 6:23).

의는 5:17에 나오는 것처럼 하나님의 값없는 선물이고, 이와 더불어 영
생이다(6:23).[61]

의의 은혜로운 선물은 믿음/신실함으로 주어진다. 빌립보서 3:9로
돌아가보면, 바울은 율법에서 나온 "나"의 의와 믿음/신실함으로 주어
지는 하나님의 의를 대조한다. 이것은 로마서 10:3-4에서와 같은 대조
다. 그러므로 믿음/신실함에서 나온 하나님의 의가 반드시 드러나야 한
다(롬 1:17). 이 하나님의 의는 모든 믿는 사람을 위한 것이다(롬 3:22). 그리
스도 안에서 인간은 하나님의 의가 **된다**(고후 5:21). 선물로 받은 의는 로

---

61. Irons, *The Righteousness of God*, 316. Irons의 연구는 의에 대한 Hermann Cremer
의 관계적 접근 방식, 특히 언약적 신실함, 즉 옳고 그름에 대한 하나님의 기준에 따
른 것이 아니라는 점에서 매우 유익한 비판을 제시한다. Cremer는 현재 언어학적
오류로 알려진 것을 적용했다. 곧, "전체성을 적법하지 않게 부과하는 것"(illegi-
timate totality transfer) 말이다. 대조, 예를 들어, Wright, "Paul and the Patriarch."
Cremer는 히브리 성경에서 몇 안 되는 언약적 맥락 위에서 명사 '디카이오쉬네'(δ
ικαιοσύνη)를 읽어냈다. Irons는 칠십인역의 사례를 추적하고 해당 용어가 법정적
으로 또는 윤리적으로 사용됐음을 발견한다. 바울에 대한 언어적 접근 방법에 대한
최근의 비판에 대해서는 다음을 참조하라. "Rethinking the Covenantal Paul," in
Das, *Paul and the Stories of Israel*, 65-92.

마서 3:5, 25-26에 나타나는 바 심판자로서의 하나님의 의와 대조된다. 다시 이 동사를 고려하면, 양쪽의 다툼에서 피해자가 가해자에 대한 고소를 철회하거나 제3자가 가해자의 편을 들어 줄 때 죄인은 선물로 받은 의의 지위를 누린다. 이와 같은 의는 죄를 지은 당사자의 공로로 주어지는 것이 아니다. 하나님이 그들에게 죄를 "돌리지" 않으시듯(고후 5:19) 의는 그들에게 "여겨진다"(롬 4:3-9, 22).

결론

바울의 사고에는 용서와 구원이 오로지 그리스도 안에 있기 때문에 율법에 대한 순종은 율법 지키는 자에게 문제가 된다. 율법과 그 행위들을 통해서 하나님과 올바른 지위를 누리려는 시도는 실패하게 될 인간의 노력이다. 바울이 이해하는 이스라엘의 율법과 일치하게 의의 선물은 인간의 행위들이나 노력과는 별개다. 따라서 하나님은 구원에 이방인을 포함하실 수 있다. 바울은 그리스도의 관점에서 하나님의 은혜를 재개념화시켰다.

다스에게 응답하는
로마가톨릭 관점

브랜트 피트리

수 세기에 걸친, 칭의와 관련한 가톨릭과 루터교 사이의 바울 해석 논쟁을 염두에 둘 때, 내가 앤드루 다스의 강력하고 사고를 자극하는 글에 동의하는 바가 많다는 것을 보고 놀라는 독자들이 있을 것이다.

E. P. 샌더스: 초기 유대교에서 "행위들"의 역할을 과소평가함

먼저 다스는 자신이 루터교의 관점에서 썼지만 "샌더스에 반하는 것"(원서 84-85쪽을 보라)은 아니라는 점을 분명히 한다. 본서에 실린 글과 더욱 초기의 작품에서 다스는 샌더스가 이룬 실질적인 성과에 세심히 주의를 기울였다.[1] 그러면서도 다스는 샌더스가 행위 의의 종교로서의 유대교에 대한, 19-20세기 개신교의 캐리커처를 파괴하려 하면서, 결국

---

1. A. Andrew Das, *Paul, the Law, and the Covenant* (Peabody, MA: Hendrickson, 2001)을 보라.

초기 유대교에서 선한 행위들의 역할을 **경시하게 됐다**고 바르게 지적했다. 내가 볼 때 다스가 **"어느 정도"** "바울이 율법주의 또는 행위를 기반으로 한 유대인 동료들의 관점에 대응하고 있었다"(원서 85쪽)라고 주장한 것도 옳다. 그렇지 않다면 "행위들"에 근거한 "의"에 대해 말하는 바울의 특정 구절들을 설명하기 어렵다. "그런즉 우리가 무슨 말을 할까? 의를 따르지 아니한 이방인들이 의를 얻었으니 곧 믿음에서 난 의다. 그러나 **의의 법을 따라간 이스라엘**은 율법에 이르지 못했으니, 어떻게 그럴 수 있는가? **이는 그들이 믿음을 의지하지 않고 행위를 의지했기 때문이다**"(롬 9:30-32a).

샌더스 자신이 이 본문을 설득력 있게 주해하려고 애썼다는 사실은 상당히 분명하다. 샌더스는 그것이 "어렵다"는 사실뿐 아니라, 결국에는 "[롬 9:30-32에서] 바울이 의미한 바가 저 본문에서 어떤 것을 확고히 주장할 만큼 충분히 명료하지 않음을 인정한다."[2] 이는 제2성전기 유대교의 초상을 형성할 때 은혜의 역할을 지나치게 강조하고 행위들의 필요성을 경시하는 샌더스의 한 가지 예에 불과하다. 다른 예들을 생각해 볼 수도 있다.[3] 간단히 말해 샌더스가 제2성전기의 초상에서 진자를 다른 방향으로 너무 세게 보냈다고 주장할 때 다스는 옳다. 즉, 행위들을 지나치게 강조하여 은혜를 배제시키기보다 샌더스는 은혜를 지나치게 강조하고 선한 행위들의 공로적인 역할을 과소평가한다.[4]

---

2. *PALLT*, 677-79.
3. 예컨대, Das, *Paul, the Law, and the Covenant*, 234-67을 보라.
4. 샌더스에게 공정하도록, "언약적 율법주의"라는 용어 자체에 은혜와 행위들 사이의 건강한 균형이 유지되어 있다는 점을 언급할 필요가 있다. 곧, 사람은 은혜를 통해 "들어간다"(언약적). 그러나 사람은 율법에 대한 순종의 행위들을 통해 "머무른다"(율법주의). 언약의 은혜가 우선권을 가질 수도 있겠지만 샌더스의 공식구는 "의" 안에 머무르기 위해 여전히 "행위들"이 필요함을 분명히 하고 있다. 샌더스 자

"율법의 행위들" = "경계 표지"와 전체 토라

　　나는 또한 바울이 믿음에 의한 칭의를 표현하기 위한 출발점은 할례와 음식 규정 논쟁이었을 것이라는 다스의 견해에도 동의한다(갈 2:11-13; 참조, 창 17:1-14; 레 11:1-47). 결국 바울은 "율법 **자체로는** 의롭다 함을 받을 수 없다"(원서 95쪽)는 결론에 도달한다는 다스의 견해에도 동의한다. (나의 글에서 보여주었듯이) "율법의 행위들"을 해석하는 방식에 대해 가톨릭 전통에서 수 세기 동안 논쟁이 있어왔지만, 나는 개인적으로 바울이 이 표현을 할례와 음식 규정을 가리키는 구체적인 대상 **및** 전체 토라의 동의어 **모두로서** 사용했다는 견해에 끌린다. 이와 관련하여 예수회 주해가인 조셉 피츠마이어의 작업은 매우 도움이 된다. 피츠마이어가 제시한 것처럼 우리가 가지고 있는 어떤 사해문서에서는 바울의 표현에 해당하는 히브리어 "토라의 행위들"(*maʿăśê tôrâ*)을 사용하고 있는데 그 의미를 제한하고 있지 않다. "그러나 이제 이 쿰란 문서에 비추어 볼 때 '율법의 행위들'이 그렇게 제한될 수 없다는 것을 알게 된다. 4QMMT는 20개의 할라코트(halakhot)를 선별했지만 **할례와 음식 규정으로 제한되지 않는다.** … 여기에는 예를 들어 희생제사에 대한 규정, 구성원들의 부정, 바쳐야 할 십일조에 관한 규정 등 다른 많은 것들이 포함되어 있다."[5]

　　나는 "의"로 "여겨지는" "토라의 행위들"의 경우를 지적함으로써 피츠마이어의 견해를 강화하고 싶기는 하지만 전반적으로 그 견해에

　　신의 용어로 하자면 제2성전기 유대교를 "은혜"**와** "행위들"의 종교로 묘사하는 것은 아주 정확하다.

5.　Joseph A. Fitzmyer, *According to Paul: Studies in the Theology of the Apostle* (Mahwah, NJ: Paulist Press, 1993), 23 (강조 표시는 첨가됨).

동의하는 바다. 사해문서는 구체적으로 ("토라/율법의 행위들"의 사례로) (1) "비방자나 모[독]자"가 되지 않는 것(4QMMTᵉ col. 3, I. 10), (2) "음행"에 가담하지 않는 것(4QMMTᵉ col. 4, II. 4, 11), (3) "다윗"이 "용서"받은 "죄들"(4QMMTᵉ frags. 14-17, col. 2, II. 1-2)을 언급한다. 할례와 음식 규정이 다윗이 순종하지 않았던 "율법의 행위들"이 아니었다는 것은 두말할 필요도 없다(참조, 삼하 11장; 시 51편)! 피츠마이어의 작업을 따라 다스는 바울이 있었던 1세기 상황 속에서 "'둘 다 포함하는' 해석이 주로 율법의 민족주의적이며 분파주의적인 요구에 초점을 맞춘 접근 방식보다 더 나을 것이다"(원서 97쪽)라는 매우 합리적인 결론에 도달한다.

로마서에 나타난 "행위들"과 "삯/임금": 단순한 "경계 표지"만은 아니다

셋째, 나는 또한 로마서의 몇몇 구절들에서 "바울은 이 구절에서 '행위들'(ἔργα)을 유대인의 민족적 정체성이나 민족주의적인 관점이 아니라 인간의 행동이라는 더 넓은 관점('일/행위'는 삯/임금을 보상으로 받을 만한 가치가 있다)에서 정의"(원서 98쪽)한다는 다스의 주장에 동의한다. 다음 구절들을 살펴보자.

> **일하는** 자에게는 그 **삯**이 은혜로 여겨지지 아니하고 보수로 여겨지지만, 일을 아니할지라도 경건하지 아니한 자를 의롭다 하시는 이를 믿는 자에게는 그의 **믿음**을 의로 여기신다. 그래서 하나님이 **행위들과 관계없이 의로** 여기시는 사람의 복에 대하여 다윗이 말했다. (4:4-6)

> 그 자식들이 아직 나지도 아니하고 **무슨 선이나 악을 행하지 아니한** 때
> 에 택하심을 따라 되는 하나님의 뜻이 **행위들에 따르지 않고** 오직 부르
> 시는 이로 인해 서게 하려 하사 리브가에게 이르시되 큰 자가 어린 자
> 를 섬기리라 하셨다. (9:11-12)

> 그런즉 이처럼 현재도 은혜로 선택된 남은 자가 있다. 그러나 만일 은
> 혜로 된 것이면 **더 이상 행위들에서 난 것이 아니다.** 그렇지 않으면 은
> 혜는 더 이상 은혜 되지 못할 것이다. (11:5-6)

위와 같은 구절들에서 "행위들과 관계없이 의로"(δικαιοσύνην χωρὶς
ἔργων, 롬 4:6), "행위들에 따르지 않고"(οὐκ ἐξ ἔργων, 롬 9:11), "더 이상 행위
에 기초하지 않고"(οὐκέτι ἐξ ἔργων, 롬 11:6)라는 진술들은 단지 "경계 표지"
에만 국한될 수 없는 것으로서 토라에 대한 순종 "행위들"을 가리키는
것으로 보인다. 그런 본문들에 비추어 다스는 "반복되는 인간의 노력/
행위들과 하나님의 자비로운 선물 사이의 바울의 대조는 [롬] 4:4-5의
대조를 분명하게 해준다"(원서 99쪽)라고 결론 내렸다. 나는 단순히 이렇
게 동의할 뿐 아니라 다스가 트리엔트공의회의 로마서 해석과 하나라
는 점을 강조하는 것이 중요하다고 생각한다. "그리고 믿음이든 행위
든, **칭의에 선행하는 어떤 것도 칭의의 은혜를 받는 데 아무 가치가 없
기** 때문에, 우리는 거저 의롭다 함을 받는다고 말한다. 은혜로 된 것이
면 더 이상 행위들에서 난 것이 아니다. 그렇지 않으면 (바로 그 사도[바울]
가 말했던 것과 같이) 은혜는 더 이상 은혜 되지 못할 것이다(롬 11:6)"(Council

of Trent, *Decree on Justification*, chap. 8).[6] 여기서 어떤 인간 존재도 칭의의 최초 은혜를 받기 위해 **아무것도** 할 수 없다는 가톨릭 교리의 근거가 되는 로마서 11:6에 주목해보라. 가톨릭 관점에서 볼 때 칭의의 최초 은혜의 공로로 삼을 수 없는 것은 단지 할례 내지 음식 규정에 대한 순종이 아니라 인간의 모든 활동이다.

이러한 일치점들을 염두에 둔 채 나는 다스의 글에 몇 가지 의문이 생긴다.

최종 "칭의"와 "행위들"에 따른 "심판"

첫째, 다스는 바울의 구원론이 "행위 없는 순전한 은혜"(원서 83쪽)라는 전통 개신교의 관점을 따르는 것처럼 보인다. 하지만 바울은 여러 차례에 걸쳐 사람의 "행위"(ἔργον)가 최종 심판에서 중요한 역할을 할 것이라고 주장한다.

> 그러나 각각 **자기의 행위**를 살피라. 그리하면 자랑할 **행위**가 자기에게는 있어도 남에게는 있지 않다. ⋯ 우리가 **선을 행할 때** 낙심하지 말자. 우리가 낙심하지 않으면 때가 이를 때 수확할 것이다. 그러므로 우리는 기회 있는 대로 모든 이에게 **선한 행위를 하자.** (갈 6:4, 9-10a NRSV를 수정

---

6.   Heinrich Denzinger, *Compendium of Creeds, Definitions, and Declarations on Matters of Faith and Morals*, ed. Peter Hünermann, 43rd ed. (San Francisco: Ignatius, 2012), no. 1532 [≒ 『(하인리히 덴칭거) 신경, 신앙과 도덕에 관한 규정·선언 편람 : 제44판 원문 대역』, 한국천주교 중앙협의회, 2017].

하여 사용함)[7]

우리가 다 반드시 그리스도의 심판대 앞에 나타나게 되어 **각각 행한 대로 보응**을 받을 것이다. (고후 5:10)

하나님이 각 사람에게 행위들에 따라 보응하시되, 참고 **선한 행위** 가운데 영광과 존귀와 썩지 아니함을 구하는 자에게는 **영생**으로 하시고, 오직 당을 지어 진리를 따르지 아니하고 불의를 따르는 자에게는 **진노와 분노**로 하실 것이다. **악을 행하는** 각 사람의 영에는 환난과 곤고가 있으리니 먼저는 유대인에게요, 그리고 헬라인에게며, 선을 행하는 각 사람에게는 영광과 존귀와 평강이 있으리니, 먼저는 유대인에게요 그리고 헬라인에게다. … 하나님 앞에서는 율법을 듣는 자들이 의인이 아니요, **오직 율법을 행하는 자들이 의롭다 함을 얻을 것이다.** 율법 없는 이방인이 본성으로 율법의 일을 행할 때에는 이 사람은 율법이 없어도 자기가 자기에게 율법이 되나니 이런 이들은 그 양심이 증거가 되어 그 생각들이 서로 혹은 고발하며 혹은 변명하여 그 마음에 쓰인 **율법의 행위**를 나타낸다. 곧, 나의 복음에 이른 바와 같이 하나님이 예수 그리스도로 말미암아 사람들의 은밀한 것을 심판하시는 그날이다. (롬 2:6-10, 13-16)

여기서 바울은 명료한 언어로 사람들이 "각각 자기의 행위[ἔργον]"(갈 6:4)에 따라, "선한 행위"(καλὸν ποιοῦντες, 갈 6:9)를 함으로, "각각 행한 대

---

7. 나는 갈라디아서와 로마서의 인용문에서 NRSV를 사용하여 핵심 어구를 가능한 한 문자 그대로 번역하려고 했다.

로[ἃ ἔπραξεν]"(고후 5:10), "행위들에 따라"(κατὰ τὰ ἔργα αὐτοῦ, 롬 2:6) 심판을 받을 것이라고 거듭 선언하고 있음에 주목하라. 심지어 바울은 하나님이 "선한 행위"(ἔργου ἀγαθοῦ)를 하는 각 사람에게 "영생"(ζωὴν αἰώνιον)이라는 선물로 "갚아 주실"(ἀποδώσει) 것이라고 말한다(롬 2:6-7). 아마도 가장 놀라운 것은 바울이 심판의 날에 "오직 율법을 행하는 자들이"(οἱ ποιηταὶ νόμου)—그 마음에 쓰인 "율법의 행위"(τὸ ἔργον τοῦ νόμου)를 가진 자들이—"의롭다 함을 얻을 것이다"(δικαιωθήσονται)라고 선언한 것이다 (롬 2:13, 15).

다스는 자신의 글에서 바울이 갈라디아서 3장에서 이신칭의를 논증할 때 "순종의 행위들은 어떤 역할에서도 배제된다"(원서 91쪽)라고 주장한다. 바울이 말한 바 행위와 상관없이 믿음으로 되는 **최초** 칭의에 관한 다스의 진술에 나는 전적으로 동의하는 바다.[8] 하지만 여전히 의문은 남아 있다. 곧, 다스는 행위들과 관련 없는 최초 칭의와 행위들에 따른 최종 칭의 사이의 관계를 어떻게 설명할지 궁금하다. 다스는 바울에게 있어서 최초 칭의는 어떤 행위들과도 관계없이 믿음을 통해 은혜로 주어지는 것이지만 최종 심판은 믿음만으로가 아니라 행위에 따른 것이라는 점에 동의할까?

---

8. 최초 칭의 및 최종 심판에 관한 더 자세한 내용에 대해서는, Brant Pitre, Michael P. Barber, and John A. Kincaid, *Paul, a New Covenant Jew: Rethinking Pauline Theology* (Grand Rapids: Eerdmans, 2019), 201-10을 보라. "(최초) 칭의와 최종 심판" 사이의 유사한 특징에 대해서는, James D. G. Dunn, *The New Perspective on Paul*, rev. ed. (Grand Rapids: Eerdmans, 2008), 75-76 [= 『새 관점의 기원, 정의, 미래』, 감은사, 2023 출간 예정]을 보라.

바울과 선한 "행위들"의 "삯/임금"

마지막으로 내가 위에서 언급했던 것처럼 바울이 로마서 4장에서 "삯/임금"(μισθός) 용어를 사용함으로써 이신칭의를 "인간의 행동이라는 더 넓은 관점('일/행위'는 삯/임금을 보상으로 받을 만한 가치가 있다)"과 대조(원서 98쪽)하고 있는 것처럼 보인다는 다스의 강조는 옳다. 나는 거기에 동의한다. 그러나 다스가 고린도전서에서 바울이 "행위"(ἔργον)와 "삯/임금"(μισθός)에 대해 말한 것을 동일하게 이해할지 궁금하다. 거기서 바울은 선한 행위들에 대해 삯/임금을 받는 의로운 자들에 대해 말한다.

> **각각 자기가 일한 대로 자기의 삯을 받을 것이다.** 우리는 하나님의 동역자들이고 너희는 하나님의 밭이며 하나님의 집이다. **내게 주신 하나님의 은혜를 따라** 내가 지혜로운 건축자와 같이 터를 닦아 두고 다른 이가 그 위에 세우나 그러나 각각 어떻게 그 위에 세울까를 조심해야 한다. 이 닦아 둔 것 외에 능히 다른 터를 닦아 둘 자가 없으니 이 터는 곧 예수 그리스도다. 만일 누구든지 금이나 은이나 보석이나 나무나 풀이나 짚으로 이 터 위에 세우면, **각 사람의 행위가 나타날 터인데**, 그날이 행위를 밝히리니, 이는 불로 나타내고 그 불이 **각 사람의 행위가 어떠한 것인지를 시험할 것이다.** 만일 **누구든지 그 위에 세운 행위가 그대로 있으면 삯을 받을 것이다.** 누구든지 그 **행위가 불타면 해를 받겠지만 자신은 구원을 받되 불 가운데서 받은 것 같을 것이다.** (3:8b-15 NRSV를 수정하여 사용함)[9]

---

9. NRSV는 이곳저곳에서 "행위"(*ergon*)라는 단어와 "삯/임금"(*misthos*)이라는 단어의 존재를 모호하게 만들기 때문에 문제가 된다.

여기서 바울이 "각 사람의 행위가 어떠한 것인지"(ἑκάστου τὸ ἔργον ὁποῖον, 3:13)에 따른 최종 심판을 말할 뿐 아니라 심지어 "각각 자기가 일한 대로[κατὰ τὸν ἴδιον κόπον] 자기의 삯[μισθόν]을 받을 것이다"(3:8)라고 말하기까지 한다. 무엇보다 놀라운 것은 바울이 "일"(kopos)이나 좋은 "행위"(ergon)를 위한 "삯/임금"(misthos)을 한 번이 아니라 두 번(3:8, 14) 언급한다는 것이다! 바울에게 있어서 최초 칭의는 어떤 선한 행동과 관계없이 믿음으로 주어지는 것이지만 최종 심판은 너무나도 명백하게 행위들에 따른 것이기에 바울은 종말론적인 보상을 그리스도 안에서 행해진 "행위"(ergon)에 따라 주어지는 "삯/임금"(misthos)이라고 묘사할 수 있었다.[10]

요약하자면 다스의 글이 가진 많은 강점에도 불구하고 내 입장에서 볼 때 다스는 샌더스가 제2성전기 유대교와 관련하여 놓친 것과 동일한 점을 바울과 관련하여 놓친 것 같다. 샌더스가 초기 유대교에서의 은혜의 중요성을 지나치게 강조하면서 선한 행위들의 역할을 경시했던 것처럼, 다스도 은혜의 역할에만 너무 집중했기에 그리스도 안에서 행해진 선한 "행위들"에 따라 주어지는 "삯/임금" 용어를 놓친 것 같다.

이제 공정하게 말하자면, 다스는 최종 칭의에 있어서 그리스도 안에서 행해진 선한 행위들의 역할에 대해 나에게 동의할 것 같다. 하지만 다스는 바울이 행위에 따른 심판에 대해 말하는 다양한 구절을 결코 논의(또는 심지어는 언급조차)하지 않기에 그의 글로부터 가타부타 말하기는

---

10. Raymond F. Collins, *1 Corinthians*, SP 7 (Collegeville, MN: Liturgical Press, 1999), 159 [= 『고린토1서』, 대전가톨릭대학교출판부, 2019]: "바울은 종말론적 보상(reward)에 대한 메타포로서 '삯/임금'(misthos)을 사용한다. 다른 곳에서 이 단어는 잘한 일에 대한 보수(pay)를 나타낸다(롬 4:4; 참조, 고전 9:17-18)."

어렵다.[11] 그래서 다스에게 던지는 나의 질문은 이러하다. 만일 "행위 없는 순전한 은혜"(원서 83쪽)가 바울의 구원론에 대한 정확한 묘사라면 어째서 바울은 그리스도 안에 있는 사람들("우리")이 "행한" 것에 따라 "심판을 받게" 될 것이라고 거듭 강조하는 것일까(고후 5:10)? 또한 다스는 "그리스도 안에" 있는 사람들이 행한 선한 "행위들"에 따라 "보수로 받다/보상받다", "갚아지다", "보응을 받다"라는 바울의 경제 용어를 어떻게 해석할까(고전 3:8-15)? 이 두 점을 명확히 할 때 아마도 우리는 바울에 관한 루터교와 가톨릭 관점 사이의 더욱 많은 공통점을 발견할 수 있을 것이다.

---

11. 내가 말할 수 있는 것은 적어도, Das, *Paul, the Law, and the Covenant*에 나오는 실질적인 논의가 "행위들"에 따른 최종 심판에 대한 바울의 진술을 수용하지 못할 것이라는 점이다. 거기서 Das는 롬 2:16에 나오는 "행위들에 따른 심판"을 하나의 각주(180n27)로 빼서 언급하지만, 그것이 무엇을 의미하는지, 그리고 "오직 믿음"에 의한 칭의와 어떻게 조화될 수 있을지 설명하지는 않는다.

다스에게 응답하는
새 관점

제임스 D. G. 던

나는 폭넓은 주제를 다룬 앤드루 다스의 글을 즐겁게 읽었다. 특히 마지막 단락인 "칭의라는 선물" 부분이 좋았다. 하지만 그의 결론은 좀 놀라웠다. 그는 "바울의 사고에는 용서와 구원이 오직 그리스도 안에 있다"(원서 106쪽)고 결론을 내리는데, 다스가 보기에 바울의 논증의 상당한 분량이 아브라함이 믿음으로 의롭다고 여겨졌다는 사실에 집중되어 있고 의존하기 때문이다—칭의는 율법의 행위들, 아니 구체적으로 할례 없이도 이미 알려졌고 경험됐다.

그의 결론에 대해 나는 다음과 같은 질문을 먼저 하고 싶다. 앤드루는 "행위가 아니라 믿음"이라는 주장을 (현존하는 문서를 통해 우리가 아는 한) 바울이 맨 처음 제시하게 된 원래의 상황에 충분한 주의를 기울였는가? 전통적 해석이 1세기 맥락이 아니라 16세기의 상황에 훨씬 큰 영향을 받았는지 여부가 쟁점인 상황에서, 믿음과 은혜와 행위에 대해 "전통적 입장을 재확인"(원서 83쪽)하겠다는 앤드루의 목표는 어딘가 이상해 보인다. 원래의 역사적 맥락에서 바울이 선포한 복음이 실제로 어떻게 효

력을 발휘하게 됐는지에 대한 최초의 기록을 읽는 것의 중요성을 다시
한번 강조해야겠다. 갈라디아서 2장 전체의 맥락과 상관없이 갈라디아
서 2:16을 읽고 설명하는 것은 바울이 그 말을 하게끔 만든 상황에 대한
이해를 쉽사리 놓치는 것이자 종교개혁이라는 후대의 맥락(그리고 종교개
혁이 제시한 완전히 다른 주해와 적용)에서 바울을 읽는 것이다. 내가 반대하는
바는 바로 이것이다. 갈라디아서 2:16을 원래의 맥락에 두고 읽는 데 실
패하거나 그렇게 하고 싶지 않아 하는 것(이런 상황에 딱 맞는 말은 무엇일까?)
말이다. 2:16이 안디옥에서의 유대인 출신 그리스도인들의 시도—이방
인 신자는 음식에 관한 율법을 지켜야 한다(이 율법은 사실상 유대인과 이방인
을 갈라놓는 독특한 유대 규정이다)—에 대한 반응이자 응답이라는 점을 어떻
게 그렇게 (쉽게) 무시할 수 있는가? 이 사안을 "율법주의"라는 측면에
놓는 것은 후대 사람들이 이 구절에 초점을 맞춘 논쟁의 측면에서 보자
면 정당화될 수도 있다. 하지만 이것은 갈라디아서 2장에서 바울이 직
면한 문제 사안을 표현하는 데에는 전혀 적절하지 않은 표현이다. 바울
은 그러한 문제 사안을 직접적으로 표현했다. 유대인을 구별 짓는 율법
을 지키는 사람들만 의롭다고 할 수 있는가? 믿음과 행위의 문제는 '유
대인이 아닌 사람들에게 선포된 복음은 얼마나 제약 없이 주어졌는가'
하는 더 깊은 차원의 쟁점을 드러낸다. 이 점을 놓친다면 바울이 갈라디
아서 2장에서 말하려는 요점을 놓치게 된다.

　둘째, 나는 로마서 4장이 갈라디아서 2장을 단순히 반복하는 것이
아니라는 점과 갈라디아서 2장의 해석에 영향을 받아서는 안 된다는 점
을 지적하고 싶다. 갈라디아서는 바울이 전한 복음의 핵심 표현이 된
(또는 이미 되어버린) 바울의 첫 번째 공식적 진술로 우리에게 전해졌다. 로
마서 4장은 그러한 핵심 통찰의 재천명이자 그 함의의 확장이다. 물론,

"(오직) 믿음으로 의롭다 여겨짐(이신칭의)"에 필연적으로 수반되는 몇 가지 결론이 있고, 바울은 이 점들을 계속 분명하게 설명한다. 그러나 이 신칭의에 따라오는 몇 가지 귀결은 바울이 "율법 준수를 요구하지 않는 이방인 선교"라는 가장 중요한 논지를 정당화하는 것에 영향을 주지 않았다. 어쨌든, 바울이 로마서 4장에서 아브라함의 믿음의 우선성을 강조하고 있다는 점이 제대로 강조됐는가? 아브라함은 할례받기 전에, 그리고 할례와는 상관없이 믿음으로 의롭다고 여겨졌다. 갈라디아서 3:10 이 "새 관점을 주장하는 이들에게 여전히 걸림돌로 남아 있다"(원서 92쪽)는 앤드루의 주장은 나를 당혹스럽게 만든다. 나는 갈라디아서 3:10 을 문맥에 따라 읽을 때 아무런 난점을 찾을 수 없다. 어쩌면 나도 모르는 사이에 그 난점에 발이 걸려 넘어진 것인가? 앤드루의 다음과 같은 주장도 마찬가지로 나를 갸우뚱하게 만들었다. 바울은 "동물 희생제사가 하나님의 자비나 죄 용서를 얻는 효력이 있다고 말한 적이 없다"(원서 93쪽). 바울이 예수의 죽음의 효력을 이해하기 위한 핵심 이미지로 속죄제를 사용하는 데 아무런 주저함이 없었다는 사실을 앤드루는 충분히 고려했는가?

또한 "바울은 율법의 계명들을 제2성전기 유대교의 은혜롭고 자비로운 맥락에서 분리시켰다"(원서 94쪽)라는 다스의 주장은 당혹스러웠다. 내 생각에, 바울이 이러한 주장을 들었다면 무척 화를 냈을 것이다. 바울에 의해 처음으로 이렇게 선언된 원래의 맥락(이방인들이 의롭다고 여겨지려면 실제로 유대인이 되어야 한다는 사고에 저항하는 것)을 무시하고 후대의 신학적 상황을 더 중요시하는 것에 해석의 중요성을 두었기 때문일까? 거듭 말하지만, 논의를 "율법 전체"(원서 95쪽)로 확장시키는 것은 갈라디아서 2장이 보여주듯이 바울이 생각하게 된 쟁점(행위가 아니라 믿음)의 구체적인 맥락을 무시하는 처사다. 바울은 율법 전체에 관해 계속해서 깊이 숙고했다. 하지만 갈라디아서 2장에서 바울의 주된 주장이 "이방인에게 복음이 열려있다는 점(다시 말해, 복음이 유대인에게만이 아니라 이방인에게도 유대인이 되라는 요구 없이 열려있다는 점)"이라는 사실을 놓친다면, 바로 이 기독교의 핵심 주장이 바울에게 뿌리를 두고 있다는 것을 놓치거나 잃게 된다. 나는 다스가 비판하기 위해 인용한 조셉 피츠마이어(Joseph Fitzmyer)의 글을 메아리처럼 반향하고 싶다. 4QMMT가 "율법의 행위들"이라는 표현을 이해하기 위한 주요한 맥락이므로, "율법의 행위들"이라는 표현에 관한 논의를 4QMMT에 기반을 두는 것은 좋다. 하지만 갈라디아서 2장에 있는 "율법의 행위들"이라는 표현을 바울이 어떻게 이해했는지 알기 위해서는 갈라디아서 2장이 주된 맥락이어야만 한다.

다스에게 응답하는
유대교 내부의 바울 관점

망누스 세테르홀름

　학문적 논의는 늘 최소한 두 가지 기본적 차원에서 평가되어야 한다. 첫 번째 단계는 사용된 기본 가정들과 관련하여 특정 분석이 어느 정도로 일관성을 보이는지를 판단하는 것이다. 두 번째 단계는 가정들 자체를 철저히 조사하는 것이다. 첫 번째 측면에서 볼 때, 앤드루 다스가 제시하는 바울에 관한 전통 개신교 관점은 타당하다고 결론 내릴 수밖에 없다. 용서와 구원이 오직 그리스도 안에 있기 때문에 바울이 토라 준수를 문제로 여겼다는 가정이 옳다면, 다스의 분석은 일관될 뿐만 아니라 설득력이 있어 보인다.

　이것은 전통적 관점에서 기록된 대부분의 연구물에 적용된다. 내가 볼 때, 학자들이 역사적 바울에 관해 덜 개연성 있는 견해를 갖게 되는 이유는 그들의 주석 자체에 문제가 있다기보다는 그들의 전제들이 잘못됐기 때문이다. 나는 이 상황이 소위 바울에 관한 새 관점에도 마찬가지로 적용된다고 생각한다. 이 점에서 다스와 나는 서로 동의하는 것 같다. 따라서 나는 바울이 주로 정체성 표지로 기능하는 토라의 측면들에 반대했다는 견해를 다스가 광범위하게 비판한 점을 가치 있게 여긴다. 그리고 바울이 토라의 역할을 논의할 때, 특정한 어떤 측면들이 아니라 토라 전체(그게 무슨 뜻이든 간에)를 포함했다고 보는 다스의 견해에 동의한다.

　나는 또한 바울이 아브라함을 모델로 사용하는 것에 대한 다스의 해석이 상당히 설득력 있다고 생각한다. 바울이 아브라함의 "순종"을 평가절하하고 그 족장의 "믿음의 신뢰"를 강조한다는 점은 분명해 보인다. 그리고 바울이 갈라디아서 3:10-14에서 "행위들"과 "믿음" 사이에 이분법을 만든다는 사실을 지적하는 점에서 다스는 분명히 옳다. 문제는 바울이 왜 그렇게 하는가이며, 바로 여기가 "전제들"이 중요해지는 지점이다. 이 점은 다스가 자신의 글에서 언급하는 본문인 갈라디아서 6:16을 검토함으로써 쉽게 입증될 수 있다(ὅσοι τῷ κανόνι τούτῳ στοιχή- σουσιν, εἰρήνη ἐπ᾽ αὐτοὺς καὶ ἔλεος καὶ ἐπὶ τὸν Ἰσραὴλ τοῦ θεοῦ, 갈 6:16). 여기서의 난제는 본절 후반부에 나오는 두 번째 '카이'(καί)를 어떻게 번역할지와 관련한다. 바울은 평화와 자비가 한 그룹에게 임하기를 빌고 있는가, 아니면 두 그룹에게 임하기를 빌고 있는가? 만약 첫 번째 선택지가 선호되어야 한다면, '카이'(καί)는 "즉"이라는 의미로 여겨져야 한다. 그리고 "이 규율을 따르는 자들"은 "하나님의 이스라엘"과 동일시된다. 이것은 바울이 교회를 "이스라엘"과 동일시한다는 점을 암시할 수 있다. 두 번째 선택지에 따르면, '카이'(καί)는 단지 "그리고"를 의미하며, 바울은 "이 규율을 따르는 자들"과 "하나님의 이스라엘"이라는 두 그룹을 가리킨다.[1] 고문헌학/고대언어학(philology)은 바울이 여기서 전달하는 바가

1.　상반된 두 입장으로는 Ben Witherington III, *Conflict and Community in Corinth: A Socio-Rhetorical Commentary on 1 and 2 Corinthians* (Grand Rapids: Eerdmans,

무엇인지 결정하는 데 크게 도움이 되지 않는다. 오히려, 어떤 해석적 경로를 선택할지를 궁극적으로 결정하는 것은 개별 학자가 바울을 전 반적으로 어떻게 이해하는지, 그리고 이스라엘에 대한 바울 자신의 관 계 및 예수 운동 내부에서 유대인들과 열방의 구성원들 사이의 관계에 대한 바울의 견해를 전반적으로 어떻게 이해하는지에 달려 있다.

다스는 토라 준수가 구원의 선결 조건이 아니라고 배제하는 바울의 사상이 그의 기독론적 확신에서 솟아나온 것으로 전제한다. 다스가 인 정하듯이 이 견해는 "해결책에서 곤경으로"라는 샌더스의 개념에 가깝 다. 즉, 하나님이 그리스도를 통해 세상을 구원하시기로 결정하셨기 때 문에, 토라를 준수하는 것은 되려 역효과를 낳게 되는 것이다.[2] 다스의 논증은 비슷한 방향으로 흘러간다. "만일 하나님의 구원이 그리스도를 믿는 믿음 또는 그리스도의 믿음을 통해 이루어진다면, 그것은 율법 준 수를 통해서가 아니다"(원서 85쪽). 다스에 의하면, 이것은 비유대인을 포 함함에 있어서 중요한 함의를 갖는다. "만약 하나님께서 그리스도를 통 해서 구원하시며 모세 율법을 통해서가 아니라면, 어째서 이방인들에 게 구원을 위해 모세 율법을 억지로 부과하겠는가?"(원서 85쪽).

이 논증은 바울의 대적들이 토라 준수와 구원 사이에 단순한 연결 점이 있다고 실제로 믿었다는 전제 위에 세워진다. 그리고 다스는 "바 울이 자신의 동시대 유대인들이 가진 율법주의적 관점, 또는 행위에 기 반을 둔 관점에 응답하고 있었다"고 자신이 믿고 있음을 인정한다(원서 85쪽). 실로 이 전제에는 이의를 제기할 수 있다. 물론, 바울의 대적들이

1995), 451-53; Peter Richardson, *Israel in the Apostolic Church*, SNTSMS 10 (Cambridge: Cambridge University Press, 1969), 74-84을 보라.

2.　E. P. Sanders, *Paul and Palestinian Judaism: A Comparison of Patterns of Religion* (Minneapolis: Fortress, 1977), 442-43.

"완전한" 토라 준수가 구원으로 이어진다고 믿었으며, 바울이 거기에 대항하여 앞으로는 오직 그리스도를 통해서만 구원이 가능하다고 주장했다고 보는 것이 불가능하지는 않다(not impossible). 문제는, 그것이 개연성이 있는가다(plausible).

문제는 엄격한 토라 준수를 구원의 선결 조건으로서 옹호했던 집단들이 존재했다는 주장을 뒷받침하는 증거가 빈약하다는 점이다. 샌더스는 자료들을 검토한 후 서로 다른 시대의 서로 다른 집단들로부터 나온 다양한 문헌들이 한 가지의 공통된 주제를 드러낸다고 결론을 내렸다. 곧, 구원은 벌어들일(earned) 수 없다는 것이다. "심지어 의로운 이들에게 있어서도 최후에 의지할 것은 바로 하나님의 자비라는 주제는 『에스라4서』를 제외하고 우리가 검토한 모든 문헌에서 등장한다."[3] 우선, 『에스라4서』는 일반적으로 성전 파괴라는 아주 특수한 사건에 대한 반작용으로 이해되며, 따라서 둘째로 『에스라4서』는 바울의 편지들보다 후대의 것으로 입증된다. 물론, 비슷한 사상이 바울 및 그의 대적들에게 알려져 있었을 가능성도 있지만(feasible), 다음의 사실은 여전히 유효하다. 곧, 비록 샌더스가 행위들과 은혜 사이의 관계를 너무 단순화했다고 샌더스 비판자들이 지적한 것을 우리가 (합당하게) 인정한다 할지라도,[4] 그리고 샌더스의 분석에 모든 종류의 뉘앙스가 추가될 필요가 있다 해도, "완전한" 토라 준수와 구원 사이에 일대일의 대응 관계가 있다는 사상이 제2성전기 유대교의 지배적인 주제였다고 주장하는 것(다스는 아브

---

3. *PPJ*, 422.
4. D. A. Carson, Peter T. O'Brien, and Mark A. Seifrid, eds., *Justification and Variegated Nomism, vol. 1, The Complexities of Second Temple Judaism*, WUNT 2/140 (Tübingen: Mohr Siebeck; Grand Rapids: Baker Academic, 2001)에 실린 소논문들을 보라.

라함을 완전한 순종의 모델로 제시하면서 그렇게 주장하는 것처럼 보인다)은 여전히 매우 어렵다. 내가 볼 때, 이것을 바울을 이해하는 해석학적 열쇠로 사용하기에는 너무 기반이 약해 보인다.

유대교 내부의 바울 관점은 판도를 철저하게 바꾸어 놓았다. 그 관점을 소개하는 내 글에서 암시했듯, 나는 바울이 토라 준수를 하나의 문제로 간주했다고 믿지만, 그것은 오직 열방의 구성원들에게만 문제가 됐던 것이다. 위에서 언급했듯이, 다스는 바울의 "기독론적 확신"이 "이방인의 포함"과 연결된다고 생각하지만(원서 85쪽), 이것은 다스로 하여금 토라가 유대인에게 있어서도 그 의의를 완전히 상실했고 "순종의 행위들은 어떤 역할에서도 배제된다"(원서 91쪽)는 것이 바울이 의미했던 바라는 결론까지 이르도록 한 것 같다. 본서에 나오는 존 바클레이의 글에 대한 응답에서 내가 지적했듯이, 바울은 이런 종류의 주장을 전혀 하지 않는다. 오히려 바울은 그리스도 안의 비유대인들이 토라에 의해 정의된 특정한 유대 도덕 기준에 부합하기를 기대했다. 예를 들어, 그들은 "우상 숭배를 삼가야"(φεύγετε ἀπὸ τῆς εἰδωλολατρίας, 고전 10:14) 하고 "성적으로 부도덕한 이들과 어울리지 말아야"(μὴ συναναμίγνυσθαι πόρνοις, 고전 5:9) 했다. 부적절한 행동은 몇몇 형태의 교정, 처벌, 또는 고린도전서 5:1-5의 경우처럼(비록 바울이 무엇을 염두에 두고 있는지 분명하지는 않지만) '에클레시아'(ἐκκλησία)로부터의 축출로 이어질 수도 있다.[5] 그렇지만 바울이 "행동들"에 아무런 의의를 부여하지 않았다는 견해를 지속하는 것은 어렵다.

5.　Anthony C. Thiselton, *The First Epistle to the Corinthians: A Commentary on the Greek Text*, NIGTC (Grand Rapids: Eerdmans, 2000), 392-400 [= 『NIGTC 고린도전서 상/하』, 새물결플러스, 2022]을 보라.

내 글에 나왔던 중심 주장을 여기서 되풀이할 필요가 있다. 내 생각에, 우리가 역사적 바울에 가까이 다가가기 위해서는, 스스로를 이방인의 사도라고 일컫는 바울의 자기 정의를 진지하게 받아들이는 것이 중요하다. 그 지점에서 출발해서 보면, 바울의 편지들은 열방을 어떻게 이스라엘의 신과의 언약적 관계 안으로 이끌어 들일지의 문제와 주로 씨름하고 있다고 이해되어야 한다. 다시금, 바울이 다루는 문제는 유대인들의 구원이 아니라 로마서 1:18-32에 그 처지가 묘사되어 있는 열방의 구원이다. 그러므로 나는 이 본문이 유대인들도 포함하고 있다는 다스의 견해에 동의하지 않는다.[6] 그러나 예수 운동 내부의 유대인들도 예수의 죽음으로 인해 열방의 구원이 가능하게 됐다는 점에 동의한 것 같다고 추정하는 점에서는 다스가 분명 옳다. 예수 운동의 다양한 대변자들 간의 논의들은 **어떻게** 이것이 성취될 것이며, **어떻게** 이 새로운 상황이 유대인들과 열방의 구성원들 사이의 관계에 영향을 미칠 것인지와 관련되어 있었다.

전반적으로 볼 때, 나는 토라에 대한 바울의 견해가 전통 개신교 관점을 대표하는 이들이 흔히 추정해 온 것보다 훨씬 더 복잡하다고 말하고 싶다. 그리고 그 문제에 단순한 해결책을 찾아내고자 하는 것은 솔깃한 일이다. "행위들"과 "믿음" 사이의 이분법, 그리고 그에 따라 바울이 토라와 연을 끊었다고 결론 내리는 것은 그와 같은 단순화에 해당한다. 앞서 설명했듯, 바울은 이교도들(즉, 이교 신들을 경배하는 이들)을 유대교 안으로(기독교는 선택지가 아니었는데, 왜냐하면 기독교라는 것이 아직 존재하지 않았기

---

6. Magnus Zetterholm, "The Non-Jewish Interlocutor in Romans 2:17 and the Salvation of the Nations: Contextualizing Romans 1:18-32," in *The So-Called Jew in Paul's Letter to the Romans*, ed. Rafael Rodríguez and Matthew Thiessen (Minneapolis: Fortress, 2016), 39-58에 나오는 논의를 보라.

때문이다) 이끌어 들이는 **동시에**, 유대인이 흔히 하는 방식대로 이교도들
이 토라를 준수하지 못하도록 막는 일에 참여했다. 내 글에서 자세하게
기술했던 가장 단순명료한 설명 방식은, 바울이 토라 준수가 자신들을
이스라엘의 신 앞에서 의롭게 만들어 주리라는 잘못된 결론에 도달한
비유대인들과 마주쳤다고 보는 것이다. 그러나 여러 이유로, 바울은 토
라를 유대인의 방식대로 준수하는 것이 비유대인들이 취할 수 있는 선
택지가 아니라고 확신했다. 바울의 입장에 따르면, 제대로 된 토라 준수
는 오직 유대인들에게만 제한적으로 적용된다. 이것은 비유대인들을
위한 (시대착오적 표현을 쓰자면) 바울의 할라카가 실제로 토라의 가르침이
라는 사실과 충돌하지 않는다.

　이 관점은 왜 바울이 갈라디아서에서 아브라함의 순종을 경시하는
것처럼 보이는지, 그리고 왜 바울이 "믿음"과 "행위들" 사이의 이분법
을 만들어 내는지를 설명한다. 이것은 바울의 대적들이 "율법주의 혹은
행위들에 기초한 관점"(원서 85쪽)을 가지고 있었는지에 대한 질문으로
우리를 다시 되돌아가게 만든다. 나는 바울의 유대인 대적자들이 율법
주의를 옹호했을 가능성보다 바울의 비유대인 청중이 토라 준수의 언
약적 맥락을 오해했을 공산이 크다고 본다. 하지만 그리스-로마 종교
(들)의 의례주의적 특성을 생각해 볼 때,[7] 바울의 비유대인 청중에 속하
는 구성원들이 참된 의미의 율법주의자들이었을 가능성도 충분히 있
다.

　갈라디아서 2:15-16에서 바울은 유대인 전반을 대표하는 견해를 가

7.　특히 로마 종교와 관련된 하나의 사례로는 Robert Turcan, *The Gods of Ancient Rome: Religion in Everyday Life from Archaic to Imperial Times*, trans. Antonia Nevill (New York: Routledge, 2000), 1-13을 보라.

리키는 것처럼 보인다. **"우리는 태생적으로 유대인이며 이방 죄인들이 아니다. 그러나 우리는 사람이 율법의 행위들이 아니라** 예수 그리스도를 믿는 믿음으로 의롭게 된다는 것을 안다." 예수 운동 안의 유대인들은 모두 하나님의 자비에 대한 신뢰 없이는 토라가 "칭의"로 이어지지 않는다는 점을 알았던 것 같다. 진짜 질문은 이것이다. 열방의 구성원들 역시도 이것을 알았는가?

다스에게 응답하는
선물 관점

존 M. G. 바클레이

앤드루 다스는 바울에 대한 "개신교" 해석의 몇 가지 특징에 대한 주해적 설명을 제공한다. 개신교 종교개혁자들이 여기서 언급되지는 않았지만, 그들의 견해는 다른 곳에서 잘 요약되고 분석됐다.[1] 개신교 해석들의 핵심 요소들은 여기서 확실히 드러난다. 곧, 은혜, 기독론, 믿음의 중심성 및 "행위"에 대한 넓은 정의, 인간의 곤경의 깊이 말이다. 다스가 주장한 바와 같이, 그의 글은 [구원에 대한] 이방인의 포함을 강조하는 "새 관점"의 측면도 들어있다. 그러나 그가 올바르게 주장하듯이, 설명되어야 할 부분은 바울이 이방인의 사도였다는 사실이 아니라, 무엇이 이방인 선교에 대한 신학적 토대를 마련했는가에 대한 것이다.

독자들은 다스의 글에서 은혜가 두드러지게 나타나고 있음을 알아

---

1. Stephen J. Chester, *Reading Paul with the Reformers: Reconciling Old and New Perspectives* (Grand Rapids: Eerdmans, 2018)을 보라. 나는 Luther와 Calvin의 신학에 대한 요소들을 *Paul and the Gift* (Grand Rapids: Eerdmans, 2015), 97-130에서 요약했다. 다음 책 역시 참고하라. Westerholm, *Perspectives Old and New on Paul: The "Lutheran" Paul and His Critics* (Grand Rapids: Eerdmans, 2004).

차리게 될 것이다. 다스에 의하면, 바울에게는 로마서 4:1-8에서 보듯이 "행위 없는 순전한 은혜"와 "값없는 은혜"(원서 83쪽) 개념이 나타나며, 유대교는 "은혜로운 틀"(원서 85, 91쪽)과 "은혜로운 선택"(원서 85, 93쪽)이 나타나는 "은혜의 종교"(원서 84쪽)다. 그러나 그러한 논의를 위해 우리는 "은혜"에 대한 명확한 정의가 필요하다. 즉, 우리가 은혜를 "순전한" 혹은 "값없는"이라고 부를 때 그것이 정확히 의미하는 바가 무엇이며, 다스가 적고 있듯이, 어떻게 바울이 "그리스도의 관점에서 하나님의 은혜를 재개념화하고 있는지"(원서 106쪽)에 관해서 은혜에 대한 분명한 정의가 필요하다. 나는 『바울과 선물』에서 이 주제를 다루었고(본서의 내 글에서 부분적으로 요약됐다), 거기서 다스 역시 다루고 있는 많은 난제들에 대한 해결책을 제안하는 바울 읽기를 제공했다. 나는 은혜가 이해되고 극대화된 다양한 방식을 명확히하지 않는 한, 우리가 유대교를 "은혜의 종교"로 정의하는 것은 적절치 않다고 주장했는데, 그것은 그 책의 슬로건인 다음 문장으로 표현된다. "은혜는 모든 곳에 있다. 그러나 모든 곳에서 똑같은 것은 아니다."

특히 제2성전기 유대인들 사이에는 하나님의 은혜가 (이런저런 기준에 의해서) 은혜 받기에 합당한 사람들에게 주어지는 합당한 선물로 여겨져야 하는지, 아니면 받는 사람의 자격에 대해서는 전적으로 무조건적인 것인지에 대해서 다양한 의견과 논쟁이 있었다. 나의 주장은 바울이 가치와 상관없이 주어지는 **비상응적인** 선물로서 은혜를 "극대화"했으며, 무조건적인 선물로서의 하나님의 은혜를 그리스도-선물(the Christ-gift)로 결정적이고 최종적으로 표현함으로써 "하나님의 은혜를 재개념화"(원서 106쪽)했다는 것이다. 앞으로 보게 되겠지만, 이것은 바울의 기독론이 믿음, 은혜, 율법, 행위에 관한 그의 신학을 형성한다는 다스의 주장을 지지해준다. 그러나 그것은 또한 "믿음"과 "(율법의) 행위들" 사이에 있는 바울의 대립 관계에 대해서 보다 완전한 설명을 제공해준다.

나는 유대 문헌에서 아브라함이 하나님에게 순종하고 신실한 사람으로 자주 등장하지만, 바울은 갈라디아서와 로마서에서 그를 다른 모습으로 표현하는 데 주의를 기울였다는 다스의 주장에 동의한다.[2] 그러나 나는 "율법주의"(원서 85쪽)나 "공로가 있는" 행위(원서 101쪽)라는 언어를 다시 도입하는 것은 도움이 되지 않을 뿐더러 불필요하다고 생각한다. 문제는 아브라함이 하나님 앞에서 자신의 지위를 **획득했는지**(*earned*), 혹은 자신의 행위로 의롭게 여김을 받게 됐는지가 아니라, 그가 하나님의 호의나 은혜에 합당한 수신자였는지(또는 아니였는지)이다. 유대인 주석가들은 아브라함 이야기를 다루며 다음의 질문에 대답한다. 왜 하나님은 언약 초기에 은혜를 베풀며 아브라함을 선택하셨는가? 그에게 합당하거나 가치 있는 것이 없다면 하나님의 선택은 자의적으로 보이고 전체 언약 이야기는 불공평하게 여겨질 것이다. 아브라함이 하나님의 은혜를 받을 자격이 있다고 여겨질 수 있는 근거는 여러 가지가 있었는데, 바로 우상 숭배를 포기한 것, 율법을 지킨 것, 이삭을 바친 것 등이었다. 아브라함 이야기의 이러한 측면을 부각시키는 것은 "율법주의"의 한 형태가 아니라, 하나님의 은혜로운 선택에 대한 근거를 식별하는 것이었다.[3]

반면 바울에게 있어서 아브라함에 관해 중요한 것은 그가 하나님의 약속을 믿었다는 것뿐이었다. 그리고 여기서 바울이 "믿음"이라는 단어

2.　그래서 나는 갈 3:6의 동사(πιστεύω)를 따라서, 갈 3:9에 있는 형용사(πιστός)를 "신실한"이 아니라 "믿는" 또는 "신뢰하는"을 의미하는 것으로 해석한다.

3.　나는 이 주장을 *Paul and the Gift* 제2부에서 상세히 설명했다.

를 사용해서 의미하는 바를 분명히 하는 것이 중요한데, 갈라디아서에서 믿음은 그리스도와의 연결성 때문에 강조되는 주제다(갈 1:23; 2:16, 20; 3:23-26). 바울의 담론에서 '피스티스'(πίστις)는 신적 약속 및 신적 선물과 상관 관계가 있다. 거기에서 신적 약속은 인간의 신뢰에 대응되고, 신적 선물은 인간에게 주어지는 것, 즉 수령에 대응된다. 어느 경우든 믿음은 **오목렌즈** 모양을 하고 있다. 즉, 믿음은 수여하거나 신뢰하는 대상에 의해 [수동적으로] 정의된다. 그 초점은 믿는 사람이 아니라 약속하고 주시는 하나님에게 있다.[4] 칭의가 유대인과 이방인 모두에게 믿음으로 되는 것이라면, 이는 믿음이 행위들보다 단순하다거나 민족성과 상관없기 때문이 아니다. 그것은 인간의 능력이나 자격에 아무 가치를 두지 않고, 오직 약속하시고, 그리스도의 죽음과 부활에서 그 약속을 확증하시는 하나님에게 전적으로 그리고 완전히 소망을 두기 때문이다. 믿음은 구원론의 추상적인 원리가 아니다. 믿음은 전적으로 그 대상(하나님/그리스도)에 의해 정의된다. 그리고 그 대상(object)은 또한 인간의 조건에 혁명을 불러일으키는 선물 또는 약속의 주체(subject)도 된다.

　　갈라디아서 3:10-14 읽기에 있어서 다스가 3:10에 함축된 전제가 있다고 주장하는 것은 옳다. 자신들의 가치를 "율법의 행위들"에 의존하는 사람들은 만연한 인간의 죄에 대한 성향 때문에 율법의 저주를 피할 수 없다. 이것은 로마서에 훨씬 더 자세히 설명되어 있지만, 이미 갈라디아서에서도 "현시대는 악하고"(1:4) "성경이 모든 것을 죄 아래 가두었다"(3:22)라는 주장을 통해서 분명히 나타난다. 바울은 인간의 상태에

4.　Jeanette Hagen Pifer의 최근 연구인 *Faith as Participation: An Exegetical Study of Some Key Pauline Texts*, WUNT 2/486 (Tübingen: Mohr Siebeck, 2019)를 참고하라.

대한 이 비관적인 관점에 있어서 결코 혼자가 아니다. 『쿰란찬송』은 이 문제에 대해 훨씬 더 생생하게 묘사하고 있으며, 『에스라4서』는 "악한 마음"이 아담의 시대 때부터 유대인을 포함한 모든 인류를 망쳐 놓았다고 한탄한다. 이 "저주"의 무게는 극적인 하나님의 개입에 의해서가 아니고서는 경감될 수 없다. 그리고 다스가 지적한 바와 같이 바울은 그 신적인 개입이 결정적으로 그리스도에 의해 이미 이루어졌다고 주장하는데, 그리스도는 "우리를 이 악한 세대로부터 구원해 주시기 위해 우리 죄를 위해 자기 자신을 내어 주셨고"(갈 1:4) 인류가 하나님이 의도하신 축복을 공유할 수 있도록 저주를 짊어지셨다(3:13-14). 구원은 그리스도 안에 있고, 율법을 통해서가 아니며, 또한 (한쪽이 맞다면, 다른 쪽은 아닌) 어떤 선험적 가정 때문이 아니라 그리스도께서 구원하는 신적 선물을 마련했기 때문에(2:21), 율법이 할 수 없는 인간의 위기를 해결하는 것이다. 바울이 말했듯이 "만일 **살리게 하는** 율법이 주어졌다면, 의가 참으로 율법으로 말미암았을 것이다"(3:21, 나의 사역). **살리게 하는 것**—그것이 필요한 것—은 곧 새 생명의 창조다(참조, 6:15, "새 창조"). 필요한 것은 단지 "인간의 노력"을 대체하는 "신적 활동"이 아니라, 인간을 새롭게 만들고, 인간의 행위 주체 자체를 재창조시키는 능력이다. 바울은 그것이 오직 그리스도 안에서, 그리고 성령을 통해서만 가능한데, 지금도 실제로 가능하다고 말한다.

또한 아브라함 이야기에서처럼, 그 가능성은 무조건적인 선물을 통해서 실제로 실현된다. 로마서 4장은 바울의 핵심 본문이며, "새 관점"은 항상 이 장 도입부의 해석에 어려움을 겪어 왔다는 다스의 주장에 나는 동의한다. 예를 들어, N. T. 라이트는 로마서 4:4을 "이 본문 전체를 봤을 때 비중이 없는," "윤색"(embroidery)된 부분이라고 부른다.⁵ 다스처럼, 나도 로마서 4장의 모든 단락들은 서로 조화를 이루고 있음을 증명할 수 있다고 생각하고, 그래서 『바울과 선물』에서 이 본문에 대한 새로운 읽기(다스가 인용하고 있는 것보다는 더 나은 해석이길 바란다!)를 제시했다.⁶ 거기서 나는 유대인과 이방인 모두를 아브라함의 가족으로 부르시는 것이 단지 이신칭의 교리에 대한 일반적인 예시가 아니라 바울의 중심적인 논지(4:9-15)라고 주장했다. 그러나 아브라함이 하나님과 관계를 맺는 **방식**(즉, 믿음)과 그의 후손이 존재하게 된 **수단**(무로부터의 창조에 의한) 역시 중심적인 관심을 받아야 할 대상이다(4:1-8, 16-22). 이러한 주제들을 통합시키는 것은 아브라함 가족이 고유한 특징을 가진다는 사실이다. 즉, 아브라함 가족은 그 시작부터 민족적 가치나 수신자들의 수행 가치에는 관심을 두지 않고 오직 하나님의 은혜와 부르심에 의해 창조됐다는 것이다. 이 비상응성이야말로 바울의 주장을 통합시키는 주제다. 하나님의 눈에는 혈통이나 업적이 궁극적인 중요성을 가지지 않으므로, 아브라함 가족은 행위와는 관계없이, 할례받기 전에, 이방인과 유대인 모두로 구성된다. 다시 말해서, 이방인들을 [아브라함 가족에] 포함시키는 근거는 하나님의 무조건적인 은혜다.

　나는 로마서 4:1-8이 이 문제를 명확히 하는 데 있어서 중요하며, 여기서나 로마서의 몇몇 다른 부분들(예, 9:11-12; 11:5-6)에서 나오는 "행위들"이 "율법의 행위들"(이 어구가 좁게 정의되든지 넓게 정의되든지 상관없이)보다는 더 넓은 의미를 가진다는 다스의 주장에 동의한다. 누군가는 아브

5.　N. T. Wright, "Paul and the Patriarch," in *Pauline Perspectives: Essays on Paul*, 1978-2013 (London: SPCK, 2013), 554-92, 인용된 부분은 563.

6.　Barclay, *Paul and the Gift*, 477-90.

라함 내러티브를 "보상", 또는 심지어 "지불"(μισθός는 두 가지 뜻을 다 가질
수 있다)에 대한 이야기로 해석할 수도 있다. 그러나 바울은 "지불"과 "선
물" 사이의 유명한 구분을 근본적으로 새롭게 해석하고 있으며, 하나님
과 아브라함 사이의 관계는 행위와는 관계없는 선물, 즉 자격이 없는 사
람에게 주어지는, 비상응적인 은혜의 문제라고 주장한다. 바울은 아브
라함 이야기 속에서 "경건하지 않은 자들의 칭의"(4:5)를 "제때에 경건
하지 않은 자들을 위해 죽으신"(5:6) 그리스도-사건에 대한, 계획된 사전
의 시연(preenactment)으로 이해한다. 그래서 아브라함의 믿음은 아브라
함과 하나님에 의해서 아브라함에게 부여된 의(4:3, 창 15:6 인용) 사이의
어울림이 아니라 **어울리지 않음**을 나타낸다. 그리고 이것이 바로 하나
님이 인간을 대하시는 이야기 전체를 표현해 주는 아브라함 가족의 특
징이다. 아브라함 이야기 속으로 깊숙이 파고 들어가서, 바울은 유대인
들과 비유대인들 사이의 차이를 (제거하는 것은 아니지만) 약화시키는 방식
으로 유대 전통의 근원적인 내러티브를 새롭게 해석하고 있다. 이 해석
에 대한 근거는 그리스도에 의해 발생한 발견(the Christ-generated discovery)
에 있는데, 그것은 아브라함에 대한 복이 시작부터 인간의 가치를 구분
짓는 모든 표식들과는 상관없이 주어졌다는 것이다. 그러므로 나는 다
스처럼 배슬러가 지적한 "새 관점"의 교착 상태를 넘어설 수 있다고 믿
는다. 즉, 새 관점은 바울에 있어서 이방인 선교의 중요성을 정당하게
강조했지만, 은혜와 행위에 대한 몇몇 본문들은 전체적으로 설명되지
않은 상태로 그대로 남겨두었다는 것이다(이 본문들은 개신교 관점에서 더 편
하게 느끼는 본문들이다). 바울이 자격과 가치와 상관없이 주어지는 비상응
적인 선물로서 은혜를 의미했다는 것을 일단 이해하게 되면, 그리고 바
로 이것이 바울이 그리스도-사건을 해석하는 신학적인 핵심이라는 것

을 이해하게 되면, 우리는 [아브라함 가족에] "이방인들을 포함시키는 것"이 단순히 구원론적, 교회론적 문제만이 아니라 혈통적, 민족적 가치에는 어떠한 관심도 두지 않는("유대인도 헬라인도 아닌", 갈 3:28), 선물의 필연적인 표현임을 알게 된다.

바울은 "나는 하나님의 은혜를 무시하지 않는다"(갈 2:21, 나의 번역)라고 주장하며, 이어서 "만일 의가 율법으로 말미암았다면, 그리스도께서 헛되이 죽으신 것이다"라고 주장하는 데에는 임의적이거나 사후적인 (posteriori) 것이 없다. 그리스도 안에 있는 하나님의 무조건적인 선물은 인간의 가치 체계를 기반으로 하지 않으며, 차별적인 민족적 구별과 어울리지 않는다. 그것은 차별 없이 모든 인류에게 확장되어 "죄 아래" 갇힌 사람들을 은혜의 동력 속으로 몰아넣는데, 그 은혜의 동력에 의해서 그들은 하나님의 아들의 영을 선물로 받은, 하나님의 자녀로 재구성된다(갈 4:4-7). 이에 비하여 이방인들에게 유대교의 율법 관행("율법의 행위들")을 취함으로써 "유대인처럼 되도록" 요구하는 것은 단순히 부적절하거나 불필요한 것이 아니라, 하나님에 의해 수여되는 선물을 모욕하는 것이다. 그 선물은 용서, 자유, 생명, 그리고 하나님 앞에서 인정받는 의를 오직 홀로 수여해 줄 수 있는 새 창조다.

비평자들에게 응답하는
전통 개신교 관점

A. 앤드루 다스

샌더스에 따르면 제2성전기 유대인들의 순종에 대한 엄격한 요구는 선택, 언약, 희생제사라는 은혜로운 틀 안에 내재되어 있다.[1] 이 틀이 가지는 은혜의 요소는, 존 M. G. 바클레이가 의미를 잘 부여한 것처럼, 제2성전기 문헌의 특징에 따라 다양하게 나타난다. 그럼에도 불구하고 우리는 제2성전기 유대교에서 약간의 율법주의적 사고의 가능성을 고려해야 하며, 바울이 어떤 부분에서 그와 같은 사고를 염두에 두고 있는지를 고려해야 한다. 한 가지 예는 제2성전기 문헌에 나오는 아브라함을 찬양하는 내용이다.

바클레이는 바울이 아브라함에 대한 율법주의적 이해에 반대하고 있는지 의문을 제기하지만, 아브라함이 율법을 엄격하게 지킨 것으로 해석하는 전통은 분명하게 나타난다. 제2성전기 유대인들은 정말이지

---

1. E. P. Sanders, *Paul and Palestinian Judaism: A Comparison of Patterns of Belief* (Minneapolis: Fortress, 1977). 제2성전기 유대교의 율법 순종에 대한 엄격한 요구에 대해서는 다음을 참고하라. A. Andrew Das, *Paul, the Law, and the Covenant* (Peabody, MA: Hendrickson, 2001), 1-44.

아브라함의 공로와 많은 경우 모세 율법에 대한 그의 **완전한** 순종을 칭
찬했다. 이것은 하나님이 그를 선택하신 근거 중 하나였다. 제2성전기
유대교의 율법주의 측면에 대한 진정한 이해는 바클레이의 또 다른 명
석한 응답을 보완해준다. 즉, 그리스도 안에 있는 하나님의 선물은 율법
에 순종하려는 (실패한) 노력으로 그 은혜를 누려야 하는 필요를 없애준
다.

이에 대한 응답으로 제임스 D. G. 던은 전통 개신교의 입장을 바울
에 대한 16세기의 (잘못된) 해석 때문이라고 주장한다.[2] 던은 바울을 당시
1세기 사회적 맥락에 배치해야 한다고 탄원한다.[3] 갈라디아서 3:10의
"율법의 행위들"은 던이 설명한 대로 "율법에 규정된 의무로서 … 율법
백성, 언약 백성, 유대 민족의 구성원을 … 표시한다."[4] 갈라디아서 3:10
의 "율법의 행위들"은 "가장 명백하게 앞의 논쟁의 중심에 있는 쟁점들,
즉 할례와 음식 규정을 언급하고 있는[참조, 갈 2:11-14의 안디옥 사건] 갈라디
아서 2:16에 비추어 이해되어야 하기 때문이다. 여기서의 쟁점은 그리
스도를 믿음으로 의롭다 함을 얻으려면 이 '행위들'을 준수해야 하는가

---

2.   역설적으로 던의 "New Perspective"는 이미 Erasmus와 다른 사람들에 의해 지지됐
     다. Luther는 율법에 대한 바울의 비판을 의식법적인 측면(예, 할례)으로 격하시킨
     것을 자각하며 대답했다. 다음을 참고하라. A. Andrew Das, "Luther on the
     Scriptures in Galatians—and Its Readers," in *Semper Reformanda: The Enduring
     Value of Martin Luther's Insights for Biblical and Theological Studies*, ed. Channing
     Crisler and Robert Plummer (Bellingham, WA: Lexham Press, forthcoming).
3.   James D. G. Dunn, "Works of the Law and the Curse of the Law (Gal. 3.10-14)";
     비판에 대한 답변을 덧붙여 다음 책으로 재출간됐다. Dunn, *Jesus, Paul, and the
     Law: Studies in Mark and Galatians* (Louisville: Westminster John Knox, 1990),
     215-41. 이 글은 나를 바울 연구로 이끌었던 도발적인 논문이었다.
4.   Dunn, "Works of the Law," 219-20.

에 관한 것이다."[5] 그러나 슬프게도(!) 던이 말한 1세기의 사회적 맥락은 있을 것 같지 않다. 음식 규정이나 할례가 안디옥에서 문제가 됐다는 증거는 없다.[6] 하지만, 갈라디아서 2:11-14(또는 2:16)이 음식 규정이나 할례에 관한 것이 아니라면, 갈라디아서 3:10의 "율법의 행위들"을 위한 그런 "문맥"을 주장할 수 있을까? 율법주의에 대한 반대는 안디옥에서의 문제가 아니라 바울이 그리스도에 대한 믿음의 우선순위를 재확인한 **결과**일 것이다.

던은 동물의 희생제사를 강조한다. 이와 같이 바울은 희생제사의 이미지로 예수의 구원의 죽음을 묘사했다(예, 롬 3:25). 이것이 바로 요점이다. 동물이 아니라 **그리스도의** 대속적인 제사로 충분하다. 샌더스가 말하는 은혜로운 틀은 그리스도의 관점에서 재개념화됐다. 그리고 나서 바울은 로마서 4장에서 아브라함의 믿음이 항상 그리스도 안에 있는 약속의 성취를 가리키고 있다고 주장한다. 즉, 그것은 할례뿐 아니라 약속된 씨에 관한 것이기도 했다.[7] 동물 희생제사가 어떠한 관련성도 없다고 하는 것은 내재되어 있던 율법주의에 문제를 일으킨다. 율법은 실패를 위한 은혜로운 틀과 대비책과 관련없이 공허한 "해야 하는 일" 목록이 된다.[8]

바울은 "율법의 행위들"을 갈라디아서 3:11-12에서 단순히 율법으

5.　Dunn, "Works of the Law," 220.

6.　A. Andrew Das, *Galatians*, ConcC (St. Louis: Concordia, 2014), 216-32에 나오는 Dunn에 대한 나의 대답을 더 자세하게 참고하라.

7.　이방인의 포함에 대한 롬 4장에 있는 아브라함의 의미에 관해서, 나의 원래 글이 주장한 것과 같이 행위와 은혜에 대한 바울의 일반화된 요점이 이방인의 포함을 지지할 때 "양자택일"을 제안하는 것처럼, Dunn은 계속 나를 잘못 해석하고 있다.

8.　참조, Das, *Paul, the Law, and the Covenant*, 113-44, 그리고 갈 2:11-14에 대한 "더 새로운 관점" 해석은 다음을 참고하라. Das, *Galatians*, 196-232.

로 바꾸어 사용할 수 있었다. 이 구절들의 논리는 3:10을 의존한다. 11절을 번역하자면 이렇다. "하나님 앞에서 아무도 율법**으로**[3:10에 기초하여] 의롭다 함을 받지 못하기 때문에, '의인은 믿음으로 살 것이다'라는 것은 분명하다." 던은 전통적인 해석이 11-12절과 "서로 어긋난다"고 생각한다.[9] 그러나 11절의 가장 좋은 번역은 전통적인 견해를 재확인한다.[10] 3:10에서 생략된 전제(고대 생략삼단논법에서 **예상되는** 특징)는 바울의 독자들에게 분명했을 것이며 그의 논리에 결정적이다. 유대인의 민족적 정체성이 어떤 구원적인 가치를 가진다는 사실에 대한 부정이 바울의 비판의 중심인지 아니면 **결과**인지가 궁극적인 질문이다. 구원이 율법(또는 바울의 동료들이 오해한 율법)이 아니라 그리스도 안에 있다면 왜 이방인을 강제로 유대인이 되게 하는가? 던의 "새 관점" 추론은 계속해서 말 앞에 수레를 두는 셈이다.

브랜트 피트리는 "율법의 행위들"이 경계 표시뿐만 아니라 **전체** 토라를 의미한다고 그의 응답에서 옳게 주장한다. 피트리의 경우 4Q-MMT에서 문제가 되는 "행위들"은 공동체의 율법적인 전통(예, 중상모략, 신성 모독, 음행)의 경계를 표시하는 측면이 아니라 일반적으로 도덕적인 성격을 띠는 경우가 많았다. 피트리의 접근 방식은 의미가 있다. "율법의 행위들"이 율법 **전체**를 포함하기 때문에 피트리는 "율법의 행위들"에 대한 바울의 비판을 할례와 경계 표지로 제한할 수 없다. 피트리는 율법의 행위들(경계 표지)에 의한 칭의가 아니라 행위들에 의한 칭의를 주장한다. 그러나 바울에게 사람은 행위로 의롭게 되는 것이 아니다.

따라서 피트리는 행위에 대한 바울의 **긍정적인** 논의에 호소한다.

---

9. Dunn, "Works of the Law," 226.

10. Das, *Galatians*, 316–17.

"바울에게 있어서 최초 칭의는 어떤 선한 행동과 관계없이 믿음으로 주
어지는 것이지만 최종 심판은 너무나도 명백하게 행위들에 따른 것이
기에 바울은 종말론적인 보상을 그리스도 안에서 행해진 "행위"(ergon)
에 따라 주어지는 "삯/임금"(misthos)이라고 묘사할 수 있었다"(원서 112
쪽). 안타깝게도 피트리는 그리스도 안에서 행한 선한 일에 대한 "삯/임
금"이라는 바울의 언어를 소홀히 한 나의 잘못을 비판할 때, 대답이 될
만한 자신의 응답을 가지고 있지 않았다. 피트리는 나의 『바울과 율법,
언약』(Paul, the Law, and the Covenant)에서 다룬 율법에 대한 비판에만 주목
하면서 이후의 책 『바울과 유대인』(Paul and the Jews)에서 다룬 율법에 대
한 **긍정적인** 해석을 간과했다.[11] 피트리는 갈라디아서 6:4-9에서의 행위
의 중심성에 호소하지만 그 구절을 주석하지는 않는다.[12] 따라서 피트리
의 글에 대한 응답은 나의 다른 글에서 확인할 수 있는 포괄적인 대답
을 약술한 것과 같다.

"행위들에 **따른**" 최종 칭의는 (행위가 아닌) "믿음**으로**" 얻어지는 최종
칭의와 전혀 모순되지 않는다. 삯/임금은 그리스도의 영의 활동에 달려
있기 때문에 그만큼 은혜로우며 선물이다. 그리스도는 자신의 성도들
의 삶에서 공의로우신(그리고 은혜로우신!) 하나님을 변호하는 바로 그 행
위들을 창조하고 계신다. 최초 칭의와 최종 칭의를 명확히 구분하지 않
고서 바울이 칭의를 얻어낸(earned) 것이 아니라 선물로 받은 것이라고
설명하는 부분은 피트리의 견해에서 난제로 남아 있다.

망누스 세테르홀름의 숨겨진 가정은 전통 개신교 관점에 의문을 제

---

11. A. Andrew Das, *Paul and the Jews*, LPS (Peabody, MA: Hendrickson, 2003), 166-
86.

12. Das, *Galatians*, 612-23.

기한다. 바울이 유대인들의 토라 준수를 계속 허용한다는 세테르홀름
의 중요한 주장에 이의를 제기하는 사람은 아무도 없다. 문제는 바울이
그 준수에 **구원의** 가치를 부여했는지 여부다. 세테르홀름이 이해한 바
울은 유대인이 아닌 **이방인들**이 어떻게 구원을 받는지에 관해 썼다. 그
는 자신의 응답에서 결론적으로 갈라디아서 2:15-16을 인용한다. 말하
자면, 태생적으로 유대인인 자들은 사람이 율법의 행위들이 아니라(but)
예수 그리스도를 믿는 믿음으로 의롭게 된다는 것에 동의하고 있다는
말이다. 불행하게도 세테르홀름은 그리스어의 의도적인 모호성을 간과
했다. 2:16에서 "~이 아니라"(ἐὰν μή, but)는 실제로 "~배제한/제외한"
(except)으로 더 잘 번역될 수 있다. 곧, "사람은 그리스도에 대한 믿음을
배제한/제외한 율법의 행위들로 의롭다 함을 얻지 못한다. 그렇기에 사
람은 율법의 행위들로 의롭다 함을 얻지 못한다." 유대인이 "공유하는
근거"의 모호성은 바울의 경쟁자들로 하여금 구원을 위해서 필요한 율
법 준수를 강조하게끔 한다.[13] 그렇게 유대 그리스도인의 경쟁자들은 갈
라디아서 3:10에서 신명기 27:26을 통해 하나님의 율법에 대한 엄격한
순종의 필요성을 강조할 수 있었다. 이 신명기의 구절은 주로 하나님 자
신의 백성 이스라엘을 가리켰다. 경쟁자들의 또 다른 증거 본문인 레위
기 18:5(갈 3:12)은 사람이 생명을 얻기 위해서 율법을 행할 것을 요구한
다. 이것은 갈라디아인들이 필요에 따라 율법을 준수하게끔 인도하는
권면이다. 그러나 원래 토라 구절은 유대인을 가리키고 있다.[14] 이러한

---

13. 다음에서 길게 논의했다. A. Andrew Das, "Another Look at ἐὰν μή in Galatians
2:16," *JBL* 119 (2000): 529-39; 그리고 다음에서 확인된다. Das, "The Ambiguous
Common Ground of Galatians 2:16 Revisited," *BR* 58 (2013): 49-61.
14. A. Andrew Das, *Paul and the Stories of Israel: Grand Thematic Narratives in
Galatians* (Minneapolis: Fortress, 2016), 23-26.

구절이 유대인이 아니라 이방인에게만 적용된다는 세테르홀름의 가정은 비판적인 조사를 견뎌내지 못한다. 바울이 로마서 1:16-17에서 먼저 유대인에 대해서 쓰고 헬라인에 대해서 쓰듯이 1:23에서도 이제 이방인에게까지 **확대된 유대인의** 우상 숭배에 대한 예레미야의 비판(렘 2:11)을 인용한 것은 놀라운 일이 아니다.[15] 바울 해석에 대한 가정/추측이 아니라 개연성을 보여주어야 한다. 이것이 세테르홀름의 주장이 담긴 원래 글에 있는 문제다.

세테르홀름은 갈라디아서 6:16의 다양한 번역을 강조한다. "하나님의 이스라엘"이 "이 규율을 따르는 자들"(원서 118쪽)을 다시 표현한 것이라면 바울은 교회에 포함된 **자기** 백성을 위한 복음의 의미에 대해서 말하고 있는 것이다![16] "하나님**의** 이스라엘"은 바울의 복음의 "규율"을 준수한다. 비록 "하나님의 이스라엘"이 "이 규율을 따르는 자들"과 분리되어 있다고 할지라도, 바울은 여전히 위에 있는 예루살렘을 현재의 예루살렘과 대조하고 있으며 그 구별은 율법 준수를 중심으로 이루어진다. 갈라디아서 4:25에서 "아라비아에 있는 시내산"은 "현재의 예루살렘"에 해당되는데, 이때 "그[유대인의 예루살렘]는 그[이방인?] 자녀들**과 더불어** 종노릇하고" 있다. 이렇게 두 가지 번역 모두가 세테르홀름의 결론에 반하는 것처럼 보이는 경우에는 단순히 두 가지 선택지를 언급하는 것만으로 충분하지가 않다.

세테르홀름은 아브라함의 순종에 대한 제2성전기의 집착이 대표적인 것인지 의문을 제기한다.[17] 분명히 『에스라4서』는 행위들에 대한 의

---

15. Das, *Paul, the Law, and the Covenant*, 171-77에 나오는 예를 보라.

16. Das, *Galatians*, 644-52을 보라.

17. Das, *Paul and the Stories*, 93-124을 보라.

존성을 전달하고 있고, 제2성전기 문헌 **전체적으로는** 완전한 순종 모티프가 등장한다. 다른 곳에서 논의를 반복하자면, 기원전 2세기의 『희년서』를 고려하라.[18] 『희년서』는 이스라엘이 하나님의 택하신 백성임을 확인하고(1:17-18, 25, 28; 16:17-18; 19:18; 22:11-12), 하나님의 은혜로운 회개를 제공하며(1:22-23; 23:26; 41:23-27), 희생제사 제도(6:14; 34:18-19; 50:10-11)를 찬양한다. 하나님의 택하신 자는 완전히 순종하지 않을 때에도 "의로울" 수 있지만, 모세 율법은 엄격하고 심지어는 완전한 순종을 요구한다. 완전한 행위는 여전히 이상적이다. 아브라함은 행위가 완전하다는 칭송만 받은 것이 아니었다(15:3; 23:10). "[하나님의] 모든 계명과 그의 규례와 그의 모든 율법"은 "우로나 좌로나 치우치지 않고"(23:16) 주의 깊게 지켜져야 한다.[19] 『희년서』 5:19에서 "[하나님은] 편애하지 않으셨다. 그런데 노아만은 예외였다. … 이는 그의 마음이 자신에게 명령된 대로 범사에 의로웠기 때문이다. 그는 자신에게 정해진 어떤 것도 범하지 않았다." 노아는 하나님의 자비를 받는 동안(10:3) "그 명령대로" 행했고 "그 모든 일에 의로웠다." "그는 범죄하지 않았다." 야곱은 또한 "완전한 사람"(27:17)이었다. 레아는 "그 모든 일에 완전하고 올바른 사람이었고" 요셉은 "올바르게 걸었다"(36:23; 40:8). 하나님이 택하신 자들에게 자비를 베푸셨지만 "범사에"(21:23) 올바른 행동의 요구는 이 모범적인 모델을 통해서 여전히 지지되고 권면을 받는다. 율법은 여전히 준수되어야 한다(1:23-24; 20:7). 『희년서』 저자는 이스라엘이 **완전히** 순종할 날을 고대했다(1:22-24; 5:12; 50:5). 샌더스는 이 구절을 근거로 "완전한 순종이 명시

---

18. Das, *Paul, the Law, and the Covenant*, 13-17; Das, "Beyond Covenantal Nomism: Paul, Judaism, and Perfect Obedience," *ConcJ* 27 (2001): 235-36.

19. 번역은 다음을 따른다. *OTP* 2:52-142.

되어 있음"을 솔직하게 인정했다.[20] 그는 "이제 우리가 예상한 것과 같이 하나님의 자비에 대한 강조는 순종에 대한 엄격한 요구와 결부되어 있다"라고 덧붙인다.[21] 하나님은 죄와 실패에 대한 규정을 주셨지만, 이상은 율법에 대한 엄격하고 완전한 순종을 유지했다.

필론에게서도 마찬가지다.[22] 『보상과 처벌에 관하여』(De praemiis et poenis 79-83)에 따르면 하나님의 율법의 규정을 듣거나 고백하는 것만으로는 충분하지 않다. 실제로 행해야 한다. 개인은 저울로 무게를 잴 것이다(예, Congr. 164; Her. 46). 『하나님이 불변하다는 것에 관하여』(Quod Deus sit immutabilis 162)에 따르면, 사람은 하나님이 율법에서 인류를 위해 마련하신 길 가운데 좌우로 치우쳐서는 안 된다(Abr. 269; Post. 101-2; 참조, Leg. 3.165; Migr. 146). 아브라함(Abr. 192, 275-76; Migr. 127-30; Her. 6-9)처럼 노아는 덕에 있어서 "완전했다"(Deus 117, 122, 140; Abr. 34, 47). 흥미롭게도 필론은 즉시 노아에게 완전한 성품을 부여한다(Abr. 36-39). 그러나 노아는 자신의 세대에서 단지 비교적으로 완전하다고 불렸다. 그는 "절대적으로 선하지 않았다." 필론은 그다음 노아의 "완전함"을 "확고한" 미덕과 "비뚤어지지 않은" 미덕을 소유한 다른 현자들과 비교한다. 그래서 노아는 "이등상"을 받았다. 필론은 독자들에게 철저한 미덕의 "일등상"을 분명히 요구한다. 예를 들어, 모세는 완전함의 모델로서 최고 수준에 도달했다(Mos. 1.158-59, 162; 2.1, 8-11; Leg. 3.134, 140; Ebr. 94; Sacr. 8). 완전한 순종과 죄 없음이 이상이다.

동시에 하나님은 "형벌보다 용서를 더 좋아하신다"(Praem. 166). 따라

---

20. *PPJ*, 381.

21. *PPJ*, 383.

22. Das, *Paul, the Law, and the Covenant*, 23-31; Das, "Beyond Covenantal Nomism," 239-40.

서 속죄의 희생을 치르신다(*Leg.* 1.235-41; 1.188-90; 1.235-39). 하나님은 죄에 대한 인간의 경향성을 고려하여 회개를 허락하신다(*Fug.* 99, 105; 또한 *Abr.* 19; *Leg.* 1.187-88; *QG* 1.84; *Mut.* 124; *Somn.* 1.91). 그러나 회개한 자에게 여전히 악행의 흉터가 남아 있다(*Leg.* 1.103). 필론은 하나님의 자비를 받는 이스라엘의 특별한 지위와 죄에 대한 상황을 치유하기 위한 수단으로서 회개를 확신하지만 그럼에도 불구하고 그는 완전한 행실을 가진 사람들을 칭찬한다. 죄가 없고 흠이 없는 자가 회개하고 병에서 고침을 받는 자보다 우월하다(*Abr.* 26; *Virt.* 176).

문제는 제2성전기 유대교의 은혜의 요소가 그리스도의 관점에서 재해석될 경우에 발생한다. 세테르홀름의 응답에서 간과된 것이 바로 이 점이다. 희생제사, 회개, 속죄는 모두 **엄격하게 기독론 중심적인** 용어로 표현된다. 엄격하고 심지어 완전한 순종에 대한 율법 자체의 요구는 바울의 생각에서 사실상 하나님의 은혜에 의해 좌초됐다. 율법의 계명을 지키는 것은 공허한 일과 인간의 공로가 된다. 세테르홀름의 분석은 이방인이든 **유대인이든** 상관없이 율법 준수에 대한 바울의 그리스도 중심적 논증의 의미를 이해하지 못한다. 바울에 관한 전통 개신교 관점은 가장 만족스러운 이해로 남아 있다. 율법과 복음으로 이해되는 행위들과 은혜의 대조는 16세기의 오해가 아니라 바울 자신의 대조(juxtaposition)를 표현한 것이다.

바울에 관한 새 관점

바울에 관한 새 관점

제임스 D. G. 던

이 책에 기고해 달라는 요청을 받았을 때 내가 느꼈던 약간의 당혹감을 말하는 것으로 이 글을 시작하려 한다. 이 주제에 대해 내가 할 수 있는 말은 다하지 않았는가? 먼저 1983년에 소논문으로 출간된 내 강연,[1] 그리고 나서 같은 주제를 다룬 여러 소논문 모음집(이 모음집에 실린 논문들의 제목에 같은 단어가 들어간 경우가 종종 있다)을[2] 냈고, 마지막으로 다시

---

1. 1982년 11월 4일에 내가 맨슨 기념 강좌(the Manson Memorial Lecture)에서 강연한 "The New Perspective on Paul." 이 강연은 James D. G. Dunn, "Paul and the New Perspective," *BJRL* 65 (1983): 95-112 [= 『바울에 관한 새 관점』, 감은사, 2018]에 논문 형태로 게재됐고, 내 소논문 모음집인 *The New Perspective on Paul*, 99–120에도 다시 실렸다(아래의 각주를 보라).

2. James D. G. Dunn, *The New Perspective on Paul: Collected Essays*, WUNT 185 (Tübingen: Mohr Siebeck, 2005); 개정판은 어드만스출판사에서 출간됐다. 이 소논문 모음집의 첫 장은 "The New Perspective on Paul: Whence, What and Whither?," 1-97 [= 『새 관점의 기원, 정의, 미래』(가제), 감은사, 2023 출간 예정]라는 제목의 새 관점 개요를 담고 있다. 그리고 그 책에 실린 다른 글 일부는 "새 관점"이라는 단어가 들어간 제목을 가지고 있다. 나는 "The Incident at Antioch (Gal. 2:11-18)" in *JSNT* 18 (1983): 3-57에 특별한 관심을 쏟았다. 이 논문은 Mark D. Nanos, ed., *The Galatians Debate: Contemporary Issues in Rhetorical and Historical*

칭의에 관한 글을 기고하고 다른 학자들과 토론도[3] 하지 않았는가? 게다가 『예수, 바울, 율법』(Jesus, Paul and the Law: Studies in Mark and Galatians)과[4] 갈라디아서 주석,[5] 그리고 갈라디아서의 신학을 살펴본 책도[6] 있다. 한동안 갈라디아서는 바울의 사역과 신학에 대한 내 관심사의 중심에 있었고 나를 매료시킨 연구 주제였다. 이렇게 했는데, 내가 말해야 할 필요가 있는 사안이 더 있었을까? 아직 더 있을까? 또다시? 한번 살펴보자.

다시 한번 갈라디아서 2:16 읽기

내 소논문 "새 관점"(New Perspective)의 논지를 다시 말하는 것으로 시작하는 게 좋을 것 같다. 1982년 강좌/소논문에서 나는 사람들이 오랫동안 갈라디아서 2장에 들어 있는 바울의 논증이 놓인 원래의 역사적 배경을 보지 못했다는 사실에 우려를 표했다. 16세기의 종교개혁 발전 과정에서 "율법의 행위들"을 "선한 행동"으로 해석하는 것은 아주 자연스러웠다. 여기에서 "선한 행동"이란 하나님에게 받아들여질 수 있는

Interpretation (Peabody, MA: Hendrickson, 2002), 199-234에 재수록됐다.

3. James K. Beilby and Paul Rhodes Eddy, eds., *Justification: Five Views* (Downers Grove, IL: IVP Academic, 2011) [= 『칭의 논쟁: 칭의에 대한 다섯 가지 신학적 관점』, 새물결플러스, 2015].

4. James D. G. Dunn, *Jesus, Paul and the Law: Studies in Mark and Galatians* (London: SPCK, 1990).

5. James D. G. Dunn, *A Commentary on the Epistle to the Galatians*, BNTC (London: A&C Black, 1993).

6. James D. G. Dunn, *The Theology of Paul's Letter to the Galatians*, NTT (Cambridge: Cambridge University Press, 1993).

근거가 아니라고 종교개혁자들이 폄하한 행동을 가리킨다. 루터(Luther)
의 갈라디아서 주석을 많이 읽지 않더라도 루터가 갈라디아서 2:16을
자기가 처한 상황에 직접 관련된 것으로 이해했다는 것은 (쉽게) 알 수
있다. "그대는 율법의 행위가 은혜와 정반대에 있다고 생각하시오. 은
혜가 아닌 것은 모두 율법입니다. 그 율법이 사법적이든, 의례에 관련된
것이든, 십계명을 가리키든 말입니다. … 그러므로 바울에 의하면, 율법
의 행위란 사법적, 의례적, 도덕적 율법 전체를 의미합니다."[7] 다시 말하
면, 루터의 눈에는 갈라디아서 2:16이 너무나 직접적으로 자신이 직면
했던 상황에 대해 말하는 것으로 보였기 때문에, 그는 갈라디아서 2:16
을 자신에게 직접 말하는 것으로 이해했다. 미사에 참석하고 자선을 베
풀면 은혜를 받을 자격이 있고, 면벌부 구입으로 죄가 사면된다는 보장
은 선한 행동을 하는 사람들에게 영생이 주어진다는 약속의 16세기식
모습(version)처럼 들렸다. 그러므로 "율법의 행위들"이라는 바울의 표현
이 그러한 "선한 행동들"을 가리키는 것으로 그리고 거의 명백하게 직
접적으로 루터 자신의 상황을 다루는 것으로 이해하는 것은 자연스러
웠다. 그리고 루터가 16세기 유럽 사회를 향해 그 구절(갈 2:16)의 힘을
아주 효과적으로 끌어냈다는 사실에 누가 이의를 제기하겠는가?

하지만 그 이후로 16세기에 종교개혁이 일어난 상황과 관심사가 1
세기 바울의 상황과 관심사와 다르다는 점이 너무 자주 간과됐다. 고려
해야 할 핵심은 바울이 이방인의 사도로서 편지를 썼다는 사실이다. 루
터도 이 점을 잘 알고 있었으나 자기가 직면한 상황에 맞게끔 너무 빨

---

7. Martin Luther, *A Commentary on St. Paul's Epistle to the Galatians* (London: James Clarke, 1953), 128 [≒ 『말틴 루터의 갈라디아서 강해 (상/하)』, 루터신학대학 교출판부, 2003].

리 일반화했다. 이 구절을 제대로 이해하기 위해 중요한 것은 바울이 이 구절에서 자신의 선교(기독교로 알려진 새로운 운동의 선교)에 대해 어떻게 생각했는지 처음으로 분명하게 진술하고 있다는 사실이다. 더욱이 바울은 이 새로운 운동을 유대교의 연장선으로 이해한 사람들—예수 그리스도를 중심으로 한 메시아적 유대교, 그리고 (현대의 학자들의 표현을 빌리자면) 메시아 예수에 초점을 맞춘 종말론적 유대교이지만, 그래도 어쨌든 여전히 유대교라고 생각했던 사람들—에 대하여 반박하기 위해 편지를 썼다. 따라서 자연스럽게도 최초의 그리스도인(그들은 모두 유대인 출신 그리스도인이었다) 대다수는, 이방인 개종자가 유대인이 되고 유대인처럼 살아야 한다고 생각했다.

바로 이것이 바울이 직면했던 상황이었다.

하지만 이 구절을 자세히 살펴보기 전에 바울의 회심과 그 결과가 얼마나 드물고 예외적인 것인지 기억할 필요가 있다. 갈라디아서에서 바울은 이 극적인 변화가 얼마나 놀라운 것이었는지 분명히 말한다.

> 여러분은 내가 한때 유대교에 있을 때의 내 행동에 대해 들었습니다. 나는 하나님의 교회를 지나치게 박해했으며 그것을 완전히 파괴해 버리려고 했습니다. 나는 유대교에서 나의 동족 가운데 많은 또래들을 뛰어넘어 앞서가고 있었습니다. 그러나 하나님께서 … 그의 아들을 내 안에/나에게[in/to] 나타내 보이시길 기뻐하셨는데, 이는 내가 이방인 가운데에서 그 아들을 선포하기 위함이었습니다. … (갈 1:13-16)

바울의 회심에서 가장 믿기 어렵고 충격적인 요소는, 바울 자신이 아주 잘 알고 있듯이, 유대인의 메시아에 관한 소식을 **이방인**에게 전하라는 부름이었다. 누가복음과 사도행전 저자는 자신만의 방식으로 이 점을 강조했다. 바울의 회심 이야기를 세 번이나 기술하고, 각 이야기마다 메시아 예수에 관한 메시지를 유대인에게만 아니라 이방인에게도 전하라는 바울이 받은 임무와 그것이 지닌 변혁적 효과를 더욱 분명하게 강조했다. 주 예수가 구체적으로 "그들[이방인들]이 어둠에서 빛으로, 사탄의 권세에서 하나님께로 돌이키도록 그들의 눈을 열어주어 그들이 죄 용서를 받고 내[예수] 안에서 믿음으로 거룩하게 된 사람들 가운데서 몫을 얻게 하기 위해"(행 26:18) 바울을 이방인에게 보냈다고 말이다.

바울이 정확히 "이방인의 사도"로 기억됐다는 점은 놀랍지 않으나, 그 중요성은 너무나 쉽게 잊혀진다. 이방인의 사도라는 뜻은 바울만 공개적으로 이방인을 전도했다는 것이 아니라 그의 선교 사역이 없이 기독교가 이방인 중심의 종교가 되기는 어려웠을 것이라는 말이다. 갈라디아서가 무척 중요한 이유가 바로 여기에 있다. 갈라디아서에서 바울은 어디에서도 볼 수 없는 날카로움과 명료함으로 메시아 예수에 대한 선교의 확장을(복음이 이방인에게 온전하고도 즉각적으로 전해져야 함을) 설명하고 옹호하기 때문이다. 이방인 신자에게 유대인이 되라고 요구하지 않으면서 말이다. 바로 갈라디아서에서 유대교 메시아 분파가 훨씬 크고 보편적이도록 변화되는 것이 기술됐고 옹호됐다. 루터가 바울이 선포한 복음을 교황제의 무지와 타락에 맞서 재천명한 것은 바울의 관심사 및 강조점과 공명하는 지점이 많다. 하지만 개혁 교회의 출현은 1세기 유대교에서 기독교가 출현한 역사적 중요성과 비교할 수 없다. 그리고 실제 위기 상황의 개요가 갈라디아서에서만큼 분명하게 적시된 곳은 없다.

갈라디아서 2장에서 바울이 설명하는 역사의 절정부가 갈라디아서

2:16이라는 점도 너무나 쉽게 놓치는 부분이다. 바울의 시각에서 결정적으로 중요했던 일련의 연속적인 사건들이 2:16에 요약되어 있다. 갈라디아서 2:1-15에서 바울은 예루살렘과 안디옥에서의 사건들을 기술하며 그 중요성과 결론을 요약한 뒤, "사람이 율법의 행위들로는 의롭다고 여겨지지 않는다"고 확언한다. 그리스도에 대한 믿음을 가진 이방인이 유대교로 개종한 사람으로 간주되어야 하는지, 그리고 유대교로 개종한 사람으로서 그에 걸맞게 행동해야 하는지 여부가 예루살렘과 안디옥에서 벌어진 일의 결정적인 쟁점이었다. 그러므로 이방인 개종자가 할례를 받아야 하는지, 그리고 유대 음식 규정을 지켜야 하는지에 자연스럽게 논쟁의 초점이 맞춰졌다. 다양한 종교가 있던 세계에서는 의례(ritual)가 종교를 구분하는 요소였다. 유대교를 특징짓는 의례는 바로 할례와 음식 규정이었다.[8] 그러므로 바울이 갈라디아서 2:16에 이르기까지 이방인 개종자들이 할례를 받고 독특한 유대교 음식 규정을 지켜야 하는가 하는 문제가 어떻게 해결됐는지 회상하고 있다는 사실은 별로 놀랍지 않다.

그래서 갈라디아서 2:1-10에서 바울은 어떻게 할례 문제—이방인 개종자들이 **할례를 받아야**만 하는지—가 해결됐는지 갈라디아인들에게 상기시키면서 시작한다. 개종하고 14년이 지나 그는 바나바와 함께 "계시를 따라"(2:2) 예루살렘에 처음 방문했다. 사도행전 15:1-2은 안디옥 사건에 대한 소식이 예루살렘의 신자들을 불편하게 했다고 보도하지만, 갈라디아서에서 바울은 그가 따른 "계시"가 무엇이었는지 또는 왜 계시가 주어졌는지에 대해 아무런 언급을 하지 않는다. 결국 몇 명이 예루

---

8.   유대교를 특징짓는 다른 요소로는 안식일 준수가 있다. 안식일은 바울 논증의 중심에 있지는 않지만 갈 4:10에 암시되어 있기는 하다.

살렘에서 와서 "여러분[이방인 개종자들]이 모세의 관례에 따라 할례받지 않으면, 여러분은 구원받을 수 없습니다"(행 15:1)라고 주장했다.

그 결과로 일어난 대립("적지 않은 대립")을 해결하기 위해 바울과 바나바는 자신들의 선교가 거둔 성공을 보고하고, 메시아를 믿는 이방인들이 할례를 받아야 하는가에 대한 문제를 "사도들과 장로들과" "토론"하기 위해 예루살렘으로 올라갔다(행 15:2). 아마도 바울과 바나바는 이방인인 디도, 즉 할례받지 않은 이방인을 의도적으로 데리고 갔다. 디도를 할례받게 해야 한다고 주장한 이들이 거기 있었다. 바울과 바나바는 이러한 상황을 분명히 예상했을 것이다. 바울은 할례받기를 "강요당하다"는 표현을 사용하는데(갈 2:3: "디도는 … 할례를 강요받지 않았습니다. 몰래 들어온 거짓 신도들 때문에 할례를 강요받는 일이 있었던 것입니다", 갈 2:3-4 새번역—편주), 아마도 이러한 요구를 했던 사람들의 강압적 태도를 가리켰던 것 같다. 바울은 그들을 "거짓 형제들"이라고 부른다. 부정적인 이 표현은 예수 운동을 종말론적 유대교의 한 형태로 간주했던 유대인 출신 신자들을 가리킨 것으로 보인다. 바울은 그들이 "우리가 그리스도 예수 안에서 가지고 있는 자유를 염탐하고 우리를 노예로 삼기 위해 몰래 들어왔다"(갈 2:4)고 기술한다. 예루살렘 공동체에 있던 긴장의 깊이를 표현하려 했던 것 같다.

바울이 말하려는 요점은 디도에게 할례받아야 한다고 주장하려는 시도와 모든 이방인 신자는 유대교로 개종한 것으로 간주되어야 한다고 주장하려는 시도가 거부됐다는 것이다. 바울이 "복음의 진리"라고 부른 것을 지키기 위해 바나바와 바울은 "잠시도 그들에게 굴복하지 않았다"(갈 2:5). 결정적으로 중요한 것은, 바울과 바나바의 입장이 새로운 운동의 지도자인 야고보와 게바(베드로)와 요한의 지지를 받았다는 점이다. 갈라디아서 2:6의 다소 무시하는 표현("인정받는 지도자로 여겨지는 그 사람들—그들이 실제 어떤 사람이었는지는 나에게 전혀 중요하지 않습니다")이 약간 부정적인 느낌을 주긴 하더라도 말이다. 그럼에도 예루살렘 지도자들이 바울과 바나바에게 주어진 은혜와 그들이 이방인 선교를 위해 임명받았음을 인정했다는 행복한(?) 결말을 맺었다. 그래서 두 방향의 선교라는 우호적인(?) 좋은 결과에 도달했다. 예루살렘 지도자들은 할례받은 사람들을, 바울과 바나바는 할례받지 않은 사람들을 선교하기로 했다(2:7-9). 바울에 의하면, 예루살렘 지도자들은 "가난한 사람들을 기억해 달라"는 단 한 가지 요청만 했다. 가난한 사람들을 위한 일은 바울이 이미 힘써 해 오던 것이었다(2:10). 아이러니하게도, 이러한 사역을 하다가 바울은 예루살렘에서 체포됐고 결국 죽음에 이르게 됐다(행 21-28장).

하지만, 긍정적인 결과가 금세 더 심한 긴장으로 바뀌었다. 얼마나 금세 바뀌었는지 우리가 알 수는 없지만, 훨씬 심각한 대립이 이번에는 예루살렘이 아니라 새로운 운동의 보수적 본부가 있는 안디옥에서 일어났다. 이방인에게 처음으로 완전히 문을 연 곳이 안디옥이었기 때문에 바울은 유난히 더 화가 났을 것이다. 게바(베드로)는[9] 안디옥에 와서 그곳의 이방인 신자들과 식탁 교제를 하는 안디옥의 유대인 출신 신자들의 행동에 흔쾌히 합류했다. 그러나 "야고보한테서 몇몇 사람들이 왔을 때 … [게바는] 할례받은 사람들을 두려워한 나머지 물러나서 따로 떨어져 나갔다"(갈 2:12). 이어서 바울은 특히 고통스러웠던 기억을 떠올린다. "그리고 다른 유대인들도 그[게바]와 함께 위선적 행동에 합류했고, 심지어 바나바마저 그들의 위선에 함께 이끌려갔다"(2:13) (독자는 바울이

---

9.   갈 2:9과 2:11-14에서 바울이 베드로를 "게바"라고 부른 것은 베드로의 전통주의자 적인 측면을 나타내기 위해서였을까?

고통스러운 기억을 떠올릴 때 그의 목소리에서 거의 울먹임 같은 소리를 들을 수 있다).
바울이 이 사건에 충격을 받은 것은 분명하다. 그가 보기에, 베드로와
바나바와 다른 유대인 신자들의 행동은 "복음의 진리"(2:14)에 완전히
어긋나 있다. 야고보는 예루살렘에서 힘겹게 다다른 합의를 저버렸다!

이방인에게 (유대교로) 개종하라는 요구 없이 이방인을 이방인 그대
로 받아들인다는 점은 바울에게는 너무나 분명한 복음 메시지의 정수
였다. 이것은 다소 놀라운 방식으로 다메섹 도상에서 그에게 계시된 내
용이었다. 이방인 가운데서 그의 전도와 사역이 성공을 거둔 것도 그에
게 이러한 복음 메시지의 내용에 확신을 갖도록 해주었다. 그리고 바울
이 생각하기에 바로 이것이 예루살렘에서 합의된 내용이었다. 이방인
신자들과의 식사를 거부하는 것이 예루살렘에서 합의된 사항을 어기는
것이라는 것을 베드로와 바나바와 다른 사람들은 도대체 어찌 알아차
리지 못했단 말인가! "복음의 진리", 즉 복음 자체가 위험에 처해 있었
다!

바울이 대응하는 방식은 그의 분노를 고스란히 보여준다. 그는 베드
로에게 맞섰는데, 사적인 만남에서 조용히 하지 않고 "모든 사람들 앞
에서" 공개적으로 강력하게 항의했다. "야고보한테서 사람들이 오기
전"까지 베드로는 유대인 고유의 식사 규율을 지키지 않은 채 주저 없
이 이방인 신자와 함께 식사하면서 온전한 교제를 계속했다. 그랬던 베
드로가 어떻게 지금은 그러한 교제에서 물러나, 이방인 신자가 유대 음
식 규정을 받아들이고 지켜야만 유대인 신자와 식탁 교제를 할 수 있다
는 주장을 사실상 인정한다는 말인가? 예루살렘에서 유대인 선교와 이
방인 선교가 서로 다르다는 점에 합의했는데, 어떻게 베드로가 심지어
이방인 선교의 중심지인 안디옥에서 이방인 신자에게 유대인 선교의

규범에 맞춰야만 한다고 주장(바울은 여기에서 더 강한 느낌의 단어인 "강요하
다"를 사용한다)할 수 있다는 말인가(2:14)?

이어서 바울이 "복음의 진리"라고 단언한 것에 대한 힘찬 선언, 즉
중요한 진술이 등장한다. "복음의 진리"는 복음을 믿은 이방인이 유대
교 개종자가 되어야 한다고 전제하지도, 주장하지도 않는다. "우리 자
신은 태생이 유대인이고 이방인 죄인이 아니다. 하지만 사람이 율법의
행위들이 아니라 예수 그리스도에 대한 믿음으로 의롭게 여겨진다는
것을 우리는 안다"(2:15-16a). 논쟁의 여지가 없도록 자신의 요지를 분명
하게 하기 위해, 바울은 두 번이나 반복해 말한다. "그래서 우리는 그리
스도 예수를 믿게 됐는데, 이는 율법의 행위들을 행함으로가 아니라 그
리스도에 대한 믿음으로 의롭게 여겨지기 위해서다. 왜냐하면 그 누구
도 율법의 행위들로 의롭다 여겨지지 않을 것이기 때문이다"(2:16bc).[10]

바울이 "율법의 행위들"이라는 표현으로 무엇을 가리키는지는 문맥
에서 명확해진다. "율법의 행위들"이라는 표현으로 바울은 유대인 출신
신자 중에서 전통주의자들이 예수를 믿고 세례로 예수에게 헌신한 이
방인 신자에게 요구하려 한 두 개의 시도, 곧 할례(2:1-10)와 유대 음식 규
정 준수(2:11-13)를 가리킨다. 바울과 논쟁한 이들은 예수에 의해 시작된
새로운 운동을 메시아적 유대교의 한 형태라고 이해했던 것이 분명하
다. 메시아적 유대교는 일부 예언자들이 예언했던 대로 이방인을 받아

---

10. 핵심 문구를 "그리스도를 믿음으로"(by faith in Christ)로 번역하지 않고 "그리스도
의 믿음/신실함으로"(by the faith of Christ)로 번역하는 것이 꽤 인기가 있으나
(NRSV 난외주를 보라), 후자는 사실상 바울의 논증을 곡해한다. 바울 논증의 핵심
사안은 바울이 주장하듯이 이방인 신자가 믿음만으로 충분한지, 즉 그리스도에 대
한 믿음과 그리스도를 향한 헌신만으로 충분한지, 아니면 메시아 예수를 믿는 사람
들(그리스도인)로 인정받기 전에 "율법의 행위들"을 준수해야만 하는지이기 때문
이다.

들이긴 했지만 그 이방인들을 여전히 전통적 유대교 속에 있게 했다. 바울의 비전과 성공적인 선교는 그러한 이해에 도전했다. 도대체 바울이 이 점에 대해서 왜 그렇게 단호한지 온전히 알기는 어렵다. 아마도 율법 아래에서 자신의 의로움을 확실하게 하려는 헌신과 예수 신자들을 열심을 다해 핍박했던 기억(빌 3:6)으로 인해 그리스도의 복음이 오로지 믿음이라는 반응, "오직 믿음"을 요구한다는 점을 중요한 것으로 강조하게 된 것 같다. 이 점은 바울에게 너무나 중요해서 믿음 이외의 것을 추가적으로 요구하는 것은 사실상 자기 자신의 의로움을 세우고 그것에 의존하려는 시도와 같았다. 계속해서 바울은 말한다. "내가 이전에 무너뜨린 바로 그것들을 다시 세운다면 내가 엇나간 사람임을 보여 준다. 왜냐하면 나는 율법을 통해서 율법에 대해 죽었는데, 이는 내가 하나님을 위해 살려하기 때문이다"(갈 2:18-19).

그러므로 바울이 실질적으로 직면했던 쟁점은 이방인 신자들이 구원을 받으려면 유대교로 개종해야만 하는가 하는 문제였다. 우리는 이 점을 제쳐 놓거나 잊어서는 안 된다. 하지만 이 핵심적 내용을 정식화한 표현은 분명히 더 광범위한 사안에도 적용됐다. 할례와 유대 음식 규정이 믿음에 요구되는 필수 요소가 아니라면, 다른 많은 종교적 요구와 전통 행습도 마찬가지로 필수적이지 않다. 기독교 역사 속에서 자라난 수많은 것들을 포함해서 말이다. 루터는 바울의 요점을 알았고 그것을 기독교 신앙의 재기술에 중심적인 것으로 만들었다. 하지만 "이방인/유대인"이라는 쟁점과 기독교가 유대교의 한 형태에 불과한 것인지의 여부는 바울이 처음으로 분명하게 다룬 문제였고 기독교의 자기-정의에 핵심적인 것으로서 절대 잊어서는 안 되는 것이었다. 최소한 그것이 믿음에 의해 의롭게 여겨짐, 곧 오직 믿음이라는 바울의 가장 특유한 가르침을 결과로 낳았기 때문이다.

역사를 더 복잡하게 만든 누가-행전 저자

후대의 기독교가 명료함을 잃고 이 결정적인 요점을 보전하는 데 실패한 책임의 상당 부분은 누가복음과 사도행전의 저자에게 있다. 그가 바울의 주장이 지닌 특수성과 혁명적인 충격을 흐리게 만들었기 때문이다. 아마도 누가-행전 저자가 그렇게 한 이유는, 안디옥 사건에서 바울이 힘주어 재진술한 주장(갈 2:11-16)이 새로운 운동(초기 기독교―역주)에 지장을 주고 분열을 야기할 가능성을 너무 잘 알았기 때문일 것이다. 만약 이것이 사실이라면, 다음과 같은 질문을 피할 수 없다. 누가-행전 저자가 그려낸 기독교의 기원의 모습이 바울의 메시지와 선교의 핵심인 "복음의 진리"를 적절하게 보전했는가?

아래의 세 개의 지점이 특히 주목할 만하다.

1. 첫째로 누가복음과 사도행전의 저자는 바울이 자랑스럽게 자신을 이방인의 사도이자 사실상 이방인의 사도 중 선구자라고 한 주장을 약하게 만들려는 것처럼 보인다. 그렇지 않다면, 누가-행전 저자가 어째서 바울의 제1차 선교 여행(행 13장)을 기술하기 전에 베드로가 로마 백부장 고넬료를 만난 이야기(행 10-11장)를 넣었을까? 그뿐만이 아니다. 누가-행전 저자는 바울의 회심 이야기와 마찬가지로(행 9:1-19; 22:3-21; 26:4-23), 고넬료의 개종 이야기를 세 번이나 전한다(행 10:1-48; 11:1-18; 15:7-11). 누가-행전 저자가 기술하는 방식은 베드로가 기꺼이 고넬료를 받아들인 사건을 이방인에게 복음이 전해지는 진정한 돌파구로 보았음을 명

확히 보여준다. 사도행전은 계시적인 꿈이나 비전을 베드로의 마음에 변화를 일으킨 원인으로 기술한다.

> 베드로는 하늘이 열리고 커다란 보자기 같은 것이 내려와 네 귀퉁이가 땅 위에 내려앉는 것을 보았다. 그 보자기에는 온갖 종류의 네발 짐승과 땅의 길짐승과 하늘의 새들이 있었다. 그러고는 베드로가 어떤 목소리를 들었다. "베드로야 일어나라. 죽여서 먹어라." 하지만 베드로는 "주님, 절대로 그럴 수 없습니다. 저는 속된 것과 더러운 것을 절대 먹지 않았습니다"라고 말했다. 그 음성은 다시 두 번째로 그에게 말했다. "하나님이 깨끗하게 하신 것을 네가 속된 것으로 만들지 마라." 이런 일이 세 번 일어난 뒤, 갑자기 그 물건이 하늘로 들려 올라갔다. (행 10:11-16).

이 이야기의 내용은 충격적이다. 베드로는 "속된 것이나 더러운 것을 절대 먹지 않았다!" 예수가 이 주제에 대해 분명한 지침을 줄 때 베드로는 거기에 없었던 걸까? 마태복음과 마가복음에서 예수는 분명하게 가르친다. "밖에서 사람 안으로 들어가는 것은 무엇이든 사람을 더럽힐 수 없습니다. 그것이 사람의 마음속이 아니라 뱃속으로 들어가서 뒷간으로 빠져나가기 때문입니다"(막 7:18-19). 마가복음 저자는 이러한 예수의 말씀이 지닌 명료한 결론을 덧붙인다. "이로써 그분은 모든 음식을 깨끗하다고 말씀하셨다"(7:19). 다시 말해, 마가복음 저자는 예수의 가르침의 분명한 귀결을 다음과 같이 이해했다. 정결한 음식과 더러운 음식에 관한 율법이나 전통이 예수 따르미들에게는 더 이상 적용되지 않는다. 사람 안으로 들어가는 것이 아니라 사람에게서 나오는 것―악한 생각과 음란한 짓과 기타 등등—이 사람을 더럽힌다(7:20-23).

흥미롭게도 마태복음은 예수의 가르침의 핵심—음식이 아니라 사람에게서 나오는 것이 사람을 더럽게 만든다—을 보존하고 있으나 마가복음 저자가 덧붙인 말은 생략한다. 마태복음 저자는 마가복음 저자의 추론 혹은 결론—예수가 모든 음식이 깨끗하다고 선언하셨다—을 따르지 않는다. 이러한 사소한 불일치(사소한 불일치라고 부르는 게 가장 낫다면 말이다)는 다음과 같이 쉽게 설명될 수 있다. 마가복음 저자는 이방인 선교를 염두에 두고 복음서를 쓴 반면, 마태복음 저자는 그의 동족인 유대인 가운데 계속되는 선교를 염두에 두고 복음서를 썼다.

하지만 이러한 설명은 마가복음 7장과 마태복음 15장에 공통으로 들어 있는 단락이 누가복음에는 없다는 사실을 해명하지 못한다. 위의 설명보다는 누가-행전 저자가 베드로를 이방인에게 복음이 전달되는 돌파구로 기술하려 했다고 보는 것이 더 낫다. 누가-행전 저자가 그렇게 기술한 이유와 문제 의식은 물론 분명하다. 유대 정결법이 이방인 선교의 주요 걸림돌이라는 것이다. 그래서 누가-행전 저자는 근본적인 문제가 예수의 생전 사역 중에, 그리고 이방인 선교의 가능성이 첨예한 쟁점으로 등장하기 훨씬 전에 이미 해결됐다고 말하기보다는, 마가복음 7장 전승을 무시하고 이 문제를 베드로와 고넬료의 이야기에서 (새로운 방식으로?) 다루려고 결정한 것이 분명하다.

누가-행전 저자가 사도행전 10-11장에서 말했듯이 그것은 놀라울 정도로 획기적인 사건이었다. 베드로는 천상의 비전에 설득됐다. 흥미롭게도 그를 설득시킨 목소리가 예수의 음성이라는 언급은 없다(10:13). 베드로는 곧장 고넬료의 부탁에 반응한다. 고넬료에게 처음으로 한 말은 베드로가 천상의 메시지를 분명하게 들었음을 보여 준다. "유대인에

게는 이방인과 어울리거나 이방인을 방문하는 일이 율법을 어기는 것
임을 여러분도 알고 있습니다. 그러나 하나님은 사람을 속되다거나 더
럽다고 하면 안 된다는 것을 나에게 보여 주셨습니다"(10:28). 누가-행전
저자가 마가복음 7장의 전승을 생략했을 수 있지만, 이는 바울을 이방
인 선교의 진정한 돌파구로 인정하지 않았기 때문은 아니다. 누가-행전
저자는 베드로를 이방인 선교의 돌파구라고 인정한다. 베드로가 본 비
전이 바울의 회심 이후에 일어난 일임에도, 이방인 선교는 유대 정결법
과 결별해야 한다는 점을 처음으로 명료하게 말한 사람이 베드로였다
는 것이 누가-행전 저자가 이 이야기를 재서술하는 요점이다.

2. 두 번째로 주목할 만한 점은 바울 자신이 말한 예루살렘에서의
중요한 회합(갈 2:1-10)과 누가-행전 저자가 말하는 회합 사이의 차이점이
다. 이 두 개의 본문 사이에 너무나 다른 점이 많아 과연 "같은 회합"을
말하고 있는지 여부가 많은 주석가들을 당혹스럽게 했다. 하지만 이러
한 차이점들이 단지 같은 회합에 대한 다른 기억에서 비롯된 것은 아니
라고 거의 확실하게 말할 수 있다. 예수 운동의 중요한 지도자 간에 근
본적 불화가 있었다는 인상을 주지 않으려는 누가-행전 저자의 의도가
이러한 차이점을 만들어 냈다.

바울은 "계시에 따라" 예루살렘으로 올라갔다고 말한다(갈 2:2). 갈라
디아서에서 바울이 말한 "회합"은 사도행전 15:1-2의 내용과 관련 있을
수 있다. 마찬가지로 바울이 "거짓 형제들"이라고 부른, 이방인 신자에
게 할례받으라고 강요한 사람들은 누가-행전 저자가 "바리새파에 속한
어떤 신자들"(행 15:5)로 부른 사람들과 쉽게 관련지을 수 있다. 하지만
두 본문은 놀랄 만큼 차이가 있다.

위에서 이미 보았듯이, 갈라디아서 2장에서 바울은, 이방인 신자들

이 할례를 받아야 한다고 주장하면서 "우리를 노예로 삼으려" 하는 자들에 대항해 단호한 입장을 취한다. 바울은 그들에게 엄중히 말한다. "우리는 한순간도 굴복하지 않았다"(2:5). 그리고는 "유력하다고 여겨지는 지도자들에게" 지지를 받았다고 말한다. 이러한 표현에 어느 정도의 불신과 존중심이 없는 느낌이 묻어 있다는 점은 인정할 수밖에 없다. 그럼에도 이미 우리가 보았듯이 결과물은 서로 동의했던 타협안이었다. 곧, 야고보와 게바(베드로)와 요한은 할례받은 사람을 향한 선교를 하고, 바울과 바나바는 이방인 선교를 하기로 했다.

아마 똑같은 회합이었을 가능성이 높은 모임의 후반부에 대한 사도행전 15장의 기록은 놀랄 만큼 다르다. 갈라디아서 2장에서 바울이 회고하는 긴장은 차치하고, 긴장에 대한 어떤 언급도 없다. 그 대신 로마 백부장 고넬료의 개종을 회상하는 베드로가 이 논의에 결정적인 기여를 한 것으로 그려진다(행 15:7-11). 그리고 나서 바나바와 바울(이름의 순서에 주의를 기울여 보라)이 이방인 선교에서 거둔 성공을 보고했다는 문장이 단 한 번 등장한다(15:12). 마지막으로 주목할 점은 아모스 9:11-12을 인용하며 이방인에게 복음을 전하는 것이 명백한 하나님의 뜻이라는 결론을 내리는 인물이 이 회합의 의장으로 보이는 야고보라는 것이다. 야고보는 이방인 신자들에게 부담스러운 유대 음식 규정 준수를 면제하는 편지를 보내기로 결정한다(15:19-21). 그러므로 누가-행전 저자가 (최소한 초반에는) 긴장과 의견 분열이 있던 회합에 가리개를 덮었다고 할 수 있다. 그는 바울이 선구적으로 이끈 이방인 선교가 새로운 운동의 지도자 사이에 불화를 일으킨 것이 아니라 만장일치로 지지받았다는 점을 독자에게 분명히 보여주고 싶었던 것이다.

3. 초기에 있었던 사건들에 대한 바울의 회상과 누가-행전 저자의

서술 사이에 가장 두드러진 차이가 있다. 너무 놀랍게도 누가-행전 저자는 바울과 베드로가 대립했던 안디옥 사건(바울이 갈 2:11-14에서 고통스럽게 떠올렸던 사건)을 전혀 암시도 언급도 하지 않는다. 아마도 안디옥 사건이 예루살렘 모임에서 다다랐던 동의가 결국 변경할 수 없는 최종 합의가 아니었음을 매우 뚜렷하게 보여 주었기 때문에 누가-행전 저자가 안디옥 사건을 언급하지 않은 것으로 보인다. 안디옥에서 위기 상황이 벌어진 이유는 "야고보한테서 온 어떤 사람들"(2:12) 때문인데, 그들은 유대인 신자와 이방인 신자가 모두 예수를 믿음에도 불구하고 함께 식사해서는 안 된다고 주장했다. 그러나 누가-행전 저자의 관점에서, 그러한 사건은 일어날 수도 없었고 일어나서도 안 되는 것이었다. 베드로와 고넬료 사건이 마련한 돌파구와 예루살렘에서의 화기애애한 회합이 문제를 이미 해결했으므로 더 보탤 말이 없었다. 이러한 문제와 관련해서는 누가-행전 저자의 변증론적 성격이 역사가로서의 성격보다 우위를 차지한 것으로 보인다.

　　그러나 이러한 것들이 다 사실이라고 하더라도 우리는 누가-행전 저자를 심하게 비판해서는 안 된다. 분명 그는 바울서신보다 더욱 균형 잡힌 그림을 그린다. 바울은 사건에 관여했던 당사자고, 누가-행전 저자는 역사가다. 하지만 누가-행전 저자는 까다로운 문제를 남겼다. 바울의 전도와 선교에 대한 옹호가 일으킨 대립 상황을 누그러뜨림으로써 누가-행전 저자는 바울이 복음의 결정적 요소로 강조한 것을 놓친 것은 아닐까? 아니면, 반대로 이 문제에 대해서 바울이 지나치게 극단적인 입장을 가졌던 것은 아닐까? 누가-행전 저자는 이방인 선교가 애초에 둘로 나뉘었던 운동에 더한 분열을 일으킬 수도 있다는 위험을 깨달았던 것이 분명하다. (예수 운동의) 초창기에 관한 그의 역사 서술과 (초기 기독교인들이) 이러한 위험을 어떻게 회피했는가에 대한 서술은, 분열이 피할 수 있는 것이며 베드로와 바울이 동일한 과업에 협력한 선교사들로 기억됐음을 의미한다. 시간이 흘러 이방인 위주의 기독교가 성장하면서 유대적 기독교와 사실상 분리됐을 때 긴장은 다시 표출됐다. 하지만 누가-행전 저자가 거둔 성공은 신약성경의 형성이 잘 보여 준다. 신약성경에 바울서신이 두드러지게 많이 포함됐지만, 또한 마태복음과 마가복음과 야고보서 역시 누가-행전과 함께 포함됐기 때문이다.

바울과 누가, 혹은 바울 또는 누가?

바울의 안디옥 사건 회상과 누가-행전 저자의 기독교 기원에 대한 기술 사이의 불일치와 긴장은 몇 가지 중요한 문제를 제기한다.

다른 1세기 기독교 지도자들과의 불화와 대립을 감수하고서라도 (오직) 믿음으로 의롭다 여겨진다고 주장했던 바울이 과연 옳았는지가 핵심 관건이다. 누가-행전 저자의 묘사에 들어있는 다음과 같은 요소들을 보라—기독교의 발전을 베드로가 이끈 것으로 묘사, 복음의 진리에 관해 바울과 베드로 사이에 있었던 대립을 언급하지 않음, 예루살렘 지도자들이 긴장 상황을 잘 다루었을 것이라는 추정, 예루살렘 회의의 결과에 바울이 만족한 것으로 묘사. 누가-행전 저자의 기록에 들어있는 위와 같은 요소들이, 로마에서 교황을 베드로의 후계자로 인식하는 동시에 바울을 로마 주변부로 사실상 몰아내거나 열외로 취급한 후대의 기독교를 형성하게 된 직접적 요인이라고 말해도 좋은 걸까? 그리고 루터가 갈라디아서 2:16의 의미를 재발견한 것은 사실상 그 대립의 결과이

자 누가-행전 저자가 기독교 발흥의 역사를 위와 같은 모습으로 제시한 틀에 반발한 것이 아니었을까?

현대의 "베드로들"과 "바울들" 사이의 대립이라는 난제 때문에, 교회일치(ecumenism)를 향한 그리스도인의 자연스러운 바람이 "복음의 진리"를 재천명하지 않고 복음의 날카로운 모서리들을 뭉툭하게 만들려는 요구에 너무 쉽사리 굴복하는 것은 아닌가 하는 문제는 우리를 더욱 불편하게 만드는 쟁점이다. 초기 기독교 지도자들 사이의 근본적 불화에 관한 바울서신과 누가-행전 사이의 광범위한 불일치는 무시할 수 없는 문제를 제기한다. 교회일치를 위한 상호 인정이 먼저인가, 아니면 "복음의 진리"가 먼저인가? 루터가 보기에는 교회의 발전과 신학의 발전이 복음의 진리를 흐리게 만들었다. 그러므로 위의 질문에는 다음과 같은 질문이 필연적으로 따라온다. 루터 이후의 발전이 또다시 동일한 진리를 흐리게 만들지는 않았는가?

누가-행전과 바울서신이 둘 다 성공적으로 신약정경에 포함됐다는 사실에서 다른 종류의 질문이 생겨난다. 이러한 성공은 부분적으로는 기독교가 확립될 때 성령이 한 결정적 역할과 성령에 대한 누가-행전과 바울서신의 묘사 사이에 밀접한 관련이 있기 때문이다. 누가-행전의 성령 강조는 바울서신의 성령 강조와 비견할 만하다. 예를 들어, 누가-행전 저자가 기독교의 발흥 이야기 도입부에서 성령 세례에 초점을 맞춘 것(행 1:5), 오순절 체험을 기독교의 발흥과 초창기 팽창의 에너지원으로 강조하는 것(1:8; 2:1-47), 빌립이 사마리아인들을 부분적으로 개종시킨 것을 베드로가 해결한 것(8:4-17)과 그가 백부장 고넬료의 개종에 핵심적 역할을 한 것(10:1-11:18), 그리고 아볼로에 의해 개종한 "어떤 제자들"의 모호한 지위 문제를 바울이 해결한 것(18:24-19:7)을 보라. 또한, 이러한 내용과 바울의 동등한 관심사를 비교해보라. 특히, 그리스도인을 정의할 때 신앙이나 세례가 아니라 그리스도의 영을 지녔느냐로 판단하는 것(롬 8:9-14), 교회를 영에 의해 힘을 얻은 그리스도의 몸으로 이해하고 예배를 영으로 가능하게 된 것으로 그리고 영에 의해 이끌리는 것으로 이해하는 것(고전 12장과 14장), 신자를 그리스도의 이미지로 변화시키는 영이 생명을 주고 성장을 일으킨다는 것(고후 3장), 갈라디아 신자들에게 그들이 율법의 행위들을 수행함으로써가 아니라 영으로 시작했음을 상기시키도록 도전하고 그들이 어째서 그리스도인의 삶에서 진보를 이루기 위해 다른 길을 택하는지 질문하는 것(갈 3:1-5) 말이다.[11]

이신칭의와 영의 선물 사이에 존재하는 탄탄한 연관성이 바울의 설교와 신학의 중심에 있고, 로마서 5-8장과 갈라디아서 2:16-21, 그리고 3:1-14에서 무척 선명하게 설명됐다. 이러한 연관성은 유감스럽게도 누가-행전이 제시하는 기독교의 발흥의 역사로 인해 느슨해졌다. 누가-행전 저자는 분명 영의 중요성은 강조하면서도 바울만큼 이신칭의의 중요성을 강조하려는 노력은 전혀 하지 않는다. 이 점은 사도행전 13:38-39에서 분명히 볼 수 있다. 이 두 구절은 누가-행전 저자가 바울이 칭의에 대해 말하는 것을 기록한 유일한 단락이다. 문제(이것을 문제라고 부를 수 있다면 말이다)는 사도행전의 기록이 바울서신에서 바울 자신이 칭의에 관해 말한 것과 조화되기 어렵다는 것이다.[12] 바울의 사역이 지닌 고유

---

11. 여기에서 내 소논문을 언급하는 것이 좋겠다. "Galatians," in Trevor J. Burke and Keith Warrington, eds., *A Biblical Theology of the Holy Spirit* (London: SPCK, 2014), 175-86.

12. 예를 들면, C. K. Barrett은 다음과 같이 말한다. "이 구절들을 바울의 것으로 돌릴 수 없다. 믿음에 관한 핵심 문제에 대해 누가[누가-행전 저자]는 바울에게 전념하기는 하지만, 바울 신학에 관한 온전한 이해에는 모자란다." *A Critical and Exegetical Commentary on the Acts of the Apostles*, 2 vols., ICC (Edinburgh: T&T Clark,

성을 깎아내리고 바울을 예루살렘에서 시작된 보편적 선교 활동에 맞는 사람으로 그리려고 노력하다가 누가-행전 저자가 정말로 바울이 전한 복음의 고유한 특징을 망각하게 된 것은 아닐까?

　이것이 누가-행전 저자가 바울의 복음을 다루면서 제기한 문제인가 (1세기와 16세기는 물론이고 오늘날에도)? 누가-행전 저자가 기독교의 발흥을 묘사할 때 가졌던 교회일치적 동기와 바울이 전한 복음의 도전과 요구 사이에는 실제로 긴장이 존재하는가? 우리는 바울의 복음이 던지는 날카로운 도전과 누가-행전이 그리는 베드로 및 그 후계자들이 이끌었던 일치된 교회의 초상 사이에서 선택을 해야만 하는가? 신약성경 자체는 그렇지 않다고 말한다! 이 두 가지는 모두 하나의 복음과 하나의 교회에 속한 것이다. 베드로의 우위성은 신약성경에 잘 나와있지만, 바울서신에 부여된 중요한 위상과 비교하기는 어렵다. 하지만 처음 수 세기 동안 베드로와 비교할 때 줄어든 바울의 위상은 주목해야 하며, 16세기에 루터가 바울을 재발견한 것도 무시되어서는 안 된다.

결론

　갈라디아서 2:11-16을 이 정도 깊이로 집중적으로 다룬 이유가 충분히 있다. 누가-행전의 기독교의 발흥 묘사가 지닌 교회일치적 성격이 바울에게 가장 중요했던 요점을 흐리게 만들 위험이 있다. 오직 믿음을 통해 효력이 발휘되는 복음의 도전은 누가-행전이 그린 역사에서, 그리

　1994), 1:651. 현대의 번역들은 여기에서 "의롭다 하다"(justify)라는 단어를 사용하는 것을 고의적으로 피하려고 한다.

고 누가-행전 저자를 통해 추동하게 된 후대 기독교의 역사에서 너무 쉽게 잊혀졌다. 기독교의 역사가 잘 보여주듯이, 갈라디아서 2:16에서 표현된 복음의 본질적 단순함이 망각되는 것은 무척 쉽다. 갈라디아서 2:16의 내용이 교리 신조의 무게와 엄중함, 그리고 교회법과 교회의 위계질서 등으로 인해 사실상 숨겨졌다는 점도 쉽게 잊혀졌다. 루터는 바로 그 점을 깨달았고, 종교개혁이 저항한 이유도 바로 여기에 있다. 복음의 진리가 바울로 하여금 베드로에 맞서게 했으므로, 루터도 교황에게 맞서야만 했던 것이다. 오늘날 교회에 바울이 전한 복음을 흐리게 만드는 것이 많이 있는지 질문을 던질 때에도, 그 진리가 오늘날 다시 선언되어야 하지 않을까?

던에게 응답하는
로마가톨릭 관점

브랜트 피트리

제임스 던은 새 관점에 대한 또 다른 논고를 기고하도록 요청받았을 때 "약간의 당혹감"(원서 133쪽)을 느꼈다고 말하면서 시작한다. 나는 전율했다. 대략 20년 전 내가 가난한 대학원생이었을 때 던의 『바울 신학』(The Theology of Paul the Apostle)은 처음으로 구입했던 바울에 관한 책이었다—그리고 그것은 그 값을 했다.[1] 나는 그의 글에 응답하는 것을 특권으로 생각하고, 몇몇 주요한 동의점들을 강조하면서 시작해보려 한다.

바울을 맥락화하는 것의 필요성: "이방인의 사도"

첫째, 나는 바울서신이 "바울이 이방인의 사도로서 편지를 썼다"(원서 134쪽)는 역사적 사실에 비추어 가장 우선적으로 해석되어야 한다는

---

1. James D. G. Dunn, *The Theology of Paul the Apostle* (Grand Rapids: Eerdmans, 1998) [= 『바울 신학』, CH북스, 2019].

던의 주장에 깊이 공감한다(갈 1:16; 2:8-9; 롬 11:13). 특히 갈라디아서에 관해 던은 다음과 같이 옳게 주장했다. "이방인 개종자가 할례를 받아야 하는지, 그리고 유대 음식 규정을 지켜야 하는지에 자연스럽게 논쟁의 초점이 맞춰졌다"(원서 136쪽). 달리 말하자면, 다른 무엇보다도 "율법의 행위들"과 별개로 "믿음"을 통해 "의롭다 함을 얻는다"는 바울의 매우 필연적인 진술(갈 2:15-21)은 역사적·문학적 맥락 안에서 해석되어야 한다. 내 생각에 이는 바울에 관한 새 관점의 지속적인 공헌으로 남아 있다. 곧, **주해가의 첫 임무는 신학적 함의가 무엇이든 간에 바울의 용어와 맥락에서 바울서신을 해석해야 한다**는 것이다. 내가 생각하기에 새 관점은 바울의 진술의 역사적 맥락을 우선시해야 한다는 주장으로 가톨릭과 개신교 진영 모두에 이따금 부당한 영향력을 행사해 온, 종교개혁 이후 수 세기에 걸친 논쟁에서 바울의 해석을 분리해내는 데 큰 도움을 주었다. 바울에 관한 새 관점의 여파로 등장한 바울과 칭의에 관한 출판물의 홍수는 적어도 본문에 대한 신선한 질문들을 자극하는 데 성공했다는 것을 보여준다. 바울의 구원론을 계속되는 대화의 중심에 둘 때 우리 모두는 던이 했던 선구자적 일에 빚지고 있다.

바울을 현대화하는 일의 위험성: "율법의 행위들" ≠ 세례 이후에 행해진 "선한 행위들"

이와 비슷한 노선에서, 지금은 유명해진 던의 1982년 "바울에 관한 새 관점" 강연집을 처음으로 읽었을 때부터, 나는 본서에 실린 그의 글에서 줄곧 반복된 주장, 곧 갈라디아서 2장에서 언급된 "율법의 행위들"을 종교개혁자들이 하나님의 받아들이심의 근거로서 폄하했던 "선한 행위들"—미사에 참여하고, 구제하며, 면벌부를 구입하는 것과 같은 행위들—로 보는 것은 시대착오적이라는 점을 확신하는 바다.[2] 던은 "16세기에 종교개혁이 일어난 상황과 관심사가 1세기 바울의 상황과 관심사와 다르다"(원서 134쪽)는 점을 올바르게 주장했다. 나는 또한 적어도 갈라디아서 2장에 관한 다음과 같은 던의 진술에 동의한다. "바울이 '율법의 행위들'이라는 표현으로 무엇을 가리키는지는 문맥에서 명확해진다. 바울은 유대인 출신 신자 중에서 전통주의자들이 예수를 믿고 세례로 예수에게 헌신한 이방인 신자에게 요구하려 한 두 개의 시도를 가리킨다. 곧, 할례(2:1-10)와 유대 음식 규정 준수(2:11-13) 말이다"(원서 139쪽). "율법의 행위들"이라는 표현이 바울서신의 다른 곳에서 무엇을 의미하든지, 비록 율법에 있는 다른 행위들을 배제해야 한다는 의미는 아니더라도, 문맥상 이 두 쟁점이 바울의 분노가 드러난 갈라디아서 서두를 쓸 때 가장 우선적으로/중요하게 생각한 것 같다는 점에 대해서는 논쟁의 여지가 없어 보인다.[3]

---

2. 그 논문이 최근에 출판된 것은, James D. G. Dunn, *The New Perspective on Paul*, rev. ed. (Grand Rapids: Eerdmans, 2008), 99-120에서다.

3. Dunn은 할례와 음식 규정에 대한 자신의 강조가 율법의 다른 행위들이나 토라 전체를 배제하지 않는다는 점을 수년에 걸쳐 반복해서 밝혔다. 예, Dunn, *The New Perspective on Paul*, 23: "나는 '율법의 행위들'이 율법이 요구하는 바, 곧 토라에 규정된 행위들을 가리킨다는 것에 대해 의심이 없다." 또 한 차례 반복된다: "나는 '율법의 행위들'을 경계 표지 문제로 좁히고 싶지 않다"(28).

갈라디아서에 나타난 "복음 메시지의 정수"
= "오직 믿음"에 의한 칭의

"율법의 행위들"(예, 할례, 음식 규정)과 "선한 행위들"(예, 주의 만찬에 참여함, 가난한 자들을 구제함) 사이의 구분이 명료할 경우, 나는 "오직 믿음"에 의한 "칭의"를 갈라디아서에 나타난 "복음"의 "정수"로 묘사한 던에게 동의할 수 있다("복음"이 무엇을 가리키는지 적절하게 이해될 때 말이다).[4] 던이 주장했듯이 "이방인에게 (유대교로) 개종하라는 요구 없이 이방인을 이방인 그대로 받아들인다는 점은 바울에게는 너무나 분명한 복음 메시지의 정수였다"(원서 138쪽). 갈라디아서 맥락에서, 특히 그 서두에서 바울이 "복음"이라는 용어를 어떻게 사용하고 있는지 살펴볼 때 그것은 정확한 것 같다. "그리스도의 은혜로 너희를 부르신 이를 이같이 속히 떠나 **다른 복음**을 따르는 것을 내가 이상하게 여긴다. **또 다른 복음**은 없다. 다만 어떤 사람들이 너희를 교란하여 **그리스도의 복음**을 변하게 하려 한다. 그러나 우리나 혹은 하늘로부터 온 천사라도 우리가 너희에게 전한 복음 외에 **다른 어떤 복음**을 전하면 저주를 받을 것이다!"(갈 1:6-8).

갈라디아서 맥락에서 "복음"(τὸ εὐαγγέλιον, 갈 1:7; 참조, 2:14)은, "사람이 의롭다 함을 받는 것은 율법의 행위들이 아니라 예수 그리스도를 믿음으로 된다"(갈 2:16)라는 진술의 요약처럼 보인다. 따라서 믿음에 의한 칭의가 "바울 신학의 중심"인지에 대한 현대의 논쟁에도 불구하고, 갈라디아서에 관한 한 바울이 자신의 "복음"과 대적자들의 "다른 복음"을 대조하면서 복음을 바울이 의미했던 내용의 "정수"로 말하는 것은 옳

---

4.   교부 시대, 중세, 현대 가톨릭 전통에 나타난 오직 믿음에 의한 최초 칭의를 다루는 본서의 나의 글을 보라.

다(갈 1:6-7). 던이 자신의 글에서 나중에 말했듯이, "오직 믿음이라는 바울의 가장 특유한 가르침을 결과"로 낳은 것은 "유대인/이방인" 문제였다(원서 139쪽). 만일 던이 의미한 바가, 사람이 그리스도의 몸에 들어갈 때—즉, 사람이 그리스도의 지체가 되는, 칭의에 관한 최초 행위—"그리스도의 복음은 오로지 믿음이라는 반응, '오직 믿음'을 요구한다"(원서 139쪽)는 것이라면, 나는 동의한다.

이와 더불어 나는 던의 글에 세 가지 의문을 제기하려 한다.

"새 관점"이라는 것은 얼마나 "새로운가"?

첫째, 내가 항상 궁금했던 것은, 던이 "바울에 관한 새 관점"이라는 어구를 주창했을 때 그의 관점의 핵심 요소들—할례와 음식 규정에 대한 강조와 같은—이 이미 수 세기 동안 가톨릭 주석 전통에 속해 있었다는 사실을 알고 있었을까 하는 것이다. 던이 지은 많은 책들을 조사한 결과, 나는 던이 요한네스 크뤼소스토모스(John Chrysostom)나 토마스 아퀴나스(Thomas Aquinas)와 같은 교부 시대 및 중세 바울 해석가들을 거의 또는 전혀 참고하지 않았다는 것을 알게 됐다.[5] 던이 이러한 바울 주해의 거인들을 들여다보지 않은 이유가 있을까? 내 글에서 언급했듯이,

---

5.   Thomas Aquinas, *Commentary on the Letter of Saint Paul to the Romans*, trans. F. R. Larcher, ed. J. Mortensen and E. Alarcón (Lander, WY: Aquinas Institute for the Study of Sacred Doctrine, 2012), 99. 여기서 Aquinas는 바울의 "율법의 행위들"이라는 표현을 할례와 음식 규정과 같은 "모세의 법, 곧 의식 규정의 준수"를 가리키는 것으로 해석하는 사람들 "사도[바울]가 율법의 행위들로, 심지어 도덕 규례로서 명령된 것들로, 사람이 의롭다 함을 받을 수 없다는 것을 의도했다"고 생각하는 사람들 사이의 수 세기에 걸친 오래된 논쟁을 요약한다(3.2.297; 참조, 3.4.317).

바울이 세례 후에 행해진 선한 행위들(던이 개신교 종교개혁가들의 것으로 여긴 입장)이 **아니라** 주로 유대인들의 "율법의 행위들"을 가리키고 있다는 입장은 사실 아주 오래된 것이다. 첫 4세기 동안 뛰어난 바울 주해가였던 알렉산드리아의 오리게네스(Origen, 주후 253년 사망)와 스트리돈의 히에로니무스(Jerome, 주후 420년 사망)는 그러한 가르침을 전한 바 있다.

> 바울이 반박하고 빈번하게 비판했던 행위들이란 율법에서 명령된 **의의 행위들이 아니라** ⋯ 육체의 **할례**, 희생제사 의식, 안식일이나 초하루 절기를 준수하는 것이었다. (Origen, *Commentary on the Epistle to the Romans* 8.7.6)[6]

> 나는 지금 [갈 3:2에서] 눈앞에 놓인 것이 무엇인지 물어야겠다. 즉, 그것은 **율법의 행위들**, 곧 **안식일** 준수, **할례**의 미신, 초하루다. ⋯ (단순히) "행위들로"가 **아니라** "율법의 행위들로" "성령을 받은 것"인지 "내가 너희에게 알기를 원한다"라고 [바울이] 말했다는 사실에 주의를 기울여 보자. (Jerome, *Commentary on Galatians* 1.3.2)[7]

위 예들은 교부들이 행했던 던과 같은 바울 주해의 유일한 예가 결코 아니다.[8] 이러한 해석에 비추어 볼 때 던이 "새 관점"이라는 어구에서

---

6. Origen, *Commentary on the Epistle to the Romans*, trans. Thomas P. Scheck, 2 vols., FC 103, 104 (Washington, DC: Catholic University of America Press, 2001-2), 2:159 (강조 표시는 첨가됨).

7. *St. Jerome's Commentaries on Galatians, Titus, and Philemon*, trans. Thomas P. Scheck (Notre Dame, IN: University of Notre Dame Press, 2010), 114 (강조 표시는 첨가됨).

8. 더욱 많은 예로는, Matthew J. Thomas, Paul's *"Works of the Law" in the Perspective*

("바울에 관한 관점"을) "새"라는 형용사로 수식할 필요성이 있는가에 대해 동의할지 궁금하다.[9]

"오직 믿음"에 의한 칭의 ≠ "사랑 없는 믿음"

나의 두 번째 질문은 조금 더 성경 구절 주해와 관련되어 있다. 나는 던이 "율법의 행위들"과는 별개로 되는 "믿음에 의한 칭의"를 어떻게 이해하고 있는지 설명하는 데 지면을 할애한 것에 감사한 마음을 가지고 있지만, 바울이 갈라디아서 후반부에서 언급한 칭의, "믿음", "사랑" 사이의 관계에 대해서도 무언가를 말해주기를 기대했다. "율법 안에서 의롭다 함을 얻으려 하는 너희는 그리스도에게서 끊어지고 은혜에서 떨어진 자다. 우리가 성령으로 믿음을 따라 의의 소망을 기다린다. 그리스도 예수 안에서는 할례나 무할례나 효력이 없으되 **사랑을 통해 일하는 믿음뿐이다**"(갈 5:4-6).

내 글에서 언급했듯이 가톨릭 관점에서, "사랑"(그리스어 ἀγάπη; 라틴어 *caritas*)과 **별개인** "믿음"(그리스어 πίστις; 라틴어 *fides*)에 의한 칭의를 가리키지 않는 한, 바울의 가르침을 "오직 믿음"(라틴어 *sola fide*)에 의한 최초 칭의로 요약하는 전통은 반박될 수밖에 없다. 믿음과 자비를 유지하는 이 주장의 한 가지 기초는 "의"에 관하여 중요한 것이 "사랑을 통해 행위

---

of Second Century Reception, WUNT 2/468 (Tübingen: Mohr Siebeck, 2018)을 보라.

9. Thomas P. Scheck, *Origen and the History of Justification: The Legacy of Origen's Commentary on Romans* (Notre Dame, IN: University of Notre Dame Press, 2008).

하는 믿음"(πίστις δι' ἀγάπης ἐνεργουμένη, 갈 5:6)이라는 바울의 진술이다. 역
사적으로 말하자면 이것은 일부 개신교 개혁가들과 가톨릭의 해석에서
구분되는 지점이었기에 던이 그것에 대해 무언가를 말해주기를 바랐
다. 감사하게도 던은 1993년 갈라디아서 주석에서 저 문제를 다루었다.
거기에는 이렇게 쓰여 있다.

> 이 구절[갈 5:6]은 바울의 믿음에 의한 칭의 견해에 대한 비판—바울의
> 칭의는 수동적인 정적주의(quietism), 무행동주의(inactivism), 심지어 반율
> 법주의(antinomianism)를 조장한다는 것이다(롬 3:8; 6:1)—에 응답하는 기
> 초를 제공해준다. 반대로 바울은 "그리스도 안에서"라는 표현을 선하
> 게 행동하는 것에 적극적인, 새롭고도 살아 있는 관계로 이해했다(또한
> 6:15을 보라). 바울은 칭의를 그리스도(믿음)를 통한 하나님과의 지속적인
> 관계로 이해했고, 이는 하나님(사랑)이 원하고 인정하시는 의를 낳는다.
> **저 어구는 단일한 개념, 곧 사랑을 통한 믿음**(*faith-through-love*), **사랑에 힘
> 입은 믿음**(*love-energized-faith*)**을 의미한다. 이것이 바로 그가 말하고 있는
> 믿음이다. 두 개가 분리된 것과 같은, 시작인 믿음과 결과인 사랑이 아
> 니라, ⋯ 믿음은 사랑 안에서, 그리고 사랑을 통해 표현된다. 이러한 이
> 해를 "오직 믿음"**(*sola fide*)**에 대한 위협으로 여겨서는 안 된다.** 이는 정
> 확히, 사랑으로 표현되는 하나님의 은혜에 대한 완전한 의존과 개방
> (openness)이기 때문이다. 사랑은 믿음이 요구하는 것이 아니라 자연스
> 러운 표현이다. ⋯ 그러나 우리는 바울이 오직 이 역동적인 관계를 통
> 해서만 율법이 하나님의 바람대로 성취될 수 있다고 진지하게 주장했
> 을 때 이를 정당한 것으로 받아들여야 한다. ⋯ "오직 믿음(*sola fide*)의 원
> 칙은 실제로 배타적이지만 제한된/좁은 원칙은 아니다"(Mussner 353).

여기서 바울은 야고보에게 더할 나위 없이 가까이 갔다(약 2:18).[10]

던이 주해한 양상이 '솔라 피데'에 관한 교부 시대, 중세, 현대 전통과
얼마나 잘 일치하는지 주목할 만하다. 내 글에서 보여주었듯이 로마가
톨릭 전통에서 오직 믿음에 의한 칭의는 "행위들과 별개인 믿음"—"사
랑과 별개인 믿음"이 아니라—을 통해 은혜로 얻는 최초 칭의를 의미한
다. 특히 바울의 문구를 오직 믿음에 의한 칭의를 위협하지 않는, **"사랑
에 힘입은 믿음"**으로 번역한 던의 관점은 트리엔트공의회에 나타난 가
톨릭 관점과 매우 가깝다. 곧, "소망과 자비가 없는 믿음은 그리스도와
완전하게 연합하게 하지도, 그리스도의 몸의 살아 있는 지체로 만들지
도 못 한다. 따라서 행함이 없는 믿음은 자체로서 죽은 것이자 무익한
것이며(참조, 약 2:17, 20), '그리스도 예수 안에서는 할례나 무할례나 효력
이 없으되 사랑을 통해 행동하는 믿음뿐이다'(갈 5:6)"(Council of Trent,
Decree on Justification, chap. 7).[11]

　　이러한 놀라운 귀결점에 비추어 볼 때 나는 던이 바울의 칭의에 관
한 트리엔트공의회의 요약, 곧 "자비와 별개인 믿음"이 아니라 "행위들
과 별개인 믿음"을 통해 "은혜"로 되는 "최초 칭의"에 동의할지 궁금하
다. 내가 나의 글에서 개관하여 설명했던 최초 칭의에 대한 교부 시대,
중세, 현대 가톨릭 전통이, 우리가 서로 동의할 수 있는 공통 기반이 될

---

10. James D. G. Dunn, *The Epistle to the Galatians*, BNTC (1993; reprint, Grand
　　Rapids: Baker Academic, 2011), 272 (강조 표시는 첨가됨). Dunn은 F. Mussner,
　　Der Galaterbrief, HTKNT, 3rd ed. (Freiburg: Herder, 1977)에서 재인용했다.

11. Heinrich Denzinger, *Compendium of Creeds, Definitions, and Declarations on
　　Matters of Faith and Morals*, ed. Peter Hünermann, 43rd ed. (San Francisco:
　　Ignatius, 2012), no. 1531 [=『(하인리히 덴칭거) 신경, 신앙과 도덕에 관한 규정·선
　　언 편람 : 제44판 원문 대역』, 한국천주교 중앙협의회, 2017].

수 있을까?

바울의 "오직 믿음"에 의한 칭의 교리는 언제 잊혀졌는가?

나의 마지막 질문은 특징적으로 교회일치와 관련한다. 던은 다음과 같이 자신의 글을 마무리했다.

> 오직 믿음을 통해 효력이 발휘되는 복음의 도전은 누가-행전이 그린 역사에서, 그리고 누가-행전 저자를 통해 추동하게 된 후대 기독교의 역사에서 너무 쉽게 잊혀졌다. 기독교의 역사가 잘 보여주듯이, 갈라디아서 2:16에서 표현된 복음의 본질적 단순함이 망각되는 것은 무척 쉽다. 갈라디아서 2:16의 내용이 교리 신조의 무게와 엄중함, 그리고 교회 법과 교회의 위계질서 등으로 인해 사실상 숨겨졌다는 점도 쉽게 잊혀졌다. 루터는 바로 그 점을 깨달았고, 종교개혁이 저항한 이유도 바로 여기에 있다. 복음의 진리가 바울로 하여금 베드로에 맞서게 했으므로, 루터도 교황에게 맞서야만 했던 것이다. (원서 145쪽)

본서에 담긴 나의 글에 비추어 볼 때 나는 던이 가톨릭의 그토록 폭넓은 주장의 미묘함을 염두에 두었을지 궁금하다. 조금 더 구체적으로 말하면 이렇다. "오직 믿음"(sola fide)에 의한 최초 칭의가 아우구스티누스(Augustine)와 같은 주교들, 아퀴나스와 같은 사제들, 베네딕토 16세와 같은 교황들을 포함한 교부 시대, 중세, 현대 가톨릭 저술가들에 의해 가르쳐졌다면 복음이 "잊혀졌다" 또는 "숨겨졌다"라고 말하는 것이 정당할까?

요약하자면 바울 학자들이 1세기 유대교를 더욱 정확하게 기술하기 위해 지속적으로 노력해야 하듯이 나는 개신교 학자들이 가톨릭에 대해서도 동일하게 노력하기를 조심스레 제안하고 싶다. 마치 1세기 유대인들이 선한 행위들을 옛 언약에 "들어가기" 위해서가 아니라 "머무르기" 위해 행했던 것과 마찬가지로, 중세 가톨릭 신자들도 미사를 드리고 자선을 베풀고 면벌부를 구입하는 일(던의 글에서 들었던 예들)을 새 언약에 "들어가기" 위해 행했던 것이 아니다("들어가기"는 유아세례를 통해 이루어진다). 그보다도 저들은 그리스도를 본받고 새 언약에 "머무르기" 위해 은혜로 선한 행위들을 행했다. 이 구분이 명확할 경우, 오직 믿음에 의해 칭의를 얻는다는 루터의 주장이 던의 관점에 어떻게 적용될지 나로서는 궁금하다. 나는 적어도 칭의 교리가 가톨릭의 실천과 믿음이 논의되는 방식에 더욱 미묘한 부분들을 추가하더라도 현대의 교회일치 운동이 어떤 것도 잃게 되지 않을 것이라고 생각한다. 오히려 실제로 그로 인해, 바울서신 주해와 관련해서 가톨릭과 개신교가 서로 동의하는 부분에 더욱 뚜렷한 초점이 생길 것이라고 생각하는 바다.

던에게 응답하는
전통 개신교 관점

A. 앤드루 다스

던 교수의 글은 자신의 막대한 학문을 보충하기 위해서 두 가지 주장을 발전시킨다. 첫째, 갈라디아서 2:11-14의 안디옥에서의 갈등은 유대 민족의 특징에 관련된 것이다. 음식 규정과 할례에 대한 문제 말이다. 둘째, 누가-행전 저자는 베드로와 바울 사이의 갈등을 최소화하려 노력하면서 베드로를 이방인 선교를 시작한 핵심 인물로 이해한다. 베드로의 중심적인 역할을 주장하면서 던은 사도행전 15장을 갈라디아서 2:1-10과 연결시킨다.[1] 그는 누가-행전 저자의 이해 관계의 결과로 두 설명의 불일치를 설명한다. 그러나 이 불일치는 매우 심각하여 던의 이해를 위험에 빠지게 만든다. 더욱 변호할 수 있는 입장은 갈라디아서 2:1-10의 만남을 사도행전 11:27-30//12:25의 기근 구호 방문 중 발생한 사건으로 보는 것이다.[2] 그러나 더욱 중요한 점은 안디옥의 갈등이 음식

---

1. 참조, James D. G. Dunn, *The Epistle to the Galatians*, BNTC (Peabody, MA: Hendrickson, 1993), 3-19.
2. A. Andrew Das, *Galatians*, ConcC (St. Louis: Concordia, 2014), 36-43.

규정과 할례를 중심으로 진행됐다는 던의 주장이다.

갈라디아서 2:16의 "율법의 행위들"을 어떻게 이해하는가는 전통적인 관점과 던의 "새 관점" 사이의 **중요한** 차이점이었다. 갈라디아서 2:16은 바로 앞의 맥락 특히 안디옥에서 일어난 갈등(2:11-14)을 고려할 때 가장 잘 해석된다. 따라서 갈등에 대해 올바르게 이해하는 것이 중요하다. 던은 "율법의 행위들"이 율법의 모든 요구 사항을 의미하지만 민족적인 특징으로 작용하는 율법의 측면을 **주로** 염두에 둔다. 이처럼 던은 2:16의 "율법의 행위들"이 "이방인 개종자가 … 유대 음식 규정을 지켜야 하는지"(원서 136쪽)와 할례를 받아야 하는지에 대한 분쟁 직후에 나타난다고 본다. "바울이 '율법의 행위들'이라는 표현으로 무엇을 가리키는지는 문맥에서 명확해진다. 바울은 유대인 출신 신자 중에서 전통주의자들이 예수를 믿고 세례로 예수에게 헌신한 이방인 신자에게 요구하려한 두 개의 시도를 가리킨다. 곧, 할례(2:1-10)와 유대 음식 규정 준수(2:11-13) 말이다"(원서 139쪽). 베드로는 여기에서 물러남으로 "이방인 신자가 유대 음식 규정을 받아들이고 지켜야만 유대인 신자와 식탁 교제를 할 수"(원서 138쪽) 있도록 만들고 있었다. 반면에 전통적인 견해에서는 "율법의 행위들"이 율법 전체를 말하고 반드시 그러한 경계 표지를 염두에 둔 것일 **필요는 없다고** 이해한다. 문맥에 따라서 이 문구는 단순히 율법의 행위들/요구 사항들을 의미할 수 있다.

베드로, 야고보, 요한은 자신들이 할례받은 자에게 가고 바울과 바나바는 할례받지 않은 자에게 가는 것에 동의했다(갈 2:7-9). 그다음 바울은 안디옥에서의 베드로의 이방인과의 식사를 언급한다(2:11-14). 야고보에게서 온 "어떤 이들"이 도착했고 베드로는 식탁에서 물러났다. 바나바와 나머지 유대인들도 그 뒤를 이었다. 바울은 2:4-5에서 "거짓 형제들"에게 한 것처럼 도착한 이들을 폄하하지 않았다. 그는 1:19과 2:6-10 에서 야고보에 대한 존중을 보인다. 도착한 이들이 야고보의 관심을 합법적으로 대표하지 않았다면, 베드로에게 부담을 주지 않았을 것이고, 바울의 경우에는 그들의 불법성을 폭로하거나 야고보를 그 이야기에서 완전히 제외하기 위해 노력했을 것이다. 다른 조건 없이 우리는 그들이 야고보의 관심/우려를 대표한다고 결론 내릴 수 있을 것이다. 이 관심/우려의 동기는 무엇이었을까?

음식 규정?

부정한 음식을 피하는 것은, 특히 기원전 2세기 안티오쿠스 4세 에피파네스(Antiochus IV Epiphanes)의 박해에 직면하여 그런 율법들을 유지하기 위해서 고군분투한 이후에, 유대교 신앙의 결정적인 특징이 됐다.[3] 베드로는 사도행전 10:14에서 "속되고 깨끗하지 아니한 것을 내가 결코 먹지 않았다"라고 자랑했다. 그래서 주님은 베드로가 이방인의 음식을 먹도록 하는 것에 앞서서 강력한 계시를 주셔야 했다. 갈라디아서 2:11-14의 공동 식사가 모세의 규정을 어긴 것이라면, 유대 그리스도인은 누군가 예루살렘으로부터 도착하기도 전에 이미 그것을 반대했을 것이다.[4] 특별한 계시가 없었을 때 많은 안디옥의 유대 그리스도인들은 부정

---

3. 예, 마카비1서 1:62-63; 『마카비4서』 5-6장; 8-12장; 참조, 레 11:1-47; 신 14:3-21; Philo, *Spec.* 4.100-118.

4. James D. G. Dunn, *Jesus, Paul, and the Law: Studies in Mark and Galatians* (Louisville: Westminster John Knox, 1990), 152. "안디옥에 있던 그토록 많은 유대인 신자들이 율법을 아낌없이 포기했는지 의심스럽다"(137), "마카비를 기억하는

한 음식을 먹는 것에 대해서 비슷하게 거리낌을 가졌을 것이다. 그리고 계속되는 소란이 바울의 기록에 남아 있었을 것이다. 안디옥의 유대인들은 오랫동안 이방인들을 자신들의 관습으로 끌어들여 왔다.[5] 첫 이방인 그리스도인들은, 유대인 친구들을 위해 특정 음식을 피하는 데 익숙했던 하나님을 경외하는 자들에게서 나왔을 것이다.[6] 이방인 그리스도인은 안디옥의 유대인에게서 고기와 포도주를 구입함으로써 유대 그리스도인의 양심을 존중할 수 있었을 것이다. 유대인은 필요할 경우 야채와 물에 의존하면서 자신들이 거부해야 할 음식들을 피했을 것이다.[7] 유대인이 이방인에게 식사 관습을 존중해달라고 요구했다면, 바울은 아마도 약한 신자를 위한 양보를 옹호했을 것이다(롬 14:13-15:3; 고전 8:7-13).[8] 바울은 유대 그리스도인들이 관련된 음식 또는 식단 선택을 피하는 것에 대해 언급하지 않는다. 안디옥 유대인 신자들이 이방인과 식사할 때 모세 음식 규정을 저버렸을 가능성은 낮다.

사람은 누구도 부정한 음식을 먹는 꿈조차 꾸지 않을 것이다."
5.   Josephus, *J.W.* 7.45 [=『요세푸스 3: 유대 전쟁사』, 생명의 말씀사, 2006].
6.   Dunn, *Jesus, Paul, and the Law*, 152.
7.   예, Josephus, *Ant.* 14.226, 259-61 [=『요세푸스1: 유대 고대사』, 생명의 말씀사, 2006].
8.   Dunn, *Jesus, Paul, and the Law*, 152-53; Peter J. Tomson, *Paul and the Jewish Law: Halakha in the Letters of the Apostle to the Gentiles*, CRINT 3/1 (Assen:. van Gorcum; Minneapolis: Fortress, 1990), 228: "바울이 정말 바나바, 베드로, 안디옥 유대인 앞에서 음식 규정을 어기고 다른 사람들로 하여금 그렇게 하게 했다면, 그는 그 계약을 무효로 만들고 사도직이 불가능하게 됐을 것이다."

할례?

아마도 야고보의 무리는 이방인이 개종하여 할례를 받게끔 요구했을 수 있다. 야고보 무리의 압력으로 아마도 베드로는 "이방인처럼 사는"(갈 2:14) 관대한 입장에서, 개종을 요구하는 더 엄격한 입장으로 옮겨 갔을 것이다. 그러나 그런 시나리오는 틀렸다. 이방인에 대한 바울과 바나바의 사역을 인정하면서 베드로, 야고보, 요한은 이미 2:1-10에서 이방인은 할례를 받을 필요가 없다는 데 동의했다.

야고보는 예루살렘에 있는 그리스도를 믿지 않는 유대인들의 압력 아래서도 예루살렘 회의의 결정을 어기지 않았다. 바울은 야고보가 협의 사항을 위반했다고 주장하지 않는다. 베드로는 야고보의 생각이 변화됐다고 추정되는 시기에 예루살렘에 없었고, 안디옥에서도 그런 압력을 받지 않았다. 베드로는 "거짓 형제들"(2:4)의 영향과 전술에도 불구하고 이방인들이 할례를 받을 필요가 없다는 데 이미 동의했었다.[9] 야고보는 일방적으로 행동하지 않았을 것이며, 바울은 베드로가 이전 협의를 어긴 것으로 여기지 않았다. 이방인들에게 유대인이 되라는 요구(ἰ ουδαΐζειν, 2:14)는 물러남의 실제적인 **결과**로 보이며 처음부터 옹호됐던 것이 아니다. 다른 거짓 가르침에는 십일조와 정결 의식에 대한 관심이 포함된다.[10]

9.　Dunn, *Jesus, Paul, and the Law*, 153-54.

10.　다음의 비판을 보라. Das, *Galatians*, 219-23.

광범위한 유대인과 이방인의 상호 작용

유대인은 공동 식사에 참여할 때 제물이었던 고기와 이방신에게 바친 포도주를 피했던 것으로 알려져 있다.[11] 제2성전기 문헌은 일반적으로 이방인 음식이 토라를 위반했는지에 대해 침묵한다. 잠재해 있는 우상 숭배가 문제였다. 때때로 제2성전기 본문은 우상 숭배에 대한 우려를 넘어서서 오히려 이방인들 **자체에** 대한 거리낌을 표현한다.[12]

유대인은 엄격한 것에서부터 관대한 것까지 이방인들과 광범위하게 사회적으로 상호 작용했다. 율법을 준수하는 철학자 필론은 동료 유대인들에게 김나지움, 공중 목욕탕, 극장에 가서 이방인 사회 제도와 교육에 참여하도록 권장했다. 다른 유대인들에게는 잠재적인 우상 숭배자라는 낙인이 이방인과의 식사에 대해, 아마도 이방인들 자체에 대해 남아 있었을 것이다. 일부 유대인은 혐오스러운 이방인으로부터 완전

---

11. 단 1:3-20(참조, Josephus, *Life* 13-14 [≒ 『요세푸스 4: 요세푸스 자서전과 아피온 반박문』, 생명의 말씀사, 2007]); 유디트 10-12장, 특히 12:1-4, 19; 『에스더서 부기』 14:17; 토비트 1:10-12; 『희년서』 22:16 (음식과 관련되어 있지 않음); 『마카비3서』 3:4-7; 『요셉과 아스낫』 7:1; 8:5; 21:14-15; 『아리스테아스의 편지』 142, 172-294; 『마카비4서』 5:2; 미쉬나 데마이 6:10; 미쉬나 아보다 자라 5:3-7의 R. Meir. Meir의 제자인 랍비 Shimon ben Elazar는 더 엄격한 견해를 가지고 있다. "당신의 종과 음식과 음료까지도 **여전히** 우상 숭배다"(탈무드 아보다 자라 4:6); 참조, Tomson, *Paul and the Jewish Law*, 233-34. Shimon ben Elazar는 다음과 같이 이야기한다. "이방인의 식탁에서의 식사는 그의 자녀들에게 유배가 일어나게 한다"(바빌로니아 탈무드 산헤드린 104a). 우상 숭배적인 이방인의 고기와 포도주를 피하는 유대인에 대해서 다음 책을 보라. Menahem Stern, ed. and trans., *Greek and Latin Authors on Jews and Judaism*, 2 vols. (Jerusalem: Israel Academy of Sciences and Humanities, 1974), 1:20-21, 26, 28, 148, 155, 156, 181-83, 332, 335-36, 338; 2:19, 26, 340-41.

12. 행 10:11-16, 28, 47-48; 11:2-3, 5-12; 15:9—음식이 아니라 사람들이 관련되어 있음을 주목하라.

히 분리될 것을 촉구했다.[13] 이스라엘 사람들은 속되거나(κοινος) 깨끗하지 않은(ἀκάθαρτος) 이방인과 교제하고(κολλᾶσθαι) 가까이하면(προσέρχεσθαι) 안 됐다(참조, 미쉬나 오할로트 18:7; 미쉬나 훌린 2:7; 행 10:28). 따라서 일부 유대인들은 이방인들의 고기와 포도주를 나누지 않았을 것이다. 다른 사람들은 그들 앞에 놓인 규정들에 대해 묻지 않았을 것이다. 또 다른 이들은 가능한 한 이방인을 피했다.

유대인 열심당의 발생은 유대인과 이방인 간의 상호 작용을 복잡하게 만들었다. 40년대와 50년대의 로마의 유대 총독들은 민족주의 운동과 유대교 신앙 자체에 대한 표현까지도 여러 차례 반대했다.[14] 마찬가지로 디아스포라 유대인도 신앙의 위협을 경험했다.[15] 안디옥 유대인의 권리를 확인시키는 글라우디오의 주후 41년 칙령은 알렉산드리아 유대인을 위한 칙령과 유사했는데, 이는 폭동의 여파든지 또는 예루살렘 성전에 대한 칼리굴라의 위협의 여파든지 안디옥 유대인들이 비슷한 위협을 받았음을 암시한다.[16]

예수를 믿은 처음 유대인 신자들도 그러한 압력을 피할 수 없었다.[17] 30년대 초반 혹은 중반에 예루살렘 유대인은 스데반을 그의 증언으로 인해 살해했으며 "열심당"(ζηλωτής) 바울은 그리스도를 믿는 사람들을 폭력적으로 박해했다(갈 1:14; 행 22:3). 아그립바는 요한의 형제 야고보를 죽였는데, "유대인들은 이 일을 기뻐했고" 또한 베드로를 죽이도록 아그립바를 부추겼다(행 12:1-3[주후 44년]). 유대 그리스도인은 이방인 할례

13.　예, 『희년서』 22:16; 참조, 30:7, 14-17; 『요셉과 아스낫』 7.1.

14.　Josephus, *Ant.* 19.279; 20.6, 97-99, 102, 112-24; 또한, *J.W.* 2.223-27.

15.　예, Philo, *Flacc.* 41-54; *Legat.* 132-37.

16.　Josephus, *Ant.* 19.279. 비슷하게, Dunn, *Jesus, Paul, and the Law*, 134.

17.　Dunn, *Jesus, Paul, and the Law*, 154-55.

를 옹호하고 있었다(갈 2:4-5; 행 11:2-3; 15:1-5). 초대 기독교 운동에 대한 압력은 분명했을 것이다. 유대인들이 이방인과 교제하는 것은 동료 유대인들에게 의심을 불러일으켰을 것이다. 사도행전 21:20-21(50년대 중반 혹은 후반)에 나오는 바울의 예루살렘 방문은 유대인들의 신앙에 위협이 됐다.[18] 데살로니가전서 2:14-16에서 바울은 유대 지역에서 있었던 그리스도인에 대한 초기 박해를 묘사한다.[19] 유대인들은 자신들의 유산에 충성하지 않는 것처럼 보이기를 원하지 않았다.

안디옥의 상황

야고보는 바나바와 다른 유대 그리스도인에게 메시지를 전하지 않는다. 그는 **베드로에게만** 메시지를 전했다. 베드로는 "이방인과 함께 먹곤 했다"(갈 2:12). 야고보에게서 온 사람들은 베드로를 "이방인처럼 살고" 있다고 비난했을 것이다. 바울이 그에 대해 말하기 전에 말이다(2:14). 그들은 아마도 "이방 죄인"이라고 경멸하며 말했을 것이다(2:15). 왜 베드로인가?

예루살렘의 기둥(야고보, 베드로, 요한—편주)이, 바울과 바나바가 주로 비유대인(ἡ ἀκροβυστία / τὰ ἔθνη)에게 집중하는 데 동의했을 때(2:7-9), 유대

18.　Dunn, *Jesus, Paul, and the Law*, 135의 결론은 다음과 같다. "**이 새로운 유대인 분파의 믿음이나 관습이 유대인의 제도와 전통에 위협이라고 인식되는 곳마다, 그 분파의 구성원들은 동료 유대인으로부터 고유한 유대인의 전통에 충성하라는 압력을 받았음이 거의 분명하다**"(강조 표시는 인용 출처 본래의 것).

19.　그 본문의 진정성에 대해서는 다음을 참조하라. A. Andrew Das, *Paul and the Jews*, LPS (Peabody, MA: Hendrickson, 2003), 129-38.

인과 이방인이 빵과 포도주와 식사를 나눌 것을 예상하지 못했다고 생
각하기는 어렵다.[20] 반면 베드로는 유대인들에게 그리스도의 메시지를
전하도록 명령받았다(2:7-9). 이때 베드로의 이방인과의 교제가 알려진
다면 그의 선교 사역은 어떻게 되겠는가? 사도행전 10장에서 베드로는
고넬료와 모든 음식과 이방인은 깨끗하다는 것을 인정했지만 민족주의
적인 압력은 증가하고 있었다.[21] 유대인들은 적절한 상황에서 이방인과
함께 먹을 수 있었지만, 일부 유대인들은 함께 식사 하는 일을 율법을
위반하는 일이 아니더라도 우상 숭배의 악취를 내는 것으로 여겼다.[22]
열심당이 유대교의 전통에 신실하지 않은 것으로 여겨지는 사람들에
대해 대항했던 시기에 베드로가 동료 유대인들에게 (모든 음식과 이방인의
깨끗함에 대해) 증언했던 것은 위험했다. 야고보는 베드로에게 **"당신은**[당
신만은] 이방인들과 함께 먹어서는 안 됩니다!"라는 메시지를 전했다.[23]

예루살렘의 "기둥"이자 사도로서 베드로는 "할례받은 자들"(τοὺς ἐκ

---

20. Dunn, *Jesus, Paul, and the Law*, 155.

21. Robert Jewett, "The Agitators and the Galatian Congregation," *NTS* 17 (1971):
198-212. 이곳에서는 폭력의 증가를 강조한다.

22. E. P. Sanders, *Jewish Law from Jesus to the Mishnah: Five Studies* (Philadelphia:
Trinity Press International, 1990), 284; Sanders, "Jewish Association with Gentiles
and Galatians 2:11-14," in *The Conversation Continues: Studies in Paul and John in
Honor of J. Louis Martyn*, ed. Robert T. Fortna and Beverly R. Gaventa (Nashville:
Abingdon, 1990), 170-88, 특히 186; Philip F. Esler, *Galatians*, NTR (London:
Routledge, 1998), 107; Tomson, *Paul and the Jewish Law*, 236; Dunn, *Jesus, Paul,
and the Law*, 157: "자신이 '죄인'으로 알려지게 되면 많은 충실한 유대인과 즉각 단
절될 것이다."

23. Sanders, "Jewish Association," 186. Richard B. Hays, "The Letter to the Galatians,"
NIB 11:181-348, 인용된 부분은 232 [= 『갈라디아서』, 그리심, 2021]; Charles B.
Cousar, *Galatians*, IBC (Louisville: John Knox, 1982), 44 [= 『갈라디아서 : 목회자
와 설교자를 위한 주석』, 한국장로교출판사, 2004]: "이 본문에서 문제가 되는 것
은 음식의 종류가 아니라 손님의 명단이다."

περιτομῆς)이 유대 그리스도인이었다면 그들을 두려워할 이유가 없었을
것이다. 베드로의 두려움은 "할례받은 자들"이 야고보에게서 온 사람들
과 **별개인** 그리스도를 믿지 않는 유대인들이라는 것을 보여준다. 이 무
리에 대한 가장 가까운 이야기는 2:7-9에 있는데 거기서 베드로는 할례
받은 자(ή περιτομή)에게 복음 전함을 맡았다고 말한다.[24] 베드로는 인간
의 권위는 두려워하지 않았다(행 2:14-41; 3:17-26; 4:8-12; 5:29-32). 그의 두려
움은 자신의 안녕을 위한 것이 아니라 다른 유대인들에 의한 예루살렘
교회에 대한 잠재적 박해 또는 할례받은 사람들에게 복음을 전하는 자
로서의 자신의 신용이 손상되는 일 때문이었다.

따라서 야고보는 베드로에게 식사를 그만두라고 조언했다. 베드로
는 그 조언의 지혜를 깨달았다. 물론, 식사에 참여한 바나바와 다른 유
대 그리스도인들 역시 여전히 그리스도를 믿지 않는 유대인의 식사 참
여를 바랐다 하더라도, 이들 역시 자리를 뜰 수밖에 없었을 것이다. 바
울이 설명했듯이 베드로는 원칙적으로 이방인들이 율법을 지키도록 강
요한 것이 아니라 실천적으로 (주님의[고전 11:27]) 공동 식사와 잔에서 사
실상 그렇게 하고 있었다. 그들은 토라를 지켜야 했을 것이다. 바울은
갈라디아서 2:16에서 "율법의 행위들"에 대해 말하면서 율법 **전체**를 염
두에 두고 있다. 이것은 불가능한 요구다(갈 3:10).[25] 그래서 바울은 갈라

---

24. 바울은 그리스도를 믿지 않는 유대인들을 "할례받은 자들"이라고 부른다(롬 3:30;
    4:9, 12; 15:8; 엡 2:11; 골 3:11; 4:11; 딛 1:10); 참조, Richard N. Longenecker,
    Galatians, WBC 41 (Dallas: Word, 1990), 73 [= 『WBC 성경주석 41: 갈라디아서』,
    솔로몬, 2003].
25. A. Andrew Das, "Galatians 3:10: A 'Newer Perspective' on an Omitted Premise,"
    in *Unity and Diversity in the Gospels and Paul: Essays in Honor of Frank J. Matera*,
    ed. Christopher W. Skinner and Kelly R. Iverson, SBLECL 7 (Atlanta: Society of
    Biblical Literature, 2012), 203-23.

디아서 2:16에서 "율법의 행위들"에 시편을 인용한다. 이 시편은 민족적인 경계 표지에 대해서 아무 말도 하지 않는다. 아무도 하나님 앞에 의롭지 않다(시 143:2). 오직 하나님**만** 구원하신다. "**주의** 의로 내 영혼을 환난에서 끌어내소서"(시 143:11).

던에게 응답하는
유대교 내부의 바울 관점

망누스 세테르홀름

    자신의 글에서 제임스 던은 바울서신 가운데 가장 흥미로운(그리고 가장 많은 논쟁의 대상이 된) 본문들 중 하나로 돌아간다. 곧, 소위 안디옥 사건 때 무슨 일이 일어났는지에 대한 바울의 묘사(갈 2:11-14)와 "사람이 율법의 행위들이 아니라 예수 그리스도를 믿는 믿음으로 의롭게 된다는 것을 우리가 안다"(2:16)라는 진술로 끝을 맺는 그 본문 말이다. 나는 그 사건 자체에 관한 내 논증 전체를 반복하지는 않을 것이고,[1] 다만 내 출발점인 유대교 내부의 바울 관점에서 볼 때 더 말이 된다고 여겨지는 몇 가지의 논평과 대안적인 제안을 내놓는 것에 집중하려 한다. 물론 던은 이와는 다소 다른 일련의 전제들 위에 자신의 해석을 쌓아 올린다. 던의 바울은 더 이상 유대교 안에서 움직이지 않는다.

---

1.   그러한 논의로는 다음을 보라. Magnus Zetterholm, *The Formation of Christianity in Antioch: A Social-Scientific Approach to the Separation between Judaism and Christianity* (London: Routledge, 2003); Zetterholm, "Purity and Anger: Gentiles and Idolatry in Antioch," *IJRR* 1 (2005): 1-24; Zetterholm, "The Antioch Incident Revisited," *JSPL* 6 (2016): 249-59.

던에 따르면, 바울은 새로운 운동을 "유대교의 연장선"으로 이해했던 이들에게 저항했고(원서 135쪽), 따라서 이것은 바울이 이 새로운 운동을 그렇게 이해하지 않았음을 암시한다. 던이 말하기를, 바울이 대표하는 것이 무엇이든 그것은 "종말론적 유대교"의 한 형태가 아니며, "훨씬 크고 보편적인" 무언가다(원서 135쪽). 바울 자신(갈 1:13-16) 및 누가-행전 저자(행 9:1-19, 22:3-21; 26:4-23)가 언급한 바울의 급진적 회심은 바울로 하여금 하나님이 자신을 이방인의 사도로 부르셨다는 점을 깨닫도록 만들었다. 이것이 바울이 자신의 신비적 경험을 해석한 방식이었다는 점에서 나는 던에게 전적으로 동의한다. 그러나 질문은 이것이다. 던이 주장하는 것처럼 보이듯이, 그것은 필연적으로 유대교와의 급진적인 결별을 포함하는가? 아니면, 바울이 여전히 유대교 관습을 실천하는 유대인이라는 견해와 바울의 "회심/개종"(conversion)은 조화시킬 수 있는 일인가?

요하네스 뭉크(Johannes Munck)와 크리스터 스텐달(Krister Stendahl)이 몇십 년 전에 지적했듯이, 바울의 신비적 경험을 유대교**로부터** 기독교로의 회심이 아니라(사실 그런 것은 바울 때에 아직 존재하지 않았다) 유대교 **안에서** 일어난 하나의 예언적 부르심의 측면으로 이해하는 것은 충분히 가능한 일이다.[2] 그러므로 바울이 갈라디아서 1:13에서 자기가 유대교 안에서 가졌던 "이전의" 삶의 방식(τὴν ἐμὴν ἀναστροφήν ποτε ἐν τῷ Ἰουδαϊσμῷ)에 대해 말할 때, 그것을 바울이 **유대교 안에서** 가지고 있는 **현재의** 삶의 방식과 연관시켜 이해하는 것이 가능하다. 따라서 유대교로부터

---

2.   Johannes Munck, *Paul and the Salvation of Mankind*, trans. Frank Clarke (Richmond: John Knox, 1959); Krister Stendahl, *Paul among Jews and Gentiles* (London: SCM, 1977), 7-23 [= 『유대인과 이방인 사이에 있는 바울』, 감은사, 2021].

(아직 존재하지 않았던) "기독교"로의 전환을 그리는 것이 아니라, 바울(과 누 가-행전 저자)은 유대적 모판 안에서의 재정향(reorientation)을 묘사했을 공 산이 크며, 이는 루이스 R. 램보(Lewis R. Rambo)가 "강화"(intensification)라 고 부르는 과정에 해당한다. "[강화는] 한 종교 조직의 명목상 구성원들 이 그것에의 헌신을 자기 삶의 중심에 두게 될 때, 혹은 심원한 종교 경 험이나 결혼, 출산, 임박한 죽음 등의 삶의 전환기를 통해 신앙 공동체 에 더 깊이 참여하게 될 때 일어난다."[3] 따라서 "심원한 종교 경험"으로 인해 바리새인 바울은 하나님의 "구원이 땅끝까지 이르도록" "열방의 빛"(사 49:6)이 되는 과업을 수행하는 특별한 사명을 가진, 메시아를 따 르는 유대인이 된 것이다. 그리스어 본문은 분명히 이러한 해석을 뒷받 침한다.

더 나아가 던이 말하듯이 바울의 "회심"이 "흔치 않고" "이례적"인 사건이었을 가능성이 충분히 있지만(원서 135쪽), 오직 바울과 초기 예수 운동만이 열방의 종말론적 운명에 대한 관심을 발전시켰던 것은 아니 라는 점을 제대로 인식하는 것이 중요하다.[4] 따라서, 유대인들이 이스라 엘과 열방의 구성원들 사이의 관계에 대해 숙고하고 그것을 끊임없이 재조정했던 것은 상당히 자연스러운 일이다. 바울의 특정한 해법은 물 론 흔치 않은 것일 수 있으나, 그러한 담론은 1세기 유대교 내부의 훨씬 더 크고 보편적인 움직임의 일부였던 것으로 보인다.

이것은 우리를 갈라디아서 2:16이 가진 문제로 더 가까이 이끈다. 던의 주장에 따르면 "율법의 행위들"이라는 특이한 문구의 의미는 그

3.　Lewis R. Rambo, *Understanding Religious Conversion* (New Haven: Yale University Press, 1993), 13.

4.　Terence L. Donaldson, *Judaism and the Gentiles: Patterns of Universalism (to 135 CE)* (Waco: Baylor University Press, 2007).

맥락에서 볼 때 분명하며, 여기서 바울이 가리키는 바는 전통주의적인
유대인 그리스도 신자들이 예수를 믿는 이방인들에게 할례를 받고 유
대 음식 규정을 지키라고 요구했던 시도다. 그런데 나는 그 문구의 의미
가 그렇게 분명한지 잘 모르겠다. 그리고 그 구문의 의미에 대해서는 꽤
여러 가지의 제안 사항이 존재한다.[5] 비유대인 남자들이 할례를 받는 것
(즉 유대인이 되는 것)을 바울이 반대했다는 점은 명확하고, 심지어 아주 분
명하다. 거기엔 여러 이유가 있겠지만, 내가 설득력 있다고 여기는 한
가지 가능한 설명은 매튜 티센(Matthew Thiessen)이 주장한 다음과 같은
이유다. 즉, 바울은 계보적(genealogical) 측면에서 볼 때 개종이란 것이 가
능하다고 생각하지 않았다.[6]

그렇다면 할례/개종의 부분에서는 던의 견해가 분명 옳다. 하지만
비유대인들이 유대의 음식 규정 따르기를 바울이 반대했다고 가정하는
것이 옳은가? 또한 예수 운동을 따르는 유대인들이 (예컨대) "너무 많은
것을 알고자 묻지 않고" 비유대인 예수 따르미들의 초대에 응함으로써
유대 음식 규정의 중요성을 격하시켰으며, 이것이 야고보로부터 온 이

---

5. 예컨대 다음을 보라. Donald Guthrie, *Galatians*, NCBC (Grand Rapids: Eerdmans,
   1984), 87: "어떤 법 조항의 준수든지"; Ben Witherington III, *Grace in Galatia: A
   Commentary on St. Paul's Letter to the Galatians* (Edinburgh: T&T Clark, 1998),
   177: "모세 율법을 순종하는 가운데 수행된 행동들"; Mark D. Nanos, "The
   Question of Conceptualization: Qualifying Paul's Position on Circumcision in
   Dialogue with Josephus's Advisors to King Izates," in *Paul within Judaism:
   Restoring the First-Century Context to the Apostle*, ed. Mark D. Nanos and Magnus
   Zetterholm (Minneapolis: Fortress, 2015), 105-52, 특히 139: "할례".

6. Matthew Thiessen, *Contesting Conversion: Genealogy, Circumcision, and Identity in
   Ancient Judaism and Christianity* (Oxford: Oxford University Press, 2011). 또한 다
   음을 보라. Paula Fredriksen, *Paul: The Pagans' Apostle* (New Haven: Yale Univer-
   sity Press, 2017), 96-99 [= 『바울, 이교도의 사도』, 학영, 2022].

들의 반작용을 불러일으켰던 이유라고 가정하는 것이 옳은가?[7] 내 생각에 그것들은 던의 전반적인 입장인 (이제는 다소 오래됐지만) "바울에 관한 새 관점"에 자연스레 뒤따르는 결론이다(새 관점에 따르면 바울은 할례, 음식 및 정결 규례와 같은 유대 정체성 표지에 반대했다).

내가 볼 때 그 사건은 음식과는 전혀 관계가 없고 함께 먹는 행위 (commensality)와 관계가 있었을 공산이 크다. 그리고 나는 사도행전에 나오는 소위 사도적 칙령이 던이 자신의 글에서 말하는 것처럼 "[이방인 신자들에게] 부담스러운 유대 음식 규정 준수를 면제"(원서 142쪽)시켜 주었다고 생각하지 않는다. 오히려 정반대다. 최근에 홀거 젤렌틴(Holger Zellentin)은 선행 연구에 어느 정도 기반해서[8] 다음과 같이 설득력 있게 주장했다. 곧, 사도적 칙령이 레위기에 나오는 소위 성결 법전을 반향하며, 사실상 피, 우상에게 바친 고기, 그리고 부적절하게 도축된 고기를 섭취하는 것과 음행을 금지하는 역할을 한다는 것이다(레 17장). "사도행전은 우상에게 바친 고기, 음행, 목 졸라 죽인 것, 그리고 피를 통해서 일어나는 **오염들**을 금한다는 점에서, 이미 히브리 성서에서 재류 외인에게 부과했던 금지 조항 중 네 가지를 예수를 따르는 모든 이방인들에게 명시적으로 반포한다."[9] 그렇다면 유대 음식 규정이나 정결 규례는

7.　James D. G. Dunn, *A Commentary on the Epistle to the Galatians*, BNTC (London: A&C Black, 1993), 121.

8.　다음을 보라. Holger Zellentin, "Judaeo-Christian Legal Culture and the Qur'ān: The Case of Ritual Slaughter and the Consumption of Animal Blood," in *Jewish-Christianity and Origins of Islam: Papers Presented at the Colloquium Held in Washington DC, October 29–31, 2015 (8th ASMEA Conference)*, ed. Francisco del Río Sánchez, JAOC 13 (Turnhout, Belgium: Brepols, 2018), 117–60, 특히 118n1.

9.　Zellentin, "Judaeo-Christian Legal Culture," 131 (강조 표시는 인용 출처 본래의 것). 또한 다음을 보라. Isaac W. Oliver, *Torah Praxis after 70 CE: Reading Matthew and Luke-Acts as Jewish Texts*, WUNT 2/355 (Tübingen: Mohr Siebeck, 2013),

초기 예수 운동에서(그리고 고대 후기를 지나는 동안 초기 기독교에서) 중요한 역할을 했던 것으로 보인다.[10]

더 나아가 나는 사도행전에 나오는 고넬료 이야기(10:1-48; 11:1-18; 15:7-11)에 대한 던의 해석에 동의하지 않는다. 물론 누가-행전 저자가 이 방인 선교의 돌파 지점을 바울이 아니라 베드로에게 돌린다는 점을 던이 지적한 것은 옳다. 그러나 던이 주장하는 것처럼, 베드로는 환상을 통해 받은 계시 때문에 유대 정결 규례의 모든 측면들이 무효화됐다는 결론에 이르렀던 것인가? 마가복음 7:19에서 예수가 "모든 음식이 깨끗하다"고 선언한 것에 대한 지식을 누가-행전 저자가 전혀 내비치지 않는다는 점에 대해 던은 놀라워한다. 던에 따르면 마가복음 7:19의 선언은 "정결한 음식과 더러운 음식에 관한 율법이나 전통이 예수 따르미들에게는 더 이상 적용되지 않는다"는 것을 의미하는데(원서 140쪽), 이것은 상당히 의심스러운 결론이다.[11] 대단히 흥미롭게도, 베드로 역시 환상을 그렇게 이해하지 않았다. 오히려 베드로는 "누구도 속되거나[κοινόν] 부정하다고[ἀκάθαρτον] 부르지 말라"는 점을 하나님이 자신에게 분명하게 해주셨다고 결론 내린다(행 10:28; 참조, 14-15절). 단순히 말해, 음식이 논점이 아니라 비유대인들의 속되고 부정한 상태가 논점이며,[12] 이것은 초기 예수 운동 내부의 실제적·중심적 문제가 무엇이었는지를 정확히 묘사해준다. "아들 자신 역시 모든 것을 자신에게 복종하게 하신 분에

370-98.

10. Zellentin, "Judaeo-Christian Legal Culture," 132-48.

11. 예컨대 다음을 보라. John van Maaren, "Does Mark's Jesus Abrogate Torah? Jesus' Purity Logion and Its Illustration in Mark 7:15-23," *JJMJS* 4 (2017): 21-41.

12. 다음을 보라. Oliver, *Torah Praxis after 70 CE*, 320-64; Zetterholm, "Purity and Anger," 8-10.

게 복종하여, 하나님께서 모든 것 가운데 모든 것이 되시는"(고전 15:28) 때가 오기 전까지의 기간 동안 열방의 부정하고 속된 구성원들과 어떻게 관계를 맺어야 하는지가 문제였던 것이다. 바울이 유대 "정체성 표지"를 거부했다는 증거를 찾는 일에 집중하게 되면, 이 중요한 측면을 완전히 놓치게 된다.

마지막 논평은 이것이다. 던은 바울과 누가-행전 저자가 예수 운동의 초기 발전 과정을 서로 다른 방식으로 묘사한다고 생각한다. 바울은 갈라디아서 2:16에서 복음의 단순성을 비타협적인 방식으로 표현함으로써 그 발전 과정을 묘사하는 반면, 누가-행전 저자는 모든 갈등을 조화시키고 부드럽게 만듦으로써 그 과정을 묘사한다는 것이다. 던은 분명 누가-행전 저자보다 바울을 선호한다. 던은 누가-행전 저자의 묘사가 갖는 교회일치적(ecumenical) 특성이 "바울에게 가장 중요했던 요점을 흐리게 만들"(원서 145쪽) 위험성이 있다고 말한다. 루터가 교황과 맞서야 했던 것처럼 바울은 베드로와 맞서야 했고, 이것은 본질적으로 "복음의 진리" 때문이었다.

허나, 바울이 "복음의 진리"라는 말로 정말 무엇을 의미했는지가 완전히 분명하지는 않다. 역사적으로, 기독교 그룹들은 이것을 서로 다른 방식으로 이해해 왔으며, 이는 종종 혹독한 갈등으로 이어지거나, 때로는 파괴적 결과를 초래하기도 했다. 유대교 내부의 바울 관점에서 내가 볼 때, 만약 바울이 오늘날 사회에 무엇인가 가르침을 줄 만한 것이 있다면, 그것은 교리적 배타주의가 아닐 것이다. 오히려, 점점 트럼프주의적(Trumpian: 고립주의, 반세계화, 미국 내셔널리즘 등을 옹호하는 자들과 그 사상—편주)으로 변해가는 세상에서 우리가 바울에게 배울 수 있는 교훈은 어쩌면 '엔 크리스토'(ἐν Χριστῷ, "그리스도 안에서")의 경우에서처럼 새로운 종류의 연합을 갈망하면서도 사람들의 민족적·문화적 차이들을 받아들이려는 바울의 (물론 실패한) 비전일 것이다. 혹은 〈뉴욕타임즈〉 칼럼니스트 데이비드 브룩스(David Brooks)가 완전히 다른 맥락에서 썼던 것처럼, "다양한 다수를 가지고 하나로 만드는 것"일 것이다.[13]

---

13. David Brooks, "Donald Trump Hates America: The Rest of Us Can Love America Well," *New York Times*, July 18, 2019.

던에게 응답하는
선물 관점

존 M. G. 바클레이

지미 던의 자극될 만한 글은 나로 하여금 많은 의문을 제기하게 한다. 그중에서 바울에 대한 누가-행전 저자의 수용을 다루는 부분은 한쪽 편으로 제쳐 놓을 것인데, 이는 그 쟁점이 새 관점에 있어 중심적인 내용이 아니라고 생각하기 때문이다. 사도행전에 대한 던의 발언들은 F. C. 바우르(F. C. Baur)의 강력하고도 잠재적인 영향력을 반영하는데, 불트만 학파(예, 한스 콘첼만[Hans Conzelmann]과 에른스트 케제만[Ernst Käsemann])를 통해 전달된, 19세기에 바우르가 시도했던 초기 기독교 역사에 대한 재구성은 다음에 제시된 모든 요소들을 포함한다. 곧, 바울과 그의 유대 그리스도인 대적자들 사이의 갈등을 완화시켜 주는 평화적 "통합"으로서의 사도행전, 바울의 초기 영향(early overshadowing), "초기 가톨릭주의"로 불리는 특징으로 향하는 경향 등 말이다. 사도행전과 초기 기독교 발전에 대한 그러한 해석은 최근에 중대한 비판에 직면해 있고, 그런 논쟁 속으로 들어가는 것은 너무 멀리 나아가버리는 것이다.[1] 누가-행전 저자

---

1. 예, 다음을 보라. Benjamin L. White, *Remembering Paul: Ancient and Modern*

는 실제로 바울에 대한 그 자신 고유의 관점을 가지고 있지만, 그것을 분석하는 것은 이 책의 목적이 아니다.

(비록 문제를 제기하고 싶은 것들이 많음에도 불구하고) 나는 루터에 대한 던 의 해석 역시 한쪽으로 제쳐 둘 것이다.[2] 그러나 바울에 대한 던의 해석 (그리고 루터에 대한 해석도)에는 내가 초점을 맞추고자 하는 중대한 약점이 있다. 내가 그 약점에 초점을 맞추려는 이유는, 그 부분이 새 관점에 대한 내 불만족의 핵심을 차지하고 있기 때문이다.

나는 새 관점이 이방인은 유대교의 "율법의 행위들"을 지킬 필요가 없었다는 바울의 급진적인 주장과 함께 이방인 선교를 바울의 소명과 신학에 있어서 중심적인 것으로 취하는 것이 꽤 옳다고 생각한다. 누군가는 던이 이를 표현하고 있는 몇몇의 언어 사용에 대해 트집을 잡을 수도 있겠지만, 그 기본 요지는 건전하고, 또한 나는 오늘날 이 부분이 널리 받아들여졌다고 생각한다.[3] 그러나 질문은 이것이다. 어떤 근거로 바울은 이방인 회심자들이 유대교 개종자들까지는 될 필요가 없다고 주장하는가? 던은 혼란스러워 한다. "도대체 바울이 이 점에 대해서 왜 그렇게 단호한지 완전히 분명하지는 않다"(원서 139쪽). 그는 그 이유로

Contests over the Image of the Apostle (Oxford: Oxford University Press, 2014).

2.   Luther 전문가들의 검증을 받은 Luther의 바울 읽기에 대한 나 자신의 분석을 보려면, *Paul and the Gift* (Grand Rapids: Eerdmans, 2015), 97-116, 571-72 [= 『바울과 선물』, 새물결플러스, 2019]을 보라. 그리고 다시 한번 나는 다음 저작을 추천한다. Stephen J. Chester, *Reading Paul with the Reformers: Reconciling Old and New Perspectives* (Grand Rapids: Eerdmans, 2017).

3.   바울은 이방인 회심자들에게 "유대인처럼 살 것"(갈 2:14)을 요구하지는 않지만, 그들이 우상 숭배를 버리고 "참되시고 살아 계신 하나님을 섬길 것"(살전 1:9-10)은 진실로 요구한다. 바울은 이것을 단순히 그의 개종자들이 진리를 인정한 것으로 여겼으나(갈 4:8-10), 그의 동시대 사람들은 (오늘날 "유대교 내부의 바울" 학파에 있는 어떤 사람들처럼) 이것을 어떤 "유대적" 행위 양식이라고 간주했을 수 있다.

바울 자신의 경험을 지목하지만("아마도 율법 아래에서 자신의 의로움을 확실하게 하려는 헌신과 예수 신자들을 열심을 다해 핍박했던 기억"[원서 139쪽]), 나는 그것보다는 훨씬 깊은 **신학적인** 근거를 추적하면서 바울이 자신의 경험을 어떻게 해석했는지 설명해줄 수 있다고 생각한다. 던은 반복해서 믿음의 주제에 의지하고("그리스도의 복음이 오로지 믿음이라는 반응, '오직 믿음'을 요구한다"[원서 139쪽]; "오직 믿음을 통해 효력이 발휘되는 복음"[원서 145쪽]), 이를 유대적 혹은 교회적 "전통들"에 방해받지 않아야 할, 단일한 또는 단순한 것으로 표현한다.

　　그러나 여기에는 뭔가 중요한 것이 빠져 있다. 그 믿음은 무엇을 혹은 누구를 향한 믿음인가? 바울은 일반적인 믿음에 관심이 있는 것이 아니다. 모든 것은 믿음의 대상인 예수 그리스도에 달려 있다. 그리스도는 "좋은 소식"의 주제이며 그를 믿는(또는 신뢰하는) 사람들이 전적으로 의존하는 대상이다. 이 기독론적 지향점이 없다면, "믿음"은 실현시켜야 할 대안적인 인간 조건, 아마도 다른 것들에 비해 쉬운 장애물(hurdle)이지만, 여전히 다른 형태의 인간적 자본과 같은 수준인 구원에 대한 어떤 요구 사항이 되고 만다.[4] 그리고 이 기독론적 내용이 없다면, 믿음은 "교리 신조의 무게와 엄중함, 그리고 교회법과 교회의 위계질서"에 의해 부담 지어지지 않는 복음의 "본질적 단순함"을 표현하는, 최소한의 요구 사항으로 표현될 것이다(원서 145쪽).[5] 그러나 그리스도-사건에 있어

4.　신학적인 감각(antennae)이 있는 사람들(Hays, Martyn, Campbell 등)이 '피스티스 크리스투'(πίστις Χριστοῦ)에 대한 대안적 해석을 "그리스도의 신실함"으로 제안한 것은 믿음에 대한 이런 피상적인 이해에 대한 대응이었다. 나는 우리가 믿음을 선물을 받는 것, 즉 가치 있는 유일한 것은 그리스도 안에서 하나님이 성취하신 것이라는 인식으로서 믿음을 이해하는 바울의 합당한 개념을 가지고 있는 한, 이 제안이 필요하다고 (혹은 언어적으로 설득력이 있다고) 생각하지 않는다.

5.　이 모델이 정말로 바울과 어울리는가? 바울에게 있어 믿음은 "예수는 주님이십니

서 믿음의 대상을 합당하게 설정하고(믿음이 오는 것은 예수가 오시는 것과 병치된다[갈 3:24-25]), 그리고 믿음에 의한 칭의가 그리스도 안에 참여와 합당하게 통합될 때(갈 2:16-21), 우리는 바울에게 '피스티스'(πίστις)가 중심적으로는 **그리스도를 믿는** 믿음을 뜻함을 알 수 있다. 그리고 믿음이 표현하는 바는 어떤 긍정적인 성취가 아니라 파산 선언인데, 유일하게 중요한 자본은 그리스도 안에서 하나님에 의해 주어지는 **선물**이라는 자각 속에서 이루어지는, 다른 상징 자본(symbolic capital: 프랑스의 사회학자 피에르 부르디외[Pierre Bourdieu]가 사용한 사회학 용어—역주)에 대한 전적인 단념이다.

바울에게 있어 안디옥에서 위험에 처했던 것은, 즉 베드로가 "복음의 진리에 따라 바르게 행하지 않았다"(갈 2:14)고 바울이 선언하도록 했던 것은 무엇일까? 던이 그러듯이, 안디옥 사건은 "이방인들에게 개종자가 되는 것을 요구하지 않고, 이방인들은 이방인들로서" 복음이 그들에게 개방되는 것과 연관된다고 말하는 것이 적절한가? 이러한 함의를 수반하는 "복음"이란 무엇에 대한 것인가? 내가 주장했듯이, 여기서 위험에 처했던 것은 "복음"(이 소식은 다른 무엇보다도 **그리스도에 대한** 소식이다) 자체에 내재된 무엇이다. 즉, 그것은 유대인이나 비유대인 모두, 그리스도-사건과는 관계없는 가치에 대한 모든 판단을 중단시키는, 비상응적인 은혜로 부르심을 받았다는 사실이다. 그러므로 신자들은 다른 가치

다"(고전 12:3)라는 핵심적인 교리 진술로 표현되며, 이는 빌 2:6-11에서 더 상세히 설명된다. "교리 신조"는 얼마나 많이 너무 "무겁고" 너무 "엄중"할까(원서 145쪽)? 믿음 역시 세례(갈 3:26-28)와 주의 만찬(고전 10:16-17; 11:17-34)으로 표현되는데, 이런 예전 속에서(영적인 은사 속에서 그렇듯이) 바울은 어떤 "교회 질서"를 기대한다. 다시 말하지만, 얼마나 많아야 너무 많은 것이 되는가? 던의 글에는 단순하고 깔끔한 시작으로 돌아가기를 갈망하는 개신교 낭만주의에 대한 암시들이 있지는 않는가?

에 대한 평가와 마찬가지로 인종적 평가에 대해서도 관심을 두지 않는
(인종적 차이가 없어지는 것은 아니지만), 상호 인식의 유대 관계(association) 속
으로 이끌린다(갈 3:28). 유대교의 사회 규칙들을 복원하는 것은 복음으
로부터 파생할 수 없는 차별화된 기준에 의해 유대 관계(association)를 조
건화하게 될 것이다. 바울에게 있어서 이방인들을 "유대화하지"(Judaize)
않고 (하나님의 백성에) 포함시키는 일은 은혜의 근본적인 비상응성으로부
터 비롯한다.[6]

내가 보기에 새 관점의 반복되는 약점은 은혜에 대해서 분명히 말
할 수 없는 무능력함이다. 새 관점의 뿌리에서, 던과 라이트는 제대로
분석되지 않은 샌더스의 "은혜"에 대한 이해에 의해 설득당했고, 그 결
과 유대교는 지나치게 단순하게 "은혜의 종교"로 정의됐다. 던의 다음
과 같은 진술이 대표적이다. "샌더스가 '언약적 율법주의'로 세례를 준
유대교는 이제 좋은 개신교 교리를 전파하는 것으로 볼 수 있다. 그 교
리는 은혜가 항상 우선한다는 것이고, 인간의 노력은 늘 신적인 주도권
에 대한 응답이며, 선행은 열매일 뿐 구원의 뿌리는 아니라는 것이다."[7]
샌더스처럼, 이것은 은혜의 "우선성"을 은혜에 대한 주된(또는 유일한) 결
정적인 특성으로 취하는 것인데, 이에 반하여 (종교개혁자들처럼) 바울에
게 있어서 훨씬 더 중요했던 것은 은혜가 비상응적인 것인지 아닌지에
있었다.[8] 올바르게도, 모든 이들은 제2성전기 유대교에 있는 은혜의 중

6. Barclay, *Paul and the Gift*, 365-70을 보라.
7. James D. G. Dunn, *The New Perspective on Paul: Collected Essays*, WUNT 185 (Tübingen: Mohr Siebeck, 2005), 193.
8. 우선성 및 비상응성과 또 다른 "극대화들"에 대해서는, Barclay, *Paul and the Gift*, 66-78을 보라. 이 책은 Sanders (151-58)와 새 관점(159-65)에 대한 분석 역시 포함하는데, 이 지점에서의 그들의 약점을 드러낸다.

요성을 찾아내기 원하기 때문에, 바울 속에 있는 이 주제를 강조하는 것
은 어떤 면에서 유대교를 행위 중심적이고 은혜 없는 종교로 여기는 오
래된 캐리커처로 복귀하는 것으로 느껴져 왔다. 그러나 우리가 "은혜"
의 가능한 다른 의미들에 대해서 주의 깊게 생각해 본다면, 우리는 제2
성전기 유대교 모든 곳에, 그러나 매우 다양한 형태로, 은혜가 나타나고
있음을 알아차리게 될 것이다. 그리고 그와 동시에, 우리는 비상응적 선
물로서의 그리스도-사건에 대한 바울의 특별한 강조를 확인할 수 있다.
그리고 나서, 우리는 이방인 선교에 대한 신학적 근거가 "오직 믿음"의
"단순성" 때문도 아니고, "민족주의"나 "민족중심주의"에 대한 항의에
근거하고 있는 것도 아니라는 것을 알 수 있다. 그보다는 단일하고도 특
별한, 그러나 무조건적인 사건으로서의 그리스도-선물이 비상응적이라
는 바로 그 이유 때문에 보편적인 중요성을 가진다. 그리스도-선물은
인류의 어떤 부분 집합에 속한 것이 아니라 모두를 위해 예정된 것이다.
어느 누구도 인종적 가치에 근거해서 이 선물을 받게 되는 것이 아니기
때문에, 어떠한 민족성을 가진 사람도 그 선물로부터 배제되지 않는다.

이것이 바로 바울이 안디옥 사건에 대한 묘사와 거기에서 동반되는
그리스도 안에서의 이신칭의에 대한 담론을 다음의 단호한 표현을 선
언함으로써 끝맺는 이유다. "나는 하나님의 은혜를 거절하지 않는다"(갈
2:21).

비평자들에게 응답하는 새 관점

제임스 D. G. 던

존 바클레이와의 대화

존의 논평에 감사한다. 나는 이 주제에 대해 이미 너무 많은 글을 썼다는 느낌이 들어서 갈라디아서 2장이 제기하는 문제들과 별 상관없는 사도행전 구절들을 다루었는데, 그런 곁길로 빠지게 된 점은 사과한다 (아마도 사도행전은 다른 기회에 다루어야 할 것 같다).

하지만 나는 존이 제기한 비판의 주안점을 듣고 놀랐다. 그는 내가 바울의 복음이 "오직 믿음"이라는 (인간의) 반응을 요구했다는 점을 강조하는 바람에, 정작 "믿음의 대상"이 그리스도라는 점(즉, **그리스도를** 믿음, faith *in Christ*)을 강조하는 데 실패했다고 지적했다(원서 165쪽). 이러한 비판은 나를 좀 당황스럽게 했다. 왜냐하면 내 글 앞부분에서 "믿음"을 언급한 부분은 모두 명백히 "그리스도를 믿음"을 가리켰기 때문이다—"나[예수]를 믿음"(행 26:18; 원서 135쪽), "그리스도를 믿음"(원서 136쪽), 갈라디아서 2:16을 여러 번 인용한 곳들(예, 원서 136쪽), 핵심 문구에 대한 각주

(원서 138쪽 각주 10번)에서처럼 말이다. 그 각주(원서 138쪽 각주 10번)에서 믿음이라는 문제에 초점을 맞추면서 나는 다음과 같이 자연스럽게 생각했다—즉, 내가 그리스도에 대한 믿음에 초점을 두고 있음을 독자들이 알아차릴 거라고 말이다. 존이 제대로 보았듯이, "모든 것은 믿음의 대상인 예수 그리스도에 달려 있다. 그리스도는 '좋은 소식'의 주제이며 그를 믿는(또는 신뢰하는) 사람들이 전적으로 의존하는 대상이다"(원서 165쪽).

바울은 믿음이 복음에 대한 (유일하고) 적절한 최초의 반응임을 강조했다. 이에 비해, 은혜라는 선물을 강조하는 존의 설명에서 (바울에게 있어 믿음에 해당하는) 선물에 대한 적절한 반응이 무엇인지 분명하게 드러나지 않는 것을 보면서 의문과 궁금증이 들었다. 이게 존에게 던지고 싶은 또 다른 비판이다.

브랜트 피트리와의 대화

브랜트는 자신의 글 도입부에서 내 입장에 찬사를 보냈다. 그 점에 대해 깊이 감사한다. 나는 "오직 믿음"을 강조하는 그에게 당연히 동의한다. 그리고 기독교 신학의 위대한 교부들이 증언한 것에 내가 주의를 기울이지 않았다는 그의 비판을 받아들인다. 바울이 강조한 지점들이 교회의 역사에서 흐리게 된 경우가 많았다는 사실에도 불구하고, 아마도 브랜트는 "바울에 관한 갱신된 관점"으로 논의를 재명명하고 싶어하는 것 같다. 특히 브랜트가 내 갈라디아서 주석을 무척 효과적으로 인용하는 것을 볼 때, 바울의 사고에서 사랑이 중요했다는 그의 주장에 대해 내가 어찌 동의하지 않겠는가? 이 점에 대해 나는 트리엔트공의회를 그가 인용한 것에 기쁘게 동의한다고 말하고 싶다. 하지만 브랜트의 주장 가운데 마지막 것은 내가 가진 개신교의 감수성에 조금 거슬렸다. 그는 종교개혁과 종교개혁가들의 저항이 온당한 근거 없이 생겼다고 생각하는가? 루터는 무엇을 반대했는가? 아우구스티누스에 반대했는가? 아니면 아퀴나스에 반대했는가? 기독교 역사는 우리가 서로 동의하는 것으로만 구성된 것이 아니다.

망누스 세테르홀름과의 대화

바울이 유대교 내부에서 이해되어야 한다는 망누스의 단호한 주장에 나는 좀 당혹감을 느꼈다. 물론 바울은 유대교 유산에 깊이 뿌리 내리고 그 유산에 끊임없이 의지한 유대인이었다. 그가 반셈족주의자가 아니었던 것은 당연하다! 하지만 바울은 자신이 여전히 "유대교 내부에" 있다고 생각했을까? 그는 "유대교 내부에"라는 표현을 과거에 있었던 일과 회심 전 경험을 가리킬 때 단 두 번 사용했다(갈 1:13-14). 그리고 그는 "유대인으로 살다/유대인이 되다"(Judaize)라는 동사를 단 한 번 사용했다(2:14). 바울이 개종시킨 이방인들에게 "유대인화"(Judaize)되어야 한다—즉, 유대인이 되거나 고유한 유대 관습에 맞춰 살아야 한다—고 주장한 "유대주의자"에 대해 언급할 때 사용한 것이다(바울은 그들의 이러한 시도에 강력하게 맞섰다). 그렇다면 "유대교 내부"(within Judaism)라는 표현이 과연 바울의 회심 이후 입장에 관한 그의 이해를 제대로 표현한다고 볼 수 있을까? 나는 그렇지 않다고 생각한다. "유대교 내부"라는 표현은 바울의 회심 이후 자기 이해를 정확하게 기술하지 **못한다**. 당연한 말이지만 그리스도인인 유대인 바울은 "유대교 내부에서" 활동하지 않았다. "유대교"는 분명히 더 이상 바울이 자신의 풍성한 유대교 유산을 가리키길 원할 때 사용하던 단어가 아니다. 이 점이 명백하지 않다는 말인가?

망누스가 각주에서 언급한 최근의 논의를 내가 따라잡을 수 없었다는 점은 인정한다. 하지만 갈라디아서 2:16에 담긴 바울의 논증이 얼마나 자주 문맥에서 분리된 채 다루어졌는지를 지적하고 싶다(2:16은 그 문맥의 절정에 해당한다). 문맥은 너무나 분명하다. 바울이 염두에 둔 "율법의 행위들"은 구체적으로 할례와 (유대) 음식 규정을 가리키며, 이방인 신자들이 "유대인이 되거나 유대인처럼 사는 삶"(Judaize)을 실제로 시도하는 것을 의미한다. 갈라디아서 2:14-16은 다음의 사실을 분명하게 말하고 있다—"율법의 행위들"이 아니라 예수 그리스도를 믿음으로 의롭다 여김을 받는다는 바울의 주장이 "복음의 진리"라는 표현에 요약됐다. 유대 음식 규정을 계속 지켜야 한다는 주장이 유대인 신자와 이방인 신자의 교제를 방해했다는 점이 바울을 그토록 화나게 했다. 망누스는 정결한 음식과 정결하지 않은 음식 사이의 구분이 정결한 사람과 부정한 사람 사이의 구분을 반영하거나 그러한 구분을 쉽게 강화하는 것으로 이어진다는 점을 충분히 알고 있는가? 이것이 바로 이방인의 사도인 바울이 저항하라고 부름받은 것이다!

앤드루 다스와의 대화

"사도행전 11:27-30//12:25"에 기록된 사건을 앤드루가 "기근 구호를 위한 방문"이라고 표현한 것은 좀 당황스러웠다. 하지만 그것보다 나는 앤드루가 야고보를 옹호하는 것에 대해 질문을 던지고 싶다. 왜냐하면 "야고보에게서 온 어떤 사람들"이 도착한 결과 바나바를 포함한 유대인 예수 신자들이 "그들의 위선에 이끌려 엇나갔음"이 분명하기 때문이다(갈 2:11-13). 야고보가 이방인 신자들이 할례를 받을 필요가 없다는 점에는 동의했지만 그래도 그는 유대 음식 규정을 어기는 것이 새로운 예수 운동이 나아갈 길이라고 하기에는 지나치다고 판단하지 않았는가? 유대인 출신 신자들이 할례를 받지 않은 이방인 신자들을 교제의 대상으로 받아들이지 않은 것이 그들이 이방인 신자와의 식탁 교제에서 물러난 동기임이 분명하기에, 이방인 신자들에게 유대인처럼 되라고 요구한 것이 유대인 출신 신자들이 (식탁 교제에서) 물러난 뒤 일어난 **결과**일 뿐이라고 생각할 수는 없다.

나는 앤드루의 글 대부분에서 문제를 발견하지 못했지만, 역설적이게도 유대인들이 이방 세계에 참여하는 유연함의 정도가 안디옥 사건의 흥미로운 배경을 형성했다는 그의 주장에 주목하게 됐다. 그 상황에서 야고보에게서 온 메시지가 "베드로에게만 한정되어" 전해진 것인지 분명히 알기는 어렵다. 베드로가 그전에 이방인 신자들과 율법을 엄격하게 지키지 않는 형식으로 교제를 했고 이것이 다른 유대인에게 복음을 전하는 데 방해하는 역할을 했다는 추론은 온당하지만 말이다. 그리고 맥락을 볼 때 바울이 구체적으로 유대인 신자와 이방인 신자의 교제를 금지하는 그러한 율법들(할례와 음식 규정)을 생각하고 있는 것이 분명한데, 왜 앤드루는 바울이 "율법의 행위들"에 대해 말할 때 유대 "율법 **전체**"를 가리켰다고 주장하는가(원서 158쪽)?

유대교 내부의 바울 관점

유대교 내부의 바울 관점

망누스 세테르홀름

서론

일반적으로 볼 때, 소위 유대교 내부의 바울(Paul within Judaism) 관점은 이제는 고전이 된 『바울과 팔레스타인 유대교』(*Paul and Palestinian Judaism*)에서 E. P. 샌더스(E. P. Sanders)가 고대 유대교의 특성을 새롭게 해석했던 것으로부터 자연스럽게 발전된 결과로 묘사될 수 있다.[1] 1980년대 이전까지는 일반적으로 바울을 이해하는 데, 그리고 특히 바울과 유대교의 관계를 이해하는 데 갈등이라는 해석적 열쇠가 주도적으로 사용됐다고 말하는 것이 아마 타당할 것이다. 다메섹 사건 이후의 바울은 유대교 바깥에, 그리고 유대교에 대항하는 위치에 서 있었다고 여겨졌다. 부활하신 그리스도와의 만남으로 인해 바울은 토라의 때가 지났

---

* 이 글을 읽고 유용한 논평을 해 준 파울라 프레드릭슨(Paula Fredriksen)에게 깊은 사의(謝意)를 표합니다.

1. E. P. Sanders, *Paul and Palestinian Judaism: A Comparison of Patterns of Religion* (Minneapolis: Fortress, 1977) [= 『바울과 팔레스타인 유대교』, 알맹e, 2018].

음을 확신하게 됐다(예, 갈라디아서; 참조, 롬 10:4). 샌더스 이전 시대 주류 해석자들 대부분의 입장에 따르면(그러나 뭉크[Munck], 달[Dahl], 스텐달[Stendahl]은 두드러지는 예외였다), 바울은 "그리스도인"이 됐을 때, 종교적 헌신과 감수성의 측면에서 유대인이기를 그만두었다.

비록 바울이 스스로를 **이방인**의 사도로 소개하지만(예, 갈 1:15-16; 롬 1:5; 11:13), 전통적인 해석에 따르면, 바울이 직면했다고 여겨지는 가장 중요한 문제는 **모든 인류**의 구원과 관련되어 있었다.[2] 이 견해에 따르면, 바울의 복음은 유대인들과 비유대인들 양쪽 모두를 향하고 있었다. 이 때문에 많은 학자들은 바울이 토라를 버렸고, 따라서 유대인의 삶의 방식을 포기했다는 결론에 이르렀다. 초기 예수 운동 내부의 갈등은 두 개의 서로 대립되는 종교 체계 사이의 충돌을 가리키는 신호였다. 하나는 보수적이고 예루살렘 중심적인, "율법주의"로 특징지어지는 체계였고, 다른 하나는 새롭고 외부지향적인, 은혜로 특징지어지는 체계였다.[3] 바울의 대적들은 바울이 떠나 왔다고 여겨지는 바로 그 종교 체계를 옹호했다. 흔히 "유대인 그리스도인"이라고 일컬어지는 그들은 토라가 계

---

2. "바울 신학은 사변적 체계가 아니다. 그것은 스스로 있는 존재로서 하나님을 다루지 않고, 오직 인간에게 의미 있는 존재로서, 그리고 인간의 책임과 인간의 구원에 있어서 의미 있는 존재로서 하나님을 다룬다." Rudolf Bultmann, *Theology of the New Testament*, trans. Kendrick Grobel, 2 vols. (New York: Scribner, 1951-55), 1:190-91 [『신약성서신학』, 성광문화사, 1997].

3. "종교"와 같은 용어들이나 그와 관련된 명칭들을 1세기 상황에서 사용하는 것을 피해야 한다는 주장에 많은 이들이 동의하는 것처럼 보이는데, 나는 그렇게 생각하지 않는다. 나는 종교라는 개념이 (비록 주의를 기울여야 하기는 하지만) 사용 가능하다는 Brent Nongbri의 입장에 동의한다. Nongbri, "The Concept of Religion and the Study of the Apostle Paul," *JJMJS* 2 (2015): 1-26을 보라. Nongbri의 주장은 다음의 책에 더 자세하게 전개되어 있다. *Before Religion: A History of a Modern Concept* (New Haven: Yale University Press, 2013).

속해서 유효하다고 주장했던 반면, 바울은 토라가 폐하여졌다고 주장했다.

이렇게 읽게 되면, 즉 바울은 율법의 행위들에 의지하는 모든 인간은 저주 아래 있다고 주장했으며(갈 3:10), 유대 민족 역시 하나님의 진노가 그 위에 드러난 이들 가운데 포함된다고 본다면, 바울에 관한 전통적 이해는 신학적으로 볼 때 극히 유용하다. 소위 유대교의 율법주의라는 개념과 관련하여 스티븐 웨스터홈(Stephen Westerholm)이 언급했듯이, "칭의에 대한 루터교 교리를 돋보이게 하는 데 쓰일 만한 더 나은 배경을 그것 외에는 찾기 힘들다."[4]

그러나 우리가 바울을 다른 관점에서 바라보면 어떻게 될까? 역사적 바울을 오직 성서 텍스트만을 통해서 접근할 수 있다고 가정하는 것은 하나의 흔한 실수다. 이렇게 내가 진술한 것은 포스트모던 상대주의 이념에 항복하는 게 아니다(오히려 나는 거기에 강력히 반대한다). 내 진술은 단지 텍스트 해석이 어떻게 작동하는지를 인식하는 것일 뿐이다.[5] 역사는 단지 텍스트적인 것이 아니다. 역사는 또한 필수적으로 **콘**텍스트적/맥락적이다. 단순히 표현해 보자면, 텍스트에 나오는 중요한 데이터에 대해 유관한 정보를 가지고 있지 않다면, 우리는 그 데이터를 제대로 이

4.　Stephen Westerholm, *Perspectives Old and New on Paul: The "Lutheran" Paul and His Critics* (Grand Rapids: Eerdmans, 2004), 130.

5.　내가 쓴 *Approaches to Paul: A Student's Guide to Recent Scholarship* (Minneapolis: Fortress, 2009), 237을 언급하는 Donald Hagner를 참고하라. Hagner가 생각하는 바에 따르면, 저 책의 해당 지면의 주장이 나의 "포스트모던 해석학적 신념"을 반영한다고 믿는데, 이는 사람들이 전달하고자 하는 바가 때로 이해하기 어렵다는 내 논점이 옳다는 것을 증명해준다. Hagner, *How New Is the New Testament? First-Century Judaism and the Emergence of Christianity* (Grand Rapids: Baker Academic, 2018), 9n25.

해할 수 없다. 그리고 우리가 맥락을 잘못 이해한다면, 우리는 강력한 오독과 결함 있는 해석에 다다르게 될 공산이 크다. 바울이 '에르가 노무'(ἔργα νόμου, 롬 3:20, 28; 갈 2:16; 3:10)라는 표현을 쓸 때,[6] 그리스도가 율법의 '텔로스'(τέλος)가 된다고 말할 때(롬 10:4),[7] 또는 로마서 2:17에 나오는 인물을 스스로를 유대인이라 칭하는 자라고 가리킬 때[8] 바울이 무엇을 의미했는지의 문제는 학자들이 해석을 위해 텍스트 바깥까지 나아가야만 하는 많은 예시들 중 일부다. 결과적으로 자신이 어떤 학문적 전통에 속해 있는지에 관계없이, 모든 이들은 부득불 특정한 전제들로부터 출발하여 역사적 맥락을 (재)구성해야만 한다.[9] 불확실성은 불가피하다. 하지만 명제들과 해석들은 개연성의 측면에서 점검을 받고 그 순위가 매겨질 수 있다. 많은 경우, 우리는 해석적 겸손의 자세를 취해야 한다. 간단히 말해, 우리는 **확실하게** 알 수 없다.[10]

---

6. James D. G. Dunn, "Yet Once More—'The Works of the Law': A Response," *JSNT* 46 (1992): 99-117에 나오는 논의를 보라.

7. Joseph A. Fitzmyer, *Romans: A New Translation with Introduction and Commentary*, AB 33 (New York: Doubleday, 1993), 584-85 [= 『(앵커바이블) 로마서』, CLC, 2015]에 나오는 개관을 보라.

8. Runar M. Thorsteinsson, *Paul's Interlocutor in Romans 2: Function and Identity in the Context of Ancient Epistolography*, ConBNT 40 (Stockholm: Almqvist & Wiksell, 2003) (2015에 재출간됨)에서 주장한 것을 보라. 또한 Runar M. Thorsteinsson, Matthew Thiessen, and Rafael Rodríguez, "Paul's Interlocutor in Romans: The Problem of Identification," in *The So-Called Jew in Paul's Letter to the Romans*, ed. Rafael Rodríguez and Matthew Thiessen (Minneapolis: Fortress, 2016), 1-37을 보라.

9. 동일한 논증의 다른 형태로는 Magnus Zetterholm, "The Antioch Incident Revisited," *JSPL* 6 (2016): 249-59, 특히 249-50을 보라.

10. 소위 안디옥 사건에서 무엇이 벌어졌는지를 이해하는 데에 따르는 어려움에 대한 상당히 적절한 묘사로는 John M. G. Barclay, *Paul and the Gift* (Grand Rapids: Eerdmans, 2015), 366-67을 보라.

샌더스 이전까지, 대부분의 학자들은 바울의 신학이 유대인들이 흔히 공유하고 있던 신념과 행동 양식에, 특히 토라 준수에 모순된다고 보는 전제로부터 출발했다. 이 일반적 진술은 논란의 여지가 있다고 볼 수 없다. 다른 곳에서 나는 반유대적 바울이라는 개념의 출현을 내가 어떻게 이해하고 있는지에 관해 자세하게 설명했다.[11] 유대 전쟁 이후 본래 정치적 갈등이었던 것이 급속도로 신학적 분열로 옮겨갔다는 것이 나의 주된 주장이었다. 결국 이것은 비유대적 (그리고 심지어 반유대적) 종교로서 기독교가 부상하는 결과를 낳았다.[12] 비록 예수를 향하는 유대인들로 구성된 여러 그룹들이 기독교의 창립 세대로부터 수백 년 후까지도 존재했던 것 같긴 하지만 말이다.[13]

고대 후기의 로마와 중세의 유럽을 거치는 동안, 신학적 논쟁이 개인의 구원의 조건에 초점을 맞출 때면, 유대인의 토라 준수는 점점 더 (이방인) 기독교적 은혜 개념에 반대되는 것으로 이해됐다. 이러한 발전은 종교개혁 시대에 절정에 이르렀고, 유대교와 기독교라는 두 가지 상반되는 종교 체계를 날카롭게 양극화된 방식으로 구분했다. 후에 19세기를 지나는 동안 규범적 신학에 기반을 둔 개념들이 신약학계 안으로

---

11. Magnus Zetterholm, *Approaches to Paul: A Student's Guide to Recent Scholarship* (Minneapolis: Fortress, 2009). 또한 Pamela Eisenbaum, *Paul Was Not a Christian: The Original Message of a Misunderstood Apostle* (New York: HarperCollins, 2009), 32-54을 보라.

12. Magnus Zetterholm, *The Formation of Christianity in Antioch: A Social-Scientific Approach to the Separation between Judaism and Christianity* (London: Routledge, 2003); Zetterholm, "Paul within Judaism: The State of the Questions," in *Paul within Judaism: Restoring the First-Century Context to the Apostle*, ed. Mark D. Nanos and Magnus Zetterholm (Minneapolis: Fortress, 2015), 31-51, 특히 35-38.

13. Karin Hedner Zetterholm, "Alternate Visions of Judaism and Their Impact on the Formation of Rabbinic Judaism," *JJMJS* 1 (2014): 127-53.

도 침투했고,[14] 이것은 20세기에 이르기까지도 학계에 상당한 영향을 미친 근본적 방향성을 정립했던 것을 우리가 발견할 수 있다.[15] 유대교는 기독교의 어두운 "타자"다. 『유대 민족의 역사』(A History of the Jewish People)에 나오는 유명한 대목인 "율법 아래의 삶"(Life under the Law)에서 에밀 쉬러(Emil Schürer)가 내린 결론은 이러한 관점의 고전적 사례를 제공한다.

> 모든 질문에 있어서, (유대교의) 모든 것은 오직 무엇이 율법에 따른 것인지를 확정하는 것에 달려 있었고, 거기에 가능한 한 가장 큰 주의를 기울였으며, 그리하여 행동 주체가 모든 개별 사례에 대해 특정한 지침을 가질 수 있도록 했다. 한마디로, 법리(jurisprudence)가 윤리와 신학을 삼켜버렸던 것이다. 실질적 사안들에 대한 이런 외적인 견해가 초래하는 나쁜 결과는 분명하다. 그리고 그 결과는 그 견해의 필연적 귀결이었다. 전체적으로 보아 도덕적으로 옳은 방향으로 움직이는 가장 괜찮은 결의론 사례에서조차도, 그것은 그 자체로 도덕 원칙을 독살하는 것이었으며, 도덕적 삶의 활기찬 맥박을 무감각하게 마비시키지 않을 방도가 없었다. 그러나 그런 괜찮은 사례는 결코 일어나지 않았다. "율법을 성취하기 위해서 내가 무엇을 해야만 할까?"라는 질문을 하게 되면, 그에 따르는 유혹은 분명했다. 곧, 도덕성의 참된 요구 대신, 율법의 온전한 의도 자체와 관계없이, 문자로 된 지침 작성이 최우선적으로 목표가

---

14. 규범적 신학에 대해서는 John T. Granrose, "Normative Theology and Meta-Theology," *HTR* 63 (1970): 449–51을 보라.
15. 예를 들어, Anders Gerdmar, *Roots of Theological Anti-Semitism: German Biblical Interpretation and the Jews, from Herder and Semler to Kittel and Bultmann* (Leiden: Brill, 2009)을 보라.

된 것이다.[16]

고대 유대교에 대한 샌더스의 새로운 묘사는 판을 바꾸어 놓았다.[17] 샌더스는 슈트락-빌러벡(Strack-Billerbeck)에 의존하는 대신 고대 유대교 텍스트를 실제로 읽었고, 그것을 바탕으로 확인한 새로운 맥락을 가지고 전통적 바울 학계에 맞서서 이의를 제기했다.[18] 유대교는 은혜의 종교이며, 유대교 안에 있는 개인은 낡아 빠진 '미츠보트'(mitzvot, "계명들")를 준수함으로써 구원을 얻기 위해 분투하는 것이 아니었다. 유대교가 은혜의 종교라는 개념은 바울 읽기를 위한 전적으로 새로운 맥락을 학자들에게 제공했다. 샌더스 이후, 바울은 율법주의적(legalistic) 종교로서의 유대교와 관련시킬 것이 아니라, 율법 준수가 언약적 맥락 안에서 기능하는 종교 체계, 곧 샌더스가 **언약적 율법주의**(covenantal nomism)라고 명명한 종교 체계와 관련시켜야만 하는 인물이 됐다.

언약적 율법주의의 "패턴" 혹은 "구조"는 다음과 같다. (1) 하나님은 이스라엘을 택하셨고, (2) 율법을 수여하셨다. 율법은 (3) 이 선택을 유지하겠다는 하나님의 약속과 (4) 순종해야 한다는 요구조건 양쪽 모두를

---

16. Emil Schürer, *A History of the Jewish People in the Time of Jesus Christ* (Edinburgh: T&T Clark, 1890), division 2, vol. 2, 120. Schürer 및 그 이후 Wilhelm Bousset, Paul Billerbeck, Rudolf Bultmann과 같은 다른 학자들은 Ferdinand Weber의 *System der altsynagogalen palästinischen Theologie aus Targum, Midrasch und Talmud* (Leipzig: Dörffling & Franke, 1880)에 상당히 의존했다.

17. 물론, Sanders의 조사는 팔레스타인 유대교에 국한됐지만, 사실상 그것은 유대교 전반을 기술하는 차원에서 이해되어 왔다.

18. Hermann Strack and Paul Billerbeck, *Kommentar zum Neuen Testament aus Talmud und Midrasch*, 6 vols. (Munich: C. H. Beck, 1922-28).

암시한다. (5) 하나님은 순종에 대해 보상하시고 위반을 벌하신다. (6) 율법은 속죄의 수단을 제공하며, 속죄는 (7) 언약 관계의 유지 혹은 재확립이라는 결과로 이어진다. (8) 순종, 속죄, 그리고 하나님의 자비에 의해 언약 안에 머무는 모든 이들은 구원받게 될 집단에 속한다. 첫째 논점과 마지막 논점은 다음과 같은 중요한 의미를 갖는 것으로 해석된다. 곧, 택함 받음 및 궁극적으로 구원이란 인간의 성취가 아니라 하나님의 자비에 의해 이루어진다고 여겨지는 것이다.[19]

비록 샌더스의 언약적 율법주의 개념이 1세기 유대교의 특성을 제대로 포착한 게 맞는지에 대해 논의가 있어왔지만(특히 "은혜"와 "공로" 사이의 관계에 있어서),[20] 토라 준수를 언약적 틀 안에 위치시킨다는 전반적인 개념은 긍정적으로 수용됐다. 심지어 바울이 어떤 면에서 유대교와 반대 입장에 있었다는 생각을 고수하는 학자들조차도 그것을 받아들였다.[21]

대부분의 학자들이 유대교를 "율법주의적"이라거나 "행위 의"(works righteousness)로 묘사하지 않는 샌더스의 전반적인 시각을 수용한 것 같지만, 샌더스의 바울 해석에 관해서는 학자들이 덜 동의했다고 말하는

19. *PPJ*, 422.
20. 예, D. A. Carson, Peter T. O'Brien, and Mark A. Seifrid, eds., *Justification and Variegated Nomism*, vol. 1, The Complexities of Second Temple Judaism, WUNT 2/140 (Tübingen: Mohr Siebeck; Grand Rapids: Baker Academic, 2001)에 실린 다양한 소논문들을 보라.
21. 예를 들어 다음을 보라. Heikki Räisänen, *Paul and the Law*, 2nd ed., WUNT 29 (Tübingen: Mohr Siebeck, 1987), 167–68; Frank Thielman, *From Plight to Solution: A Jewish Framework for Understanding Paul's View of the Law in Galatians and Romans*, NovTSup 61 (Leiden: Brill, 1989), 25; Westerholm, *Perspectives Old and New*, 350; N. T. Wright, *Paul and His Recent Interpreters: Some Contemporary Debates* (London: SPCK, 2015), 69–76.

것이 아마 정확할 것이다. 그 결과, 바울 학자들은 샌더스의 고대 유대
교 재구성을 여전히 익숙한 모습의 바울에 적용할 다른 방법들을 물색
하기 시작했다. 따라서 샌더스 자신의 바울 해석으로부터, 그리고 더 중
요하게는, 제임스 던의 아주 영향력이 컸던 소논문인 "바울에 관한 새
관점"(The New Perspective on Paul)으로부터 시작하여,[22] 학자들이 점차적으
로 바울을 그가 살던 시대 유대교에 가까이 위치시키려는 작업 과정에
뛰어드는 분명한 경향성을 보여 왔다. 물론 이러한 과정의 종착지는 바
울 사도를 유대교 안에 굳건하게, 완전하게, 그리고 꼭 들어맞게 위치시
키는 것이다. 유대교 내부의 바울이라는 입장은 바로 이러한 지적
(intellectual) 과정 안에서 이해되어야 한다. 그것은 역사적 바울을 바라보
는 여러 "관점들" 중 하나다.[23]

　　앞으로 이어질 논의에서 나는 유대교 내부의 바울 관점의 기저에
있는 두 가지 가장 근본적인 전제들(첫째는 바울이 유대 정체성을 지속했다는
것, 둘째는 바울이 비유대인에게 초점을 맞추었다는 것)을 내가 어떻게 이해하는
지 제시할 것이다. 이 근본적인 전제들의 중요성에 대해서는 바울을 바
라보는 이 관점을 공유하는 모든 학자들이 나에게 동의하리라 추측하
지만, 이 전제들로부터 바울을 어떻게 재구성할 것인지에 관한 나의 특
정한 제안을 모든 이들이 받아들이지는 않을 것이다. 사실 마땅히 그래
야 할 것이다. 유대교 내부의 바울 관점의 학자들은 분파(sect)가 아니라
하나의 역사서술적 운동을 구성하며, 이 학문적인 헌신 안에는 상당한

---

22. James D. G. Dunn, "The New Perspective on Paul," *BJRL* 65 (1983): 95–122 [= 『바
　　울에 관한 새 관점』, 감은사, 2018].
23. 또한 바울 연구가 발전해 온 과정을 Karl Olav Sandnes가 간결하게 요약한 *Paul
　　Perceived: An Interactionist Perspective on Paul and the Law*, WUNT 412
　　(Tübingen: Mohr Siebeck, 2018), 8–15을 보라.

다양성이 존재한다. 패멀라 아이젠버엄(Pamela Eisenbaum)이 말하듯, "우리가 공유하는 것은 바울을 향한 동일한 기본적 방향성이다."[24]

나는 이러한 시도를 세속적 관점에서 접근한다. 즉, 유대적인 바울의 모습이 규범적 신학에 어떤 함의를 가지는지는 이 글의 범위 바깥에 있다는 뜻이다. 학문이 오늘날의 종교에 영향을 미친다는(혹은, 예컨대 바울 학계라는 특정한 사례의 경우, 학문이 유대교와 기독교 사이의 대화를 증진한다는) 생각에 대해 내가 반대하진 않지만, 나는 또한 규범적 신학이 바울 학계에 부정적 영향을 끼쳤으며 역사적 바울을 찾지 못하게 막았다고 생각한다. 규범적 신학은 고려 대상에서 그저 제외시켜야 하는데, 학문적 자유에 있어서 가장 중요한 부분 중 하나는 여러 이익 집단으로부터의 자율성이기 때문이다.

유대교 내부의 바울: 두 가지 근본적 전제

바울은 유대적이었으며, 따라서 토라 준수자였다

바울이 토라 준수자였다는 견해는 아마도 전통적인 경향을 지닌 학자들에게 있어서 가장 받아들이기 어려운 명제일 것이다. 왜냐하면 그것은 우리가 살펴보았듯이 바울 학계에 이제껏 극도로 영향력이 있어 왔던 루터교 신학의 핵심을 뒤흔드는 것처럼 보이기 때문이다. 규범적 신학과 학문적 연구 사이의 연결성은 상당히 복잡하고 실로 문제적이며, 나는 그것이 여전히 하나의 고려사항이 되어야 한다는 점을 참으로 이상하게 여긴다. 다르게 표현해 보자면, 16세기에서 온 기독교 신학자

---

24. Eisenbaum, *Paul Was Not a Christian*, 250.

한 명이 여전히 바울에 대한 현대 학자들의 논의에 영향력을 행사하는 것은 절대 좋은 일이 아니다.

그럼에도 바울이 토라 준수자였다는 견해는 바울이 유대적이었다는 추정에 뒤따르는 것이다. 물론, 오늘날 대부분의 학자들은 바울이 **민족적으로** 유대적이었다는 진술에 동의할 것이지만, 이것이 종교적 차원에서는 아무 의의가 없다고 주장할 것이다.[25] 마크 나노스(Mark Nanos)가 지적했듯이, "[바울은] 유대인(Jew)/유대 지역민(Judean)이면서도 더 이상 유대적으로 행동하지 않는 자로 취급된다."[26] 그러나 유대교 내부의 바울 관점을 가지고 연구하는 학자들에게 있어서, 바울이 유대적이라는 말은 바울이 유대교를 **실천하는**(practiced) 사람이었음을 의미한다. 물론 유대인이기를 그만두는 길을 의식적으로 찾으려 했던 유대인들의 사례가 있기는 하다. 가장 두드러지는 사례로는 필론(Philo)의 조카 티베리우스 율리우스 알렉산드로스(Tiberius Julius Alexander), 안디옥 유대인들의 최고 관리인의 아들인 안티오코스(Antiochus: 그는 그리스인들의 방식대로 희생제사를 드렸다),[27] 혹은 "할례의 자취[문자적으로 하면, '포피를 만들다']를 제

---

25. James D. G. Dunn, "Who Did Paul Think He Was? A Study of Jewish-Christian Identity," *NTS* 45 (1999): 174-93; Dunn, *Christianity in the Making*, vol. 2, *Beginning from Jerusalem* (Grand Rapids: Eerdmans, 2009). 또한 Pamela Eisenbaum, "Paul, Polemics, and the Problem of Essentialism," *BibInt* 13 (2005): 224-38 (특히 227-28)을 보라. 거기서 Eisenbaum은 바울을 '카타 사르카'(*kata sarka*, "육신적 측면")에서는 유대인이지만 종교적으로는 더 이상 유대적이지 않다고 이해하는 학자들과 "어떤 제한사항도 없이 그저 바울을 유대인으로" 이해하는 학자들을 구분한다(228쪽).

26. Mark D. Nanos, "Paul and Judaism: Why Not Paul's Judaism?," in *Paul Unbound: Other Perspectives on the Apostle*, ed. Mark D. Given (Peabody, MA: Hendrickson, 2010), 특히 119.

27. Josephus, *J. W.* 7.50 [= 『요세푸스 3: 유대 전쟁사』, 생명의 말씀사, 2006].

거"하고 예루살렘의 "거룩한 언약을 저버린" 유대인들이 있다.[28] 그러나
이것은 분명 바울에게는 해당되지 않았다. 오히려 바울은 이스라엘 민
족에 대한 자신의 충성을 표현했으며, 자신의 유대인됨을 강조했다(갈
1:13-14; 2:15; 롬 9:3; 11:1).

아래에 나오는 빌립보서의 본문은[29] 바울이 "기독교로 개종"했고[30]
유대교와 절연했음을 나타내는 증거로 흔히 간주되지만, 사실 이 본문
조차도 반대 의미로 읽힐 수 있다.

> 개들을[τοὺς κύνας] 조심하고, 악한 일을 하는 이들을[τοὺς κακοὺς ἐργάτας]
> 조심하고, 신체 훼손[τὴν κατατομήν]을 조심하라![31] 왜냐하면 하나님의 영
> 안에서 예배하고 그리스도 예수를 자랑하며 육신을 전혀 신뢰하지 않
> 는 우리가 곧 할례파이기 때문이다. 비록 나 역시 육신을 신뢰할 만한
> 이유가 있지만 말이다. 그 어떤 누구든지 육신을 신뢰할 이유가 있다
> 면, 내게는 더 큰 이유가 있다. 팔일 째에 할례를 받았고, 이스라엘 민족
> 의 구성원이며, 베냐민 지파 출신이고, 히브리인에게서 난 히브리인이
> 며, 율법에 있어서는 바리새인이고, 열심에 있어서는 '에클레시
> 아'(ἐκκλησία)의 박해자이며,[32] 율법 아래서의 의로는 흠이 없다. 그러나

---

28. 마카비1서 1:11-15.
29. 나는 NRSV 번역을 사용했고, 때로 약간의 수정을 가미했다.
30. 그러나 Dunn, "Who Did Paul Think He Was?," 179에서 Dunn은 바울이 "기독교"
    로 개종할 수 없었을 것이라는 사실을 올바르게 지적했음을 참고하라. 왜냐하면
    "'기독교'라는 용어는 당시에 아직 존재하지 않았기 때문이다."
31. "육신을 훼손하는 자들"(those who mutilate the flesh)이라는 NRSV의 번역은 너무
    자의적인 주해 같다.
32. NRSV에서 ἐκκλησία를 "교회"(church)로 옮긴 것은 유감스러운 일이다. 바울은 교
    회를 세운 적도 방문한 적도 없으며, 교회를 박해한 적도 없다. 이것은 어떻게 번역
    이 종종 특정한 신학적 입장을 반영하는지를 보여주는 일례일 뿐이다. 편견 없는

내가 얻은 것이 무엇이든, 나는 그리스도 때문에 그것들을 해로 여기게
됐다. 그뿐만 아니라, 그리스도 예수 나의 주님을 아는 것이 지극히 큰
가치가 있기 때문에 나는 모든 것을 해로 여긴다. 나는 그분을 위하여
모든 것을 잃었고, 그 모든 것을 쓰레기로 여긴다. 그리하여 그리스도
를 얻고자 한다. (빌 3:2-8; 저자가 NRSV를 수정하여 인용)

갈등 패러다임을 출발선으로 삼는 대부분의 학자들은 빌립보에 있는
바울의 대적자들의 정체가 "유대화하는 자들"(유대인들, 예수를 향하고 있는
유대인들[Jesus-oriented Jews], 혹은 개종자들까지), 곧 빌립보인들이 할례를 받
고 유대교의 다른 표현 방식들을 채택하도록 영향력을 끼치려는 자들
이라고 추정한다.[33] 그러나 마크 나노스는 대안적인 해석을 제시한다.[34]

바울이 3:2에서 "개들"(τοὺς κύνας)이자 "악을 행하는 이들"(τοὺς κακοὺς
ἐργάτας)이라고 부르며 경고하는 적대자들의 정체는 흔히 "유대인들"(혹

용어를 사용하는 것의 중요성에 대해서는 Anders Runesson, "The Question of
Terminology: The Architecture of Contemporary Discussions on Paul," in Nanos
and Zetterholm, *Paul within Judaism*, 53-77; Magnus Zetterholm, "Jews,
Christians, and Gentiles: Rethinking the Categorization within the Early Jesus
Movement," in *Reading Paul in Context: Explorations in Identity Formation; Essays
in Honour of William S. Campbell*, ed. Kathy Ehrensperger and J. Brian Tucker,
LNTS 428 (London: T&T Clark, 2010), 242-54을 보라.

33. 개관으로는 D. K. Williams, *Enemies of the Cross of Christ: The Terminology of the
Cross and Conflict in Philippians* (Sheffield: Sheffield Academic, 2002), 54-60;
Jerry L. Sumney, "Studying Paul's Opponents: Advances and Challenges," *Paul
and His Opponents*, ed. Stanley E. Porter, Pauline Studies 2 (Leiden: Brill, 2005),
7-58(특히 25-29); 그리고 John J. Gunther, *St. Paul's Opponents and Their
Background: A Study of Apocalyptic and Jewish Sectarian Teachings*, NovTSup 35
(Leiden: Brill, 1973)를 보라.

34. Mark D. Nanos, "Paul's Polemic in Philippians 3 as Jewish-Subgroup Vilification
of Local Non-Jewish Cultic and Philosophical Alternatives," *JSPL* 3 (2013): 47-91.

328 바울에 관한 다섯 가지 관점

은 "유대계 그리스도인들")로 간주된다.[35] 바울이 업신여기는 호칭인 "개들"을 택한 것은 유대인들이 비유대인들을 모욕할 때 사용하는 말을 의도적으로 뒤집어 유대인들에게 적용한 것으로 여겨진다.[36] 비슷하게, "신체 훼손"(τὴν κατατομήν)은 할례를 부정적으로 가리키는 말인 것으로 생각된다.[37] 반면, 마크 나노스는 바울의 관심사가 그리스-로마의 문화적·종교적 맥락에 닿아 있었으며, 특히 바울이 관심을 두는 문제는 비유대인 출신 예수 따르미들이 어떻게 메시아로서의 예수에게 기반을 둔 유대교(Jesus-as-Messiah-based Judaism) 안에서 살아야 하는지에 관련되어 있다는 견해를 제시한다.[38] 나노스에 따르면, "개"라는 호칭이 유대인들을 가리킨다는 견해는 유지될 수 없는데, 왜냐하면 그러한 주장을 뒷받침할 만한 문헌적 증거가 부재하기 때문이다.[39] "신체 훼손"에 관련해서 나노스는 주장하기를, 바울이 일반적으로 부정적인 용어를 사용해서 자신의 대적자들을 지칭하고 있으며, 어쩌면 그 용어 사용은 열왕기상 18-19장에 나오는 엘리야와 바알 선지자들의 이야기에서 영향을 받은 것일 수도 있고("거짓" 선지자들이 "칼과 창으로 자신의 몸을 잘랐다"고 명시적으로 기록되어 있다[18:28]), 혹은 바울이 빌립보에 있던 특정한 지역 제의나 (견유

---

35. G. Walter Hansen, *The Letter to the Philippians*, PNTC (Grand Rapids: Eerdmans, 2009). 최근의 예로는 Dorothea Bertschmann, "Is There a Kenosis in This Text? Rereading Philippians 3:2-11 in the Light of the Christ Hymn," *JBL* 37 (2018): 235-54 (특히 236)을 보라.

36. 예, Gordon D. Fee, *Paul's Letter to the Philippians*, NICNT (Grand Rapids: Eerdmans, 1995), 295을 보라.

37. Fee, *Philippians*, 296.

38. Nanos, "Paul's Polemic in Philippians 3," 52-53.

39. Mark D. Nanos, "Paul's Reversal of Jews Calling Gentiles 'Dogs' (Philippians 3:2): 1600 Years of an Ideological Tale Wagging an Exegetical Dog?," *BibInt* 17 (2009): 448-82.

178-179

학파와 같은) 철학 학파들을 암시하는 것일 수도 있다. 간단히 말해, 나노스에 따르면 바울은 유대적 영향이 아니라 이교적 영향을 맹렬히 비판하는 것이다.

　이 관점에서 보면, 3:4-6에서 바울이 자신의 유대적 정체성에 호소하는 것은 자신의 "과거" 정체성을 깎아내리기 위해서가 아니라 그의 청중이 자신이 보인 모범을 따라서 유대적이든 비유대적이든 어떤 면에 있어서도 영예나 지위를 가지고 경쟁하지 말도록 권면하기 위한 것이었다. "[바울의] 논증은 바울이 모범적인 방식으로 '여전히' 유대교를 실천하고 있는 유대인이라는 사실을 그의 청중이 알고 있다는 점에 기반한다. 따라서 바울이 소통하고자 하는 메시지는, 유대 정체성에 따라오는 사회적 이점을 자신이 '그리스도 안'에서 청중과 공유하고 있는 정체성보다 앞세우지 않겠다는 것이다. 또한 청중 역시 활용 가능한 '이교적인' 집단적 용어들을 가지고 자신들 가운데 사회적 이점을 추구하지 말아야 한다."[40] 내가 볼 때, 나노스는 신뢰할 만한 대안적 해석을 내놓았고, 유대교 내부의 바울 관점에서 심지어 "난해한" 텍스트들에 접근하는 것도 적어도 가능은 하다는 점을 잘 보여주었다. 또한, 바울이 현재 시제로 말하고 있음을 주목하라. 바울은 율법과 관련해서 여전히 흠이 "없다." 그는 여전히 바리새인이다. 그는 이러한 식별 표식들을 포기하지 않았다. 단지 그것들을 "그리스도 안"에 있는 것보다 덜 가치 있게 평가했을 뿐이다. 그러나 바울은 여전히 그것들을 가치 있게 여긴다. 그렇지 않았다면 그는 그것들을 자랑의 이유로 열거하지 않았을 것이다. 바울이 "과거에" 유대교 안에 있었던 삶을 빌립보서 3:4-6에서 폄하하고 있다는 가정은 적어도 더 이상 절대적 진리로 여겨질 수 없다.

---

40. Nanos, "Paul's Polemic in Philippians 3," 89-90.

물론, 바울이 유대교를 [계속] 실천했다는 명제는 유대 율법에 대해 부정적으로 말하는 바울의 잘 알려진 진술들과 충돌하는 것처럼 보이는 것이 사실이다. 바울이 토라 준수자였다는 견해를 어떻게 다음의 진술들과 조화시키는 것이 가능하겠는가?

> 그리스도께서는 율법의 저주에서 우리를 속량하셨다. (갈 3:13)

> 이제 믿음이 오기 전에는, 믿음이 계시될 때까지 우리는 율법 아래 갇혀서 감시를 받았다. 따라서 율법은 우리가 믿음으로 의롭게 될 수 있도록, 그리스도께서 오기 전까지 우리의 초등교사 노릇을 한 것이다. (갈 3:23-24)

> 우리가 육신 안에 살 때, 우리의 죄된 정욕들이 율법에 의해 자극을 받아 우리 지체들 가운데 역사하여 사망에 이르는 열매를 맺었다. 그러나 이제 우리는 율법으로부터 놓임을 받았고, 우리를 사로잡았던 것에 대해 죽은 바 됐으며, 그리하여 우리가 기록된 낡은 법 아래에 노예로 있지 않고 영의 새로운 삶 가운데 있게 하려는 것이다. (롬 7:5-6)

이 질문에 대한 답은 부분적으로는 바울의 청중이 누구인가의 질문과 연결되어 있고, 우리는 이 문제를 조금 후에 다룰 것이다. 지금으로서는 토라에 대한 바울의 시각이 전적으로 부정적이라고 말할 수는 없다는 점을 지적하는 것으로 충분하겠다. 예를 들어, 로마서 3:31에서 바울은 이렇게 묻는다. "그러면 우리가 이 믿음으로 율법을 전복하는가?" 그런 후 바울은 이렇게 대답한다. "그럴 수 없다! 오히려, 우리는 율법을 세운

다." 로마서 7:7에서 바울은 묻는다. "그러면 우리가 무엇이라 말하겠는
가? 율법이 죄라고 말하겠는가?" 그리고 대답한다. "그럴 수 없다!" 로
마서 7:12에서 바울은 이렇게 주장한다. "율법은 거룩하고, 계명도 거룩
하며 의롭고 선하다." 따라서 바울은 토라에 관해 부정적인 발언과 긍
정적인 발언 양쪽 모두를 하는 것 같다.

　일반적 관점에서 생각해 볼 때, 바울이 "율법 없는" 복음을 옹호했
다는 견해 자체에도 문제가 없지 않다. 인간적인 것과 신적인 것 사이의
관계가 특정한 규칙들과 규정들과 의례들에 의해 주관된다는 개념은
유대교에만 특별히 국한되어 있던 것이 아니다. 그 개념은 고대 종교들
가운데 공통적인 것이었고, 민족성과 연결되어 있었다.[41] 로버트 터컨
(Robert Turcan)의 표현대로 하자면, "참된 경건, 즉 신성한 것(sanctitas)에
대한 로마적 의미는 '신들에게 마땅히 돌려야 할 존경과 그들에 대한
고려 사항을 아는 지식'(Cicero, De natura deorum, 1, 116)이며, 신중하게 규칙
들을 고수하는 것이다."[42]

　더 나아가, 누군가가 "토라를 준수"한다거나 준수하지 않는다고 말
할 때, 그것들이 정확히 무엇을 의미하는지도 불분명하다. 그러나 다소
거칠게 말해보자면, 기독교 학자들은 1세기에 토라 준수가 어떻게 기능
했는지(어떻게 토라가 준수되어야 했으며, 언제 그것이 위반됐는지)를 정확히 결정
하는 문제에 있어서 흔히 상당한 자신감을 보인다. 예를 들어, 헤이키
레이제넨(Heikki Räisänen)은 "바울은 유대인 신자들과 이방인 신자들이
음식과 관련된 율법에 상관없이 식사를 같이하며 함께 살도록 강력하

41.　Paula Fredriksen, "Judaizing the Nations: The Ritual Demands of Paul's Gospel," *NTS* 56 (2010): 232-52 (특히 234).

42.　Robert Turcan, *The Gods of Ancient Rome: Religion in Everyday Life from Archaic to Imperial Times* (New York: Routledge, 2000), 2.

게 권면했다"고 생각하며,[43] 이것이 소위 안디옥 사건에서 드러난 문제의 일부분이었다고 추정한다(갈 2:11-14[또는 2:11-21]).[44] 비슷하게, 스캇 맥나이트(Scot McKnight)는 안디옥에서의 갈등이 무엇과 관련되어 있는지 밝히는 다섯 가지 가능한 설명 방식들을 열거한 뒤, 그 갈등의 문제에는 베드로가 "레위기 혹은 신명기에 명시적으로 금지되어 있는" 음식을 먹었다는 점이 포함되어 있었을 가능성이 가장 높다고 주장한다.[45]

고린도인들에게 "시장[μάκελλον]에서 파는 것은 무엇이든지 먹으라"(고전 10:25)고 권면하는 바울의 말은 또 하나의 고전적인 텍스트다. 많은 학자들은 이것을 읽고, 바울이 토라를 어겼으며 유대적인 음식 관습을 그만두었다고 결론을 내렸다. 예를 들어 C. K. 바렛(C. K. Barrett)은 여기서 바울이 "유대교와 분명한 단절"을 이룬다고 생각했으며,[46] 고든 피(Gordon Fee)는 "바울 사도에게 있어서 이 본문보다 더한 정도로 비유대적인(un-Jewish) 것은 상상하기 어렵다"고 말했다.[47]

그러나 토라 준수나 토라 위반으로 추정되는 것에 대한 모든 논의

---

43. Heikki Räisänen, *The Rise of Christian Beliefs: The Thought World of Early Christians* (Minneapolis: Fortress, 2010), 257.

44. Räisänen, *Rise of Christian Beliefs*, 258.

45. Scot McKnight, *Galatians: From Biblical Text to Contemporary Life*, NIVAC (Grand Rapids: Zondervan, 1995), 103 [= 『(NIV) 적용주석: 갈라디아서』, 솔로몬, 2013].

46. C. K. Barrett, *A Commentary on the First Epistle to the Corinthians*, 2nd ed., BNTC (London: A&C Black, 1971), 240 [= 『국제성서주석 37: 고린도전서』, 한국신학연구소, 1985].

47. Gordon D. Fee, *The First Epistle to the Corinthians*, NICNT (Grand Rapids: Eerdmans, 1987), 482. 또한 Wendell Lee Willis, *Idol Meat in Corinth: The Pauline Argument in 1 Corinthians 8 and 10*, SBLDS 68 (Chico, CA: Scholars Press, 1985), 230-31; Ben Witherington III, *Conflict and Community in Corinth: A Socio-Rhetorical Commentary on 1 and 2 Corinthians* (Grand Rapids: Eerdmans, 1995), 226-27을 보라.

에 있어서, 누군가가 법 조항(유대 율법과 같은 것)을 "준수"하거나 "위반"
한다는 생각은 대체로 관찰자의 시선에 달려 있음을 유념하는 것이 현
명한 일이다. 대부분의 유대인들이 어떤 형태로든 그들의 조상 관습을
공경했다는 것은 아마 사실일 것이다.[48] 그러나 이것은 모든 이들이 토
라를 같은 방식으로 준수했다는 의미가 아니며, 단지 "이스라엘과 이스
라엘의 하나님에게 바치는 충성을 측정하는 어떤 기준"이 존재했음을
의미할 뿐이다.[49]

　카린 헤드너 세테르홀름(Karin Hedner Zetterholm)은 토라 준수가 서로
다른 집단이나 개인에게 서로 다른 것을 의미했고 이 현상은 부분적으
로 유대 율법의 특성에 의해 설명된다는 점을 지적했다.[50] 토라에 있는
많은 개별 계명들이 모호하게 서술되어 있으며 명확한 설명을 필요로
한다는 것은 기정 사실이다. 헤드너 세테르홀름은 안식일 계명을 예로
든다(출 20:8-11; 31:13-17; 35:1-3). 성서 텍스트는 단지 이스라엘인 자손들,
그들의 노예들, 가축, 그리고 재류 외인들이 "일"을 삼가야 하며 불을
피우는 것이 금지된다고 서술할 뿐이다. 그 결과, 랍비들은 "일"이라는
단어에 함축되어 있는 활동들이 무엇인지 결정을 해야만 했는데, 이는
미쉬나 샤바트 7:2에서 찾아볼 수 있다.[51] 마가복음 2:23-24에 암시되어
있듯이, 안식일에 무엇을 하는 것이 "합법적"인지에 대한 서로 다른 견

---

48. 샌더스는 "공통 유대교"(common Judaism)를 제사장들과 백성이 서로 동의한 것
으로 정의하며, 이 정의는 상당히 타당하다. Sanders, *Judaism: Practice and Belief,
63 BCE–66 CE* (London: SCM; Philadelphia: Trinity Press International, 1992),
47을 보라. 또한 Sandnes, *Paul Perceived*, 24-25을 보라.
49. Sanders, *Judaism: Practice and Belief*, 47.
50. Karin Hedner Zetterholm, "The Question of Assumptions: Torah Observance in
the First Century," in Nanos and Zetterholm, *Paul within Judaism*, 79-103.
51. Hedner Zetterholm, "The Question of Assumptions," 81.

해들이 이미 1세기에 존재했던 것으로 보인다. 예수와 그의 제자들은 안식일에 이삭을 자르는 것에 아무런 문제의식을 갖지 않았던 것으로 보이는 한편, 바리새인들은 그것을 문제시했다. 이 장면은 아마도 1세기 후반 마가복음의 바리새인들이 후에 미쉬나에서 성문화된 견해를 나타낸다는 점을 가리키는 것과 다름없다("수확하는 것"은 샤바트 7:2에서 명시적으로 금지된다). 따라서, 토라의 '미츠보트'(mitzvot, "계명들") 중 많은 것들이 해석이나 해명이 필요하다는 사실은 자연스럽게 해석학적으로 다양한 과정, 즉 서로 다른 할라카 체계들의 탄생으로 이어졌다. 서로 다른 집단들은 서로 다른 해석을 발전시켰고, 힐렐과 샴마이 사이의 유명한 논쟁이 보여주는 것처럼(미쉬나 베라코트 8:1-8), 심지어 바리새인들처럼, 어떤 한 집단 내부에서도 할라카에 관련된 사안에 있어서 늘 합의가 존재하지는 않았다. 실로 구전 토라 전체의 존재 역시 마찬가지의 논점을 시사한다.

그 결과, 한 명의 유대인은 어떤 특정한 삶의 방식을 토라에 합치하는 것으로 여기는 반면 다른 유대인은 할라카를 다르게 해석함으로써 그 삶의 방식을 토라 위반으로 여길 수 있게 된다. 예를 들어, 비유대인들과의 사회적 상호 작용에 있어서 심지어 어느 정도의 융통성 역시 이 범주 안에 들어온다. 헤드너 세테르홀름은 현대적 맥락의 사례를 활용해서, 심지어 아주 정통주의적인 유대인이라도 자신의 할라카에 따르면 일종의 토라 위반이 될 만한 접시에 담긴 (먹는 것이 허용된) 음식을 비유대인의 집에서 먹는 것이 충분히 가능하다는 점을 보여준다. 그러나 모든 종교 전통(심지어 기독교까지도!)에서 그러하듯, 윤리적 원칙들 사이에 종종 위계질서가 존재한다. 출애굽기 23:19, 34:26, 신명기 14:21의 해석으로서 제시되는, 우유와 고기를 서로 분리된 접시에 담아야 한다는 정통주의적 개념은 특정한 상황에서 더 상위의 가치로 간주될 만한 원칙들(예, 사람들을 불쾌하게 해서는 안 된다는 것이라든가, 비유대인이 베푸는 환대를 받아들이는 것 등)과 상충되는 것으로 인식될 수 있다. 따라서 훨씬 더 정통주의적인 유대인은 어쩌면 그것을 토라 위반으로 간주할 수도 있지만, 많은 정통주의 유대인들은 비유대인의 집에서 먹는 것을 충분히 가능하게 여기며, 토라 준수 상태와 충분히 양립 가능하다고 여긴다.[52]

이러한 정상적인 모습의 다양성은 앞서 언급된 텍스트들(갈 2:11-14; 고전 10:25)과 특히 관련성이 높다. 소위 안디옥 사건의 경우, 어떻게 유대인들이 비유대인들과 사회적으로 교류해야 하는가에 대한 서로 다른 견해들이 쟁점이었을 가능성이 충분히 있다. 즉, 문제는 음식이 아니라 함께 먹는 행위(commensality)와 관련되어 있었다. 다른 곳에서 나는 다음과 같이 주장했다. 곧, 야고보로부터 온 사람들은 아마도 비유대인과의 사회적 접촉에 관하여 디아스포라 유대인들에 비해 더 유대 율법을 엄격하게 해석하는 이들을 대표했기에, 그들은 자신들이 보기에 공동 식사와 관련하여 사회적으로 너무 가깝게 어울리는 현상에 대해 반대했던 것이다.[53] 혹은, 어쩌면 안디옥 공동체는 공동 식사에서 좌석 배치나 음식 분배와 관련하여 "정상적인" 유대 관습을 준수하지 않았을 수도 있다.[54] 만약 그렇다면, 진짜 문제는 비유대인의 (추정상의) 도덕적 부정결 및 이것이 유대인 예수 따르미들에게 부정적으로 영향을 끼칠 수도 있

---

52. Hedner Zetterholm, "The Question of Assumptions," 81.

53. Zetterholm, *The Formation of Christianity*, 129-64; Zetterholm, "The Antioch Incident Revisited."

54. Mark D. Nanos, "What Was at Stake in Peter's 'Eating with Gentiles' at Antioch?," in *The Galatians Debate: Contemporary Issues in Rhetorical and Historical Interpretation*, ed. Mark D. Nanos (Peabody, MA: Hendrickson, 2002), 282-318.

다는 두려움과 관련되어 있었을 수 있다.[55] 내가 생각하기로, 바울은 그리스도 안의 유대인들과 비유대인들이 이스라엘의 신 앞에서 동일한 지위를 가진다는 전망을 가졌기 때문에, 그는 그리스도에게로 돌아선 비유대인들이 이스라엘과 마찬가지로 거룩하고 정결하다고 여겼다. 따라서 그들은 주 예수 그리스도의 이름으로 이미 "씻김 받고"(ἀπελούσασθε) "거룩하게 됐으며"(ἡγιάσθητε) "의롭다 함을 받은"(ἐδικαιώθητε) 자들로서 신뢰를 받을 수 있었다(고전 6:11). "야고보로부터 온 이들"은 단순히 다른 관점을 가진 자들이었으며, 이들은 공동체 안의 비유대인들이 정상적인 방법, 곧 유대교로의 개종을 통해 거룩하고 정결한 지위를 획득해야 하고, 그럼으로써 도덕적 부정결의 문제 및 공동체 내의 유대인들과 비유대인들의 사회적 관계의 문제를 해결해야 한다고 주장했던 것이다. 내가 볼 때, 갈라디아서 2:11-14을 바울이 토라를 거절하지 않았다는 전제와 더불어 읽는 것이 충분히 가능하다. 그 본문은 할라카 의무사항에 대한 두 가지 서로 다른 견해들 사이의 충돌을 보여주며 토라 해석의 두 가지 서로 다른 길을 나타내는 하나의 사례로 읽힌다.[56]

고린도전서 10:25에 대해서도 동일한 것을 말할 수 있다. 바울이 고린도인들에게 "시장에서 파는 것은 무엇이든 먹으라"라고 권면할 때, 바울은 토라를 위반하는가? 혹은, 그의 진술 역시도 토라 준수 유대인

55. 또한 Douglas J. Moo, *Galatians*, BECNT (Grand Rapids: Baker Academic, 2013), 142-43 [= 『BECNT 갈라디아서』, 부흥과개혁사, 2018]을 보라.
56. 안디옥 사건에서 무엇이 쟁점이었는지를 바라보는 유대교 내부의 바울 학자들의 다른 견해들로는, Paula Fredriksen, *Paul: The Pagans' Apostle* (New Haven: Yale University Press, 2017), 94-100 [= 『바울, 이교도의 사도』, 학영, 2022]; Mark D. Nanos, "How Could Paul Accuse Peter of Living 'Ethné-ishly' in Antioch (Gal 2:11-21) If Peter Was Eating according to Jewish Dietary Norms?," *JSPL* 6 (2016): 199-223을 보라.

으로 사는 것과 양립 가능한 것인가? 아마도 답은 어떤 유대인에게 우리가 질문을 하는가에 달려 있을 것이다. 피터 톰슨(Peter Tomson)은 (후대의 것으로 자신도 인정하는) 랍비 자료들로부터 결론을 이끌어 내는데, 그의 제안에 따르면 고린도전서 10:25-29에서 바울은 미심쩍은 사례에 있어서 무엇을 우상의 음식으로 볼 것인지를 정의한다. 톰슨에 따르면, 바울은 문제 자체를 고린도전서 8장에서 소개하고, 고린도전서 10:1-22에서 우상에게 봉헌된 것으로 알려진 음식의 문제를 다룬 후, "이교적 환경에서 불특정한 성질의 음식" 문제로 넘어간다.[57] 10:14에서 바울이 고린도인들에게 "우상 숭배로부터 떠나라"라고 촉구하고 있다는 사실을 고려할 때, 여전히 "우상 음식"의 문제가 논의 중에 있다고 추정하는 것은 합리적이다.[58]

더 나아가, 톰슨은 흔히 "양심"으로 번역되는 단어인 '쉬네이데시스'(συνείδησις)가 10:25의 맥락에서는 "우상 혹은 창조주 중 한편으로 향해 있는 누군가의 '의식' 또는 '의도'"로 이해되어야 한다고 주장했다.[59] 톰슨이 주장하기를, 랍비 문헌으로부터 분명히 드러나는 우상 숭배에 대한 견해는 "물질적 대상이나 행동에 신경을 쓰기보다는 영적인 태도, 곧 그 대상이나 행동에 이방인들이 어떻게 접근하는가에 대한 영적인 태도에 신경을 쓰고 있었다."[60] 예를 들어, 비유대인이 유대인으로부터 흰 수탉 한 마리를 사고자 했다면, 그 수탉이 어떤 의식에 사용될 가능

57. Peter J. Tomson, *Paul and the Jewish Law: Halakha in the Letters of the Apostle to the Gentiles*, CRINT 3/1 (Assen: van Gorcum; Minneapolis: Fortress, 1990), 208.
58. John Fotopoulos, *Food Offered to Idols in Roman Corinth: A Social-Rhetorical Reconsideration of 1 Corinthians 8:1-11:1*, WUNT 2/151 (Tübingen: Mohr Siebeck, 2003), 237.
59. Tomson, *Paul and the Jewish Law*, 214.
60. Tomson, *Paul and the Jewish Law*, 214.

성이 매우 높다. 이 경우, 그 수탉을 파는 것은 금지될 것이다. 그러나 그 비유대인이 **아무** 수탉이나 사고자 했다면, 그리하여 희생제사의 목적이 의도되지 않았다는 점을 나타낸다면, 심지어 흰 수탉을 파는 것까지도 허용될 것이다. 미쉬나에 나오는 랍반 가말리엘에 관한 유명한 이야기가 있는데(아보다 자라 3:4), 여기에 따르면 가말리엘은 이교도 목욕탕에 있는 아프로디테(Aphrodite) 신상을 "우상"이 아니라 단순히 장식물로 여겼다. 이 이야기는 동일한 태도를 드러내 준다. 신으로 취급되지 않는 것은 허용된다.[61]

주후 1세기 유대 텍스트를 해석하면서 후대의 랍비 자료들을 사용할 때에 주의를 기울여야 한다는 점은 사실이다. 그러나 유대인들이 수세기 동안 이교적 디아스포라 환경 내 비유대인들과 공유한 공간에서 어떻게 할 것인지 협상해 나가는 전략들을 발전시키지 않을 수 없었던 것을 고려할 때, 우리가 후대의 랍비 문헌에서 발견하는 것과 비슷한 할라카 체계가 바울 생전에도 작동하고 있었다고 간주하는 것이 지나치게 대담한 추정은 아닐 것이다. 그 반대의 경우가 사실이라면 오히려 더 놀랄 만한 일이다. 헤드너 세테르홀름이 결론을 내리길, "바울은 유대 율법이 효력을 잃었다고 선언하기는커녕, 예수를 향한 이방인들에게 우상 음식에 관한 할라카를 **수립하는** 일이나 또는 이미 고린도에 **존재하는** 지역 유대 할라카를 **그들에게 가르치는** 일에 참여했다. 랍비 문헌 평행구절들에 비추어 볼 때, 바울이 시장에서 가져온 음식에 관한 고린도의 지역 유대 할라카를 활용하고 있다는 것이 불가능한 생각만은 아

---

61. συνείδησις에 대한 자세한 논의, 그리고 "우상 숭배"와 관련한 "의도"를 랍비들이 어떻게 바라보았는지에 대한 여러 추가적인 사례들로는, Tomson, *Paul and the Jewish Law*, 208-16을 보라. 해당 논의는 또한 Hedner Zetterholm, "The Question of Assumptions," 91-103에도 요약되어 있다.

니다."[62] 따라서 바울이 유대교와 결별하지 않았으며 오히려 지역 유대 할라카 원칙들과 부합해서 행동했다는 점을 의미하는 방향으로 고린도 전서 10:25을 읽는 것이 충분히 가능하다.

마지막으로, 바울이 자신의 종교적 유산에 충실했다는 시각은 실제로 사도행전에 의해 뒷받침된다. 사도행전은 적어도 그러한 시각들이 바울 사후에 꽤 시간이 흐른 후까지도 사람들에 의해 회자되고 있었음을 보여준다.[63] 누가의 내러티브에서, 바울의 예루살렘 도착은 결국 바울의 로마 구금으로 이어지는 일련의 사건들의 도입부가 된다(행 21-28장). 바울은 심각한 고발에 직면하는데, 그 고발의 내용은 기본적으로 바울이 유대인들을 엇나가게 만들어 유대적인 삶의 방식을 포기하도록 미혹했다는 것이었다. 이러한 고발에 맞서 바울은 토라 및 유대 전통에 대한 자신의 충성심을 나타내는 강력한 변호 연설을 하거나 그러한 행동들을 취했다.

사도행전 21:17-26에서 누가는 바울이 유대인들에게 유대 전통을 버리라고 가르친다는 말을, "모두 다 율법에 열심이 있는"(πάντες ζηλωταὶ τοῦ νόμου ὑπάρχουσιν, 20절) 수만 명의 유대인 신자들이 들었다고 보도한다. 누가는 예수의 유대인 따르미들이 분명 토라를 준수한다는 사실을 이례적인 일로 그리지 않는다. 자신의 충실함에 관한 모든 의혹을 일소하기 위해 바울은 서원한 네 사람에게 합류하여 정결례와 성전에서의

---

62. Hedner Zetterholm, "The Question of Assumptions," 99 (강조 표시는 인용 출처 본래의 것).

63. 물론 "꽤 시간이 흐른 후"라는 말의 의미는 사도행전의 기록연대를 어떻게 상정하는가에 달려 있다. 이에 대한 개관으로는 Joseph A. Fitzmyer, *The Acts of the Apostles: A New Translation with Introduction and Commentary*, AB 31 (New York: Doubleday, 1998), 51-55 [= 『사도행전 주해』, 분도출판사, 2015]을 보라.

제사를 포함하는 의례를 수행한다.[64]

바울은 가이사랴에서 다시 고발당하는데, 다른 것들 중에서도 이번에는 특히 선동자라는 점과 성전을 속되게 만들었다는 점으로 고발당한다. 로마 총독 벨릭스 앞에 끌려온 바울은 자신이 결백하다고 선언하며, "나는 나의 조상들의 하나님을 경배하고, 율법에 따라 제시되거나 선지자들의 글에 쓰인 모든 것을 믿는다"고 말한다(행 24:14). 이 패턴은 사도행전 25:6-12에도 반복된다. 거기서 이제 바울은 벨릭스의 후임자인 베스도 앞에서 "나는 결코 유대인들의 율법이나[εἰς τὸν νόμον τῶν Ἰουδαίων] 성전이나 황제에 대하여 모욕을 한 적이 없다"고 선언한다(8절). 마침내, 로마에 도착한 후 바울은 "지역의 유대인 지도자들" 앞에서 자신이 "우리 민족이나 우리 조상들의 관습을 거스르는" 아무런 잘못도 저지르지 않았다고 선언한다(행 28:17).

분명히 누가는 바울을 다양한 유대 집단들(유대인 예수 따르미들을 포함해서)로부터 강력한 반대를 경험한 토라 준수 유대인으로 제시하려는 의도를 가지고 있었다. 물론, 이것은 더 전통적인 출발점으로부터 연구를 진행하는 학자들에게 있어서 난제를 형성한다. 한 가지 해법은 벤 위더링턴(Ben Witherington)이 제시한 것인데, 그의 주장에 따르면 바울은 토라에 무관심했기 때문에, "율법을 준수할 수도 있었고 준수하지 않을 수도 있었으며, 어느 쪽을 택하든 간에 거기에 구원론적 의의가 없다는 점만 분명히 전달되기만 한다면 양쪽 모두 상관없었다."[65] 라이다 흐발빅(Reidar Hvalvik)은 동일한 선상에서 주장을 펼쳤다. 바울은 율법을 준수

---

64. 누가가 정확히 어떤 종류의 의례를 염두에 두었는지를 둘러싸고 그간 광범위한 논쟁이 있어왔다. Ben Witherington III, *The Acts of the Apostles: A Socio-Rhetorical Commentary* (Grand Rapids: Eerdmans, 1998), 649을 보라.

65. Witherington, *Acts of the Apostles*, 648.

하는 유대인으로 자랐고, 이 때문에 "바울이 (그 유대 관습이 복음을 흐릿하게 만들어 버리지 않는 한) 일상에서 종종 유대 관습을 준수했다고 가정하는 것은 합리적이다."[66] 요점은 이것인 듯하다. 바울이 토라를 실제로 준수했다 하더라도, 바울은 거기에 아무 의미도 부여하지 않았다.

칼 올라브 산드네스(Karl Olav Sandnes)는 최근에 사도행전에 등장한 바울과 율법을 다루었는데, 그가 제시한 것 중 많은 부분은 칭찬할 만하다. 그는 누가가 실로 바울을 토라를 포함하여 유대 전통에 충실한 인물로 제시한다는 점을 기꺼이 받아들이며, 또한 심지어 유대교 내부의 바울 학자들이 어느 정도 "누가를, 서신서의 바울에 대한 자신들의 읽기를 뒷받침해 주는 증거로 간주할 수 있다"는 점을 인정한다.[67] 물론, "누가의 묘사가 바울이 토라와 맺는 관계를 둘러싼 **논쟁** 속에 얽혀 있다"고 진술하는 점에서도 역시 산드네스의 견해는 옳다.[68]

그러나 누가가 꽤 분명하게 묘사하는 것처럼 보이는데도 불구하고, 산드네스는 바울이 토라와 맺는 관계를 누가가 모호하게 그려낸다고 결론을 내린다. 예를 들어, 사도행전 18:12-17에서 바울은 "율법에 어긋나는 방식으로 하나님을 섬기도록 사람들을 설득한다"는 죄목으로 고발된다. 이 본문을 논하면서 산드네스는 바울에게 제기된 혐의들이 토라를 경배의 기준으로 삼고 있기 때문에, 바울이 주로 세례를 도입함으로써 바로 그 기준을 약화시켰던 것으로 보인다고 주장한다(18:8). 바울은 "율법 및 율법을 굳게 붙드는 유대 관계[fellowship]로부터 점점 더 멀

66. Reidar Hvalvik, "Paul as a Jewish Believer—According to the Book of Acts," in *Jewish Believers in Jesus: The Early Centuries*, ed. Oskar Skarsaune and Reidar Hvalvik (Peabody, MA: Hendrickson, 2007), 121-53 (인용문은 153쪽).

67. Sandnes, *Paul Perceived*, 198.

68. Sandnes, *Paul Perceived*, 183 (강조 표시는 인용 출처 본래의 것).

어지는 거리"를 만들어낸 것이다.[69] 산드네스의 해석의 문제는 그 해석이 토라에 대한 본질주의적(essentialist) 견해를 취했다는 점이며, 그 본질주의적 견해가 바로 우리가 경계해야 하는 바다. 토라 준수의 다양성에 관한 논의를 고려 대상으로 삼게 되면, 토라가 거의 모든 것에 대한 고정된 표준을 구성한다고 말하는 것이 상당히 문제적임을 우리는 알 수 있다. 비록 제2성전기 회당 예배의 세부 사항들 대부분을 우리가 알지 못하지만, 전례에 있어서 디아스포라와 유대 지역 사이에 상당한 차이가 존재했던 것으로 보이며, 아마 각 지역들마다 차이가 있었을 것이다.[70]

바울이 자신을 고발하는 유대인들과 마주쳤으며 그 유대인들은 자신들의 해석에 따르면 바울이 토라를 위반했다면서 강력하게 고발했을 것임을 의심할 이유는 없다. 그러나 이러한 종류의 내부적 논쟁은 유대인들에게는 일상적인 일이었다. 우리가 보아 왔듯이 이것은 바울이 유대적이지 않았다거나 디아스포라의 다른 어떤 유대인에 비해 토라를 덜 준수했다는 결론으로 이어질 필요가 없다. 내가 굳게 믿기로, 바울은 유대적이었으며 다른 이들과 마찬가지로 토라를 준수했다. 20개국에서 온 62명의 보수적 성직자들과 평신도 학자들이 **교회법을 가리키면서** 프란체스코(Francis) 교황을 이단으로 고발한 편지에 서명했다는 사실은 교황이 더 이상 로마가톨릭이 아니라는 것을 의미하는가?[71] 몇몇 이들

---

69. Sandnes, *Paul Perceived*, 197.

70. Lee I. Levine, *The Ancient Synagogue: The First Thousand Years*, 2nd ed. (New Haven: Yale University Press, 2005), 171.

71. *Correctio Filialis De Haeresibus Propagatis*를 보라(2020년 3월 5일에 접속: http://www.correctiofilialis.org). 물론, 서명을 한 이들은 "자신들이 거룩한 로마가톨릭 교회에 충성을 다한다는 점을 고백하고, 그들이 기도하고 있음을 교황에게 확언하며, 교황이 사도적 복을 베풀어 주기를 요청한다."

의 눈에는 그럴지도 모른다. 그러나 교황이 거기에 동의할지(혹은 그 고발 때문에 애태울지)는 의문이다. 2018년 가을, 나는 예루살렘 초정통주의 지역 메아 쉐아림에서 다음과 같은 현수막을 보았다. "참된 유대인들은 늘 시오니즘과 이스라엘 국가를 반대했다." 즉, 이것이 암시하는 바는 시오니즘과 이스라엘 국가를 반대하지 않는 이들은 "참된 유대인들"에 속하지 않는다는 것이다. 정통주의에 속한 내 친구들은 이런 생각에 강력하게 반대 의견을 취한다.

바울에게 씌워진 혐의들 중 일부는 순전히 오해였던 것으로 보인다. 나는 바울이 유대인들에게 모세 율법을 저버리라고 가르쳤거나 그들의 자식에게 할례를 베풀지 말라고 가르쳤을 가능성은 없다고 본다. 왜냐하면 바울은 고린도전서 7:18에서 유대인들이 자신의 유대 정체성을 버리지 말아야 한다고 분명하게 주장하기 때문이다. 오히려 내가 보기에 바울을 향한 유대인들의 비판의 핵심에는 바울이 신학적 동기에 의해 실행에 옮기게 된, 비유대인과의 가까운 관계가 있었다. 이것은 실로 유대 정체성에 대한 위협으로 여겨질 수 있었다. "그리스도 안"에 있는 유대인들과 비유대인들이 이스라엘의 신 앞에서 동일한 지위를 갖는다는 바울의 주장은 실로 토라의 새로운 해석이며, 이것은 그리스도 사건 및 세계가 곧 종말을 맞이한다는 굳건한 믿음 때문에 생긴 것이었다. 분명, 그러한 사상은 만장일치의 승인을 이끌어내지는 못했을 것이다.

바울이 비유대인들과 가졌던 관계가 주된 문제였다는 점은 사도행전 21:27-28에도 암시되어 있다. 거기서 바울은 "그리스인들"을 성전으로 들였다는 점 때문에 고발을 당한다. 내가 보기에 이 문제는 안디옥 사건의 기저에도 깔려 있었다. 이 문제들의 집합체는 우리가 앞으로 살펴볼, 유대교 내부의 바울 관점의 두 번째 주된 전제에 밀접하게 관계되어 있다.

바울—열방의 사도

유대교 내부의 바울 관점의 토대가 되는 두 번째 근본적인 전제는 바울이 자신을 열방(nations: 또는 "민족들"로도 번역 가능—역주)의 사도로 스스로 정의한다는 것과 관계되어 있다(롬 1:5; 1:13; 갈 2:8). 유대교 내부의 바울 학자들에게 있어서 이것은 바울이 (전적으로는 아니지만) 주로 열방의 구원과 관련된 쟁점을 다루었다는 것을 의미한다. 이것은 흔히 바울서신의 청중의 정체성과 관련된 측면에서 표현되는데,[72] 내가 보기에 그것은 요점에서 빗나간 것이다. 중요한 점은 바울이 "이방인 문제"를 다루었다는 것이며, 이것은 바울의 목표 청중이 누구인가의 문제와는 상관이 없다. 후자에 대해서는 메시아가 도래할 때까지(또는 귀환할 때까지) 우리가 그저 추측할 뿐이다. 유대교 내부의 바울 관점에서 볼 때, 바울이 다룬 것이 이방인 문제라는 점은 매우 중요하다. 만약 바울의 복음이 인류 전체와 관계된다면, 쉽게 말해 이 관점은 틀린 것이다.

따라서 유대교 내부의 바울 관점의 학자들에 따르면, 바울이 직면한 문제는 어떻게 이스라엘이 구원을 받게 되는가에 **주로** 관련되어 있지 않다. 비록 때때로 바울이 이스라엘과 열방 사이의 새로운 관계를 다루면서 그 문제 역시 언급하긴 하지만 말이다. 이 견해는 바울의 복음이

---

72. Eisenbaum, *Paul Was Not a Christian*, 217; John G. Gager, *Reinventing Paul* (Oxford: Oxford University Press, 2000), 51; Lloyd Gaston, *Paul and the Torah* (Vancouver: University of British Columbia Press, 1990), 7; Johannes Munck, *Paul and the Salvation of Mankind*, trans. Frank Clarke (Atlanta: John Knox, 1959), 196. 그러나 Tomson, *Paul and the Jewish Law*, 59–61과 비교하라. Tomson 은 로마서가 더 복잡한 양상을 보여준다고 주장한다.

보편적이며 바울의 관심사가 인류의 구원이었다는(즉, 예컨대 바울이 토라에 관해 말한 모든 것은 유대인들에게도 적용된다) 더 전통적인 이해 방식과 대조된다.[73]

그럼에도 나는 실로 바울이 자기 자신을 온 세계의 구원으로 이어질 사건들에 참여하고 있는 존재로 보았다는 점을 우리가 인식하는 것이 중요하다고 생각한다. 그러나 다시금, 바울의 문제는 유대인들이 아니라 오히려 열방(τὰ ἔθνη)이었다. 혹은, 이 동일한 그리스어 단어를 민족적 억양 대신 종교적 억양을 살려 "이교도"라고 번역할 수도 있겠다. 내가 보기에 바울은 특히 로마서 9–11장에서, 이스라엘의 운명이 이스라엘의 신의 손에 달려 있다고 주장하는 것처럼 보인다.[74] 그리고 비록 그렇게 보이진 않지만 이스라엘은 하나님이 지휘하는 거대한 종말론 드라마에서 주역을 담당하고 있다. 이 드라마는 새로운 '아이온'(αἰών)의 도래, 곧 요한계시록의 표현대로 하자면(21:1) 새 하늘과 새 땅의 도래로 끝나게 될 것이다. 온 이스라엘은 결국 구원받을 것이다. 하나님의 선물들과 부르심은 취소될 수 없다(롬 11:26, 29).

하나님의 메시아적 행위 주체인 예수가 이 과정에 어떤 방식으로든 개입되어 있지 않다고 상상하기는 어렵다. 하지만 바울은 예수가 어떻게 개입되어 있는지 명시적으로 설명하지 않는다. 상황이 이렇게 애매하기 때문에 바울이 "두 길 해법"(즉, 하나는 유대인들을 위한, 토라를 통한 구원의 길, 그리고 다른 하나는 열방을 위한, 그리스도를 통한 구원의 길)을 옹호하는지 여부를 둘러싸고 광범위한 논의가 등장했다.[75] 전통적 패러다임을 비판

---

73. 그 입장에 대한 요약 및 유대교 내부의 바울 관점에 대한 비판으로는 Räisänen, *Rise of Christian Beliefs*, 256–64을 보라.

74. Fredriksen, *Paul: The Pagans' Apostle*, 162.

75. 다소간 충분히 발전된 "두 길 해법"이 처음으로 발견되는 곳은 *Pseudo-Clementine*

하는 일에 참여하는 많은 학자들은 그리스도가 유대인들의 구원에 어떤 식으로든 유관하다는 점을 인정하기 꺼려하는 것처럼 보인다. 예를 들어 패멀라 아이젠버엄은 바울이 쓴 어떤 글에도 유대인들이 "구원을 받기 위해 기독교로 개종해야 한다"는 점이 암시되어 있지 않다고 주장한다.[76] 같은 맥락에서, 존 게이저(John Gager)는 바울이 "율법의 유효성을 유지하는 가운데, 이스라엘이 종말에 그리스도에게로 개종하는 것을 상정하지 않는다"고 말한다.[77] 더 전통적인 방향성을 지닌 학자들은 유대인들과 비유대인들이 **반드시** 동일한 방식, 곧 오직 믿음만으로 구원을 받아야**만 한다**는 점을 거의 집착적으로 주장하는 것처럼 보인다.[78]

내가 보기에, 이 문제 전체는 유럽 기독교가 유럽의 유대인들 인구 집단에게 강제력을 행사했던 비극적 역사에 의해, 그리고 이 논쟁에 참여하는 유대교 및 기독교 대변인들 양쪽이 내세우는 상당한 분량의 규범적 신학에 의해 크게 영향을 받은 것으로 보인다. 물론, 가장 중요한 쟁점은 유대인들이 "기독교로 개종"할 것이라고 바울이 기대했는가의 여부가 아니다. 중요한 것은 바울의 생각에 그리스도가 이스라엘과 어떤 식으로든 유관할지의 여부이며, 나는 거기에 대해 그렇다고 생각하는 쪽으로 기운다. 바울이 종말에 이스라엘이 그리스도에게로 **돌아올** (*turn*) 것이라고 상정했다는 것은 불가능한 추정이 아니다. 파울라 프레

Homilies 8.5-7이다. Annette Yoshiko Reed, "'Jewish-Christianity' after the 'Parting of the Ways': Approaches to Historiography and Self-Definition in the Pesudo-Clementines," in *The Ways That Never Parted: Jews and Christians in Late Antiquity and the Early Middle Ages*, ed. Adam H. Becker and Annette Yoshiko Reed (Minneapolis: Fortress, 2007), 189-221(특히 213-17)을 보라.

76. Eisenbaum, *Paul Was Not a Christian*, 255.
77. Gager, *Reinventing Paul*, 146.
78. 예를 들어, Sandnes가 *Paul Perceived*, 199에서 Eisenbaum을 비판하는 것을 보라.

드릭슨이 지적했듯이, "돌아옴"(turning)은 "개종"(conversion)과 같은 말이
아니다.[79] 그러나 우리가 현재 가지고 있는 제한된 정보를 고려해 볼 때,
이 질문에 대해 어떤 방식으로든 분명한 대답을 할 수 있는 사람이 있
을지 잘 모르겠다. 어쩌면 바울은 스스로 이 대답을 발전시키지 않았고,
따라서 종말론적 대단원을 로마서 11:25에서처럼 "신비"(μυστήριον)로 묘
사한 것일 수 있다. 어쩌면 우리는 (롬 3-4장 논의의 맥락에서 나온) 스탠리 스
타워스(Stanley Stowers)의 다음과 같은 조심스러운 진술 선에서 합의를 보
아야만 할지도 모르겠다. "바울의 표현 방식은 그가 유대인들과 이방인
들이 그리스도, 아브라함, 율법에 대해 비슷하지만 서로 다른 관계를 맺
는다고 생각했음을 보여준다."[80]

그러나 유대인들의 구원에 초점을 맞추다 보면 우리는 바울의 진짜
관심사를 간과하게 된다. 존 게이저는 이 점을 적절히 표현했다. "우리
가 바울의 '존더베크'(Sonderweg), 혹은 구원에 이르는 (이스라엘을 위한—역
주) 특별한 길에 대해 말할 수 있는가의 질문에 있어서, 나는 실상은 그
반대의 상황이라고 생각하는 편이다. 바울은 이스라엘의 구원을 전혀
의심하지 않았다. 바울이 가르치고 전파한 것은 오히려 이방인들을 위
한 하나의 '존더베크', 특별한 길이었다."[81] 이 진술은 바울의 선교를 정
확히 포착해낸다. 열방에 대한 유대인들의 태도는 다소 상충된다. 어떤
전통에 따르면, 하나님이 열방을 멸망시키시거나 열방은 이스라엘에게
복속된다. 그러나 또 다른 층위의 전통에 따르면, 비유대인들은 오는 세

79. 그리스도에게 돌아오는 비유대인들에 대해서는, Fredriksen, *Paul: The Pagans' Apostle*, 75-76을 보라.
80. Stanley K. Stowers, *A Rereading of Romans: Justice, Jews, and Gentiles* (New Haven: Yale University Press, 1994), 237.
81. Gager, *Reinventing Paul*, 146 (강조 표시는 인용 출처 본래의 것).

상에서 한 자리를 차지하게 된다.[82] 바울은 양쪽 전통을 모두 사용한다. 한편으로 바울은 예컨대 솔로몬의 지혜 11-15장, 『시뷜라의 신탁』 3:8-45, 『희년서』 22:16-17에 나오는 비유대적 이교 세계에 관해 유대인들이 흔히 취하는 부정적 고정관념으로 보이는 것에 맞닿아 있다. 로마서 1:18-32은 지혜서 13-14장과 놀랍도록 비슷한데, 거기서 바울은 비유대적 이교 민족들의 운명에 대해 묘사한다.[83] 그 열방 위에는 하늘로부터 하나님의 진노가 계시되며(1:18) 그들은 죽어 마땅하다(1:32). 다른 한편, 열방에 대한 이 부정적 관점을 히브리 성경 및 다른 유대 문헌에 등장하는 경향성과 연결시키는데, 그 전통은 토비트 13:11에 나온 것처럼, 이스라엘의 신에게로 돌아서는 비유대적 민족들이 미래에 구원을 받으리라 예견한다. "땅 구석구석까지 네 빛이 밝게 빛날 것이다. 많은 민족이 멀리서부터 너에게로 올 것이며 방방곡곡의 주민들이 네 거룩한 이름을 듣고 나와 손에 들고 온 예물을 하늘의 임금께 바칠 것이다. 오고 오는 세대에 사람들이 네 안에서 기뻐할 것이고 선택받은 도성, 너 예루살렘은 길이길이 빛날 것이다"(토비트 13:11, 공동번역).

　　테렌스 도날슨(Terence Donaldson)에 따르면, 비유대인들이 이 종말론

---

82. Fredriksen, *Paul: The Pagans' Apostle*, 28-29; Matthew Thiessen, *Paul and the Gentile Problem* (New York: Oxford University Press, 2016), 20-26; Zetterholm, *The Formation of Christianity*, 136-40. 특히 묵시문헌에 나오는 유대인들의 태도에 대해서는 Michael P. Theophilus, "The Portrayal of Gentiles in Jewish Apocalyptic Literature," in *Attitudes to Gentiles in Ancient Judaism and Early Christianity*, ed. David C. Sim and James S. McLaren, LNTS 499 (London: Bloomsbury T&T Clark, 2013), 72-91을 보라.

83. 롬 1:18-32에 언급된 이들의 정체를 비유대인들로 간주하는 입장으로는 Thiessen, *Paul and the Gentile Problem*, 47-52; Magnus Zetterholm, "The Non-Jewish Interlocutor in Romans 2:17 and the Salvation of the Nations: Contextualizing Romans 1:18-32," in *Rodríguez and Thiessen, The So-Called Jew*, 39-58을 보라.

적 순례에서 유대인으로 바뀔 것인지, 아니면 그들이 비유대인들로서 거기 포함될 것인지는 항상 분명하지는 않다.[84] 도날슨이 주장하기를, 오직 소수의 본문들만이(예, 『솔로몬의 시편』 17:28) 비유대인들이 비유대인들로서 계속 존재할 것이라고 분명하게 그린다.[85] 그러나 "이러한 갈래의 유대적 사상 내에서, 이방인들이 최종 완성에 포함될 것임은 이스라엘의 기대와 자기 이해의 필수적인 부분이었다"는 점은 분명해 보인다.[86]

　유대교 내부의 바울 학자들에 따르면, 바울은 비유대인들이 자신들의 민족성을 포기하지 않은 채로 최종적 구원에 포함되어야 한다고 굳게 믿었다. 즉, 비유대인은 유대인이 되어서는 안 된다(반대로, 고전 7:17-24에 분명히 나타나듯, 유대인들 역시 자신의 유대 정체성을 버려서는 안 된다).[87] 그 까닭이 무엇인지는 학자들이 다양한 의견을 제시했다. 마크 나노스는, 만약 비유대인들이 유대인들이 되어야 한다면 하나님의 하나 되심에 손상이 생긴다고 보았다. 왜냐하면 이스라엘의 신은 유대인들의 신일 뿐 아니라 열방의 신이기도 하기 때문이다.[88] 더 최근에, 매튜 티센(Matthew Thiessen)이 주장한 바에 따르면, 바울은 이스라엘과 열방 사이에 하나님

---

84. Terence L. Donaldson, *Judaism and the Gentiles: Patterns of Universalism (to 135 CE)* (Waco: Baylor University Press, 2007), 499-505. 그러나 J. Ross Wagner, *Heralds of the Good News: Isaiah and Paul in Concert in the Letter to the Romans* (Leiden: Brill, 2003)와 비교해 보라.

85. Donaldson, *Judaism and the Gentiles*, 504.

86. Donaldson, *Judaism and the Gentiles*, 505.

87. 예를 들어, J. Brian Tucker, *"Remain in Your Calling": Paul and the Continuation of Social Identities in 1 Corinthians* (Eugene, OR: Pickwick, 2011)를 보라. 또한 롬 11:25-26; 15:9-12을 보라.

88. Mark D. Nanos, *The Mystery of Romans: The Jewish Context of Paul's Letter* (Minneapolis: Fortress, 1996), 9-10.

이 제정하신 계보적 구별이 존재하며 따라서 비유대인이 유대인이 되는 것은 불가능하다고 믿었다.[89]

유대교 내부의 바울 학자들에 따르면, 이것은 토라에 대한 바울의 견해를 이해하는 중요한 해석학적 열쇠를 구성한다. 바울은 유대인들과 열방 사이의 민족적 구분이 유지되어야 한다고 주장했다. 그리고 이것은 비유대인들이 적어도 유대인들이 하는 것과 똑같은 방식으로는(그리고 분명 그들과 동일한 이유로) 토라를 준수하면 안 된다는 결론으로 이어진다.

제2성전기 유대교 내부에서의 비유대인들을 향한 다양한 태도를 고려할 때, 이것은 분명 단 하나의 가능한 입장이 아니다. 테렌스 도날슨이 보여주었듯, 어떤 유대인들은 "유대화" 작업에 참여하는 비유대인들, 즉 특정한 유대 관습을 채택하는(이것은 실제 상황에서는 토라의 일부분을 지키는 것을 의미했다) 비유대인들에 대해 아무런 저항감이 없었다.[90] 이 현상은 후대의 유대 전통에서도 관찰될 수 있다. 마크 히쉬만(Marc Hirshman)은 탄나임 미드라쉼에서도 비슷하게 보편주의적인 경향이 발견된다고 주장했다. 예를 들어, 랍비 이쉬마엘의 메킬타(Mekilta de Rabbi Yishmael: Bahodesh 1)에서는 출애굽기 19:2을 해석하면서, 토라는 "토라를 받아들이기를 희망하는 모든 이들이 거기 와서 그것을 받을 수 있도록" 공개된 장소에서 막힘없이 수여됐다고 말한다. 비슷하게, 레위기 18:1-5을 다루는 시프라(Sifra)에서는 토라를 "행하는" 비유대인이 대제사장에 비견된다. 히쉬만에 따르면, 이 텍스트들이나 동일한 전통에서 온 다른 텍스트들 중 어떤 것도 비유대인들이 유대교로 개종해야 한다고 주장

---

89. Thiessen, *Paul and the Gentile Problem*.
90. Donaldson, *Judaism and the Gentiles*, 469-82.

하지 않는다. 오히려, 이 텍스트들은 "이방인들이 완전한 의미에서의 유대인이 되지 않고서도 토라를 준수하도록 초대한다."[91]

그러나 이 보편주의적인 입장이 아무런 도전을 받지 않았던 것은 아니다. 소위 랍비 아키바(Akiba) 학파와 관련이 있는 다른 텍스트들에 서는 오직 이스라엘만 토라를 소유했다는 사상이 분명히 드러난다. 신명기에 대한 시프레(Sifre)에서(§345), 비유대인이 토라에 참여하는 것은 간통에 비견된다. "토라는 이스라엘과 약혼한 사이이며, 세상의 민족들이 볼 때 토라는 이미 결혼한 여인과 같다. 그리고 또 이렇게 말한다. '사람이 잉걸불(embers)을 갈퀴로 모아 자신의 가슴에 품으면서 옷을 불태우지 않을 방법이 있을까? 사람이 타는 숯불 위를 걸으면서 발에 화상을 입지 않을 방법이 있을까?' 이웃의 아내와 동침하는 자가 바로 그와 같다. 이웃의 아내를 건드리는 자는 반드시 벌을 받게 된다."[92]

1세기에도 이와 비슷한 사상이 존재했다고 여기는 것은 불가능하지 않다. 그리고 바울은 그러한 입장을 나타내는 이른 시기의 대표자로 충분히 간주될 수 있다. 우리가 고려해야 할 또 다른(혹은 추가적인) 해법은 크리스틴 헤이스(Christine Hayes)가 최근에 제안한 것인데, 토라에 관한 바울의 담론이 신적 법과 인간적 법을 나누는 고대의 이분법을 활용하는 수사적 전략이라는 것이다. 헤이스가 주장하기를, 그리스 사상에서 신적 법 혹은 자연법은 흔히 기록되지 않고 이성적·보편적이며 진리에 부합하고 덕에 도움이 되며 정적이고 불변하는 것으로 여겨진다. 반면

---

91. Marc Hirshman, "Rabbinic Universalism in the Second and Third Centuries," *HTR* 93 (2000): 101-15(여기 인용된 것은 109쪽에 나온다).

92. Steven D. Fraade, *From Tradition to Commentary: Torah and Its Interpretation in the Midrash Sifre to Deuteronomy* (Albany: State University of New York Press, 1991), 57에 나온 것을 인용했다.

에 인간적 법은 문서로 기록될 수 있는 규칙들의 모음으로 특징지어진다. 인간적 법은 신적 법의 특징들 중 어떤 것도 반드시 갖지는 않는다. "[인간적 법은] 자의적인 요소들을 포함하게 되며 그것들이 진리에 부합하지는 않는다. 그리고 인간적 법은 강제적으로 집행되어야 한다. 그것은 특정한 법이며 변화할 수 있고, 그것에 덕을 낳을 수 있는 능력이 있는지는 상당한 논란거리다."[93] 따라서 성서적인 신적 법의 특징 중 많은 부분은 인간적 법에 대한 그리스 사상에 잘 들어맞으며, 아주 소수만이 신적 법의 개념에 들어맞는다.

예를 들어, 필론은 유대 율법을 매력적으로 보이게 하려는 노력의 일환으로 그것을 신적 법과 동일시하며,[94] 그리하여 신적 법에 대한 그리스-로마적 개념과 성서적 개념 사이의 인지부조화를 해소한다. 그러나 헤이스에 따르면, 바울은 반대 입장을 취한다. 비유대인들에게 율법을 제시하면서, 그것을 그들이 아무리 애써도 합류할 수 없는 바로 그 그룹(즉, 유대인들)의 특권으로 제시하는 것은 역효과를 낳을 뿐이다. 오히려, "바울은 토라를 준수하는 이삭의 씨라는 특권 계층에 들어가려는 추가적인 갈망을 그 이방인들에게 불러일으키지 않으면서도 그 이방인들이 이스라엘의 신을 경배하도록 자극을 주어야 했다."[95] 따라서 토라를 인간적 법으로 제시함으로써(**헬레니즘화된 청중에게는 그렇게 보였을 것이다**) 바울은 그것의 일시적이고 예속적이며 생명력 없는 특성을 강조할 수 있었으며, 그리하여 토라를 비유대인에게 차선의 선택지로 만들 수 있었다. 헤이스는 이렇게 결론 내린다.

---

93. Christine E. Hayes, *What's Divine about Divine Law? Early Perspectives* (Princeton: Princeton University Press, 2015), 4.

94. Hayes, *What's Divine about Divine Law?*, 111-24.

95. Hayes, *What's Divine about Divine Law?*, 152.

분명, 율법은 중요한 목적을 달성하기 위해 선한 신에 의해 수여됐고, 여기서 바울은 율법을 선하기는 하지만 충분히 선하지는 않다고 여기는 자신의 양가적인 평가를 이해할 수 있게 만들어주는 하나의 내러티브를 소개한다. 율법은 믿음(구원에 이르는 참된 길)이 계시될 때까지, 타락한 사람들을 규제하고 가두기 위하여 그들에게 주어졌다(갈 3:22-23). 곧, 때가 차고 하나님이 구속을 위해 그의 아들을 보낼 때까지(갈 4:4), 그리고 이방인들이 야훼를 인정하며 돌아올 수 있을 때까지(롬 11:25) 그들을 규제하고 가두는 것이다.[96]

토라를 인간적 법으로 제시하는 바울의 해법이 소수의 입장이었다는 것을 전제한다면, 이러한 바울의 태도는 (사도행전에 보도된 것처럼) 다른 유대인들로부터 부정적 반응이 등장하게 된 까닭을 설명해 주는 한 부분으로 충분히 간주될 수 있다.

　이러한 제안들(율법적 배타주의, 메울 수 없는 계보적 간극, 인간적 법으로 토라를 제시하기)이나 그 제안들의 조합은 비유대인을 위하여 토라 준수에 관해 말하는 바울 담론에 있어서, 하나의 가능성 있는 이념적 배경을 형성하며, 더 전통적인 관점들에 대한 신뢰할 만한 대안을 제공한다.

　그러나 우리가 설명해야 할 마지막 퍼즐 조각이 있다. 우리의 자료들은 비유대인들이 유대교에 광범위한 관심을 가지고 있었음을 가리킨다.[97] 요세푸스의 진술은 잘 알려져 있다. 요세푸스는 『아피온 반박』

---

96. Hayes, *What's Divine about Divine Law?*, 163.
97. 예, Michele Murray, *Playing a Jewish Game: Gentile Christian Judaizing in the First and Second Centuries CE* (Waterloo, ON: Wilfred Laurier University Press, 2004), 11-27을 보라.

(*Against Apion* 2.282)에서 유대 관습이 온 세계에 퍼졌다고 주장하며, 『유대 전쟁사』(*Jewish War* 7.45)에서는 안디옥의 그리스인들 다수가 유대인들의 종교 행위들(θρησκεία, religious services)에 이끌렸다고 말한다. 이러한 상황은 로마 자료들에 의해서도 확인된다.[98] 파울라 프레드릭슨이 지적하듯, "어디든 회당이 있는 곳에는 이교도들도 함께 있었던 것 같다."[99] 이것은 도날슨이 윤곽을 그린 보편주의적 패턴에도 잘 부합한다.[100] 따라서 비유대인들은 아마도 회당이라는 맥락에서 유대인들에게 우호적인 태도를 취하며 그들과 교류를 했고, 보편주의적 전망의 형태를 공유하는 유대인들의 격려를 받아 몇몇 유대 관습을 채택했다. 우리는, 어느 정도까지는 열방에서 온 이러한 구성원들이 정도의 차이는 다양하지만 토라 준수자들이었다고 결론을 내려야만 한다.

사회학적 관점에서 본다면, 바울의 복음에 이끌린 비유대인들 대다수가 이전에 유대인들과 접촉하고 있었던 이들이었으리라는 점에는 별로 의심의 여지가 없다.[101] 그들은 토라를 다양한 정도로 준수함을 통해 종교적 의무를 다해야 하며, 그리하여 이스라엘의 신에게 받아들여지게 된다고 배웠을 것이 분명하다. 따라서 바울은 유대화하는 비유대인들을 맞서는 것이다. 그리고 이 비유대인들은 유대교에 관심이 있으며

---

98. 예, Seneca, *Ep.* 108.22; Augustine, *Civ.* 6.11 [≒『신국론 1-3』, 분도출판사, 2004](여기 나오는 Seneca); Dio Cassius, *Hist. rom.* 67.14.1-2를 보라. 또한 Donaldson, *Judaism and the Gentiles*, 471을 보라.

99. Fredriksen, "Judaizing the Nations," 238.

100. Donaldson, *Judaism and the Gentiles*. 또한 Shaye J. D. Cohen, *The Beginnings of Jewishness: Boundaries, Varieties, Uncertainties* (Berkeley: University of California Press, 1999), 140-74을 보라.

101. Meredith B. McGuire, *Religion: The Social Context*, 3rd ed. (Belmont, CA: Wadsworth, 1992), 91 [=『종교사회학』, 민족사, 1994].

유대 율법에 긍정적으로 기울어져 있는 이들이고, 아마도 이들에게 율법은 신적인 것으로 제시됐을 것이며, 그들은 자신들의 행동 양식이 이스라엘 신의 뜻에 부합한다는 인상을 가지고 있었을 것이다. 그러나 바울은 비유대인들이 유대인들이 될 가능성을 배제했다. 그리고 바울은 토라가 하나님이 **유대** 민족에게 가장 귀한 선물로 주신 것이라는 점을 확신한 가운데, **비유대인들을 위한 유대교의 한 형태**를 창조해내는 기획에 매진했다. 곧, **엄밀한 의미에서** 토라와는 거리를 두면서도, 비유대인들이 모든 형태의 우상 숭배를 버리고 이스라엘의 신에게만 **배타적으로** 향해야 한다는 필요성을 강조했던 것이다. 파울라 프레드릭슨이 지적했듯, 이것은 "디아스포라 회당이 (훨씬 적게) 요구했던 것보다 훨씬 더 급진적인 형태의 유대화 방안"인 것으로 보인다.[102]

결론

바울의 경쟁력은 비유대인들에게 구원 경륜에 있어서 하나의 잘 정의된 입장(이스라엘의 신 앞에서 유대인들과 동일한 종말론적 지위)을 제시했다는 점에 있었다. 그리고 이것의 결과로 바울은 유대인들 사이에서 일반적인 수준보다 더 가까운 사회적 관계들을 실현했다. 그리스도 안에서의 유대인들과 비유대인들의 관계라는 이 측면이 아마도 바울이 가장 급진적으로 드러나는 부분일 것이다. 허나, 비유대인 예수 따르미들이 종말론적 완성에 이스라엘과 더불어 참여할 것을 기대할 수는 있었지만, 그들이 이스라엘의 한 부분이 될 수는 없었다. 이 점은 기이한 역설을

---

102. Fredriksen, *Paul: The Pagans' Apostle*, 111.

만들어냈고, 시간이 지나면서 그 역설은 "유대교"와 "기독교"의 분리를
낳았다. 바울 자신에 관해 말하자면, 내가 볼 때 바울이 유대교와 결별
했다고 결론을 내리도록 우리를 강제할 만한 것은 없다. 유대교 내부의
바울 관점은 새롭고, 갓 십여년 가량이 됐을 뿐이다. 더 많은 연구가 필
요하다. 그러나 내가 굳게 믿기로, 결국은 이 관점이 승기를 잡을 것이
다.

세테르홀름에게 응답하는
로마가톨릭 관점

브랜트 피트리

나는 먼저 "유대교 내부의 바울 관점"에 관해 풍성하고도 광범위한 글을 기고해준 망누스 세테르홀름에게 감사의 마음을 전하고 싶다. 나는 바울에 대한 이러한 접근 방식이 최근 수년간 바울 학계에서 일어난 가장 중요한 발전들 중 하나를 보여준다고 생각한다. 이를 염두에 두고서 먼저 나와 세테르홀름 사이의 의견이 수렴되는 몇 가지 주요 지점을 강조하고 싶다.

유대교 "내부의" 바울: 계속되는 바울의 유대인 정체성

첫째, 나는 E. P. 샌더스, 제임스 던, 그리고 바울에 관한 새 관점의 주요 결과 중 하나가 "바울 사도를 유대교 안에 굳건하게, 완전하게, 그리고 꼭 들어맞게 위치시키는 것"(원서 175쪽)이라는 세테르홀름의 주장에 전적으로 동의하는 바다. 바울은 편지에서 자신의 개인적인 이야기

를 할 때마다 항상 스스로를 유대인, 히브리인, 또는 이스라엘인이라고
지칭한다.

> **우리 자신은 날 때부터 유대인이지** 이방 죄인이 아니다. (갈 2:15)

> … 만일 누구든지 다른 이가 육체를 신뢰할 것이 있는 줄로 생각하면
> 나는 더욱 그러하다. 곧, **나는 팔일 만에 할례를 받고 이스라엘 족속이**
> **며 베냐민 지파이고 히브리인 중의 히브리인이며** 율법으로는 바리새
> 인이자 열심으로는 교회를 박해하고 율법의 의로는 흠이 없다. (빌 3:4-6)

> **나의 형제 곧 골육의 친척을 위하여** 내 자신이 저주를 받아 그리스도에
> 게서 끊어질지라도 원하는 바다. **그들은 이스라엘 사람이다.** … (롬 9:3-4)

바울이 자신을 묘사하는 데 사용한 일련의 용어들을 주목해보라. 바울
은 "날" 때부터 "유대인"(Ἰουδαῖος)이었고, 더 문자적으로 말하자면 "자연
상"(φύσις, 갈 2:15) 유대인이었다. 그는 스스로를 "이스라엘인"(Ἰσραηλῖται,
롬 9:4)으로 여겼고, "히브리인 중의[가운데 태어난] 히브리인"(Ἑβραῖος ἐξ
Ἑβραίων, 빌 3:5)이었다. 이러한 언어로 미루어 볼 때 세테르홀름이 바울의
계속되고 있는 유대인 정체성에 대한 주장을 시작점으로 삼는 것은 옳
다.[1]

---

1. Brant Pitre, Michael P. Barber, and John Kincaid, *Paul, A New Covenant Jew:*
    Rethinking Pauline Theology (Grand Rapids: Eerdmans, 2019), 11-62을 보라.

바울은 유대인들에게 "유대인 정체성"을 "버리라"고 요구하지 않는다

둘째, 나는 세테르홀름이 다음과 같이 쓸 때 대단히 중요한 점을 지적했다고 생각한다. "바울은 비유대인들이 자신들의 민족성을 포기하지 않은 채로 최종적 구원에 포함되어야 한다고 굳게 믿었다. 즉, 비유대인은 유대인이 되어서는 안 된다"(원서 190쪽). 세테르홀름은 이를 뒷받침하기 위해 고린도전서에서 중요하지만 종종 간과되는 구절을 바르게 지적했다.

> 할례자로서 부르심을 받은 자가 있느냐? **할례의 표시를 지우려고 하지 말라.** 무할례자로 부르심을 받은 자가 있느냐? **할례를 받으려고 하지 말라.** 할례받는 것도 아무것도 아니고 할례받지 아니하는 것도 아무것도 아니며, 하나님의 계명을 지키는 것이 모든 것이다. **각 사람이 부르심을 받은 그 부르심 그대로 지내게 하라.** (고전 7:18-20)

이 구절을 보자면 "비유대인들이 적어도 유대인들이 하는 것과 똑같은 방식으로는(그리고 분명 그들과 동일한 이유로) 토라를 준수하면 안 된다"(원서 190쪽)라는 세테르홀름의 주장은 논쟁의 여지가 없어 보인다. 몇몇 학자들에 의해 제안될 만한 해석들과는 달리 바울은 유대인들이 유대인의 정체성을 포기하기를 바라지 않았다. 할례 표시에 관한 바울의 방식은 유대인이든 이방인이든 모든 사람이 부르심을 받은 상태로 "남아 있는"(μένω) 것이었다(고전 7:20).

바울과 유대교의 토라: "율법 없는" 복음은 없다

셋째이자 마지막으로 나는 일부 개신교 주석가들이 이른바 "율법 없는" 바울의 복음에 대해 추정적으로 말하는 경향성에 대한 세테르홀름의 주장에도 동의한다. 먼저 그가 올바르게 지적했던 것처럼 1세기 유대교에서 "모든 이들이 토라를 같은 방식으로 준수했다"(원서 181쪽)고 가정해서는 안 된다. 게다가 "율법 없는" 복음에 대한 이야기는 그리스도 안에 있는 사람들이 그리스도의 (율)법에 복종해야 한다는 바울 자신의 주장과 양립할 수 없다.

> 너희는 짐을 서로 지라. 그리하여 **그리스도의 (율)법**을 성취하라. (갈 6:2)

> 율법 없는 사람들에게 내가 (하나님의 율법에서 벗어난 것이 아니라 **그리스도의 [율]법 아래** 있지만) 율법 없는 사람처럼 됐다. 이는 율법 없는 자들을 얻기 위함이다. (고전 9:21)

바울이 "그리스도의 (율)법"(ὁ νόμος τοῦ Χριστοῦ, 갈 6:2)을 성취하는 것과 "그리스도의 (율)법 아래/안에"(ἔννομος Χριστοῦ, 고전 9:21) 있음에 관해 명백히 말하고 있는 것에 주목해보라. 마지막으로 파울라 프레드릭슨이 훌륭하게 보여주었듯이 "율법 없는" 복음에 대해 말하는 것은 바울이 이방 독자들에게 유대교 토라에서 직접 취한 특정 계명들을 지켜야 한다고 계속 주장한 것을 완전히 무시하는 처사다. "행동에 관하여 이방인들에게 전한 바울의 핵심 메시지는 '할례를 행하지 말라!'가 아니다. 그것은 '더 낮은 신들에 대한 예배/경배(*latreia*)를 더 이상 하지 말라!'였

세테르홀름에게 응답하는 로마가톨릭 관점(브랜트 피트리)

다. 바울의 이교도들은 엄격히 오로지 유대교의 신만을 경배해야 했다. 이방인들의 새로운 종교적 행위를 유대교의 경배 명령이자, **첫 번째 돌판의 유대교 율법이며, 시내산 십계명의 첫 두 계명인, '다른 신이나 우상을 섬기지 말라'**에 맞추어야 했다(출 20:1; 신 5:6)."[2] 다시 말해, 바울의 복음 그 자체가 "율법이 없다"고 주장하기 위한 유일한 방법은 십계명 자체가 유대교 토라의 일부이자 요소라는 점을 무시하는 것이다. 유대교 내부의 바울 관점은 바울이 율법 폐지론자가 아니며 바울의 메시지를 "율법 없는" 복음으로 묘사하는 것은 완전히 오독한 것이라고 올바르게 주장한다.

이와 더불어 나는 세테르홀름의 글의 측면에 대해 몇 가지 의문이 남는다.

바울의 "선교"가 이방인들"만을" 위한 것이었나?

나의 첫 번째 질문은 이방인들의 구원에만 초점을 둔 바울의 "선교"에 대한 세테르홀름의 설명과 관련한다. 세테르홀름은 글을 시작하면서 "바울의 복음은 유대인들과 비유대인들 양쪽 모두를 향하고 있었다"(원서 172쪽)라고 주장하는 전통적인 해석에 대해 비판한다. 나중에 그는 이 전통적인 관점을 유대교 내부의 바울 관점과 대조한다. "그러나 유대인들의 구원에 초점을 맞추다 보면 우리는 바울의 진짜 관심사를 간과하게 된다. 존 게이저는 이 점을 적절히 표현했다. '우리가 바울의

2.　Paula Fredriksen, *Paul: The Pagans' Apostle* (New Haven: Yale University Press, 2017), 108-22, 인용된 부분은 112 (강조 지점은 변경됨).

존더베크, 혹은 구원에 이르는 [이스라엘을 위한—역주] 특별한 길에 대해 말할 수 있는가의 질문에 있어서, 나는 실상은 그 반대의 상황이라고 생각하는 편이다. 바울은 이스라엘의 구원을 전혀 의심하지 않았다. 바울이 가르치고 전파한 것은 오히려 이방인들을 위한 하나의 존더베크, 특별한 길이었다.' 이 진술은 바울의 선교를 정확히 포착해낸다"(원서 189쪽).[3]

　나는 바울이 자신을 "이방인의 사도"(롬 11:13; 참조, 갈 1:15-16)로 보았다는 데 전적으로 동의한다. 하지만 바울이 어느 곳에서 자신의 선교 사명이 유대인을 위한 것이 **아니라고** 말한 적이 있는가? 반대로 바울은 자신의 복음과 사명에 대해 개괄적으로 설명할 때 항상 유대인을 먼저 놓는다. 다음 구절을 살펴보자.

> 내가 **복음**을 부끄러워하지 않는다. 이 복음은 모든 믿는 자에게 **구원**을 주시는 하나님의 능력이다. **먼저는 유대인에게이며**, 또한 헬라인에게다. 복음에는 하나님의 의가 나타나서 믿음으로 믿음에 이르게 하나니 기록된 바 오직 의인은 믿음으로 말미암아 살리라 함과 같다. (롬 1:16-17)

> 유대인들에게 내가 유대인과 같이 된 것은 **유대인들을 얻고자 함이다.** 율법 아래에 있는 자들에게는 (내가 율법 아래에 있지 않지만) 율법 아래에 있는 자 같이 된 것은 **율법 아래에 있는 자들을 얻기 위함이다.** 율법 없는 자에게는 (내가 하나님께는 율법 없는 자가 아니라 도리어 그리스도의 율법 아래에 있는 자이지만) 율법 없는 자와 같이 된 것은 **율법 없는 자들을 얻고자**

3.　여기서 Zetterholm은 John G. Gager, *Reinventing Paul* (Oxford: Oxford University Press, 2000), 146을 인용하고 있다.

함이다. 약한 자들에게 내가 약한 자와 같이 된 것은 약한 자들을 얻고
자 함이다. 내가 여러 사람에게 여러 모습이 된 것은 **아무쪼록 몇 사람
이라도 구원하려 함이다.** (고전 9:20-22)

바울은 로마서에서 단지 일반적인 "구원"에 대해 말하는 것이 아니라
"복음"(τὸ εὐαγγέλιον), 특히 "먼저는 유대인에게"(Ἰουδαίῳ τε πρῶτον, 롬 1:16)
인 복음에 관해 말하고 있다는 점에 주의해야 한다. 이 구절들은 바울의
복음화 사명의 우선순위가 동족 유대인에게 있다는 사실과 바울이 유
대인의 "구원"을 이방인의 구원과 동일한 방식, 곧 "복음"에 대한 "믿
음"(롬 1:17)을 통해 일어나고 있는 것으로 본다는 견해를 암시하고 있지
않는가? 고린도전서 본문과 관련해서 누군가는 바울이 자기 사명을 유
대인과 이방인 모두를 포괄하는 것으로 본다는 사실에 대한 더욱 명료
하고 확실한 진술을 요구할지 모르겠다. 그 밖에 바울이 "유대인을 얻
기 위해"(ἵνα Ἰουδαίους κερδήσω, 고전 9:20) 고군분투한다는 말은 무엇을 의
미하는가? 여기서 유대인들("율법 아래 있는 자들", 고전 9:20)을 "얻는"(ker-
dēsō) 바울의 사명과 이방인들("율법 없는 자들", 고전 9:21)을 "얻는" 사명 사
이의 언어학적 평행점에 주목하라. 문맥에서 유대인과 이방인 모두를
"얻는" 것은 저들의 **구원**에 대한 바울의 바람을 보여준다. 곧, "아무쪼
록 몇 사람이라도 구원하려는[σώσω]"(고전 9:22) 바람 말이다. 그런 구절
들에 비추어 세테르홀름은 바울이 **스스로 묘사한 바** 유대인과 이방인
모두에 초점을 둔 사명을 가지고 있다는 사실을 인정할까? 그렇지 않다
면, 세테르홀름은 바울이 유대인과 이방인 모두를 "얻고" "구원"하려
한다는 말에 대해 어떻게 생각할까?

바울 자신은 "토라 아래 있지 않다"라고 말한다

　　나의 두 번째 의문은 "바울이 토라 준수자였다"(원서 176쪽)라는 세테르홀름의 주장과 관련한다. 세테르홀름은 유대교 내부의 바울 관점에서 이 양상이 "전통적인 경향을 지닌 학자들에게 있어서 가장 받아들이기 어려운 명제일 것이다. 왜냐하면 그것은 우리가 살펴보았듯이 바울학계에 이제껏 극도로 영향력이 있어 왔던 루터교 신학의 핵심을 뒤흔드는 것처럼 보이기 때문이다"(원서 176쪽)라고 말한다. 나는 이 대목을 읽고 적잖게 놀랐다. 저 문구에 대한 "루터교 신학"의 관련성 때문에 **내가** 의아해했던 것이 아니라, 그보다도 그것은 바울 자신의 말이기 때문이다.

> 율법 아래에 있는 자들에게는 (**내가 율법 아래에 있지 않지만**) 율법 아래에 있는 자 같이 된 것은 율법 아래에 있는 자들을 얻기 위함이다. 율법 없는 자에게는 (**내가 하나님께는 율법 없는 자가 아니라 도리어 그리스도의 율법 아래에 있는 자이지만**) 율법 없는 자와 같이 된 것은 율법 없는 자들을 얻고자 함이다. (고전 9:20-21)

> 죄가 너희를 주장하지 못하리니, 이는 너희가 (**율**)법 아래에 있지 않고 은혜 아래에 있기 때문이다. 그러면 어떻게 할까? 우리가 (**율**)법 아래에 있지 않고 은혜 아래에 있으니 죄를 지을까? 결코 그럴 수 없다. (롬 6:14-15)

　　문맥에서 "내가 율법 아래 있지 않다"(μὴ ὢν αὐτὸς ὑπὸ νόμον, 고전 9:20)

라는 바울의 놀라운 선언은 분명히 "모세 율법"을 가리킨다.[4] 이 진술을
액면 그대로 받아들인다면 이는 바울이 개인적으로 모세의 토라에 종
속되어 있지 않다고 생각했음을 보여준다. 그 대신 바울은 메시아의 토
라에 종속되어 있다. "[그는] 그리스도의 율법 아래에"(ἔννομος Χριστοῦ, 고
전 9:21) 있다. 비록 혹자들은 바울이 여기서 단순히 수사학을 펼치고 있
다고 주장할 수 있겠지만 문맥상 그것은 설득력이 떨어진다. 먼저 바울
은 다른 곳에서 자신과 독자들이 "율법 아래 있지 않고"(οὐ ὑπὸ νόμον)
"은혜 아래 있다"(ὑπὸ χάριν, 롬 6:14-15)라고 말하면서 동일한 언어를 사용
한다(2회). 마지막으로 바울은 다른 곳에서 "그리스도와 함께 십자가에
달렸다"(추정컨대 세례 시; 참조, 롬 6:1-4)라고 말하면서 "율법에 대하여 죽었
다"(갈 2:19)라고 말한다. 이것이 단지 수사학적인 것일까? 나는 그렇게
생각하지 않는다. 어쨌거나 제2성전기 유대교가 극도로 다양했지만 거
의 모든 유대인들이 고수하고 있었던 한 가지는 모세의 율법에 순종해
야 한다는 믿음이었다. 구체적으로 말하자면 이렇다. 세테르홀름은 "나
는 율법 아래 있지 않다"라고 묘사하는 제2성전기 유대인에 대한 또 다
른 예를 제시할 수 있는가? 나는 어느 누구도 생각해낼 수 없다. 아마도
이것은 유대교 내부의 바울 관점을 지지하는 많은 학자들이 바울이 "율
법 아래"(고전 9:20) 있지 않다고 하는 진술을 무시하는 이유일 것이다.[5]

---

4. 예, 다음을 보라. Shira L. Lander, "1 Corinthians," in *The Jewish Annotated New Testament: New Revised Standard Version Bible Translation*, ed. Amy-Jill Levine and Marc Zvi Brettler, 2nd ed. (Oxford: Oxford University Press, 2017), 338.

5. 예를 들어, 자신이 "율법 아래 있지 않다"(고전 9:20)라는 바울의 선언은, Mark Nanos와 Magnus Zetterholm이 편집한 논문 모음집, *Paul within Judaism: Restoring the First-Century Context to the Apostle* (Minneapolis: Fortress, 2015)에는 결코 다루어지지 않는다. 이와 마찬가지로, Paula Fredriksen, *Paul: The Pagans' Apostle*, 165, 222n38은 고전 9:20을 지나가면서 언급하지만, 바울이 "율법 아래"

그래서 세테르홀름에게 던지는 나의 질문은 이렇다. 세테르홀름은 "나는 율법 아래 있지 않다"(고전 9:20[참조, 롬 6:14-15])라는 진술을 어떻게 해석할까? 이 구절은 바울이 자신과 모세 율법 사이의 관계에 있어서 대부분의 제2성전기 유대인들이 보는 방식과는 근본적으로 다르게 보고 있음을 암시하지 않는가?

"새 언약"과 주의 만찬은 어떠한가?

마지막 사항이지만 결코 간과될 수 없는 것은 **"비유대인들을 위한 유대교의 한 형태를** 창조해내는"(원서 193쪽) 바울의 기획이라는 세테르홀름의 결론과 예수의 "피"로 맺어진 "새 언약"의 일꾼에 관한 바울의 진술이 어떻게 조화될 수 있는지 하는 것이다.

> [하나님이] 또한 우리를 **새 언약의 일꾼** 되기에 만족하게 하셨으니 문자로 하지 아니하고 오직 영으로 함이다. 문자는 죽이는 것이요 영은 살리는 것이다. (고후 3:6)

있지 않다고 말했던 바의 의미를 결코 설명하지 않는다. 마지막으로 John G. Gager, *Reinventing Paul* (Oxford: Oxford University Press, 2000), 147에서 한 차례 고전 9:20이 인용됐는데, 그는 말줄임표를 사용해서 저 구절의 "율법 아래" 있지 않다는 바울의 진술을 제거했다! 반대로 Mark D. Nanos, *Collected Essays of Mark D. Nanos*, vol. 4, *Reading Corinthians and Philippians within Judaism* (Eugene, OR: Cascade, 2017), 52-108에서는 이 구절을 폭넓게 분석했다. 하지만 내 생각에 바울의 진술이 단순히 수사학적이라는 Nanos의 주장은 주해적으로 설득력이 없다. 이에 관한 더 자세한 내용은, Pitre, Barber, and Kincaid, *Paul, A New Covenant Jew*, 30-62에 있는 평가를 보라.

> 내가 너희에게 전한 것은 주께 받은 것이니, 곧 주 예수께서 잡히시던
> 밤에 떡을 가지사 축사하시고 떼어 말씀하셨다. "이것은 너희를 위하는
> 내 몸이니 이것을 행하여 나를 기념하라." 식후에 또한 그와 같이 잔을
> 가지시고 말씀하셨다. **"이 잔은 내 피로 세운 새 언약이다.** 이것을 행하
> 여 마실 때마다 나를 기념하라." (고전 11:23-25)

여기서 바울이 그저 새로워진 모세 언약을 말하고 있는 것이 아니라는
점에 주목하라. 1세기의 모든 유대인들이 알고 있었듯이 모세의 언약은
동물의 피—나사렛 예수와 같은 **인간**의 피가 아니라—를 통해서 개시되
고 새로워졌다(참조, 출 24:1-8). 게다가 더욱 널리 인정되고 있는 바와 같
이 바울은 여기서 "새 언약"이 시내산에서 모세와 맺은 "언약과 **같지
않을 것**"이라는 예레미야서를 암시하고 있다(렘 31:31-32). 그러한 본문들
에 비추어 세테르홀름이 "바울이 유대적이라는 말은 바울이 유대교를
실천하는 사람이었음을 의미한다"(원서 177쪽)라고 주장하려 한다면 더욱
섬세한 것이 필요하다. "새 언약" 식사의 요소를 인간의 "몸"/"피"와 동
일시한 제2성전기 유대인이 있었는가? 만일 없었다면, 이것이 바울이
실천했던 "유대교"와 1세기에 대부분의 다른 유대인들이 실천했던 유
대교 사이에서의 근본적인 제의와 언약의 차이를 구성하지는 않을까?[6]

　요약하자면 나는 차후에 유대교 내부의 바울 관점에서 글을 쓰는
학자들이 유대교 선교에 관해 바울이 말하는 본문들(고전 9:20-22; 롬 1:16-
17), 바울이 모세의 율법 아래 있지 않다는 진술(고전 9:20; 롬 6:14-15), 바울

6.　또한 다음을 보라. Pitre, Barber, and Kincaid, *Paul, A New Covenant Jew*, 38-61,
　　211-50.

이 자신을 예수의 피로 맺어지고 주의 만찬(고전 11:23-25)으로 기념된 "새 언약"의 "일꾼"(고후 3:6)과 동일시한 것의 의미에 대해 더 많은 주의를 기울였으면 하는 바람을 가져본다. 그렇지 않다면 그들은 진자를 다른 방향으로 너무 당긴 채 바울의 초상을 그릴 위험이 있다. 그러면 바울이 자신의 사역과 선교를 어떻게 바라보았는지를 정당화할 수 없고 또한 바울과 대부분의 동시대 유대인들 사이의 근본적인 차이가 무엇인지를 놓치게 된다.

세테르홀름에게 응답하는
전통 개신교 관점

A. 앤드루 다스

　"유대교 내부의 바울 관점" 해석가들은 바울이 유대인들로 하여금 율법을 잘 지키도록 격려했다고 이해한다(고전 7:18). 이 논의를 진행하기 위해서 다음의 질문들을 고려하려 한다. (1) 유대교 내부의 바울 관점 지지자들은 바울의 편지에 대해 대안적이고 **가능성 있는** 읽기를 제안했지만, 얼마나 개연성이 있을까? (2) 바울이, 유대인들이 율법의 영역에서 하나님의 구원을 누릴 수 있다고 생각했는지 물어보아야 한다. 율법에 대한 부정적인 진술은 적절하게 평가되어야 한다. (3) 세테르홀름 교수는 율법에 대한 긍정적인 진술들을 언급하지만, 그 진술들은 날카로운 조건을 포함한다. (4) 바울의 복음이 의도하는 수혜자가 누구인지 분명히 해야 한다. 궁극적으로, 바울이 "그리스도 안에" 있는 것과 "유대교 안에" 있는 것 중에서 어디에 더 **무게**를 두는지 물어야만 한다.

　1. 세테르홀름 교수는 유대교 내부의 바울 읽기로 바울을 제시한다. 갈라디아서 2:11-14의 야고보 무리는 유대교 그리스인들이 이방인과 함께하는 식사가 도덕적인 부정에 매우 가깝다며 놀라고 있다. 유대인이

아닌 사람들은 유대인과 식사 교제를 계속 하기 위해서 **유대교로 개종**
해야 한다. 나는 야고보 무리가 유대인이 아닌 자들로 하여금 개종하도
록 옹호하지 않았다고 주장한다. 그들은 **베드로**에 집중하고 있다.[1]

폴 홀로웨이(Paul Holloway)는 나노스의 빌립보서 3:2의 읽기에 대답
했다. 이어지는 구절에서 "절단"("몸을 상해하는 일", 개역개정—역주)은 "할
례"와 짝을 이루며 이교적이 아닌 **유대교의** 영향을 나타낸다. "하나님
의 백성의 표지는 육체적 할례가 아니라 성령의 소유다. ··· 결국 이것은
할례(절단)를 포함하여 토라 준수로 이해되는 '육체의 신뢰'를 불가능하
지는 않더라도 비합리적으로 만든다."[2]

2. 모세의 율법에 대한 바울의 부정적인 언급은 중요한 도전이 된다.
바울은 로마서 3:20에서 "율법의 행위들로 '그의 앞에 의롭다 하심을
얻을 육체가 없나니' 율법으로는 죄를 깨닫는다"라고 말하며, 율법이
구원의 길을 제공한다는 사실을 단호하게 부정한다. 유대교 해석가 존
게이저는 이 진술을 이방인에게로 제한하려고 한다.[3] 그러나 보편적인
언어에 주목하라. 2:12-13에서 모든 사람은 율법이 있는 사람, 율법이
없는 사람 모두를 포함한다. 로마서 3:20의 "모든 육체"(πᾶσα σάρξ)는 바
로 이어지는 문맥인 3:22의 "모든 믿는 자"와 3:23의 "모든 사람이 죄를

1.   A. Andrew Das, *Galatians*, ConcC (St. Louis: Concordia, 2014), 196-232. (본서의
      던에 대한 나의 응답에 요약되어 있다). 또 다른 유대교 내부의 바울 해석들에 대한
      자세한 비평은 다음을 참조하라. Das, *Solving the Romans Debate* (Minneapolis:
      Fortress, 2007), 115-48, 이 글은 Nanos의 로마 교회 상황에 대한 재구성에 반대한
      다. Das, *Galatians*, 10-14은 Nanos의 갈라디아서에 대한 대안적 해석에 반대한다.

2.   Paul A. Holloway, *Philippians: A Commentary*, Hermeneia (Minneapolis: Fortress,
      2017), 153-54, 인용된 부분은 154.

3.   John G. Gager, *Reinventing Paul* (Oxford: Oxford University Press, 2000), 121-22.
      Gager에 대한 내 전체 답변은 다음을 참조하라. A. Andrew Das, *Paul and the Jews*,
      LPS (Peabody, MA: Hendrickson, 2003), 96-106.

범했다"와 일치한다. 이방인으로 제한하는 주장은 지지되기 어렵다.

율법은 이방인뿐만 아니라 아담의 **모든** 후손에게도 영향을 미치는 우주적인 힘이다(롬 5:12-21). 로마서 7:7-25은 율법과 관련한 죄로 인해 제기된 문제를 한탄한다. 7:18에서 "나"는 선을 행할 수 없다. 바울은 율법 자체에 대해 질문한다. "율법이 죄냐?"(7:7). 이 질문은 율법 아래에 있는 이방인들에게만 제한될 수 없다.

갈라디아서 3:10에서 율법은 율법의 행위들에 속한 자들(ὅσοι ἐξ ἔρ-γων νόμου εἰσιν)에 대한 저주를 선언한다. 이 표현은 토라를 준수하는 (유대인의) 생활 방식을 특징으로 하는 사람들을 지칭한다.[4] 게이저는 갈라디아서 3:1-14이 이방인들에게만 초점을 맞추고 있다고 설명한다. 그는 갈라디아서 3:10의 저주가 율법과 관련된 자들에게 있다는 갈라디아서 해석가들 사이의 합의를 무시한다.[5] 게이저는 바울의 본문에 다른 표현을 더한다. "율법은 그들의 범죄 때문에—**이방인에게**—더해진 것이었다"(갈 3:19).[6] 그러나 (3:10에서) 이어지는 문맥에서 바울은 아브라함의 약속이 있은 지 430년 후에 율법이 "더해진" 이유를 설명하고 있다(갈 3:17). 즉, 이것은 **이스라엘** 민족의 역사적인 기원이라는 관점에서 논의되고 있다.

고린도후서 3:13-14은 옛 언약의 관점에서 이스라엘 사람들의 마음

---

4. 예, Hans Dieter Betz, *Galatians: A Commentary on Paul's Letter to the Churches in Galatia*, Hermeneia (Philadelphia: Fortress, 1979), 144 [= 『갈라디아서』, 알맹e 크리티카 성경주석, 알맹e, 2023 출간 예정]; 더 자세한 예는 다음을 참조하라. Joseph B. Tyson, "'Works of Law' in Galatians," *JBL* 92 (1973): 423-31.
5. Gager, *Reinventing Paul*, 87-88은 단순히 Lloyd Gaston이 동의하지 않을 것을 가정한다. Lloyd Gaston, *Paul and the Torah* (Vancouver: University of British Columbia Press, 1987), 29.
6. Gager, *Reinventing Paul*, 89 (강조는 추가됨).

이 굳어졌음을 논한다. 결국 "문자['율법 조문', 개역개정—편주]는 죽이는 것이다"(고후 3:6)라고 말한다. 또한 바울은 자신이 그리스도 안에서 누리는 것과 관련하여 유대인의 특권을 "쓰레기" 또는 "배설물"이라고 생각한다(빌 3:8).

3. 세테르홀름은 모세의 율법에 대한 긍정적인 진술에 주의하지만 율법이 긍정적으로 기능하기 위한 반복적이고 중요한 조건에 대해서는 언급하지 않는다. 갈라디아서 6:2에서 율법은 **그리스도의 수중에**(*in the hands of Christ*)있다! 로마서 8:2에서 율법은 죄의 우주적인 힘에 붙잡힐 때 죽음이라는 결과를 가져온다. **성령**에 붙잡혔을 때 율법은 **그리스도 예수 안에서** 생명을 가져온다. 아브라함이 그리스도 안에서 성취된 약속을 믿었듯이(롬 4:1-9, 23-25) 율법은 믿음으로 말미암아 굳게 세워진다(롬 3:31). 다시 말해, 율법에 대한 바울의 긍정적인 언급은 항상 하나님이 그리스도와 성령 안에서 행하시는 맥락 안에 있다.

게이저는 로마서 4장에서 아브라함의 "믿음(신실함)"을 이방인이 하나님의 계획에 포함될 것이라는 약속에 대한 믿음으로 이해한다. 그리스도는 언급되지 않는다.[7] 분명히 아브라함의 믿음은 앞으로 올 일에 대한 하나님의 약속에 달려 있었지만(롬 4:13), 게이저와 반대로 아브라함의 믿음은 이제 그리스도 안의—무할례의 이방인과 할례를 받은 유대인을 위한—하나님의 일하심에 대한 이해를 포함해야 한다는 점에 바울은 주의를 기울이고 있다.

4. 예수 그리스도의 복음의 수혜자에 대해서 말하자면 죄의 문제는 보편적이다("모든 사람이 죄를 범했으니", 롬 3:23). 율법은 아무도(πᾶσα σάρξ, "모든 인류") 구원할 수 없다. "모든" 사람은 그리스도의 구속 사역을 "믿음"

---

7. Gager, *Reinventing Paul*, 124-25.

으로 ("모든 믿는 자들에게", 3:21-25, 특히 22절) 자기 것으로 만들어야 한다. 아브라함의 믿음은 그가 믿는 할례자들과 무할례자들의 조상인 이유이다 (4:11-12). 보편적인 언어는 제한을 없애버린다.

학자들은 바울이 로마서 11:26에서 "온 이스라엘이 구원을 받으리라"라고 선포하는 바울의 논의에서 갑작스럽고 강력한 반전과 씨름해 왔다. 유대교 내부의 바울 해석가의 대부분은 이 구절이 유대인의 구원에 적용되는 별도의 "언약"을 가리키는 것이라고 확언한다. 유대인들은 하나님이 그리스도 안에서 이방인을 위해 하신 일에 저항했을지 모르지만 그것은 용서할 수 없는 죄가 아니다. 그럼에도 불구하고 바울은 동료 유대인들이 자신들의 메시아를 인식하지 못한 것에 대해서 9:1-5에서 참된 고통을 표현한다. 그는 자신이 "저주를 받고"(ἀνάθεμα) 그리스도로부터 단절되기를(ἀπὸ τοῦ Χριστοῦ), 즉 그들과 위치를 바꾸어 "저주"를 견디고 "단절"되기를 바란다.[8] 이스라엘은 단순히 그리스도 안에서 이방인을 위한 하나님의 계획을 이해하지 못하는 것보다 훨씬 더 심각한 곤경에 직면해 있다.

로마서 11장을 준비하면서 바울은 10:11에서 이사야 28:16(참조, 롬 9:33)의 인용에 "모든 사람"이라는 단어를 더하고 있다. 10:12-13에서는 구원과 관련하여 유대인과 이방인 사이에 차이가 없다. 둘 다 같은 주 (10:12), 주 예수 그리스도(10:9)를 가진다.[9] "**온 이스라엘이 구원을 받으리**

---

8. Heikki Räisänen은 이렇게 썼다. "바울이 롬 9:1-2, 10:1에서 깊은 슬픔을 표현한 이유는 무엇인가? 바울의 많은 진술은 이스라엘이 예수를 그리스도로 믿지 않음이 문제가 아니라면 거의 의미가 없었다." Räisänen, "Paul, God, and Israel: Romans 9-11 in Recent Research," in *The Social World of Formative Christianity and Judaism: Essays in Tribute to Howard Clark Kee*, ed. Jacob Neusner et al. (Philadelphia: Fortress, 1988), 178-206, 인용된 부분은 190; 또한 180을 보라.
9. 바울의 욜 2:32(히 3:5)에 대한 기독론적 수용에 대해서는 다음을 참조하라. C.

라"(11:26)는 로마서 10:8-13의 "모든"의 반복되는 사용에 귀를 기울여 유대인이든 이방인이든 예수 그리스도를 믿음으로 구원을 얻는다고 설명한다.[10] 로마서 11장은 특별히 로마서 10장을 포함하여, 이전 장들의 모든 사람을 위한 그리스도 안에 있는 하나님의 계획에 대한 강력한 진술과 분리되면 안 된다. 유대인의 "불순종"(롬 11:11-12, 19, 28a)과 "불신앙" 또는 "신실하지 않음"(ἀπιστία, 11:20-23)에 대한 가장 자연스러운 이해는 편지 전체에 걸쳐 말하는 그리스도를 믿는 믿음에 대한 언급이다. 이스라엘은 "불신앙을 지속하지 않으면" 회복될 것이다. "11장에 이르렀을 때, 바울은 겉보기에는 기독론적이지 않은 담론의 핵심 어휘를 그리스도 중심적인 의미 범위로 설정했다."[11]

하나님에 대한 유대인의 경배는 필연적으로 그리스도 중심적이다. 바울은 로마서 9:5에서 그리스도를 하나님으로 찬양한다.[12] 고기독론은 빌립보서 2:6-11에서도 분명하다. 바울은 이것을 그리스도께 적용한다. 그는 하나님의 본체이시며 하나님과 동등한 분이시다. 그 예배는 엄격하게 이사야 45:23에서 야훼에게만 제한된다.[13] 많은 학자들이 살핀 것

Kavin Rowe, "Romans 10:13: What Is the Name of the Lord?," *HBT* 22 (2000): 135-73.

10. "유대인들이 이방인들과 마찬가지로 예수를 구주로 필요로 한다는 사실에 대한 바울의 주장은 의심의 여지가 없다(10:13)." Günter Wasserberg, "Romans 9-11 and Jewish-Christian Dialogue," in *Reading Israel in Romans: Legitimacy and Plausibility of Divergent Interpretations*, ed. Cristina Grenholm and Daniel Patte, RHCS (Harrisburg, PA: Trinity Press International, 2000), 174-86, 인용된 부분은 182.

11. Terence L. Donaldson, *Paul and the Gentiles: Remapping the Apostle's Convictional World* (Minneapolis: Fortress, 1997), 233.

12. 이 증거에 대한 논의는 다음을 참조하라. Das, *Paul and the Jews*, 84-85.

13. Das, *Paul and the Jews*, 85.

처럼, 고린도전서 8:6에서 사도는 아버지 하나님과 함께 예수 그리스도에 대한 언급을 포함하면서 '쉐마'(Shema)를 재정의한다.[14]

예수 그리스도의 복음은 "나누어진 길"이 아니라 **유대인**이든 이방인이든 믿는 **모든** 사람에게 구원의 능력이다(롬 1:16). 다른 바울의 편지들은 예수 그리스도 안에서의 하나의 구원을 확증한다. 바울은 모세 언약의 참된 영광을 인정하지만(고후 3장), 옛 언약은 사람들을 죽음에 이르게 정죄했다. 모세가 아니라 오직 예수 그리스도 안에 있는 새 언약만이 생명을 제공한다.[15] 고린도후서 3:13-14에서 옛 언약의 이스라엘 사람들의 마음이 굳어짐을 논할 때, 그 수건은 그리스도 안에서만 제거된다. "성령은 생명을 준다"(고후 3:6).

갈라디아서 2:7에서 사도들은 다음 사실에 동의한다. 곧, 베드로는 할례받은 자들에게 복음의 메시지를 바울은 할례받지 않은 자들에게 복음의 메시지를 전하는 것 말이다.[16] 갈라디아서 3:10에서 모세의 율법은 그것을 고수하는 자들을 하나님의 "저주" 아래에 둔다. 그 저주는 매우 강력하고 부정적인 곤경으로 오직 그리스도가 그들을 위해서 저주를 받으심으로만 해결된다(갈 3:13). 그러므로 아브라함의 씨는 창세기에서 기대할 수 있는 집단적인 이스라엘이 아니라 그리스도(3:15-18)와 "그

---

14. N. T. Wright, *Climax of the Covenant: Christ and the Law in Pauline Theology* (Minneapolis: Fortress, 1991)에서 빌 2:5-11과 고전 8장을 다루는 부분들을 참조하라.

15. Sigurd Grindheim, "The Law Kills but the Gospel Gives Life: The Letter-Spirit Dualism in 2 Corinthians 3.5-18," *JSNT* 84 (2001): 97-115.

16. Bradley H. McLean, "Galatians 2.7-9 and the Recognition of Paul's Apostolic Status at the Jerusalem Conference: A Critique of G. Luedemann's Solution," *NTS* 37 (1991): 67-76. Gager, *Reinventing Paul*, 147. Gager는 베드로의 "복음"을 바울의 것과 구별하지만, 갈 2:7은 베드로와 바울 모두가 각 청중에게 선포하는 내용에서 "복음"을 한 번만 사용한다.

리스도 안에 있는" 사람들(3:28-29)이다.[17]

갈라디아서 2:15-16에서는 유대인들이 예수 그리스도를 믿어야 할 필요성과 함께 그리스도를 믿는 믿음/그리스도의 믿음(신실함)을 이해 해야 한다. "우리는 본래 유대인이며 이방 죄인이 아니다. 하지만 사람 이 의롭다 함을 받는 것이 율법의 행위들에 의한 것이 아니라 오직 예 수 그리스도를 믿음[또는 예수 그리스도의 신실함]을 통해 되는 줄 알기에, 우 리도[강조적: "**우리**(유대인들)**조차도**"] 그리스도 예수를 믿는다. 이는 우리가 율법의 행위들로써가 아니라 그리스도를 믿음으로써 의롭다 함을 얻으 려 함이다. 율법의 행위들로써는 의롭다 함을 얻을 육체가 없다."[18] "그 리스도의 믿음(신실함)"의 의미는 하나님이 이방인을 포함시키는 것에만 제한될 수 없다. 두 언약 해석은 철저한 연구를 견디지 못한다. 유대인 에게 그리스도를 믿는 믿음이 필요하다는 사실에 대한 세테르홀름의 머뭇거림(tentativeness)은 보증되지 않는다. 그리스도 안에서 유대인과 이 방인 모두의 구원에 대한 강조는 **바울 자신의 것**이지 종교개혁의 흔적 과는 거리가 멀다.

테렌스 도날슨이 강조했듯이 유대인 바울이 박해한 최초의 그리스 도인들은 **유대인**이었다. 그렇다면 무엇이 바울의 분노를 불러일으켰는 가? 그들이 토라에 대한 느슨한 접근을 채택한 것인가? 그렇다면 바울 은 개종 전후에 더 엄격하게 율법을 준수하는 형태의 기독교를 장려했 을 것이다(참조, 행 21:20-21). 그러나 그렇지 않다. 구원의 관점에서 그리스 도인이 되기 이전의 바울은 토라 준수에 대한 근본적인 반대로 그리스

---

17. Gager, *Reinventing Paul*, 88-89. Gager는 바울의 사고에서 이 논리를 이해할 수 없 을 정도로 무시한다. 그의 책 제목에서 얼마나 반어적인 진실이 존재하는가?

18. 이 구절의 논의에 대해서는 다음을 보라. Das, *Galatians*, 237-57; Das, "The Ambiguous Common Ground of Galatians 2:16 Revisited," *BR* 58 (2013): 49-61.

도를 믿는 신앙을 이해했다. 유대 그리스도인들을 구별되게 만든 것은 그리스도에 대한 그들의 주장과 그분에 대한 숭배였다. 최초의 그리스도인들은 예수 그리스도의 위격에 구원의 중요성을 부여했지만, 이 믿음이 지속적으로 적용된다면 유대 민족을 위한 율법이 가지는 구원의 효력을 위태롭게 할 것이다. 바울이 회심 이전에 율법과 그리스도의 상호 배타적인 구원의 수단을 이해했다면 회심 이후에도 그의 입장은 일관되게 유지 됐을 것이다. 율법의 열심당으로 그는 쉽게 자신의 열심을 버리지 않았을 것이다. 그는 자신이 부인했던 바로 그분과 직접 대면했다. 바울은 율법이 하나님의 구원의 도구가 아니라면 그리스도와 관계없이 그 율법이 요구했던 행위들은 하나님의 은혜를 받을 만한 가치가 없는 공허한 인간의 행위일 뿐임을 인정했다.[19]

　그러므로 예수 그리스도의 중요성은 바울의 유대적인 전통에 대한 그리스도 이전과 이후의 평가를 전환시킨다. 갈라디아서 1:13-14에서 바울은 "유대교"(Ἰουδαϊσμός)라는 용어를 두 번 사용하는데, 이로써 자신의 소속을 두 배로 강조한다. 그는 "육체를 따라"(참조, 1:14; 2:15) 유대인임을 인정하지만, **이전의** 삶과 관련하여 "유대교"라고 말한다.[*]

이전	이후
1:13 하나님의 **교회**를 심히 박해하고	1:22 유대의 **교회들**이 나를 얼굴로는 알지 못하고
1:13 이전에 행한 일을 너희가 **들었거니와**	1:23 (전한다 함을) 듣고
1:13 유대교**에** 있을 때에	1:22 그리스도 **안에**

19. Terence L. Donaldson, "Zealot and Convert: The Origin of Paul's Christ-Torah Antithesis," *CBQ* 51 (1989): 655-82, 특히 656, 662.
* 표 자료 출처: Beverly R. Gaventa, "Galatians 1 and 2: Autobiography as Paradigm," *NovT* 28 (1986): 309-26, 특히 316 (수정하여 사용함).

1:13 심히 **박해하여**	1:23 우리를 **박해하던** 자가
1:13 **멸하고**	1:23 **멸하려던** 자가 그 믿음을 지금 전한다

"유대교에 있을 때에"(1:13-14)는 믿음으로 "그리스도 안에"(1:22; 참조, 2:4, 17; 3:14, 26, 28; 5:6, 10) 있는 것과 대조된다. 결정적인 사회적이고 종교적인 반전이 일어났다.[20] 하나님의 백성은 출생, 민족적인 정체성, 또는 토라의 순종으로 구원받지 못한다. 유대인과 이방인은 메시아 예수에 대한 동일한 믿음을 통해서 하나님의 총회로 모였다. 세테르홀름 교수가 인정했듯이, 바울은 "[유대 정체성에 따라오는 사회적 이점을] 자신이 '그리스도 안'에서 청중과 공유하고 있는 정체성보다 앞세우지 않는다"(원서 179쪽).

---

20. Ben Witherington III, *Grace in Galatia: A Commentary on Paul's Letter to the Galatians* (Grand Rapids: Eerdmans, 1998), 98; Markus Cromhout, "Paul's 'Former Conduct in the Judean Way of Life' (Gal 1:13) . . . or Not?," *HTSTS* 65 (2009): 1-12.

세테르홀름에게 응답하는
새 관점

제임스 D. G. 던

    망누스 세테르홀름의 글에 깊은 감사를 표한다. 아쉽게도 그의 글에 있는 많은 각주를 보며 내가 얼마나 최근의 논의에 뒤떨어져 있는지 인정할 수밖에 없었지만 말이다. 특히 바울을 "유대교 내부에"(within Judaism) 놓고 이해해야 한다는 그의 주장은 인상적이었다. 바울이 살던 당시에는 "기독교"라는 것이 없었으므로 세테르홀름의 주장은 어느 정도 맞다고 할 수밖에 없다. 물론 예수 따르미들이 (그때에도) 분명 있었지만 말이다. 하지만 초창기 예수 따르미들이 자신들을 유대교와 구별되는 새로운 종교의 일원이라고 보았을까? 이것이 바로 16세기의 관점과는 다른 1세기의 관점을 회복해야 한다는 주장의 요지다. 쟁점은 바로 이것이다—발흥하는 기독교에게도 근본적으로 중요했던 성서적 유대교의 유산은 정확히 어떤 것이었는가? 그리고 바울이 반대했던 1세기 유대교의 요소들은 무엇인가? 후자의 질문에 대한 대답은, 바울이 그랬듯이, 유대인에게(단순히 유대 민족에게만 아니라 유대인이 되거나 개종한 사람들도 포함) 하나님의 은혜를 한정했다는 문제를 들 수 있다. 이 점에서 바울 신학의 위대한 점은 그가 이스라엘이 경험한 은혜(아브라함이 고전적 예이다)와 유대인과 이방인을 아우르는 그의 복음—이방인이 유대인이 될 필요는 없다—과의 직접적인 연속을 강조한 데 있다.

이것은 또한 안디옥 사건의 핵심이기도 하다. 내가 실망한 점은 망누스가 "유대교 내부의 바울"을 논의하면서 너무나 급하게 갈라디아서 2장이라는 결정적 맥락을 벗어나 논의의 지경을 넓혔다는 것이다. 그러한 논의가 가치 있기는 하지만 복음을 정확하게 이해하기 위해 바울이 핵심이라고 본 것을 놓칠 위험이 있다. 최소한 갈라디아서 2:16만이 아니라 2장 처음부터 읽는 것이 "믿음으로(만) 의롭다고 여겨짐"(이신칭의)에 대한 바울의 최초의 설명을 이해하기 위해 결정적으로 중요하다. 바울이 2:15에서부터 말하고 있는 연속성에 주의한다면 유대인과 이방인이라는 문제가 이 점에 관한 바울의 가르침의 핵심임을 알아차리기에 충분하다. 갈라디아서 2:16을 신학적으로 숙고하면서 이 구절이 후대에 어떻게 이해됐고 후대에 계속 이어진 논쟁에서 어떤 역할을 했느냐는 문제를 논의하는 것은 좋다. 그러나 우리가 역사학적인 주해, 즉 어떻게 이 본문이 바울 당대의 쟁점과 관련됐는가 하는 문제에 관심을 둔다면, 우선적인 질문은 바울이 이 구절이 어떻게 이해되길 원했는가 하는 것이다. 그리고 그 맥락에서 나는, 바울의 (이방인을 위한) 복음이 단지 이방인에게 유대인이 되라고 하는 초청에 불과한 것이 아니라는 점을 바울이 논증한 (우리가 아는 한) 최초의 문학적 시도라는 점을 강조하고 싶다. 그 복음의 유효성은 이방인이 유대교 개종자가 되는 것에 있는 것이 **아니다**. 이방인에게 유대교로 개종하라는 요구는 복음에 대한 결정적인 첫 반응이 믿음, 즉 복음을 통해 선포된 그리스도를 믿는 "오직 믿음"이라는 바울의 핵심을 훼손하는 것이다.

　　바울이 당시에 만연했던 유대교의 자기 이해를 문제 삼았다는 점에서 "유대교 내부의 바울"이라는 표제는 잠재적으로 오해를 낳을 여지가 있다. 우리가 여기에서 말하고 있는 것은 바울이 문제시한 바로 그러한 측면의 "유대교"이다. 그리고 유대교로의 개종이 오직 믿음이라는 바울의 강조점을 너무나 약화시켜서 유대교라는 단어 외의 다른 단어가 예수 신자들의 중요한 정체성을 위해 필요하게 됐고, 이 때문에 "기독교"(여기서 "기독교"란 "유대교가 아닌 것"을 뜻한다)가 발흥하게 됐다. 이방인 출신 예수 신자들이 개종하며 받아들인 메시지가 유대교가 아니라는 점을 기독교라는 단어가 제대로 표현해 주기 때문이다.

　　물론, 바울은 그의 유대교 유산을 저버리거나 부인하지 않았다. 절대로! 망누스는 "바울은 '그리스도인'이 됐을 때, 종교적 헌신과 감수성의 측면에서 유대인이기를 그만두었다"(원서 171쪽)는 견해를 언급한다. 바울은 유대인 예수 신자들과 이방인 예수 신자들에게 오직 믿음을 통한 은혜가, 아브라함이 잘 보여주었듯이, 이스라엘의 역사와 종교의 심장임을 상기시켰다. 이스라엘의 역사와 종교에서 할례와 음식 규정이 얼마나 중요했든지 간에, 그것들은 이스라엘 종교의 심장이 아니었다. "유대교 내부에"라는 표현을 바울이 문제시한 율법 준수를 포함하지 않고 정의하기는 어렵다. 그러므로 바울의 복음과 신학을 "유대교 내부에서" 기술하는 것이 아무리 정당하다고 하더라도, 갈라디아서 2장에서 설명된 내용이 "이방인을 위한 바울의 복음"임을 볼 때 바울은 분명히 "유대교 내부의 바울"이라는 방식으로 기술될 수 **없다**. 바울의 복음과 신학은 그의 유대적 유산 없이는 제대로 이해될 수 없다. 하지만 그것을 "유대교 내부"라고 특징짓는 것은 바울이 안디옥에서 바나바와 베드로를 꾸짖고 문제시했던 것을 받아들이는 일이다. 그러므로 나는

"유대인 바울"과 "바울의 유대적 유산"이라는 표현에는 동의할 수 있지만, "유대교 내부의 바울"이라는 표현에는 동의할 수 **없다**!

세테르홀름에게 응답하는
선물 관점

존 M. G. 바클레이

망누스 세테르홀름은 "유대교 내부의 바울 관점의 기저에 있는 두 가지 가장 근본적인 전제들(첫째는 바울이 유대 정체성을 지속했다는 것, 둘째는 바울이 비유대인에게 초점을 맞추었다는 것)"(원서 176쪽)을 분명히 제시했는데, 어찌 보면 이 가정들 자체는 전혀 논란이 되지 않는다. 거의 모든 사람이 바울이 자신을 유대인 혹은 "이스라엘 사람"으로 여겼음을 충분히 인지하고 있고(갈 2:15; 롬 11:1; 고후 11:22), 바울이 비유대인을 위한 사도로 부르심을 받았음을 항상 의식하고 있었다는 사실 역시 아무도 부인하지 않는다. 그렇다면 중요한 것은 이러한 가정들에 담겨진 내용과, 특히, 이 가정들이 부정하고 있는 것으로 이해될 수 있는 그 무엇이다. 나는 이것을 각각 차례대로 다뤄보겠다.

1. "유대교 내부의 바울" 학파 속에 있는 많은 이들처럼, 내가 보기에, 세테르홀름은 명확하지만 지나치게 단순화된 이분법적 대립 관계를 설정한다. 한쪽에는 세테르홀름이 "갈등 패러다임"이라고 부르는 관점이 있는데, 이 관점에 의하면 바울은 유대교로부터 "떨어져" 나왔으

며, 유대교에 "반대되는" 곳에 서서, 유대 율법을 "효력이 없고, 공허한" 것으로 선언하며, 일반적으로 "유대 전통에 대한 부인"과 관계하고, "유대인들이 흔히 공유하고 있던 신념과 행동 양식에, 특히 토라 준수에 모순된다"(원서 173쪽). 또 다른 관점은, 앞의 관점과 극단적인 반대로서, 바울은 유대인이었고, 그래서 토라를 준수했던 사람이었다고 보는 "유대교 내부의 바울"이라는 관점이다. 즉, 바울은 "그의 유대인됨을 강조했으며," 이는 곧 "그가 또한 유대교를 **실천했다**"는 것을 의미한다(원서 177쪽). 바울은 "자신의 [유대적인] 종교적 유산에 충실했으며"(원서 184쪽), 또한 "유대인으로서", "디아스포라의 다른 어떤 유대인들에 비해 토라를 덜 준수하지 않았다"(원서 186쪽). 이와 같이, 이 두 가지의 관점은 서로 정반대의 입장을 가진다. "유대교 내부의 바울" 학파에 속한 학자들의 작업은 "바울을 동시대의 유대교로 점점 더 가깝게 데려오는", "지적 과정"을 조성하는 것이다. 그리고 그 과정의 "종착지는 바울 사도를 유대교 안에 굳건하게, 완전하게, 그리고 꼭 들어맞게 위치시키는" 것이다(원서 175쪽).

내가 이 모델에 결함이 있다고 생각하는 이유는 두 가지다. 하나는 어떤 고대 유대인의 입장이 "유대교"로부터 어느 정도로 근접해 있거나, 떨어져 있는지 측정하는 일의 어려움과 연관된다. 또 다른 하나는 세테르홀름의 양극화의 관점에 입각한 이분법에 항변하는 바울의 복합성과 연관되어 있다.

유대교에 대한 상대적인 근접성("더 가까운 정도")을 가지고 누군가의 입장을 결정하며, 그 누군가가 "확고하게" 유대교 "내부에" 있음을 보여주길 바라는 이분법적인 모델에서는, 유대교에 대한 근접성을 반드시 측정할 수 있어야 하며, 누군가가 유대교 "내부에" 혹은 "밖에" 있는지를 결정하는 경계를 반드시 설정할 수 있어야 한다. 그러나 세테르홀름 자신이 확실히 밝히고 있는 것처럼, 이 문제에 대한 판단은 (그의 말을 빌리자면) "대체로 관찰자의 시선에 달려 있기" 때문에(원서 181쪽) 이것은 중립적이고, 객관적인, 혹은 측정 가능한 현상이 아니다. 오늘날처럼, 고대 유대교에서는 율법의 해석과 적용에 있어서 상당한 정도의 유연성이 있었다. 많은 문제들에 대해서 어떤 유대인들에게는 율법에 대한 충성으로 간주되는 것들이, 다른 유대인들에게는 율법에 대한 명백한 거부로 간주될 수 있었다. 즉, 어떤 사람에게는 유대교의 적절한 표현으로 여겨지는 것이, 다른 사람에게는 배교로 여겨질 수 있었다.[1] 이 법칙에 대하여, 학자들은 마치 이것이 객관적인 증거로 결정되는 분명한 문제인 것처럼, 바울이 "유대교 안에" 혹은 "유대교 밖에" 있다고 선언할 수 없다. 바울은 자신이 유대교 안에 있다고 주장했을 수도 있다. 그러나 그의 대적자들은 그런 그의 주장에 대해 동의하지 않았을 수도 있다. 그렇다면, 누가 옳았는가? 혹은, 바울 자신이 그의 "이전에 유대교 안에 있던 삶"으로부터 벗어났음을 주장했을 수도 있고, 반면에 우리가 그를 계속해서 유대교 안에 있는 것으로 보는 것일 수도 있다. 어느 편이 옳은 것이라고 누가 결정할 수 있는가? 세테르홀름 그 자신이 이 상대성의 법칙을 어느 정도로 몰아붙이고 있는지 불확실해 보인다. 어떤 지점에서 그는 "토라가 거의 모든 것에 대한 고정된 표준을 구성한다고 말하는 것이 상당히 문제적임을 우리는 알 수 있다"라고 주장한다(원서 186쪽). ("거의" 모든 것이라는 표현은 무엇을 의미하는가? 만약 약간의 예외들이 있는 것이

---

1. 나는 두 개의 에세이에서("Deviance and Apostasy" and "Who Was Considered an Apostate in the Jewish Diaspora?") 이 법칙(편차에 대한 상대적 판단)을 고대 유대교와 초기 기독교에 적용했고, 이들은 나의 책, *Pauline Churches and Diaspora Jews*, WUNT 275 (Tübingen: Mohr Siebeck, 2001), 123-55에 실렸다.

라면, 그 예외들은 무엇인가?) 또 다른 지점에서(원서 181쪽), 세테르홀름은 "이
스라엘과 이스라엘의 하나님에게 바치는 충성을 측정하는 어떤 기준"
이[2] 존재했다는 샌더스의 주장을 인용한다. 그렇다면, 어떤 고정된 표준
이 있었는가 아니면 없었는가? 있었다면, 누가, 어떻게 그것을 확정했
는가?

바울을 유대교에 "더 가깝게" 데려오는 과정은 가깝게 놓여진 것과
멀리 놓여진 것을 측정할 수 있다는 사실을 전제한다. 바울은 "나는 율
법을 통하여 율법에 대하여 죽었습니다"(갈 2:19)라고 말했던 유대인이
었다. 과연 이것이 어떤 등급으로 도식화될 수 있는 것인가? 만약 그렇
다면, 어디에서 도식화될 수 있나? 그는 "내가 주 예수 안에서 알고 확
신하기는 무엇이든지 그 자체로서 부정한 것은 없습니다"(롬 14:14)라고
말했던 이스라엘 사람이었다. 과연 이것이 아무 문제없이 유대교 안에
있는 것인가? 나는 지금 이쪽 혹은 저쪽으로 결정 내리도록 압박하고
있는 것이 아닌데, 그 이유는 이 문제가 그렇게 간단한 것이라고 생각하
지 않기 때문이다. 나는 단지 "유대교 내부에" 있다고 말하는 것의 의미
와 이 점에 있어서 고대의 한 유대인이 어디에 자리 잡고 있는지를(유대
교 내부에 혹은 외부에—역주) 결정하는 기준을 명확히 할 것을 촉구하고 있
을 뿐이다. 세테르홀름이 말하는 그 상대성의 기준이 낮아질 수 있을 때
까지 쭉 낮아진다면, 우리가 누군가가 "유대교 내부에" 있는지 없는지
를 판단하는 일이 의미 없는 일이 될 것이다. 반대로, 그렇지 않다면, 우
리는 이 문제를 측정할 객관적인 기준을 어디서 발견할 것인가?

내가 "유대교 내부의 바울"의 이분법적인 모델에 결함이 있다고 생

---

2.   E. P. Sanders, *Judaism: Practice and Belief, 63 BCE-66 CE* (London: SCM;
      Philadelphia: Trinity Press International, 1992), 47.

각하는 두 번째 이유는 바울은 너무도 복합적인 인물이기에, 어떤 등급
을 따라서 한 극단에서 또 다른 극단으로 도식화될 수 없기 때문이다.
분명히 바울은 자신을 유대인으로서, 그러나 "그리스도 안에" 있는 유
대인으로서 인식하고 있고, 이 한정 어구("그리스도 안에"―역주)는 그의 정
체성에 복합성을 첨가하여, 그의 우선적인 충성과 그의 가장 고귀한 가
치를 "그리스도 안에서 발견되는 것"(빌 3:9)으로 정의한다.[3] 이것은 바울
을 유대적 유산으로부터 멀어지게 하거나 "종교적인" 중요성을 가지는
유대성을 비우게 하는 것이 아니다. 그러나 그것은 바울의 유대적 정체
성과 처신을 상대화시키고 재정립시키기 때문에, 그것들은 그리스도를
향한 그의 궁극적인 충성에 의해 종속되고 도전받게 된다. 이는 "가깝"
거나 "먼" 정도의 등급으로 정량화 될 수 없다. 오히려 그것은 그리스도
안에서 그의 부르심대로 살아가는 문제였기 때문에, "복음"이라는 더
고귀한 요구에 의지하여, 바울은 때로는 그리스도를 위하여 토라를 지
킬 수 있었고, 또는 그리스도를 위하여 토라를 무시할 수도 있었다. 나
는 이에 대한 세 가지의 예를 들겠다.

　(A) 안디옥 논쟁에서, 정확히 무엇이 행해졌거나 혹은 행해지지 않
았든지 간에, 바울은 베드로로 하여금 "복음의 진리"를 위하여 "유대인
방식이 아니라 이방인의 방식으로"(ἐθνικῶς καὶ οὐχὶ Ἰουδαϊκῶς) 살라고 권했
다(갈 2:14). 베드로가 이방인들과 함께 먹으면서 무엇을 행했든지, 바울

3.　Zetterholm은 바울을 "유대인 뒤에 바로 마침표를 찍는('유대인.'―역주), 즉 어떠한
　　한정 어구도 필요 없는," 유대인으로 이해하는 Pamela Eisenbaum의 주장을 인용
　　한다. Eisenbaum, "Paul, Polemics, and the Problem of Essentialism," *BibInt* 13
　　(2005): 28. 이 주장은 본질주의(essentialism)의 희생이 된 것으로, 역사적 사실들
　　에 의해서 그 허위가 드러난다. 즉, 고대 사회에는 많은 종류의 유대인들이 있었으
　　며, 바울은 그 많은 종류의 유대인들 중 하나의 별종(variant)이었다.

은 그것을 "유대인의 방식이 아닌" 것으로 간주했으며, 베드로가 그 방침을 택하는 것이 옳다고 생각했다. 이는 바울이 "율법의 행위들에 의해" 의롭다 함을 받지 못한다고 말한 것과, 또한 그 자신(유대인으로서의 그 자신[2:15])에 관해 "하나님께 대하여 살기 위해서 율법에 대해서 죽었다"(2:19)고 말한 것과 일치한다.[4] 우리는 바울이 왜 유대인들에게 "복음의 진리"에 의지하여, "유대인의 방식과는 다르게" 살라고 권했는지 더욱 깊이 토의할 필요가 있다.

(B) 빌립보서 3:2-11에서 핵심적인 쟁점은 바울의 수사학적 비판의 표적이 누구인가(이교도 혹은 유대인)에 관한 것이 아니라, 바울이 자신의 유대적 자랑을 어떻게 "육체의" 자랑으로 분류했는지, 그리고 어째서 다른 모든 가치의 표상들과 더불어 자신의 그러한 상징 자본의 표상들을 그리스도를 알고 그 안에서 발견되는 것과 비교해 "쓰레기"(σκύβαλα)로 여길 수 있었는지에 관한 것이다. 이것은 바울이 자신의 유대적 유산을 "포기하거나" "절연을 선언함"을 뜻하는 것도 아니며, 그렇다고 해서 그것을 다시 확언하고 있는 것도 아니다. 그보다는 지금 바울은 유대성(Jewishness)에 대한 가치를 매기고 있는 것인데, 곧 그것이 궁극적인 가치가 아니라는 말이다. 그는 많은 상황 속에서 토라에 대한 순종이 그리스도를 섬기는 데 있어 가치가 있다고 여길 수도 있었겠지만, 명백히 단지 그 틀(그리스도에 대한 섬김—역주) 안에서만 가치가 있었다. 율법의 기준으로는 자신이 아무리 "흠이 없었을지라도"(3:6), 그의 궁극적인 가치는 율법 관점에서의 "의"가 아니었다("내가 가진 의는 율법으로부터 나온 것이

---

4. 이 점에 대해서 롬 7:4-6은 동일하게 분명한데, 여기서 화자인 "나"(7:1)와 청자인 "너희" 모두를 포함한 "우리"는 율법으로부터 풀려났다(deactivated: 또는 "비활성화됐다"—역주).

아니라, 그리스도를 믿는 믿음으로부터 나온 것이다", 3:9). 우리는 바울의 이런 가치 체계가 의미하는 바가 무엇인지 더 논의해야 할 필요가 있다.

(C) 바울은 다른 곳에서 복음을 위해서라면 "율법 아래"에서 살 수 있다고 말했지만, 그의 가장 고귀한 충성은 그리스도를 향한 것이기에, 자신이 궁극적으로는 율법 아래에 있다(μὴ ὢν αὐτὸς ὑπὸ νόμον, 고전 9:20-21)고 생각하지는 않았다. 바울과 다른 유대인들은 모든 사람이 처음 부르심을 받은 상태 그대로 남아 있어야 한다는 원리에 근거해서(고전 7:17-24) 할례받은 상태로 머물러 있어야 했다. 실제로, 토라에 대한 순종은 주님을 섬기는 한 방법이 될 수 있었고(롬 14:5-9), 이러한 틀 안에서 "종교적으로 중요한" 일이었다. 그러나 바울은 그리스도-선물의 결과로 자신의 정체성(이방인 개종자들의 정체성 역시도)을 재고했기 때문에, 모든 것은 이제 "복음"의 전파로 인해 새롭게 방향이 설정됐다(고전 9:22-23). 우리는 이 본문에 대해서 더 깊이 논의하는 것이 필요하다.

바울이 율법 준수에 대해 "찬성" 혹은 "반대"했다고 말할 수 없는 것은, 어떤 스토아 철학자가 건강에 대해 "찬성" 혹은 "반대"했다고 말할 수 없는 것과 같다. 스토아 철학자는 만약 좋은 건강이 선한 목적들을 위해 사용될 수 있다면, 무슨 수를 써서라도 이를 품으려고 할 것이다. 하지만 누군가의 건강을 (혹은 생명) 박탈함으로써 선을 추구할 수 있다면, 건강은 반드시 선의 추구보다는 부수적인 것으로 취급되어야 한다. 우리가 바울서신에 분명히 나타나는 이 같은 미묘함을 제대로 인식하고 분석할 수 있을 때까지, 그리고 삶의 소중함, 가치, 목적(telos)에 대한 고대의 사상에 익숙해 질 때까지, 우리는 잘못된 대립 관계들과 무익한 논쟁에 빠져 있을 것이다.[5]

---

5.   나는 Zetterholm이 자신의 주장을 뒷받침하기 위해서 사도행전을 사용하는 것에

2. 바울의 초점이 비유대인들에게 있었다는 세테르홀름의 두 번째 근원적인 가정은 어떤가? 우리 모두는 바울이 이방인을 위한 사도로서 부르심을 받았다는 것에 대해서는 동의할 수 있다. 하지만 문제는 정작 바울이 그리스도가 오신 결과로 인해 유대인들의 상황에 대해서도 또한 말하고 있는지 아닌지에 관한 것이다. 나는 바울의 (목표) **청중**에 대한 문제가 대체로 이 질문과는 무관하다는 세테르홀름의 주장에 동의한다. 문제는 바울이 누구에게 말하고 있는가(talking to)에 있는 것이 아니라, 그가 무엇에 대해서 말하고 있느냐(talking about)에 있다.[6] 세테르홀름은 바울이 오로지 비유대인에 대해서만 말하고 있는 것은 아니라는 점을 알고 있지만, 그는 다음과 같이 주장함으로써 판돈을 크게 올린다. "만약 바울의 복음이 인류 전체와 관계된다면, 쉽게 말해 이 관점은 틀린 것이다"(원서 187쪽).

그렇다면 바울의 복음은 인류 전체와 연관된 것인가? 이 문제에 대해 바울이 말하고 있는 것을 들어보자(이하는 나의 번역). "나는 복음을 부끄러워하지 않는다. 왜냐하면 복음은 모든 믿는 사람들, 즉 먼저는 유대인들에게 그리고 헬라인들에게도, 구원을 주시기 위한 하나님의 능력이기 때문이다"(롬 1:16); "우리는 유대인들이나 헬라인들 모두 죄 아래

대해 어리둥절하다. 당연히 우리는 사도행전을 사용하기 전에 누가의 신학(agenda)에 대해서, 그리고 그가 바울을 왜 그런 식으로 묘사하고 있는지에 대해서 먼저 논의해야만 한다. 역사적인 관점에서 볼 때, 명백한 신학(agenda)을 가진 1세기 그리스도인 변증가가 여전히 바울에 대한 현대 학계의 논의에 영향력을 행사한다는 것은 우리가 바울의 수용사(history of reception)에 속박되어 있다는 표시다 (사도행전 자체를 바로 역사적인 근거로 보기보다는 바울에 대한 누가의 해석으로 보는 것이 역사가의 입장으로서 더 타당하다는 주장으로 보임—역주).

6. 나는 여기서 Zetterholm이 자신을 Matthew Thiessen의 작업, 특히 *Paul and the Gentile Problem* (Oxford: Oxford University Press, 2016)과는 어느 정도 거리를 두려는 것으로 이해한다.

있다고 이미 지적했기 때문이다"(롬 3:9); "모든 사람이 죄를 범했고, 하나님의 영광에 못 미치는 처지에 놓여 있으나, 그리스도 예수 안에 있는 구속으로 말미암아 하나님의 은혜로, 선물로서 의롭다 여김을 받는다"(롬 3:23-24); "유대인들이나 헬라인들이나 차별이 없다. 똑같은 주님께서 모든 사람에게 주님이 되시고, 그를 부르는 모든 사람에게 풍성히 베푸신다"(롬 10:12); "하나님께서 모든 사람을 불순종의 상태에 가두신 것은 그들에게 자비를 베푸시려는 것이다"(롬 11:32); "우리는 유대인들에게는 거리끼는 것이요, 이방인들에게는 어리석은 것인 십자가에 달리신 그리스도를 선포한다"(고전 1:23). 내가 생각하기에, 바울이 "유대인들과 헬라인들" 또는 "유대인들과 이방인들"이라고 말할 때, 그가 모든 사람을 가리킨다는 것은 논란의 여지가 없다. 그는 분명히 복음을 인류 전체에게 적용되는 것으로 여긴다. 우리는 세테르홀름의 제안을 수락하고 "유대교 내부의 바울" 관점의 정확성에 대해 필요한 결론을 내릴 수도 있을 것이다.

물론, 우리는 여기에 어떤 뉘앙스를 반드시 추가시켜야 한다. 바울은 복음이 비유대인과 유대인 모두에게 선포되어야 한다는 것을 알았다. 그는 (그리고 바나바도) 이방인 선교의 직무를 맡았다. 반면에 베드로와 다른 사도들에게는 유대인 선교의 직무가 주어졌고, 바울은 마음을 다해서 이에 대해 동의했다(갈 2:6-9). 바울은 심지어 이방인들에 대한 자신의 선교가 유대인들에게도 좋은 영향을 끼치게 되기를 희망했고, 그가 다소간 유대인의 질투심을 자극해서, "그들 중의 얼마"(롬 11:14)를 구원하길 바랐다. 세테르홀름이 말하듯이, 바울이 이스라엘의 구원이 이스라엘의 메시아와 무관하다고 생각했을 것 같지는 않다. 로마서 11장에서 현재 이스라엘 일부의 "불신앙"이 가리키는 것(이는 그리스도에 대한 불신앙을 가리킬 수밖에 없다)과 "시온의 구속자"(11:26)에 대한 바울의 소망(이 표현은 명백히 이스라엘의 메시아를 통한 구원을 나타내므로—역주)은 나로 하여금 세테르홀름이 왜 바울이 이 문제에 대해 불분명하다고 생각하는지 의아하게 만든다. 그리스도(메시아)가 "할례받은 사람들의 종"이 되셨다면 (롬 15:8), 그들의 운명은 분명히 그리스도의 사역과 밀접한 관계가 있다.

이 부분에 대해 내가 분명히 밝혀보겠다. 바울에게 있어 이스라엘은 결코 그들의 특별한 지위를 잃지 않았다. 비록 유대인들과 비유대인들 모두 죄 아래에 있고 구원받을 필요가 있지만, 이스라엘을 향한 하나님의 부르심과 선물은 후회함이 없다(롬 11:29). 그리고 바울은 하나님이 "모든 이스라엘"을 구원하시기 위한 길을 찾으시리라는 것에 대해 확신한다.[7] 바로 이러한 연유로 바울은 이스라엘이 가진 현재의 불신앙에 대해서 이토록 근심하며, 이토록 슬퍼하고 있는 것이다(롬 9:1-3; 10:1). 즉, 이스라엘은 그들을 처음 존재하게 했고, 그들을 영원히 지탱시켜 줄 신적 자비의 결정적인 표현에 대해서 반드시 응답해야 할 책임을 가진 바로 그 민족인 것이다. 바울이 이스라엘 사람으로 남아 있었다는 사실은 그에게 "종교적으로" 매우 중요했고(롬 11:1-2), 바로 그 이유로 비록 그가 이방인들을 위한 사도이긴 했지만, 그는 하나님이 이스라엘을 위해서 하고 계시고, 또한 앞으로 하실 일을 결코 무시할 수 없었다. 바울이 단지 비유대인들에게만 혹은 우선적으로 비유대인들에게 초점을 맞추었다고 주장하는 것은 사실 그에게 유대적 정체성이 **신학적으로 얼마나 중요한 것이었는지**를 폄하하는 것이다. 누군가는 "유대교 내부의 바울" 관점이 하나님이 세상을 다루시는 데 있어 이스라엘 중심적인 관점에

---

7. 롬 9-11장에 대한 나의 해석에 대해서는 나의 책, *Paul and the Gift* (Grand Rapids: Eerdmans, 2015), 520-61 [= 『바울과 선물』, 새물결플러스, 2019]을 참고하라.

서 이방인들을 향한 바울의 선교를 포함한 모든 역사를 고려하는 것이 얼마나 중요한 일인지를 보여주기를 기대할 수 있다. 바울이 자신의 사상의 개별 가닥들의 중심에 이스라엘을 향한 하나님의 목적을 두지 않았다면 결코 하나님과 성경과 그리스도-사건과 자신의 경험을 이해할 수 없었을 것이다. 이것이 바로 로마서 9-11장이 로마서에서의 바울의 주장에 있어 그토록 중요한 이유다. 바울에 관한 어떤 관점에는 실제로 바울 신학의 그런 면이 유대인 바울에게 제한적인 중요성만을 가지게 하는, 이상하게도 비유대적인(gentile) 무언가가 있다("유대교 내부의 바울" 관점이 그 이름과는 달리 실제로는 바울의 사역이 이방인들만을 위한 것이었다고 주장하면서 이스라엘의 중심성을 훼손하는 것에 대한 비판으로 보임—역주)!

비평자들에게 응답하는
유대교 내부의 바울 관점

망누스 세테르홀름

비판적 논의는 학계가 진보하도록 이끄는 원동력이다. 따라서 바울에 대한 내 관점에 흥미롭고 통찰력 있는 논평을 해준 동료 학자들에게 먼저 깊은 감사의 말을 전하고 싶다. 바울을 바라보는 대부분의(전부까지는 아니겠지만) 관점들은 각자의 약점을 지니고 있으며, 의견을 달리하는 이들과의 대화를 통해서만 그것들이 전면에 나타난다. 실로 각 논점들이 잘 전개됐다. 그러나 차이점은 여전히 존재할 것이다.

예를 들어, 소위 안디옥 사건의 해석에 있어서 제임스 던이 옳을지도 모른다. 그러나 나는 그가 옳지 않다는 쪽으로 기우는데, 다시금 이 것은 오직 전제들과 관련이 되어 있다. 우리가 동의하는 지점에서 시작해 보자. 바울의 주된 초점이 유대인/이방인 쟁점이라고 말하는 점에서 던은 의심의 여지없이 옳다. 그리고 물론 바울은 유대교로의 개종을 격렬하게 반대했다. 나는 또한 바울이 유대교에 널리 퍼져 있던 전통들을 활용했다는 점에 동의한다. 본서의 다른 곳에서 언급됐듯이, 1세기 유대교 내에는 상당히 널리 퍼진, 그러나 다양한 측면을 지닌 보편주의적 경향이 이미 존재했던 것 같다. 따라서 바울은 유대적 구원 경륜 내부에 비유대인이 차지할 위치를 주장했던 유일한 인물은 아니었다. 예수 운동 내부의 긴장을 자아낸 것은 유대교 맥락에서 토라의 역할이 무엇인지를 포함한 거대한 신학적 논쟁이라기보다는 오히려 실질적 질문들이었다. 일상적 차원에서 그리스도 안의 비유대인들과 어떻게 관계를 맺어야 하는가? 내 생각에 바로 그것이 안디옥 사건의 진짜 핵심이다. 열방의 구성원들을 신뢰할 수 있는가? 그들이 거룩하고 정결하다고 간주될 수 있는가? 아니면, 그들이 유대인들과 동등하게 사귐을 갖기 위해서는 (정결과 관련된 우려들 때문에) 유대인이 되어야 하는가? 실로, 바울의 입장은 거대한 (유대적) 신학 사상의 결과이지만, 안디옥에서의 충돌은 처음부터 실질적인 부분을 포함하고 있었다. 여기서 바울을 **유대교 내부에** 굳건히 위치시키지 못하게 막을 요인은 아무것도 없다.

존 바클레이는 바울의 유대성을 정의하는 것과 관련하여 더 큰 객관성을 요청했다. 나 역시 이 부분에서 그에게 도움을 줄 수 있으면 좋겠지만, 그러려면 바울이 직접 쓴 편지들이 여러 개 더 발견되어야만 할 것이다. 분명 바클레이는 문제적인 쟁점을 집어낸다. 바울이 유대교를 실천한 정도에 관해 무엇이라도 알아 내고, 그래서 그를 유대교 내부나 반대로 유대교 바깥에 위치시킨다는 게 가능한 일인가? 비록 내가 바클레이의 비판에 대해 충분히 동의하지만, 또한 나는 그가 논점을 잘못 짚었다고 생각한다. 바울이 발견된 것은 어제오늘의 일이 아니다. 바울을 연구하는 모든 학자들은 2000년 동안 쌓여 온 해석사와 관계를 맺어야 하며, 그 해석사는 주로 바울을 유대교 밖에 있는 존재로 정의해 왔다. 표준적인 주석서들 몇 권만 잠시 들춰 보아도 이 점을 확인할 수 있다. 바울을 유대교 내부에 위치시키는 기획의 목표는 바울이 어떻게 유대교를 실천했는지 정확히 알아내고자 하는 것이 아니다. 그것은 처음부터 가망이 없다. 오히려 목표는 "내부"라는 관점을 발견적 도구로 사용해서, 바울이 유대교와 결별하지 않았다는 점을 전제하는 가운데 (assuming) 이 이교도의 사도를 이해하는 것이 가능한지 확인하고자 함이다. 퍽 흥미롭게도, 바클레이 역시 바울을 **유대교 내부에** 위치시키고자 하기 때문에, 나는 우리 사이에 건너지 못할 큰 입장 차이가 있다고 생각하기 어렵다.

앤드루 다스는 유대교 내부의 바울 관점을 약화시키도록 의도된 다양한 범위의 예시들을 제공한다. 물론 가능한 모든 해석이 다 개연성 있지는 않다는 다스의 지적은 옳다. 그러나 바울 연구에서 개연성이란 결정하기 까다로운 개념이다. 다시 말하지만, 이것은 근본적인 전제들에 달려 있다. 본서에서 여러 차례 내가 지적했듯, 나는 전통적인 바울 학계에서 사용된 전제들이 도움이 된다는 생각을 개연성이 없는 것으로 여긴다. 예컨대 다스는 "궁극적으로, 바울이 '그리스도 안에' 있는 것과 '유대교 안에' 있는 것 중에서 어디에 더 **무게**를 두는지 물어야만 한다"고 말한다. 내가 볼 때, 여기에는 아무런 모순이 없어 보인다. "그리스도 안에" 있는 것과 "유대교 안에" 있는 것은 반의어가 아니라 같은 동전의 다른 면이다. 메시아적 인물에 대한 사상은 당연히 유대인들이 개발해 낸 것이며, 고대 맥락에서 그러한 인물에 대한 믿음은 "유대교 안에" 있는 것과 충분히 양립 가능했다. 유대적으로 사는 다른 (이전의) 방식들을 메시아적인 방식에 비해 덜 중요하게 여겼는지와 관계없이 말이다. 우리가 유대교와 기독교 사이의 전통적 이분법을 적용할 때만 "그리스도 안에 있음"과 "유대교 안에 있음"이 모순된 것으로 나타난다. 최근의 메시아 유대교(messianic Judaism)의 재부상이 어쩌면 그 점을 바꾸어 놓을 수도 있겠다.

　나는 브랜트 피트리가 유대교 내부의 바울 관점을 "최근 수년간 바울 학계에서 일어난 가장 중요한 발전들 중 하나"로 여긴다는 점을 알게 되어서 기쁘다(원서 194쪽). 나는 그의 의견에 대체로 동의한다. 그러나 피트리는 바울의 선교가 오직 이방인들의 구원에만 배타적으로 초점을 두고 있다는 개념을 받아들이지 못한다. 존 바클레이 역시 이 점을 문제적으로 여기기 때문에, 이 부분을 분명히 해 둘 필요가 있는 것 같다. 이 관점 역시 이전의 (전통적) 학계와의 관계 속에서 이해되어야 한다. 그 전통적 학계의 입장에 따르면, 바울은 "기독교인들"이라는 일종의 제3의 인종을 창조하고자 했으며, 이는 유대인들이 할례나 음식 관습과 같은 토라 준수 및 유대 정체성 표지를 포기했다는 것을 의미한다. 허나 실제로 바울은 유대인과 열방의 구성원들 사이의 민족적 차이를 공고히 했다. 유대인들은 그리스도 추종자가 되기 전에 그랬던 것처럼 토라를 준수하고, 비유대인들은 (파울라 프레드릭슨의 용어를 빌리자면) 탈-이교적 이방인들에게 적합한 삶의 방식을 취하는 가운데 그러한 토라 준수를 삼가야 한다. 그럼에도 양쪽 그룹은 함께한다. 그들은 그리스도 안에서 하나다. 그러나 바울에게 있어서 **주된 문제**는 비유대인들을 유대인이 되게 하거나 (유대인들이 하듯이) 토라를 준수하게 하지 않으면서도 어떻게 이 비유대인들을 이스라엘의 신과의 언약적 관계 속으로 이끌어 들일 수 있을지 하는 것이었다. 실로 열방을 향한 이 선교는 마침내 온 세계—이스라엘과 열방—의 구원으로 귀결될 거대한 묵시적 드라마의 일부다. 따라서 바울은 유대인들의 구원에 관심이 있었음이 분명하며, 이는 양쪽 그룹의 구원이 서로 깊숙하게 연결되어 있기 때문이다. 그와 동시에 바울은 자신의 민족을 거절하지 않으신(롬 11:1) 하나님의 손에 유대 민족의 운명이 달려 있다는 점을 확신했던 것 같다. 현재 그들의 믿음 없음은 실로 세상을 그 완결로 이끄는 하나님의 계획의 일부이며, 그 완결은 하나님의 메시아적 도구인 그리스도를 통해 일어나게 될 것이다. 그리스도를 통해서가 아니고는 인류에게 구원은 없다. 그러나 그리스도에게 이르는 길들은 동일하지 않다.

바울에 관한 선물 관점

바울에 관한 선물 관점

존 M. G. 바클레이

    이 책을 위해서 새롭게 만들어진 바울에 관한 "선물 관점"이라는 이름은 바울 신학의 출발점을 선물 또는 은혜의 신학으로 분석하는 것으로부터 고안됐다. 이 관점의 기초는 주해인데, 바울의 은혜 용어와 그리스도-선물(the Christ-gift)의 비상응성이 바울의 구원론, 성서 해석학, 교회론, 윤리학, 그리고 그 밖의 많은 것들을 어떻게 형성하고 있는지를 추적한다. 선물 관점은 (넓은 의미의) 선물의 사회적 작용에 대한 역사적·인류학적 분석에 근거하고 있으며, 비단 나의 책 『바울과 선물』(*Paul and the Gift*)에서뿐만 아니라, 조나단 리니버(Jonathan Linebaugh), 오레이 맥파랜드(Orrey McFarland), 카일 웰스(Kyle Wells), 수잔 이스트만(Susan Eastman), 스티븐 체스터(Stephen Chester) 등에 의한 바울 신학에 대한 최근의 많은 탐구들에서도 표현되어 왔다.[1] 이런 최근의 탐구들은 잘 정의된 "학파"라기

---

1.   John M. G. Barclay, *Paul and the Gift* (Grand Rapids: Eerdmans, 2015) [= 『바울과 선물』, 새물결플러스, 2019]; Jonathan A. Linebaugh, *God, Grace, and Righteousness in Wisdom of Solomon and Paul's Letter to the Romans: Texts in Conversation*, NovTSup 152 (Leiden: Brill, 2013); Orrey McFarland, *God and Grace in Philo and*

보다는 유사한 관점을 가진 느슨한 집단인데, 이 글에서 나는 이들을 대
표하기보다는 내 자신의 관점을 적는다. 하지만 이들은 적어도 다음의
다섯 가지 면에서 하나로 묶어져 있다. (1) 그들은 특히 바울의 선물/은
혜 신학을 바울 신학 전체의 형태 또는 패턴으로 여긴다. (2) 그들은 고
대 또는 현대 유대교에 대한 기독교적 캐리커처에 반발하는 샌더스의
결단을 따르면서도, 샌더스(Sanders)의 『바울과 팔레스타인 유대교』(Paul
and Palestinian Judaism)를 넘어서는 방식에서는 유대교 내부의 바울의 입
장을 추구한다. (3) 그들은 바울에 관한 "새 관점"의 요소들을 이용하지
만, "옛" 관점과 "새" 관점 사이의 교착 상태를 넘어서는 바울 읽기를
제공할 뿐만 아니라, 두 관점에 있는 각각의 약점을 교정하고자 한다.
(4) 독립적이고 비평적인 입장을 고수하면서도 그들은 바울의 은혜 신
학에 특별히 조율된 바울의 수용사—에베소서로부터 목회서신까지 포
함된—에 주의를 기울인다. (5) 그들은 바울 신학이 주는 현대적인 함의
에 관심을 가지며, 바울의 주장이 사회·정치·교회 영역에 적용되는 것
을 마다하지 않는다.

"선물 관점"이 선물 개념과 연관해서 두 가지 차원에서 작용하고 있
음을 처음부터 분명히 하는 것이 중요하다. 첫 번째 차원에서 선물 관점
은 바울 신학과 윤리학을 관통해서 꿰어져 있고, 인접한 어휘들(예, 자비

Paul, NovTSup 164 (Leiden: Brill, 2015); Kyle B. Wells, *Grace and Agency in Paul and Second Temple Judaism: Interpreting the Transformation of the Heart*, NovTSup 157 (Leiden: Brill, 2014); Susan Grove Eastman, *Paul and the Person: Reframing Paul's Anthropology* (Grand Rapids: Eerdmans, 2017); Stephen Chester, *Reading Paul with the Reformers: Reconciling Old and New Perspectives* (Grand Rapids: Eerdmans, 2017). 선물 관점은 J. Louis Martyn, Martinus de Boer, Beverly Roberts Gaventa에 의해 주창된, 소위 묵시론적 바울해석과 일면 유사한 점이 있다(물론 강조점에 있어서의 차이도 있지만).

와 사랑)과 긴밀하게 연결되어 있는, 다양한 선물 용어들을 추적한다. 그러나 또 다른 차원에서 선물 관점은 바울 신학에서 **비상응적 선물**로서의 그리스도-사건의 근원적인 역할을 추적하는데, 때때로 선물 용어(예, χάρις)를 통해서 정형화된 방식으로 나타나기도 하지만, 항상 그런 것은 아니다. 추가적 논의에 앞서 먼저 이 두 가지 면을 보다 명확히 하겠다.

1. **의미 영역**(*semantic domain*)**으로서의 선물**. 바울이 얼마나 자주, 또 얼마나 전략적인 방식으로, 때로는 '카리스'(χάρις, "은혜")라는 용어와 그 동족어를 통해서, 때로는 '디도미'(δίδωμι, "주다")라는 동사의 여러 변형과 그 동족명사들을 통해서, 선물 용어를 사용하고 있는지 무시하기 어렵다. 바울 자신과 개종자들의 부르심이 하나님의 '카리스'(χάρις)를 통해서 이루어졌던 것처럼(갈 1:6, 15; 고전 1:4; 15:10) 바울은 교회들로 하여금 모든 선물에 있어 풍성함을 찬양하고(고전 1:5-7) 그들이 하나님의 은혜와 호의를 거절하지 않도록 경고한다(갈 2:21; 5:4). 그리스도-사건 전체는 (다양한 선물 용어들과 함께) 하나님의 선물의 도래(롬 5:15-21) 또는 그리스도의 자기 수여(갈 2:20)로 요약될 수 있다. 곧, "우리 주 예수 그리스도의 '카리스'(χάρις)를 너희가 안다"(고후 8:9), 또는 "말할 수 없는 하나님의 선물(δωρεά)"(고후 9:15) 같이 말이다. 멀리 떨어진 신자들조차도 함께 묶어주는 넉넉한 베풂 역시 선물 용어 속에서 이해되는데(고후 8-9장; 빌 4:10-20), 이는 성령의 선물(은사)들이 그리스도의 몸을 형성하기 때문이다(고전 12:12-31; 롬 12:3-8). 이 선물 어휘는 종종 "사랑"(갈 2:20), "긍휼"(롬 11:28-32), "약속"(갈 3:18), "부르심"(갈 1:6), "선택"(롬 11:5-6) 등 바울의 다른 핵심 용어들과 겹쳐서 사용되기도 하는데, 그 결과 바울의 선물 용어를 분석하는 것은 바울 구원론의 핵심 특징에 대한 연구를 가능하게 한다.

2. 근간을 이루는 문법으로서의 비상응적 선물.[2] 앞으로 보게 되겠지만 바울의 선물 신학에서 가장 특별한 것은 이것이 주로 그리스도-사건과 동일하게 여겨진다는 점과 비상응적이거나 사전 조건이 없는 것—가치 여부와 상관이 없이, 가치의 부재 속에서도 작동하며 무로부터 또는 정반대의 것으로부터 창조되는 선물—으로 "극대화"(perfect: 이 용어는 아래에서 다룬다)된다는 점이다. 이 선물의 형태—죽음으로부터의 생명, 약함 속에서의 강함, 죄인들의 칭의, 원수들과의 화해—는 바울이 구원론적 은유를 사용하는 패턴을 형성하고, 그가 구약을 읽는 방식을 구성하며, 바울 자신과 회심자들과 이스라엘과 세계에 대한 이야기들을 서술한다. 때때로 이 비상응성은 '카리스'(χάρις)라는 용어의 사용으로 표현되지만(예, 갈 2:19-21; 고후 12:9-10; 롬 3:24; 4:4; 11:5-6), 그렇지 않을 때도 있다(예, 롬 5:6-11). 그러나 선물 어휘들이 사용되지 않은 경우에도 바울 신학은 죽음으로부터의 부활, 어리석음 속의 지혜, 불순종에 대한 긍휼, 약함 속에서의 강함이라는 비상응성에 의해서 형성된다. 이 모든 것은 은혜의 현현인데, 이로 인해 생명을 주는 하나님의 의가 죄와 사망 가운데 작동한다(롬 5:12-21). 앞으로 보게 되겠지만, 은혜의 비상응성은 바울 신학에 많은 독창성을 불러일으키고, 바울로 하여금 자주 대조(antithesis)와 역설을 사용하도록 한다. 그러므로 "선물 관점"은 바울 신학의 어떤 단일한 맥락만을 따르거나, 많은 모티프들 중 단지 하나만을 추적하는 것이 아니라, 바울 신학 전체에 매우 특별한 형태를 제공하는 패턴을 밝혀낸다.

---

2.   바울 신학의 "문법"이라는 개념에 대해서는, Jonathan A. Linebaugh, "The Grammar of the Gospel: Justification as a Theological Criterion in the Reformation and in Galatians," *SJT* 71 (2018): 287-307을 보라.

"선물"은 무엇을 의미하는가?

선물은 사회 계층 전반에 걸친 고대 사회의 구성 요소였고, 유대적
전통과 비유대적 전통 모두에서 신적 행위를 뜻하는 은유로 자주 사용
됐기 때문에 바울이 이토록 자주 선물 용어를 사용하는 것도 결코 놀랍
지 않다. 실제로 우리는 선물의 관습과 관념에 의해서 한 사회의 구조를
추적할 수 있다고 정당하게 주장할 수 있다. 그리고 마르셀 모스(Marcel
Mauss)가 보여준 이래로, 인류학에서의 선물은 사회를 함께 묶어 주지
만, 시대에 따라 변하며 문화에 있어서 특수한 방식으로 그렇게 한다.[3]
그래서 우리는 선물이 똑같은 것을 의미하거나 다른 시대의 기간과 다
른 문화 속에서 똑같은 방식으로 작용한다고 가정해서는 안 된다. 또한
우리는 현대 서구 사회의 관습과 관념 속에서 선물이 발전해 온 특정한
방식들을 고대로 역투사하지 않도록 조심해야 한다. 이런 맥락에서 보
면 "선물"에 대한 (현대의) 사전적인 정의조차도 위험한데, 그 정의는 그
시대의 고유한 가정들(assumptions)과 관습들을 반영하도록 제한되어 있
기 때문이다.

고대 그리스-로마의 증거(이러한 목적을 위해 고대 유대교의 증거까지 포함해
서)를 함께 취할 때 우리는 선물이 "자발적이고 사적인 관계의 영역을
의미하고, 혜택이나 호의를 베푸는 선의에 의해 특징적으로 표현되며,
관계의 지속을 위해서 자발적이고 필연적인 상호 보답의 어떤 형태를

---

3. Marcel Mauss, *The Gift: The Form and Reason for Exchange in Archaic Societies*, trans. W. D. Halls (London: Routledge, 1990); 원서는 *Essai sur le don: Forme et raison de l'échange dans les sociétés archaïques* (1925) [=『증여론』, 한길사, 2002]로 출판됐다; 더 자세한 내용은 Barclay, *Paul and the Gift*, 11-65을 참고하라.

이끌어 낸다"고[4] 말할 수 있다. 이 정의를 가지고 작업할 때, 비록 실천적으로는 조금 겹치는 면이 있을지라도(예, 좋은 조건으로 행해지는 친구들 사이의 대여[loan]), 우리는 선물이 급여, 시장 거래, 법적으로 계약된 대여와는 구별되는 것임을 확인한다. 선물이라는 속성을 유지하기 위해서는 (법이나 강압에 의한) 답례의 선물이나 기대되는 보답을 강요할 수 없다. 그러나 선물은 상호성(reciprocity)에 대한 기대를 실제로 동반하고 대개 도덕적인 제재(예, 고마워하지 않는 수신자에 대한 사회적 반감)에 의해 둘러싸여 있다. 선물은 동등한 관계와 동등하지 않은 관계에서, 가난한 사람들 사이에서(예, 최저 생활 수준으로 살아가는 사람들 사이에서의 음식과 봉사의 교환), 그리고 권력자들과 그들에게 예속된 평민들 사이에서(예, 시민들을 위한 공적인 기부) 모두 행해질 수 있다. 하지만 후자의 경우조차도 물질적인 것이 아니라 존경과 공적인 칭송의 형태로 어떤 "보답"이 기대된다. 실제로, 혜택들과 이 혜택들에 의해 파생되는 또 다른 혜택들(counterbenefits)의 순환은 점차 고대 사회를 함께 결속시켜 주는 접착체(glue)로 여겨졌는데, 미시적 수준에서나 국가적 수준에서 모두 그랬다.

이런 것들은 선물의 일반적인 관례들이다. 그러나 선물의 관습이나 관념을 극단으로까지 발전시키거나, 그것들을 절대적인 한계점까지 밀어붙이는 것 역시 가능하다. 다시 말해서, 선물의 관습이나 관념을 어떤 한 면 혹은 또 다른 면에서 "극대화"(perfection) 시킬 수 있다.[5] 하나님이 주시는 것과 연관해서 이 같은 극대화가 발생하는 경우는 오늘날처럼 고대에서도 드물지 않았는데, 어떤 한 면 혹은 또 다른 면에서 극대화되는 것으로 종종 간주된다. 그러나 선물이 한 가지 이상의 방식으로 극대

---

4. Barclay, *Paul and the Gift*, 575.
5. 선물의 "극대화" 개념에 대해서는, Barclay, *Paul and the Gift*, 66-78을 참고하라.

화될 수 있다고 해서 그 다중적인 극대화의 방식들이 합쳐져서 어떤 "패키지"를 구성하는 것은 아님에 주목해야 한다. 예를 들어서, 우리는 선물에 대한 가능한 극대화들 중에서 적어도 다음의 여섯 가지 극대화를 식별할 수 있다.

> 1. **초충만성**: 선물이 최대의 규모, 풍부함, 혹은 영속성(permanence)을 가지는 것.
> 2. **우선성**: 선물이 주어지는 타이밍에 대한 것으로, 수신자가 뭔가를 하기 전에 먼저 주어짐.
> 3. **단일성**: (심판이나 진노와는 섞이지 않는) 오직 관대함으로만 표현되는 수여자의 태도.
> 4. **유효성**: 원래 계획된 것을 성취해 내는 선물의 효력.
> 5. **비상응성**: 수신자의 가치와는 상관이 없이 선물이 배포됨.
> 6. **비순환성**: 선물이 계속되는 주고받음(reciprocity)의 순환으로부터 벗어남.

이 여섯 가지 가능한 극대화들은 서로 독립적이기 때문에, 어떤 선물은 초충만하지만, 비상응적이지는 않을 수 있다. 즉, 그 선물은 풍부하게 주어지지만, 그럼에도 불구하고 합당한 가치를 가진 수신자에게 주어질 수 있다. 혹은 다른 방식으로, 우선적이지만 유효한 선물은 아닐 수도 있다. 즉, 그 선물은 먼저 주어지지만, 선물의 목적을 달성하기 위해서 수신자 측의 많은 노력을 여전히 요구할 수도 있다. 우리의 목적에 가장 중요한 사실은, 어떤 선물이 비상응적(가치와 상관없이 주어지는)이지만, 비순환적인 것은 아닐 수 있다는 것이다. 즉, 그 선물은 사전 조건

없이 주어진다는 점에서 "순수한 선물"일 수 있지만, 어떠한 기대도 수반하지 않고, "아무런 부가되는 조건이 없다"는 점에서는 아닐 수 있다. 물론, 이러한 극대화들은 다양한 방식으로 결합될 수도 있으며, 은혜에 대한 수용사(history of reception)는 단일성에 대한 마르키온(Marcion)의 강조(하나님은 자비로우시며, 오직 자비로우시기만 하기 때문에 어떤 벌도 내리지 않는다)로부터 현대의 "값싼 은혜"(어떠한 기대나 대가도 수반하지 않는다)에 이르기까지 바울의 은혜 언어가 각기 다른 방식으로 극대화되어 왔음을 보여준다.[6] 실제로, "순전한 은혜", "순수한 은혜", "오직 은혜만으로"와 같은 어구들 속에 만약 극대화가 적용되고 있다면, 앞서 제시한 극대화들 중에서 과연 어떤 것이 적용되고 있는지 판별하기 위한 철저한 조사가 필요하다. 이들을 분석함으로써, 우리는 (은혜에 대해) 지금껏 주장되어 왔고, 논쟁되어 왔던 것에 대한 더 나은 이해를 얻게 될 것이다. 그리고 이 주제에 대한 많은 신학적 논쟁들이 은혜에 대해서 누군가는 더 강조하고, 누군가는 덜 강조했기에 발생한 것이 아니라, 서로 다른 극대화를 사용했기에 발생했음을 분명히 알게 될 것이다. 앞으로 보게 되겠지만, 이 점은 바울에 대한 해석의 역사를 이해하는 데 중요할 뿐만 아니라, 바울이 제2성전기 유대교 안에 어떻게 자리 잡고 있는지를 평가하는 데 있어서도 중요하다.

---

6. Barclay, *Paul and the Gift*, 79–188을 참고하라. 많은 통속적인 신학에서는 하나님을 가치에 따라 선물을 주시지만, 아무런 대가도 기대하지 않는 일종의 산타클로스처럼 이해한다. 앞으로 보게 되겠지만, 바울의 하나님은 이런 이미지와는 정확히 반대다.

바울, 샌더스, 그리고 제2성전기 유대교

장구하게 이어져 온 기독교 해석 전통에 의하면, 바울에 대한 루터파 해석 속에서 중시된 그리스도 안에 있는 하나님의 은혜는 유대교의 (적어도 신약시대 유대교의) 종교적 특징과 대조될 수 있다. 즉, 유대교는 "행위"의 종교로서, 자신이 스스로 구원을 성취하는 종교이며, 자격 없는 자들에 대한 선물로서의 (제대로 이해된) 은혜에 대해서는 아무것도 모른다는 것이다. 샌더스의 업적은 이러한 캐리커처를 뒤집은 것이었고, 그의 기념비적 저작인 『바울과 팔레스타인 유대교』는 고대 유대교를 "언약적 율법주의"라는 형태로 나타난 "은혜의 종교"로 표현한다. 샌더스는 종교의 구조를 순서의 문제로 분석했고(먼저는 "들어가기"[getting in]이고, 그 후로는 "머무르기"[staying in]인 것으로), 그가 조사한 거의 모든 제2성전기 문헌에서 이스라엘의 율법 순종의 기초로서 나타난 언약의 선물을 강조한다. 그는 이러한 본문들에서 항상 은혜의 **우선성**이 분명히 나타난다고 주장한다. 그러나 우리가 이미 주목했듯이, 우선성은 은혜에 대해 가능한 극대화들 중 하나일 뿐이고, 다른 극대화들에 대해서는 여전히 아무것도 말해 주지 않는데, 예를 들어 하나님의 은혜가 자격 있는 자들에게 주어지는 것인지 아닌지에 대해서는 함구한다. 샌더스는 그것이 은혜라면 자동적으로 자격 없는 사람에게 주어지는 것이라고 가정했지만, 일부 본문은 그럼에도 불구하고 선물과 수신자들의 가치 사이의 조화를 강조하고 있다고 지적했다. 그는 이것들이 단지 체계적이지 않거나 불분명했다고 결론을 내렸지만, 이 어색한 결론을 정당화하기는 힘들다.[7] 샌더스의 주장에는 제값을 하는 모든 은혜는 반드시 비상응적이

7.　더 자세한 분석을 보려면 *Paul and the Gift*, 151-58을 참고하라.

어야 한다는 숨겨진 가정이 있는 것은 아닌가? 그렇다면, 그 가정은 정확한 것인가? 실제로 그런 형태(비상응성)로 은혜를 극대화시키는 것을 원치 않을 만한 많은 이유들이 있다. 만약 하나님이 가치와 상관없이 구원을 무분별하게 주신다면, 그것은 정의를 무시하는 것 아닌가? 확실히 우리는 세계의 도덕적 질서를 지키시며 후하게 선물을 주시면서도, 이런저런 표준에 따라 선물 받기에 어울리고 가치 있는 사람들에게 분별력 있게 주시는 하나님을 예상할 수 있다!

만약 우리가 은혜가 극대화되는 다른 방식들을 분별한다면, 제2성전기 유대 문헌에 대한 면밀한 조사를 통해 실제로 이 문제에 대한 다양한 견해들과 격렬한 논쟁이 있음을 알게 될 것이다. 하나님의 은혜 혹은 자비는 다양한 형태로(창조에 있어서, 이스라엘의 역사에 있어서, 분파 구성원의 구원에 있어서) 자리매김할 수 있을 뿐만 아니라, 다양한 방식으로—우선적으로, 단일하게, 비상응적으로, 혹은 그 밖의 방식으로—극대화될 수 있다.[8] 『에스라4서』에서 우리는 종말의 날에 자격 없는 사람들에게 자비가 없을 것이라는 우리엘의 강경하고도 정의 지향적인 확신 및 정의와 가치를 넘어서는 은혜를 구하는 에스라의 간구 사이에 있는 매혹적인 논쟁을 발견할 수 있다. 다시 말해, 은혜는 단순하거나 단일한 개념이 아니며, 만일 유대교가 기독교처럼 "은혜의 종교"라고 말한다면, 그것은 이 주제가 해석되고 적용되는 다양한 방식들에 대해서는 거의 아무것도 말하지 않는 셈이다. 은혜는 제2성전기 유대교가 있는 모든

---

8. 다섯 가지 대표적 본문/모음집에 대한 논의가 실린 Barclay, *Paul and the Gift*, 194-328을 보라. 다섯 본문은 솔로몬의 지혜, 알렉산드리아의 필론, 쿰란 『호다요트』, 위-필론의 『성경 고대사』, 『에스라4서』다. 첫 두 본문에 대한 훨씬 더 상세한 논의를 보려면, Linebaugh, *God, Grace, and Righteousness*와 McFarland, *God and Grace*를 참고하라.

곳에 있지만 모든 곳에서 항상 같은 것은 아니다. 이 중대한 지점에서 샌더스의 "언약적 율법주의"는 유대교 내부의 다양성을 이해하는 데 필수적인 분명한 분석 작업 없이, 유대교 신학을 획일적인 것으로 해석해 왔다. "새 관점"의 대표자들은 대부분 샌더스의 작업 위에 기초해 있고, 은혜라는 주제에 대해 바울이 동료 유대인들 중 누구와도 결코 다르지 않았다는 가정을 당연히 여겼기 때문에, 그들은 사실 불안한 토대 위에 서 있었다.

　은혜가 다면적인 개념이고 극대화가 다양한 방식으로 가능하다면, 핵심 질문은 바울과 동료 유대인들이 은혜를 "믿었느냐"를 묻는 것이 아니라, 그들이 은혜의 의미를 어떻게 이해했는지를 묻는 것이다. 그리고 우리가 제2성전기 유대교 안에 있는 다양한 견해들을 이해하기 시작할 때, 바울은 이 문제에 대해서 단순히 그의 동료 유대인들과 똑같은 견해를 가졌던 것도 아니고, 그들 모두와 **대조되는** 혼자만의 견해를 가졌던 것도 아닌 인물로 드러난다. 그는 신적 은혜의 비상응성에 대하여 어떤 유대인들의 의견에는 동의했지만 다른 어떤 이들의 의견에는 반대했다.[9] 다시 말하자면, 바울은 **제2성전기 유대교의 다양성 안에** 자리잡고 있다. 바울은 하나님의 은혜가 수신자들의 가치와는 비상응적인 형태로 나타나 왔다고 생각한 점에서 결코 혼자가 아니었다. 동료 유대인들 중 일부는 바울의 이 주장이 가능할 뿐만 아니라 실제적이라고 생

---

9. Francis Watson, *Paul and the Hermeneutics of Faith* (London: T&T Clark, 2004)에 나오는 구약에 대한 바울의 해석과 다양한 제2성전기 문헌들의 해석에 대한 삼각 측량법(triangulation)과 비교하라(여기서 말하는 삼각 측량법이란, 구약을 사용하는 바울 본문과 인용된 구약 본문 자체 그리고 동일한 구약 본문을 인용하고 있는 제2성전기 유대 문헌들 사이의 관계를 분석해서 바울 본문을 해석하는 것을 말한다—역주).

각했지만, 모두가 그런 것은 아니었다. 바울을 특별하게 만드는 것은 그가 은혜를 믿었다거나 또는 더 나아가 하나님의 은혜가 조건이 없는 것이라고 생각했던 점이 아니라, 그가 그리스도-사건을 결정적이고 궁극적인 비상응적인 선물로 인식했고, 이 확신을 비유대인들을 위한 급진적인 선교 속에서 표현했다는 점이다. 바울은 은혜의 비상응성을 극대화했다는 점에서 결코 혼자가 아니었다. 우리는 이 점에서 그가 유일했다고 그를 치켜올려서는 안 된다. 모든 유대인들이 은혜에 대한 그런 이해를 환영했던 것은 아니었고, 또한 이 강조점은 유대 전통 속에 있는 은혜에 대한 다른 해석들에 이의를 제기했다. 더 나아가 이제 우리가 추적하는 작업을 통해 알게 되겠지만, 그리스도-선물의 결과로 생겨난 이 비상응성은 바울 신학의 전형적인 특징으로 나타난다.

비상응적 선물과 이방인 선교

갈라디아 사람들에 대한 바울의 편지는 그리스도 안에서의 하나님의 선물이 바울의 신학과 실천을 어떻게 형성했는지를 가장 분명히 이해할 수 있도록 도와준다.[10] 이 서신에서 바울은 "복음의 진리"가 위험에 처했음을 감지하고 있는데(갈 2:5, 14), 복음을 "하나님의 은혜"라는 어구로 요약한다(2:21; 참조, 5:4). 갈라디아에서 바울이 직면했던 반대 의견("다른 복음")도 하나님이 모든 열방들에게 복 주심으로 아브라함과의 약속을 성취하고 계신다고 믿었다. 문제는 이방인 선교를 해야 한다는 당위성 여부에 있었던 것이 아니라, 이방인 선교가 동반해야 하는 조건에

10.　보다 상세한 논의를 위해서는 *Paul and the Gift*, 331-446을 참고하라.

있었다. 바울의 대적들은 아마도 바울처럼 그리스도가 세상을 구속하기 위해서 보냄을 받은 메시아라는 것을 믿었다. 그러나 그들은 그리스도를 믿게 된 이방인들이 유대인들의 관습과 전통을 취함으로써 "유대인이 되어야"(Judaize) 한다는 것을 당연하게 여겼다(갈 2:14). 이방인들도 아브라함의 자손이라면, 어찌 남성 할례 속에 있는 아브라함 언약의 징표를 취하지 않을 수 있겠는가? 그들도 성령으로 복 받았다면, 어찌 성령께서 그들이 모세를 통해서 하나님의 백성에게 주어진 율법을 지키도록 이끌지 않겠는가?

바울은 이 같은 의견들을 일고의 가치도 없는 것으로 배제시키고, 다음과 같이 주장한다. "너희가 할례를 받고 그럼으로써 모든 율법을 취한다면, 당신은 은혜로부터 떨어져 나가버릴 것이다"(5:4). "너희가 성령에 의해 인도함을 받는다면, 너희는 율법 아래 있는 것이 아니다"(5:18). 왜 그런가? 바울의 이 같은 배제에 있는 논리는 무엇인가? 갈라디아서는 대조들(antitheses)로 가득 차 있다. 즉, 노예됨과 자유(2:4; 4:21-31), 그리스도를 믿는 믿음을 통한 칭의와 율법의 행위들을 통한 칭의(2:16; 3:2-5), 저주와 축복(3:10-14), 이 악한 세대와 새 창조(1:4; 6:15), 사람을 기쁘게 하는 것과 하나님을 기쁘게 하는 것(1:10-11) 등 말이다. 이 대조 공식들을 우리는 어떻게 자리매김시키고, 해석할 것인가? 그리스도-사건은 어떤 의미와 이유로 이런 대조적인 선택지들을 창출해 내는가?

가장 좋은 대답은 그리스도-사건이 무조건적인 선물로서 해석되는 방식에 자리한다. 복음은 "우리의 죄를 위해 자기 자신을 주셨으며"(1:4), "나를 사랑하사 나를 위해 자신을 주신 하나님의 아들이신"(2:20) 그리스도에 관한 것이다. "다른 복음"을 취하는 것은 하나님의 은혜를 거부하는 것이며(2:21), 그리스도로부터 끊어지고 은혜로부터 떨어져 나가는 것이다(5:4). 바울의 회심자들은 바울 자신이 그가 태어나기도 전부터 부르심 안에 있었던 것처럼(1:15-16), "은혜 안에서" 부르심을 받았다(1:6). 바울이 자신의 인생사에 대해 재진술하는 것은 이 은혜의 근원적인 효력에 대해서 우리가 감지할 수 있도록 해준다. 1:13-17에서 바울은 유대교에 있어서 자신의 "앞서감"과 조상들의 전통에 대한 자신의 변치 않는 충성심 및 특출난 열정—하나님의 교회에 대한 핍박을 포함하여—을 약술하고 있다(참조, 빌 3:4-6). 유대교 전통 안에 있던 이런 모든 긍정적인 상징 자본(symbolic capital)에도 불구하고, 바울이 택함 받고 부르심을 받은 것은 이 가치 때문이 아니었는데, 바울이 말하듯이 부르심은 그가 태어나기 전에 이미 발생했기 때문이다. 그리고 그가 지금 깨닫고 있는 그의 치명적인 실수("하나님의 교회"를 핍박한 것)에도 불구하고, 그는 하나님의 은혜의 영역으로부터 결코 벗어나지 않았다. 어떤 방식으로 보든지 간에—그가 가진 가치를 긍정적인 것으로 보든, 부정적인 것으로 보든—바울의 인생에 있어서 그를 하나님의 은혜에 걸맞는 수신자로 만들 만한 것은 아무것도 없었다. 똑같은 불편한 진실이 그의 이방인 회심자들에게도 적용된다. 그들의 "열등한" 민족성, 죄악된 배경과(2:15), 우상 숭배적인 하나님에 대한 무지(4:8-9)에도 불구하고, 할례받기 전에(무할례자로서), 유대적인 관습들("율법의 행위들")을 택하기 전에, 그리고 어떤 의미로든 "유대인화" 되기 전에, 그들 역시 "은혜 안에서 부르심 받았다"(1:6).

그리스도 안에서 이방인들에게까지 미치게 된 이 은혜는, 그래서 성령의 선물과 능력 안에서 체험된 은혜는(3:1-5), 이전의 어떠한 가치 표준과도 상관없이 주어졌다. 즉, 그리스도 안에서는 유대인도 헬라인도, 종이나 자유인도, 남자와 여자도 (상관이) 없다(3:28). 정체성과 지위에 대한 이런 예전의 표식들은 지워지는 것은 아니지만, 더 이상 중요하지 않다. 이제 가치를 주는 것은 이것이다. "그리스도 안에서는, 할례를 받거나 안 받는 것이 문제가 되는 것이 아니다. 가장 중요한 것은, 믿음이 사랑을 통하여 일하는 것이다"(5:6). 실재를 재편성하고, 모든 가치 체계를 재설정하게 한 것은 바로 한 사건, 즉 비상응적인 선물로서 주어지고 받아들여지는 그리스도-사건이다. 이것은 아무에게도 속한 것이 아니므로, 유대인들뿐만 아니라 이방인들에게도 모두 주어질 수 있는 것이다. 이것은 인간적 표준(1:11)에 부합하지 않으며, 그래서 이미 형성되어 있는 가치 표준을 전복시킨다. 이 은혜의 결과로, "할례의 복음"뿐만 아니라 "무할례의 복음"도 존재한다(2:8-10). 유대인의 특별함의 표식(할례)이나 그리스적 자부심의 상징("손상되지 않은" 남자의 몸)이나 둘 다 유일한 궁극적인 가치가 되는 선물에 의해 상대화된다. 베드로가 이방인 신자들에게 유대교 식사 규정에 따라 살기를 요구했다면, 그는 특수한 정체성의 기준 속에다 이 선물을 재포장한 것이고("유대인이 되기를 강요하는 것", 2:14), 무조건적인 선물을 조건적으로 만든 셈이다. 이는 "복음의 진리"로부터 벗어나는 일이다(2:14). 이 복음의 진리는 그리스도 안에 있는 하나님의 비상응적인 선물에 대한 선언(announcement)에 따라 서기도 하고 무너지도 한다(2:21)

　"율법의 행위들에 의한 것이 아닌, 믿음에 의한 칭의"에 관한 바울의 논의는 안디옥 논쟁(2:11-14)에 대한 그의 해설을 따르고 있고, 그 바탕 위에 세워진다(2:15-21). (안디옥에서의 베드로의 "위선적인" 처신에도 불구하고) 바울과 베드로가 동의하는 것은 하나님은 그리스도를 신뢰하는 사람을 의롭다고 칭해 주신다(즉, "옳게" 여겨주신다)는 것이다. 반대되는 주장들에도 불구하고 나는 2:16과 그 밖에 다른 곳에 있는 '피스티스 크리스

투'(πίστις Χριστοῦ)를 계속해서 "그리스도를 신뢰"하는 것으로 해석한다.[11]
이 신뢰가 나타내는 것은 일종의 파산 선언이며, 가치의 유일한 원천일
뿐만 아니라 모든 것에서 가장 중요한 가치는 그리스도의 죽으심과 부
활이라는 인식이다. 그리스도의 죽으심과 부활 안에서 신자들은 새롭
게 구성되고, 새롭게 창조된다(2:19-20; 6:15). 이 선물은 민족, 사회, 또는
도덕에 대한 이전의 가치 기준에 의해서 조건 지어지지 않는다. 이 선물
은 말 그대로 새롭게(de novo, "새 창조"로서[6:15]) 시작하며, 심지어는 율법
에 이르기까지 급진적으로 확장된다. 유대인의 관습("율법의 행위들")은
결코 틀렸거나 잘못된 것이 아니라, 그리스도-질서(the Christ-economy) 속
에서 더 이상 가치의 기준이 아니다. 사람은 이를 근거로 하나님 앞에서
의롭다고 여김을 받는 것이 아니다. 이 맥락에서 바울은 유대인 신자의
대표로서 "율법에 대하여 죽었다"(2:19). 율법은 더 이상 바울에게 그의
가치를 제공해 주는 것이 아니며, 옳고 그름을 판별하는 궁극적 기준 역
시 아니다. 스토아 철학의 "분명하지 않은"(adiaphoron)이라는 개념처럼
(스토아 철학의 "아디아포라"[adiaphora] 개념은 옳거나, 그른 두 범주 중 어느 한쪽에도
포함되지 않는 비본질적인 것들을 뜻할 때 사용된다—역주), 율법은 내재적으로는
선하지도 악하지도 않다. 즉, 어떤 상황에서는 율법 준수가 바람직한 행
위가 될 수도 있고 또 다른 상황에서는 그렇지 않을 수도 있는데(참조, 고
전 9:19-23), 선에 대한 유일하고도 궁극적인 기준은 그리스도 안에서 그
리스도를 위해 사는 것이기 때문이다(2:19-20). 모든 일반적인 표준들에
대해서 의문을 제기하게 된 것("세상이 나를 대하여 십자가에 못 박히고 내가 또

---

11. *Paul and the Gift*, 378-84을 보라. 그렇지만 나는 지금 "믿음"(faith)이라는 용어보
   다는 "신뢰"(trust)라는 용어를 더 선호한다. Teresa Morgan, *Roman Faith and
   Christian Faith: Pistis and Fides in the Early Roman Empire and Early Churches*
   (Oxford: Oxford University Press, 2015)를 참고하라.

한 세상을 대하여 그러함은", 6:14)은 바로 이 "표준"(6:15: 바울은 6:15의 "새 창조"를 가리켜 6:16에서 "표준"[개역개정에서는 "규례"로 번역]이라고 부른다—역주)에 의한 것이다.

지금 우리가 볼 수 있듯이, 비상응적인 선물은 그리스도의 "죽으심과 부활"의 패턴에 부합한다(2:20-21). 그리스도의 선물과 생명이 옛 자아의 죽음과 새 자아의 출현으로부터 드러나듯이, 비상응성은 하나님의 베푸심과 수신자의 가치 사이에서 기대됐던 상응성을 전복시킨다. 이 괴리(disjunction)는 바울이 갈라디아서에서 구원의 패턴을 왜 이렇게 특이한 방식으로 묘사하는지를 설명해준다. 아브라함에게 주신 약속은 아브라함의 "후손"을 통해서 그리고 성령의 선물 속에서(3:6-16) 열방들을 축복하시려는 하나님이 오랫동안 간직해 온 계획을 나타낸다. 그러나 이스라엘의 역사 속에는 어떠한 선형적인 진행(linear progression: 일차함수 그래프처럼 우상향으로 점진적으로 발전해 나가는—역주)도 없다. 모든 것은 다 "죄 아래" 있었고, 심지어는 율법마저도 생명을 공급해 줄 수는 없었다(3:21-22). 그리스도-사건은 인간적인 진보의 절정이 아니라, 노예들에 대한 구속이며 그들을 자녀로 양자 삼아 주는 것이다(4:1-7). 그리스도 안에서 발생한 것은 불가능한 출생이며(사라의 죽은 태로부터 이삭이 출생했던 것처럼[4:21-31]), 기적을 행하시는 성령의 도래이고(3:2-5), 새로운 체제의 형성이며(육체가 아닌 성령의), 다른 방향으로 행군하는 새로운 공동체의 출현이다(5:25). 아래에서 우리는 이 "새 창조"의 윤리적이고 사회적인 함의를 다루게 될 것이다. 그러나 거기에 앞서 우리는 바울 신학의 패턴을 형성하는 것이 단순히 "은혜" 용어가 아니라, 바울이 그의 구원론과 구원론을 형성하는 은유들을 구성하는 방식에 특별한 형태를 제공해주는, 비상응적인 선물의 구조임을 감지할 수 있다.

비상응성의 문법

도입부에서 이미 밝혔듯이, "선물 관점"은 단지 선물 어휘들("선물"이라는 의미 영역에 있는 바울의 용어 사용)뿐만 아니라, 바울이 구원에 대해서 이야기하는 방식을 형성하고 있는 비상응성의 특별한 패턴에도 초점을 맞춘다. 우리가 거기서 발견하는 패턴은 바울 언어의 "문법"—신학적 의미를 창조하기 위해서 용어들, 어구들, 은유들을 조합하는 구조적인 규칙—이라고도 부를 수 있을 것이다. 때때로 이러한 패턴들은 '카리스'(χάρις) 또는 다른 선물 용어들과 결합되지만, 항상 그런 것은 아니다. 어휘보다는 바울 구원론의 공통된 패턴이 더 중요하다.

예를 들어, 바울의 특징은 구원을 예수의 못 박히심과 부활의 패턴을 따라서, 죽음과 부활로 표현한다는 점이다. 바울이 사용하는 일인칭 대명사 "나"는 그리스도 안에서 높아진 상태로 발전하거나 진화하는 것이 아니다. "나"는 죽은 자들로부터 부활의 삶으로 새롭게 발견되고, 새롭게 창조되기 위해서, "십자가에 못 박혔고"(갈 2:20; 5:24; 6:14) 그리스도의 죽으심 안에서 소멸했다. 바울은 이 근본적인 전환을 은혜와 연결시키고 있지만(갈 2:19-21; 롬 5:12-21; 6:14), 그러한 전환은 이 특수한 용어가 나오지 않는 곳에까지, 그의 신학 전반에 걸쳐 아로새겨져 있다. 로마서 6장에서 바울은 세례를 그리스도와 "함께 십자가에 못 박힘"(6:6)으로 해석하는데, 그 결과 신자들이 누리는 "새 생명"은 그리스도의 부활을 통해서만 가능해진다. 기독교적 체험은 항상 "예수의 죽음을 몸에 짊어지는 것인데, 이는 예수의 생명 역시 우리 몸에 나타나게 하기 위함이다"(고후 4:10; 참조, χάρις와의 연결과 연관해서 4:15과 비교할 것). 결과적으로, 바울이 이해하는 기독교 신앙은 아브라함에 의해서 윤곽이 드러나는데

"죽은 자를 살리시며, 없는 것을 있는 것으로 부르시는"(롬 4:17) 하나님을 믿는 신앙으로 묘사된다. 그리스도 안에 있는 생명은 이전 것을 개선함을 통해서가 아니라, 이전 것이 지나가는 것을 통해서 특징지어지는 "새 창조"이다(고후 5:17; 갈 6:15).

바울 신학에 실재를 새롭게 구성하는 창조적인 능력을 부여해 주는 것은 죽음과 생명, 없는 것과 있는 것 사이에 나타나는 이러한 비상응성이다. 민족성, 성별, 사회적 지위에 대한 일반적 대조들은 이제 더 이상 중요하지 않다(갈 3:28: "유대인이나 헬라인이나 종이나 자유인이나 남자나 여자나" —역주). 즉, 소중하게 간직하던 상반된 표준들과 규범들이 더 이상 적용되지 않는다.[12] 남성 할례와 상관없이 주어지는 선물은 이 다름에 대한 근원적인 표식을 상대화시키는데(갈 5:6; 6:15; 고전 7:19), 이제 중요한 것은 그리스도의 "부르심", 즉 은혜 안에서의 부르심이기 때문이다(고전 7:17-24; 갈 1:6). 갈라디아서 3:28과 고린도전서 12:13(참조, 골 3:11)의 세례 공식은 사회에 대한 이러한 재구성의 가장 유명한 예다. 그러나 우리는 똑같은 역학 관계가 바울이 그리스도인 공동체를 구성할 때도 이를 정확히 관통해서 나타남을 발견한다. 이 새로운 공동체에서는 그리스도 안에서 신자들이 공유하고 있는 "선"이 주인과 예전의 "쓸모 없는/무익한" 노예 사이의 관계마저도 새 판을 짜게 한다(몬 6, 15-19절). 이러한 공동체 내에서는 문화적인 차이들도 수용 가능한데, 다양한 문화 양식 속에서 공통된 주를 섬기는 신자들에게 문화적 차이들은 더 이상 가장 중요한 정체성의 특징이 아니기 때문이다(롬 14:1-11). 그들의 차이점들을 중요치 않게 만드는 "자비"에 의해서 신자들은 그리스도 안에서 동등하게 "환

---

12. J. Louis Martyn, "Apocalyptic Antinomies in Paul's Letter to the Galatians," *NTS* 31 (1985): 410-24을 보라.

영받고", 이는 신자들의 연합을 가능하게 한다(롬 11:28-32; 15:7-9).

은혜에 대한 이 비상응적인 문법은 바울의 모든 구원론적 은유들을 형성하고 놀라운 발상의 전환과 대립적인 표현들을 창출한다. 갈라디아서 4:1-7에서 우리는 성숙한 모습으로 자라가는 "아들들"을 예상하겠지만, 그 아들들은 해방되고 입양되어야 하는 "노예들"로 재명명된다. 우리는 하나님이 이런저런 잣대들을 가지고 의롭거나 고귀한 사람들을 옳다고 여겨주시리라("의롭다고 여겨주시리라") 예상하겠지만, 하나님은 어떠한 공로와도 어울리지 않는 "불경건한 자들"을 은혜로 의롭게 여겨주신다(롬 4:1-6). 우리는 하나님이 연약하고, 천하고, 무식하거나 어리석은 사람들을 선택할 것이라고 예상치 **못하겠지만**, 그것이야말로 정확히 하나님이 행하신 방식이다. 하나님은 멸시받는 사람들과 "아무것도 아닌 자들, 아무것도 아닌 것으로 내몰린 자들"(고전 1:28)을 택하신다. 이런 모든 방식으로 바울은 구원하시는 하나님의 능력과 그 구원을 받는 사람들의 조건 사이에 있는 어울리지 않음을 강조한다. "그리스도는 선인들을 위해서 죽으신 것이 아니라 죄인들을 위해서 죽으셨다"(롬 5:7-8). "그를 통하여 하나님께서는 원수들과 화해하신다"(롬 5:10). "하나님의 영광에 이르지 못했던 죄 많은 사람들을 차별 없이 의롭게 여겨주신다"(롬 3:21-26). "율법의 행위에 의해서가 아니라, 오직 그리스도를 신뢰함에 의해서"(갈 2:16). "육신의 자녀가 아니라 오직 약속의 자녀가"(롬 9:8). "인간의 의지나 애씀이 아니라, 오직 긍휼히 여기시는 하나님에 의지해서"(롬 9:16). "내 백성이 아닌 자들을, 내 백성으로 부를 것이다"(롬 9:25, 호세아 인용)—이러한 구절들과 많은 다른 대립 관계들을 통해서 바울은 은혜의 비상응성을 강조한다. 그리고 이 은혜의 비상응성이 가능성, 이유, 정의에 대한 인간적 척도를 무시함을 부각시킨다.

이 특별한 문법의 또 다른 산물은 바울의 역설(paradox) 사용이다. 그리스도의 가난함을 통해서만 나타나는 부요함이 있다(고후 8:9). 하나님의 능력과 지혜는 십자가의 약함과 어리석음을 통해서만 전시된다(고전 1:18-25). 죽음을 통해서만 나타나는 생명과 열매맺음이 있다(갈 2:19-20; 롬 7:4-6). 이 역설적인 복음의 사도적 대표자인 바울 자신의 삶도 이러한 역설들로 가득 차 있다. 하나님의 은혜로 말미암아 바울은 약한 그때에 강하다(고후 12:8-10). 그는 죽은 자 같고, 슬픔에 가득 찬 것으로 보이지만, 그는 살아 있고, 기뻐한다. 그는 가난하고 궁핍한 자 같지만 실상은 모든 것을 소유하고 있고 다른 사람들을 부요하게 만든다(고후 6:9-10). 바울은 언어적 능수능란함에 대한 탐닉 때문이 아니라, "우리 주 예수 그리스도의 은혜"의 표식인 상반된 일치(coincidence of opposites)를 반영하고 있기에 그런 역설적 표현들을 즐기고 있는 것이다. 구체적인 "선물" 용어를 사용하지 않는 경우에도, 우리는 바울 신학 전반을 관통하고 있는 은혜의 구조적 역할을 발견한다. 바울 신학의 내러티브는 특수한 문법에 의해 재설정된 독특한 형태와 언어로 엮어져 있다. 이러한 현상들을 식별하고 연결 짓기 위해서는 은혜의 비상응성에 대한 올바른 인식이 필요하다.

이스라엘과 하나님의 자비

"선물 관점"의 장점 중의 하나는 바울의 기독론과 "모든 이스라엘이 구원을 받을 것이다"(롬 11:26)라는 확신을 결합시키는 방식으로 로마서 9-11장과 이스라엘에 대한 바울의 신학을 해석할 수 있는 역량이다.

그렇다고 해서, 선물 관점이 로마서 11장에 대한 '존더베크'(Sonderweg,
"특별한 길") 해석(이스라엘은 그리스도를 믿지 않고도 구원받게 될 것이라는 해석: 언
약 백성인 이스라엘은 그리스도에 대한 믿음과는 상관없이 구원을 받을 수 있는 특별한
길을 이미 소유하고 있다는 주장으로 구원에 대한 "두 언약" 모델 등으로도 불린다—역
주)을 채택하거나 11:26의 "모든 이스라엘"이 민족적 이스라엘을 가리
키는 것을 부인하는 식은 아니다. 또한 바울이 로마서 11장을 기록하면
서 마음을 드라마틱하게 바꾸었다고 주장할 필요도 없다. 이와는 반대
로 우리가 이스라엘이 그 시작부터 하나님의 자비나 은혜의 산물로서
형성됐다는 주장을 따른다면 로마서 9-11장은 일관된 의미를 가지게 된
다. 곧, 하나님의 은혜는 이제 그리스도 안에서 그 궁극적이고 결정적인
표현에 이르게 됐다.[13]

바울이 직면하고 있는 위기는 이스라엘의 메시아가 이스라엘의 대
다수에 의해 받아들여지지 않았으며, 그 결과 하나님의 말씀과 약속이
실패한 것으로 보인다는 것이다(롬 9:1-5). 이에 대한 바울의 대답은 오직
소수만이 구원받기로 계획됐으며, 하나님은 나머지에 대해서는 돌보시
지 않는다는 것이 될 수도 있었다. 그러나 로마서 9:6-18에 있는 그의
주장의 초기 단계는 이스라엘이 그 처음 시작부터 하나님의 택하시는
은혜에 의해 형성됐고, 오직 그 은혜에 의해 과거, 현재, 미래에도 지속
될 것임을 가리키는 것으로 볼 때 더 잘 읽힌다. 이스라엘은 출산에 의
해서 형성된 것이 아니라, 약속에 의해 형성된 것이다(9:6-9). 인간의 의
지나 애씀에 의해서 형성된 것이 아니라 하나님의 자비에 의해 형성됐

13. Barclay, *Paul and the Gift*, 520-61을 보라. 참조, Jonathan A. Linebaugh, "Not the
End: The History and Hope of the Unfailing Word of God in Romans 9-11," in
God and Israel: Providence and Purpose in Romans 9-11, ed. Todd Still (Waco:
Baylor University Press, 2017), 141-63.

다(9:14-18). 하나님은 "나는 자비를 베풀 자에게 자비를 베푼다"(9:15, 출 33:19 인용)라고 선언하심으로 이스라엘의 특성을 정의하시는데, 이는 이스라엘의 미래를 그들 자신의 손으로부터 하나님의 손으로 옮겨가는 것이다. 로마서 9장의 나머지 부분이 나타내듯이, 이 자비의 사역은 제한될 수도 있고 놀라우리만치 확장될 수도 있는데, 이스라엘이 어쨌든 지금껏 이어져 온 것은 가치의 조건들에 의해 제한되지 않는 하나님의 자비 덕분이었다. 로마서 10장에서 그리스도-사건은 하나님의 의와 부요하심의 궁극적인 표현으로 논의된다. 또한 이스라엘의 불순종에 의한 현재의 트라우마도 다뤄진다. 그러나 우리는 하나님의 자비가 이스라엘의 불순종에 의해서 제한되거나 조건 지어지지 않는다는 것을 이미 알고 있다. 그리고 로마서 11장에서 바울은, 돌감람나무 줄기로부터 나온 가지(이방인 신자들)가 참감람나무 가지에 접붙임을 받은 것처럼, 불순종에 대한 하나님의 자비는 본래의 참감람나무 가지를 다시 접붙일 때도 동일하게 효과적일 것임을 보여주고 있다. 두 가지들 모두를 지탱하며 두 가지들이 접붙임을 받는 "자양분의 뿌리"(롬 11:17-24)는 이스라엘 민족과 같은 종류도 아니고 족장들도 아니며, 오직 약속됐고 처음부터 역사했던 하나님의 자비인데, 이제는 메시아 안에서 결정적으로 나타났다.

　로마서 9-11장은 그리스도-사건과 구약성경의 이스라엘 이야기 사이의 복잡한 변증법을 보여준다. 한편으로는 그리스도가 구약의 틀과 구약에 나타난 이스라엘의 이야기 없이는 이해될 수 없음이 분명하다. 또 다른 한편으로 바울은 그리스도-사건의 특이한 양식과 어울리는 구약의 이야기들을 선택하고 해석하는데, 이스라엘의 역사에 대한 바울의 해석을 특별하게 만들어 주는 것은 비상응적인 은혜의 기독론적 양식이다. 로마서 4장이 아브라함 이야기에 대한 (당대의) 표준적인 해석이 아니듯이, 로마서 9-11장은 구약에 대한 일반적인 또는 자연스러운 해석이 아니다. 그럼에도 불구하고 복음 속에서 선포된 것이 구약의 기사를 통해서 촘촘히 짜여진 하나님의 은혜로운 목적의 완성이라는 사실은 바울에게 매우 중요했다. 이러한 맥락에서 그리스도-사건은 바울이 구약에서 미리 선포된 복음의 반향을 발견할 정도로(갈 3:8), "성경[구약] 대로" 이루어졌다(고전 15:3-5). 그들을 융합시키는 것은 단지 결말을 필요로 하는 이야기 형태가 아니라, 죽은 자들에게 생명을 주시고 불순종한 자들에게 자비를 베푸시는 하나님에게로 계속해서 주의를 돌리게 하는 내러티브의 형태다.

그런 의미에서 또한 그리스도-사건은 하나님의 바로 그 정체성을 분명하게 해준다. 출애굽기 33:19("나는 자비를 베풀 자에게 자비를 베푼다")이 출애굽기 3:14("나는 나다": 개역개정은 "나는 스스로 있는 자이니라"—역주)을 반향하고 그 뜻을 분명하게 해 주듯이, 로마서 9-11장을 관통하여 울려 퍼지는 바울의 출애굽기 33:19 인용은 하나님에 대해 무슨 말을 하게 되더라도 항상 그 진리의 중심에는 자비와 은혜가 자리 잡고 있음을 보여준다. 그리스도가 가난하게 되신 이유가 바로 그의 "부요함" 때문이라면(고후 8:9), 그리고 아낌없는 "부요함"이 취하는 것이 아니라 스스로 내어 주시는 것으로 입증되는 "하나님의 본체"의 의미라면(빌 2:6-8), 그리스도 안에 있는 하나님의 흘러넘치고 비상응적인 은혜는 "존재하시는 하나님"이 "베푸심(giving) 속에서 존재하시는 하나님"이심을 보여준다.[14]

---

14. 고후 8:9의 이러한 해석에 대해서는 다음의 논문을 참고하라. John M. G. Barclay, "'Because He Was Rich He Became Poor': Translation, Exegesis, and Hermeneutics in the Reading of 2 Cor. 8.9," in *Theologizing in the Corinthian Conflict: Studies in the Exegesis and Theology of 2 Corinthians*, ed. Reimund

이러한 의미에서 바울에 대한 "선물 관점"은 바울의 기독론과 구원론 뿐만 아니라, **신**론을 더 잘 이해하도록 도와준다. 그러므로 선물은 하나 님을, 그래서 모든 실재를, 바르게 볼 수 있게 해 주는 렌즈가 된다.

선물과 바울 윤리학

"선물 관점"은 바울 윤리학에 있는 의무의 내용과 구조를 잘 설명할 수 있다. 비상응적이고, 받을 자격 없는 선물이라는 의미로 "오직 은혜" 를 말하는 것이, 선물이 보답에 대한 아무런 의무나 기대도 동반하지 않 는다는 것을 의미하지는 **않음**을 기억할 것이다(위의 "선물은 무엇을 의미하 는가?" 단락을 보라). 즉, 비상응성은 비순환성과는 다르다. 비록 현대 서구 사회에서는 의무 없는("아무런 부가 조건을 달지 않는") 선물의 개념을 극대 화시켜 왔고, 단방향의 선물을 이상적인 것으로 간주해 왔지만, 이것은 고대 사회에서의(혹은, 현대 역시 세계 대부분에서의) 자연스러운 선물에 대한 이해가 아니다. 일반적으로 선물은 사회적인 유대감을 창조하고 강화 시키는 것으로 이해된다. 호혜성(reciprocity)은 이런 목적에 필수적이다. 바울의 경우, 하나님의 선물/자비는 보답을 자극하기 위해 계획된 것임 이 분명하다. "형제들아, 내가 하나님의 모든 자비하심으로 너희를 권 하노니 너희 몸을 하나님이 기뻐하시는 거룩한 산 제물로 드리라"(롬 12:1). 바울에게 있어, 신자들은 "은혜 아래"에 있으며(롬 6:14-15) 세례를 통하여 새로운 순종으로, 심지어는 새로운 노예 상태로 이끌려진다(롬 6:15-23). 실제로, 특히 로마서 6:1-2(참조, 3:8)은 보답에 대한 기대 없이 주

Bieringer et al., BTS 16 (Leuven: Peeters, 2013), 331-44.

는 "값싼 은혜"(본회퍼의 『나를 따르라』[*The Cost of Discipleship*]를 보라)를 차단하기 위해 쓰인 것으로 보인다. 이런 의미에서 바울에게 은혜는 사전 조건이 없지만(unconditioned), 사후 조건이 없는 것은 아니다(unconditional).

우리는 신자들의 삶의 변화가 구원에 있어서 왜 필수적인지 올바르게 평가할 수 있다. 그리스도는 불경건한 자들을 위해서 죽으셨지만, 그들이 그런 방식의 삶에 계속해서 머물도록 의도된 것은 아니다. 오히려 그들은 그리스도와의 연합으로 초청됐고, 성령을 통하여 그들의 삶은 (자격 없이) 받은 그 선물에 어울리는 새로운 존재 양식으로 재형성됐다. 바울의 모든 편지들은 도덕적 변화와 그 변화된 행동 방식 속에서 선물의 능력을 증명해 주는 공동체의 출현에 대한 기대를 드러낸다. 이러한 관점에서, 우리는 바울이 왜 행위에 의한 심판에 대해서 말하고 있는지 (예, 롬 2:1-11; 고후 5:10), 그리고 왜 자기 육체에 심는 자들이 썩을 것을 거두게 될 것이라고 신자들에게 경고하는지(갈 6:8) 이해할 수 있다. 심판에서는 은혜라는 선물의 존재 여부와 그 능력의 증거를 면밀히 살피게 될 것이다. 그 증거가 없다면 어떠한 선물도 받지 않았던 것이 분명하다. 신자의 "선한 행위들"은 새로운 은혜를 획득하기 위한 도구가 될 수 없다. 그것은 어떤 새로운 선물과 마지막 선물을 쟁취하는 "공로"의 형식을 취하지 않는다. "성령 안에서 걸어가는" 모든 사람들은 그리스도 안에서 주어지는 단 하나의 선물에 의존하는데, 바로 그런 의미에서 그 선물은 그리스도의 부활 생명으로부터 외부적으로 능력을 공급받는 비상응적인 것으로 남게 된다. 그러나 성령은 신자들의 삶과 하나님의 삶 사이의 상응성을 창조하도록 역사하기에, 바울은 신자들에게 "자기 나라와 영광에 이르게 하시는 하나님께 합당한 삶을 살기를" 기대한다(살전 2:12).[15]

---

15. Barclay, *Paul and the Gift*, 449-519을 참고하라. 더 자세한 내용은 롬 2장에 나오는

이 상응성은 성령의 변화시키는 사역으로부터 발생한다. 이것은 예전의 자아 위에 적재되는 새로운 의무들의 모음이 아니다. 바울은 이 변화에 있어서 신적 행위 주체의 역할이 중요한 것으로 생각하지만, 마치 그것이 제로섬 계산 방식으로 신자들 자신의 행위 주체를 희생시키는 것으로 생각하지는 않는다. 그것은 그리스도 안에 있는 하나님의 선물에 의해서 활성화되고 에너지를 공급받는 새로운 자아이며 "성령에 대해 심는" 사역 가운데 부지런히 일하기 때문에 이를 전통적인 대안인 '모너지즘'(monergism, "신단동설")과 '시너지즘'(synergism, "신인협동설")이라고 부르기보다는 '에너지즘'(energism)이라고 부르는 편이 더 좋다(참조, 빌 2:12-13).[16] 그리고 이 지점에서 "선물 관점"은 구원을 "그리스도 안에 참여" 또는 "그리스도와의 연합"으로 설명하는 바울 신학의 해석과 잘 연결된다.[17] 고린도후서 8-9장이 분명히 보여주듯이, 그리스도 안에 있는 하나님의 선물과 신자들의 선물 주기(gift-giving) 사이의 관계는 단순히 모범과 모방의 관계가 아니다. 만약 그리스도의 "부요함"이 그가 자신을 주신 것을 가리키고(고후 8:9; 참조, 8:2), 그의 "가난함"이 그가 인간이 되신 것을 가리킨다면(참조, 빌 2:6), 그가 인간의 상태에 참여하신 것은 신자들이 그리스도의 "부요함"에 참여하는 것의 기초가 된다. 즉, 그리스도께서 스스로를 주신 '카리스'(χάρις)의 흐름은 신자들 서로서로에게 연쇄적으로 일어난다. 은혜의 동력에 사로잡힌 바 된 신자들은 베푸

행위에 의한 심판에 대한 논의를 보라(461-74).

16. Barclay, *Paul and the Gift*, 439-42.
17. 예를 들어 다음의 저작을 보라. Michael J. Thate, Kevin J. Vanhoozer, and Constantine R. Campbell, eds., *"In Christ" in Paul: Explorations in Paul's Theology of Union and Participation* (Grand Rapids: Eerdmans, 2018); Grant Macaskill, *Union with Christ in the New Testament* (Oxford: Oxford University Press, 2013).

는 에너지를 공급받아 서로서로에게 그리고 모두에게 후하게 베풀게 된다(고후 9:13; 참조, 갈 6:10). 즉, 그리스도-선물은 이러한 "선한 행위들"(갈 6:9-10; 참조, 엡 2:9-10; 딛 2:14)을 필연적으로 발생시킨다. 변혁적인 은혜의 능력은 그 손길이 닿는 모든 것을 새롭게 빚어낸다.

그러므로 새로운 공동체의 형성은 복음의 기본이다. 신자들은 그들의 사회적·인종적 가치와는 상관없이 "환영받기"에 그들은 새로운 형태의 공동체를 창조해 내는데, 이때 그들의 다름을 없애는 것이 아니라 가치를 새롭게 조정함으로 다름을 상대화시킨다. 명예에 대한 결핍으로 인한 경쟁을 초래하는 이전의 가치 체계는 상호 지지의 새로운 정신에 의해 대체되므로, 좋은 것들은 서로서로에게 공급되고, 공유되는 명예는 하나님이 원천이 됨으로 제한이 없다. 갈라디아서 5-6장에서, 로마서 12-15장에서, 빌립보서에서, 고린도전서에서, 빌레몬서에서 발견되는 공동체의 재형성은 그리스도 안에서의 하나님의 선물 수여 위에 분명히 정초해 있다. 바울과 빌립보 성도들이 물질적인 지지로 표현되며, 서로 제한 없이 "주고받는" 호혜를 즐길 수 있었던 것은 은혜 안에서 그들이 공유하는 '코이노니아'(κοινωνία, "교제") 때문이었다(빌 4:10-20). 예루살렘에 있는 "성도"들을 향한 바울의 교회들로부터의 새로운 형태의 선물은 그리스도 안에서 받은 '카리스'(χάρις)로부터 연원한, 바로 그 카리스의 표현이기도 하다.[18] 잘 알려졌듯이, 선물 용어는 바울이 교회의 상호적인 세워감(mutual upbuilding)을 표현하는 방식을 형성한다(고전 12장; 롬 12장). 상호적인 가르침과 섬김 속에서 공유된 것은 성령께서 교

---

18. 다음의 저작을 참고하라. David E. Briones, *Paul's Financial Policy: A Socio-Theological Approach*, LNTS 494 (London: T&T Clark, 2013); David J. Downs, *The Offering of the Gentiles: Paul's Collection for Jerusalem in Its Chronological, Cultural, and Cultic Contexts*, WUNT 2/248 (Tübingen: Mohr Siebeck, 2008).

회 곳곳에 나누어 주시는 '카리스마타'(χαρίσματα: 한글성경에서 주로 "은사"로
번역됨—역주)이다(고전 1:4-7). '카리스마타'는 선물이기에, 그것을 가진 사
람들에게 "소유되는" 것이 아니다. 이것들은 상호적인 유익을 위해서
설계된 것이다(고전 12:7). 그리고 '카리스마타'는 선물이기에, 무엇이 주
어졌느냐는 것뿐만 아니라 어떻게 주어졌느냐도 역시 중요하다. 그래
서 바울은 '카리스마타'가 적절하게 배분되는 방식이자 필수적인 사랑
의 역사(operation)를 추적하고 있는 것이다(고전 13:1-13).

　　이러한 예들이 보여주듯이, 신적인 선물의 성취는 주로 단방향의 선
물로서 발생하지 않고 주고받음의 상호적인 유대 관계 속에서 신자들
을 묶어주는 호혜 속에서 발생한다(고후 8:13-15을 보라).[19] 선물-호혜성은
간단하지가 않다. 즉, 그것은 원치 않는 의무, 오해, 분노, 강압적인 힘의
패턴을 생성하기도 한다. 바울은 이러한 호혜성을 그의 회중들과 함께
수락할 때도 있고 그렇지 않을 때도 있다(고전 9:1-23; 고후 11:7-21; 빌 4:10-
20). 그러나 호혜성은 또한 서로를 풍성하게 할 수도 있는데, 수여자가
다른 사람에게 줄 때, 자신을 **없애는** 방식으로 주는 것이 아니라 자신을
공유되는 유익의 관계—바울의 동시대인들은 '필리아'(φιλία)라고 불렀
고, 바울 자신은 '코이노니아'(κοινωνία)라고 부르기를 더 선호했던—속으
로 **들어가게** 하는 방식으로 주기 때문이다.[20] 이러한 공동이익(cointerest)

---

19. 바울의 선물 윤리학 속에 있는 이 호혜의 탐구에 대해서는, John M. G. Barclay,
"Manna and the Circulation of Grace: A Study of 2 Corinthians 8:1-15," in *The
Word Leaps the Gap: Essays on Scripture and Theology in Honor of Richard B. Hays*,
ed. Ross Wagner, Kavin Rowe, and Katherine Grieb (Grand Rapids: Eerdmans,
2008), 409-26; Barclay, "Benefiting Others and Benefit to Oneself: Seneca and
Paul on 'Altruism,'" in *Seneca and Paul in Dialogue*, ed. Joseph R. Dodson and
David E. Briones, APR 2 (Leiden: Brill, 2017), 109-26을 보라.
20. 자신을 없애는 방식으로 주는 것과 자신을 관계 속으로 들어가게 하는 방식으로 주

관계 속에서는 누군가의 이익이 반드시 다른 사람의 이익을 상쇄시키는 방식으로 취해지지 않는다. 즉, 이기주의는 사라지지만 그 목적은 결코 자기희생이거나 심지어는 우리가 흔히 그 용어를 이해하는 방식으로서의 "이타주의"도 아니다. 오히려 상호 유익의 관계 속에서 주는 사람과 받는 사람 모두 번영하는 것이다. 각자가 경쟁하지 않고 유익을 취할 수 있는 이유는 다른 사람에게 유익을 끼칠 때 주는 행위와 받는 행위 속에서 모두가 성취감을 느끼며, 주는 측이나 받는 측 모두 하나님의 한량없는 선물로부터 유익을 누리기 때문이다(고후 9:8-10; 빌 4:19). 넓은 의미에서 선물은 그리스도의 몸의 힘줄을 형성하며, 일치 속에서도 다양성을 유지한다. 선물은 "공동선"에 대한 바울의 비전의 중심에 있다.

바울에 관한 다른 해석들과 "선물 관점"의 비교

　"선물 관점"은 바울에 관한 다른 관점에 대한 반향들(echoes)을 지니고 있지만, 단순히 그것들의 가장 훌륭한 장점만을 모아놓은 것은 아니다. 선물 관점은 가톨릭과 개신교의 바울 해석 모두에게 중심적 위치에 있는 은혜라는 주제에 집중한다. 하지만 그와 동시에 선물 관점은 은혜 개념의 의미에 대한 보다 면밀한 조사를 통해서 바울에 대한 수용사 속에 있는 이 기독교 전통들 사이의 갈등과 다양성을 이해할 수 있게 해준다. 은혜에 대한 다른 극대화들을 구별함으로써 선물 관점은 은혜의 비상응성에 대한 강조점을 바울 신학의 필수요소인 "윤리"와의 통합과

는 것의 차이에 대해서는, 곧 출간될 Logan Williams의 더럼대학교 박사 학위 논문을 참고하라.

접목한다. 그 결과 은혜 관점은 어떤 독자들에게는 매우 "루터파적" 어조로, 또 다른 독자들에게는 매우 '토미즘적'(Thomist, "토마스 아퀴나스 신학의") 어조로 들린다. "은혜"가 무엇을 의미하는가에 대한 정교한 분석 덕분에 선물 관점은 유대교를 "율법주의적" 또는 은혜 없는 종교로 여기는 부정적인 고정관념을 피하고, 하나님의 자비와 선하심에 대한 유대적 논쟁에 참여하면서 바울을 "유대교 안에" 위치시킨다. 또한 "새 관점"과 같이, 선물 관점은 (단지 개인 구원만이 아닌) 공동체를 설립하는 데 있어서도 바울의 사역 및 신학의 실천 사례인 이방인 선교의 중요성을 강조한다. 그러나 너무나 중요하게도, 선물 관점은 이 선교의 근원을 단지 "연합"과 "포용"에 대한 사회적인 관심이나 아브라함 언약이 성취될 것이라는 바울의 성경-역사적 확신 속에서 찾는 것이 아니라, 이미 형성되어 있는 가치와는 상관없이 주어지는 그리스도-선물의 필연적인 표현으로 여긴다. 그래서 선물 관점은 "새 관점"에 3차원의 깊이를 더하여 와이드스크린으로 볼 수 있게 해주는 것 같은 중요한 신학적인 차원을 제공해준다. 선물 관점은 (종교개혁을 포함한) 바울에 대한 수용사로부터 배우는 것에 반대하지 않지만 선물 관점이 가진 전통에 대한 철저한 비판적 조사는 이것이 어떤 하나의 특정한 신학 관점에 신세지지 않도록 만든다.

　그럼에도 불구하고 "선물 관점"의 역사적이고 주석적인 기초는 바울 신학이 가지는 현대적 중요성에 대한 관심과 결코 동떨어져 있지 않다. 실제로 선물 관점이 가지는 함의는 다양하고 광범위하다. 선물의 공동체적인 차원은 교회가 문화적인 가치 규범과는 다름을 의식하는 교회론을 제시해 주고, 그래서 여전히 널리 퍼져 있는 민족성과 인종과 사회 계층의 경계를 뛰어넘는, 실험적인 공동체를 형성할 수 있도록 해준다. 하나님의 섭리로 인해 다른 사람들의 평가와는 상관없이 모든 사람이 그리스도 안에서 하나님에게 소중하다는 복음은 단지 사회적으로만 혁명적인 것이 아니다. 그것은 가치와 자존감에 관한 현대의 위기에 대해서도 울림을 준다. 그래서 선물의 선교학은 현재 전 세계에 걸친 문화적 현장의 분열적이고 비판적인 특징에 대한 강력한 해독제를 형성하며, 여러 가지 이유로 다른 사람들과 자기 자신에 의해 가치가 없다고 여겨진 사람들에게 혁신적인 환대를 제공해준다. 이 지점에서 구원론의 개인적인 차원과 사회적인 차원들은 결합되고, 구원론 자체도 성령론, 교회론, 윤리학과 통합된다. 유대인들과 유대교에 대해서 가장 높은 신학적 관심을 유지하면서도, 이방인들을 환대하는 바울의 방침은, 1세기를 훨씬 넘어서는 사회적 상황에도 연관시킬 수 있음이 밝혀졌다. 호혜에 대한 바울 윤리학은 (세계 및 지역의) 온정주의적이고 단방향적인 형태에서는 독이 되는 경향이 있는 "자선"에 대해 다양한 적용점을 가진다. 보다 넓게는, 모든 피조세계가 선물로 간주될 수 있다면(롬 1:18-25; 고후 9:8-10 참고), 피조세계에 대한 인간의 책임은 강력한 신학적 근거를 갖게 되며 경제 관계들도 재구성되거나 재설정될 수 있다.[21] 실제로 쏟아져 나오는 선물에 관한 현대 철학/신학과 대화하는 자리에 서게 되면, 바울에 대한 이러한 접근은 역사적 기초를 잃지 않으면서도 다양한 현대의 문제들과 공명함으로 보다 활기를 띠기 시작한다. 바울에 대한 어떤 관점이라도 그 다양한 과업들 가운데 특히 현대적/동시대적 상황 속에서 의미를 찾아야 하는 책임이 있다. 따라서 사회적·정치적·개인적·교회적·경제적 함의를 가지는 바울 해석은 우리가 할 수 있는 한 더 깊이 탐구해야 할 충분한 가치가 있다.

---

21.   예, Jean-Luc Marion, John Milbank, Kathryn Tanner의 연구를 참고하라.

바클레이에게 응답하는
로마가톨릭 관점

브랜트 피트리

선물 관점을 훌륭하게 서술해준 존 바클레이에게 감사의 마음을 전하는 것으로 시작하려 한다. 바클레이의 연구서 『바울과 선물』은 불과 몇 년 전에 출간됐지만 이미 바울 학계의 분수령으로 인정되고 있다.[1] 『바울과 선물』이 샌더스의 『바울과 팔레스타인 유대교』만큼이나 중요하다는 사실은 시간이 지나면서 드러나게 되리라 생각한다. 나는 이 지면에서 바클레이의 더욱 간결한 글과 대화할 수 있게 된 것을 특권이라고 생각한다. 이를 염두에 둔 채 나는 먼저 가톨릭 관점이 선물 관점과 일치하는 부분을 강조하면서 시작해보려 한다.

---

1.   John M. G. Barclay, *Paul and the Gift* (Grand Rapids: Eerdmans, 2015).

"선물의 여섯 가지 극대화"와 E. P. 샌더스의 작업:
우선성 ≠ 비상응성

본서에 실린 나의 글은 가톨릭의 주해와 E. P. 샌더스의 해석 사이의 공통점에 초점을 두고 있지만, 그럼에도 불구하고 나는 샌더스의 "은혜" 이해에 대한 바클레이의 비판에 동의한다. 특히, 바클레이가 분류한 여섯 가지 "선물의 극대화"는 샌더스의 입장의 중요한 약점을 지적하는 데 도움이 된다.[2] 바클레이는 샌더스가 "언약적 율법주의" 도식에서 은혜의 시간적 "우선성"(예, 은혜로 "들어감")을 강조했지만 "우선성은 은혜에 대해 가능한 극대화들 중 하나일 뿐이고, 다른 극대화들에 대해서는 여전히 아무것도 말해 주지 않는다"(원서 224쪽)라고 바르게 지적했다. 그는 또한 은혜의 우선성에 "비상응성", 곧 은혜의 선물을 받는 사람은 그 선물을 받기에 합당하다고 여겨지는 데 필요한 일을 미리 한 적이 없다는 개념이 내포되어 있다고 가정한 샌더스를 올바르게 비판했다. 요약하자면 저 분류를 통해 바클레이는 바울의 "은혜"에 대한 논의에서 샌더스 당시에 가능했던 것보다 더더욱 섬세하고 정확한 도구를 학자들에게 제공해 주었다.

사전 조건이 없지만 사후 조건이 없는 것은 아닌 은혜:
최초 칭의 대(vs.) 최종 칭의

마찬가지로 중요한 것은 "은혜는 사전 조건이 없지만(unconditioned)

---

2. Barclay, *Paul and the Gift*, 66-78을 보라.

사후 조건이 없는 것은 아니다(unconditional)"(원서 232쪽)라는 바클레이의 간명하고도 중대한 결론이다. 내 생각에 이것은 바클레이의 "선물 관점"의 주요한 기여들 중 하나다. 바클레이는 글 앞부분에서 바울에게 있어서 "선물은 사전 조건 없이 주어진다는 점에서 '순수한 선물'일 수 있지만, 어떠한 기대도 수반하지 않고, '아무런 부가되는 조건이 없다'는 점에서는 아닐 수 있다"(원서 223쪽)라고 설명한다. 이 주장으로 바클레이는 내가 본서에서 개요하려고 노력했던 내용에 대해 정교하고도 역사에 입각한 설명을 제공했다. 곧, 교부 시대, 중세, 현대 가톨릭의 바울 주해에서 최초 칭의의 선물은 완전히 공로 없이(즉, "사전 조건 없이") 주어지지만, 동시에 신자의 최종 심판은 "행위들"(즉, "사후 조건이 없는 것은 아닌")에 따라 주어진다는 것이다. 여기서 다음의 바울서신 본문들을 생각해보자.

> **사전 조건이 없음**: 그런즉 이와 같이 지금도 **은혜로** 택하심을 따라 남은 자가 있다. 만일 은혜로 된 것이면 **더 이상 행위들에 기초한 것**이 아니니, 그렇지 않으면 은혜가 은혜 되지 못한다. (롬 11:5-6)

> **사후 조건이 없지 않음**: [하나님께서] 각 사람에게 그 **행위들에 따라 갚으신다**. 곧, **선한 행위** 가운데서 참고 영광과 존귀와 썩지 아니함을 구하는 자에게는 **영생**으로 하시고, 오직 당을 지어 진리를 따르지 아니하고 불의를 따르는 자에게는 **진노와 분노**로 하실 것이다. (롬 2:6-8 AT)

바울은 어떻게 동일한 서신 내에서 공로 없는 "은혜"(롬 11:5)에 의한 칭의와 "행위"(롬 2:6)에 따른 최종 심판을 동시에 말할 수 있을까? 이 본

문들을 해석하는 많은 방법들이 있지만 바클레이는 우리에게 꽤나 개
연성 있는 설명을 제시하는 것처럼 보인다. 곧, 바울에게 최초 칭의의
"선물" 또는 "은혜"는 "사전 조건이 없지만"(즉, 비상응성), 최종 심판은
"사후 조건이 없지 않다"(즉, 상호성에 대한 기대가 있다). 바클레이가 다른 곳
에서 썼던 것처럼, "이 관점에서 볼 때 은혜에 의한 칭의와 행위에 의한
심판 사이의 오래된 난제는 통상 간주되는 것보다 풀기 쉬운 문제일 것
이다. 신자들이 그리스도의 심판 보좌 앞에서 설명해야 할 행위들은 행
동주체를 변화시키고 그 수행함에 능력을 부여해주는 은혜의 산물 그
자체다."[3]

만일 바클레이가 옳다면 이는 적어도 왜 그렇게 많은 현대 이전의—
즉, 교부 시대와 중세의—가톨릭 주석가들 중 어느 누구도 칭의의 최초
은혜를 받을 자격이 없으며 최종 심판은 행위에 따라 이루어진다는 바
울의 진술을 해석하는 데 어려움이 없다고 생각했는지에 관한 설득력
있는 설명을 제공해준다.[4] 실제로 바클레이가 말한 바, 선물을 주는 "목
적"에 "호혜성은 … 필수적이다"라는 것과 "하나님의 선물/자비는 보
답을 자극하기 위해 계획된 것임이 분명하다"라는 것이 옳다면, 은혜에
의한 행위들에 따른 최종 심판이 기대될 수 있다.

---

3. John M. G. Barclay, "Grace and the Transformation of Agency in Christ," in
    *Redefining First-Century Jewish and Christian Identities: Essays in Honor of Ed
    Parish Sanders*, ed. Fabian E. Udoh et al. (Notre Dame, IN: University of Notre
    Dame Press, 2008), 372-89, 인용된 부분은 385.
4. 이 견해에 대한 교부 시대와 중세의 예시들을 보려면, 본서에 실린 나의 "바울에 관
    한 로마가톨릭 관점"을 보라.

그리스도 안에 참여함과 '에너지즘': "경쟁 관계"에 있지 않은 신/인간 행위 주체

본서에 실린 나의 글에서 개괄적으로 설명했듯이 바울에 관한 로마 가톨릭 관점의 기둥들 중 하나는 구원 개념이 단순히 죄의 용서일 뿐 아니라 실질적이고 변혁적으로 그리스도 안에 "참여함"까지 포괄한다 는 것이다. 이런 노선을 따라 나는 바울에게 있어서 그리스도 안에서 신/인간 행위 주체가 "경쟁 관계"에 있지 않다는 바클레이의 견해에 동 의한다. 이 점은 매우 중요하기에 바클레이의 문구를 반복할 필요가 있 다고 생각한다.

> 바울은 이 변화에 있어서 신적 행위 주체의 역할이 중요한 것으로 생각 하지만, 마치 그것이 제로섬 계산 방식으로 신자들 자신의 행위 주체를 희생시키는 것으로 생각하지는 않는다. 그것은 그리스도 안에 있는 하 나님의 선물에 의해서 활성화되고 에너지를 공급받는 새로운 자아이 며 "성령에 대해 심는" 사역 가운데 부지런히 일하기 때문에 이를 전통 적인 대안인 '모너지즘'(monergism, "신단동설")과 '시너지즘'(synergism, "신 인협동설")이라고 부르기보다는 '에너지즘'(energism)이라고 부르는 편이 더 좋다(참조, 빌 2:12-13). 그리고 이 지점에서 "선물 관점"은 구원을 "그리 스도 안에 참여" 또는 "그리스도와의 연합"으로 설명하는 바울 신학의 해석과 잘 연결된다. (원서 233쪽)

엄밀한 주해의 관점에서 바울 자신이 "우리는 하나님의 동역자[συνερ- γοί]"(고전 3:9[참조, 살전 3:2])라고 말할 때, 바클레이가 '시너지즘' 용어를 피하려고 하는 것은 의아하다. 그럼에도 나는 '에너지즘'이라는 용어가, 믿음과 세례를 통해 그리스도 안에 있는 사람들 안에서 하나님이 어떻게 행하시는지(신적 행위 주체)에 대한 바울의 이해를 훌륭하게 포착하고 있다는 데 동의하는 바다. 바울이 다른 곳에서 이야기했듯이, "너희 안에서 행하시는[ἐνεργῶν ἐν ὑμῖν] 분은 하나님이시니, 너희로 하여금 자기의 기쁘신 뜻을 위하여 뜻을 품게 하시고 일하게 하신다"(빌 2:13). 또다시 선물과 상호성/호혜성에 관한 바클레이의 풍부한 이해는 바울 구원론의 논쟁적인 양상에 대해 설득력 있는 읽기를 제공한다.

이를 염두에 두고 나는 바클레이의 글에 대해 세 가지를 묻고자 한다.

은혜와 "선한 행위들"의 "필연성"

첫째, 바클레이가 바울에게 있어서 "그리스도-선물은 이러한 '선한 행위들'(갈 6:9-10; 참조, 엡 2:9-10; 딛 2:14)을 필연적으로 발생시킨다"(원서 234쪽)라고 말한 이유가 의아하다. 나는 바울에게 있어서 은혜의 선물이 선한 행위들에 능력을 부여한다는 데 동의하지만, 바클레이가 기록한 첫 번째 인용 구절에서 바울의 언어는 "필연성"의 종류가 아니다.

> 속지 말라. 하나님은 업신여김을 받지 아니하신다. 이는 너희가 무엇을 심든지 심는 대로 거두기 때문이다. **만일 너희가 자신의 육체를 위하여 심으면 육체로부터 썩은 것을 거둘 것이다. 그러나 성령을 위하여 심으면 성령으로부터 영생을 거둘 것이다.** 그러므로 우리가 선을 행하되 낙

심하지 말자. 이는 **우리가 포기하지 않는다면 추수 때에 거둘 것이기 때문이다.** 그러므로 우리는 기회가 있을 때마다 모두를 위해 선한 일을 하자. (갈 6:7-10 NRSV를 수정해서 사용함)

여기서 그리스도 안에 있는 사람들이 "포기하지 않고" "선을 행하면" (ἐργαζώμεθα τὸ ἀγαθόν) "거둘 것"이라고 말한 것에 주목하라(6:9-10). 실제로 이 구절의 전반적인 요점은 "영생"을 거두는 것이 "육체"에 "심는지" 아니면 "성령"에 "심는지"(6:8)에 직접 달려 있다고 주장하는 것 같다. 신자가 "육체"(σάρξ)를 위해 "심으면"—추정컨대, 바울이 앞서 몇 구절에서 언급한 바, "성적 부도덕", "우상 숭배", "술 취함"과 같은 "육신의 행위들"을 행함으로써—"영생"(ζωὴν αἰώνιον)이 아닌 "썩을 것"과 "멸망"(φθοράν)을 거둘 것이다(6:8).[5] 요약하자면 바클레이는 바울에게 있어서 누군가가 "기대"에 부응하는 "보답"을 제공하지 못할 경우 영생이 아닌 멸망을 "거두게/추수하게" 될 가능성에 대해 동의할까?[6]

---

5. 이 본문 및 또 다른 관련 본문을 더 자세히 다루기 위해서는, Nathan Eubank, "Justice Endures Forever: Paul's Grammar of Generosity," *JSPL* 5 (2015): 169-87 을 보라.

6. 적어도 한 곳에서 Barclay는 사람이 보답을 하지 못할 수 있다는 점을 확언하는 것처럼 보인다. 갈 2:19-21을 주석하면서 Barcaly는 이렇게 쓴다. "그것[자아]은 이중적인 행위 주체에 대해 말해야 하는 방식으로 재구성되는데, 단순히 한 행위 주체가 다른 쪽과 협력하여 작동하는 것에 대해서가 아니라, 인간 행위 주체 '안에서' 작동하는 그리스도에 대해 말해야 한다. **그러나 이 새로운 힘/능력은 분명히 비강압적이다. 바울은 사람이 하나님의 은혜를 거부할 수 있는 것이 실제로 가능하다고 생각한다**(갈라디아서에서는 이것이 매우 실제적으로 나온다)." Barclay, "'By the Grace of God I Am What I Am': Grace and Agency in Philo and Paul," in *Divine and Human Agency in Paul and His Cultural Environment*, ed. John M. G. Barclay and Simon J. Gathercole, LNTS 335 (London: T&T Clark, 2008), 140-57, 인용된 부분은 152 (강조 표시는 첨가됨).

은혜에서 멀어짐 = "선물"을 받지 "못한 것"인가?

둘째, 나는 "그리스도는 불경건한 자들을 위해서 죽으셨지만, 그들이 그런 방식의 삶에 계속해서 머물도록 의도된 것은 아니다"(원서 232-33쪽)라는 바클레이의 말에 전적으로 동의한다. 그러나 신자가 다시 "경건치 아니한" 행동에 빠지면 어떻게 되는가? 신자가 은혜의 선물에 내포된 "도덕적 변화에 대한 기대"에 부응하지 못한다면 어떻게 되는가? 한편으로 바클레이는 행위에 따른 심판에 대한 바울의 가르침을 간략하게 언급한다(롬 2:1-11; 고후 5:10). 반면에 바클레이는 이어서 최종 심판에 대해 다음과 같은 놀라운 주장을 제시한다. "심판에서는 은혜라는 선물의 존재 여부와 그 능력의 증거를 면밀히 살피게 될 것이다. 그 증거가 없다면 **어떠한 선물도 받지 않았던 것이 분명하다**"(원서 233쪽, 강조 표시는 첨가됨).

여기서 바클레이가 제시한 해석의 주해적 근거는 무엇인가? 바울이 심판이 "선물을 받지 않았음"을 드러낼 것이라고 어디에선가 말한 적이 있는가? 나는 그런 언어가 사용된 바울의 본문을 생각해낼 수 없다. 반대로 바울서신에는 신자들이 은혜로부터 끊어지거나 떨어져 나갈 가능성을 묘사하고 있는 여러 구절들이 있다.

율법으로 의롭다 함을 얻으려 하는 너희는 **그리스도에게서 끊어지고 은혜에서 떨어져 나간 자다.** (갈 5:4)

그런즉 너희가 **서 있다고** 생각한다면 **넘어지지 않도록** 조심하라. (고전 10:12)

> 그러므로 하나님의 인자하심과 준엄하심을 보라. **넘어지는 자들**에게는 준엄하심이 있지만 너희가 만일 하나님의 인자하심에 머물러 있으면 그 인자가 너희에게 있을 것이다. **그렇지 않으면 너희도 잘려나갈 것이다.** (롬 11:22)

여기에서 바울이 "은혜"(χάρις)에서 "떨어져 나가는 것"(ἐκπίπτω)에 대해 말할 때(갈 5:4) 사람이 떨어져 나가기 전에 실제로는 선물을 받은 적이 없다고 제안하는 것은 신빙성이 떨어진다. 마찬가지로 "넘어지다"(πίπτω, 롬 11:22; 고전 10:12) 또는 "잘려나가다/끊어지다"(καταργέω, 갈 5:4) 또는 "잘려나가다"(ἐκκόπτω, 롬 11:22)라는 언어는 해당 사람이 한때 은혜 안에 "서 있었고" 또한 "그리스도 안에" 참여하고 있었음을 분명히 암시한다. 이런 구절들에 비추어 볼 때 어떤 신자가 보답을 하지 않는다면 "그리스도 안에" 있는 관계가 **지속되지** 않는다고 말하는 것이 더욱 정확하지 않겠는가? 바클레이 자신이 말했듯이, 고대의 선물 수여에 관해서 기대되는 상호성에 응답하지 않는 수혜자는 "관계의 지속을 위해" 필요한 무언가를 하지 못하는 셈이다(원서 222쪽). 나는 상호성의 결여가, 관계 자체가 처음부터 존재하지 않았음을 의미한다고 결론 내릴 만한 주해적 근거를 찾지 못하겠다.[7]

---

7. 충분한 논의를 위해서는 다음을 보라. B. J. Oropeza, *Paul and Apostasy: Eschatology, Perseverance, and Falling Away in the Corinthian Congregation*, WUNT 2/115 (Tübingen: Mohr Siebeck; Eugene, OR: Wipf & Stock, 2000); 그리고 더욱 최근의 저서로, B. J. Oropeza, *Jews, Gentiles, and the Opponents of Paul: The Pauline Letters, vol. 2 of Apostasy in the New Testament Communities* (Eugene, OR: Cascade, 2012)를 보라.

신/인간 행위 주체: 그리스도 안에서 행해진
선한 "행위들"에 대한 "보상"

마지막으로, 나는 바울에게 있어서 신적 행위 주체와 인간적 행위 주체가 "제로섬" 계산 방식이 아니라는 바클레이의 견해에 전적으로 동의한다(원서 233쪽). 하지만 이것이 은혜에 관하여 참이라면 나는 바클레이가 "선한 행위들"에 대해 다음과 같이 말한 바를 이해하기 어렵다. "신자의 '선한 행위들'은 새로운 은혜를 획득하기 위한 도구가 될 수 없다. 그것은 어떤 새로운 선물과 마지막 선물을 쟁취하는 '공로'의 형식을 취하지 않는다"(원서 233쪽). 은혜가 제로섬 게임이 아니라는 바클레이의 말이 옳다면(나는 그가 옳다고 생각한다), 선물에 따라 "보상" 내지 "삯/임금"(μισθός)을 받을 것에 대해 말하는 것이 가능할까? 주해와 관련해서 질문하자면 이렇다. 바울은 하나님이 신자의 선한 "행위들"을 어떻게 보답하실 것인지 설명하는 데 어째서 "보상" 내지 "삯/임금" 언어를 사용하는가? 다음 구절들을 살펴보자.

내게 주신 하나님의 **은혜를**[τὴν χάριν] 따라, 내가 지혜로운 건축자와 같이 기초를 닦아 두고, 다른 이가 그 위에 세운다. 각각의 건축자는 어떻게 그 위에 세울지 선택해야만 한다. 이 닦아 둔 것 외에 능히 다른 기초를 닦아 둘 자가 없다. 곧, 이 기초는 예수 그리스도다. 만일 누구든지 금, 은, 보석, 나무, 풀, 짚으로 이 기초 위에 세우면, 각 건축자의 **행위가** [ἑκάστου τὸ ἔργον] 나타날 것인데, 그날이 그것을 드러낼 것이다. 이는 불로 나타내고 그 불이 각 사람의 **행위가**[τὸ ἔργον] 어떤 종류의 것인지 시험할 것이다. **만일 누구든지 그 위에 세운 행위가**[τὸ ἔργον] **그대로 있으**

면 보상/임금을[μισθόν] **받을 것이다.** 누구든지 그 **행위가**[τὸ ἔργον] 불타면 해를 받을 것이다. 하지만 자신은 구원을 받되 불 가운데서 받은 것 같을 것이다. (고전 3:10-15 NRSV을 수정하여 사용함)

여기에서 바울이 "보상" 또는 "삯/임금"(μισθός)을 버는(earn) "행위"(ἔργον)를 가지고(3:14) 예수 그리스도이신 "하나님의 은혜[χάρις]" 위에 (3:10) 건축하는 것에 대해 주저함 없이 말하고 있음에 주목하라. 우리가 바클레이의 연구의 함의를 따른다면 최초 선물의 비상응성과 "선한 행위들"에 대한 신적 상호성/호혜성 및 "종말론적 보상"을 대립시킬 이유가 없을 것이다.[8] 정확히 그리스도 안에 참여는 "제로섬 계산 방식"(원서 233쪽)이 **아니기** 때문에 신자의 "선한 행위들"을 통해 영원한 보물을 쌓는 것은 (바클레이의 표현을 빌리자면) 결코 "그리스도의 '부요함'"(원서 233쪽)을 앗아가지 않는다(참조, 고후 8:9). 그보다도 나는 그리스도 안에 있는 신자들의 "선한 행위들"이 가치 있다는 것/공로적이라는 것(meritorious)을 부인하는 일은 그리스도의 행위의 공로를 부인하는 처사라고 생각한다. 이는 그리스도 자신이 신자 안에서 행동하시기(working) 때문이다.[9]

---

8. 다음을 주목하라. Raymond F. Collins, *1 Corinthians*, SP 7 (Collegeville, MN: Liturgical Press, 1999), 159 [= 『고린토1서』, 대전가톨릭대학교출판부, 2019]: "바울은 삯/임금(*misthos*) 용어를 종말론적 보상에 대한 메타포로 사용한다. 다른 곳에서 그 단어는 잘한 일에 대한 지불(pay)을 가리킨다(롬 4:4; 참조, 고전 9:17, 18)"

9. Michael P. Barber, "A Catholic Perspective: Our Works Are Meritorious at the Final Judgment Because of Our Union with Christ by Grace," in *Four Views on the Role of Works at the Final Judgment*, ed. Alan P. Stanley (Grand Rapids: Zondervan, 2013), 161-84, 특히 180 [= "가톨릭교회의 관점: 우리는 은혜로 그리스도와 연합되었기 때문에 우리는 최후의 심판 때 공로로 인정받는다", 『최후 심판에서 행위의 역할 논쟁: 구원과 심판에 관한 네 가지 관점』, 새물결플러스, 2019]을 보라.

바울이 다른 곳에서 말했듯이, "더 이상 내가 사는 것이 아니라 **내 안에 계신 그리스도께서 사시는 것이다**"(갈 2:20).

바클레이에 대한 나의 질문을 요약하자면 이렇다. 신/인간 행위 주체가 비경쟁적인 기초 위에 행동하고 바울 자신이 고린도전서 3장에서 "은혜"와 "삯/임금"을 연결 짓고 있다면, "삯/임금"이 "선물"(χάρις)에 따라 주어지는 것이라고 말하는 것이 가능한가? 그렇지 않다면, 어째서 바울은 그리스도 안에서 누군가에 의해 행해진 선한 "행위"(ἔργον)와 관련해 "보상" 내지 "삯/임금"(μισθός)이라고 말하는 것일까(고전 3:10-14)?[10] 나는 바클레이의 탁월한 연구서인 『바울과 선물』에서 배운 모든 것들에 대해 감사의 마음을 전한다. 더 나아가 나는 또한 속편인 『바울과 보상』(*Paul and the Reward*)도 읽고 싶은 마음이 든다.

---

10. 흥미롭게도 Barclay는 충분한 분량의 연구에서, 바울이 "그 용어"(μισθός)를 고전 3:14에서 "보상"(reward)과 "지불"(pay) 둘 모두의 의미로 사용한다고, 지나가듯이 두 차례 지적한다(Barclay, *Paul and the Gift*, 485n96, n98). 하지만 안타깝게도 Barcaly는 그리스도의 기초 위에 세워진 선한 "행위"(ἔργον)의 가치 있는/공로적인 (meritorious) 특성에 대한 자신의 부정(denial)과 고전 3장에 있는 바울의 논의가 어울릴 수 있는지 충분히 설명하지 않는다.

바클레이에게 응답하는
전통 개신교 관점

A. 앤드루 다스

여기서 바클레이 교수는 매우 상세한 『바울과 선물』을 유용하고 간략하게 스케치했다.[1] 바울서신에 널리 퍼진 선물 어휘에서 시작해 인간의 가치나 행위와 관계없이 주어지는 하나님의 선물의 **비상응성**을 강조한다. 비상응성은 선물을 묘사하거나 또는, 그가 말했듯이, "극대화될"(원서 221쪽) 수 있는 선물의 여섯 가지 방법 중 하나에 불과하다. 선물은 풍부하거나 **초충만**할 수 있다. 이것은 받는 사람이 행동하기 전에 **우선적**으로 발생할 수 있다. 주는 사람은 **단일성**(단일한 태도)을 가지고 분노나 심판 없이 순수한 자비로 행할 수 있다. 선물은 그 결과를 달성하는 데 **효과적**일 수도 있고 아닐 수도 있다. 마지막으로 선물은 호혜성을 기대하지 않는 경우 **비순환적**일 수 있다. 바클레이는 제2성전기 유대교에서 다양하게 사용되는 은혜를 명료하게 해설했다. 바울에게 있어서 은혜는 예수 그리스도 안에서 모든 인류, 심지어 유대인이 아닌 사람들에게도 주시는 하나님의 비상응적인 선물이다. 이방인들은 인류의 죄

---

1. John M. G. Barclay, *Paul and the Gift* (Grand Rapids: Eerdmans, 2015).

를 위한 그리스도 안에 있는 하나님의 선물 앞에서 율법을 지키거나 할
례를 받을 필요가 없다. 율법을 준수하는 삶은 선물에 합당하지 않게 만
든다.

바울이 로마서 3:28-4:4에서 "율법의 행위들"과 일반화된 인간의
노력을 번갈아 사용했음에도 불구하고 바클레이는 "율법의 행위들"을
"유대교 관습의 채택" 또는 "유대교화"(할례와 유사함)로 정의하면서 불필
요하게 "새 관점"을 따른다. 그럼에도 은혜의 비상응성에 대한 바클레
이의 강조는 인간의 순종과 가치와 무관하게 남아 있다. 결과적으로 유
대인의 정체성은 구원을 가져오지 않기 때문에 근본적으로 상대화된
다. "유대인의 관습('율법의 행위들')은 … 더 이상 가치의 기준이 아니다"
(원서 227쪽). 신자들이 그리스도의 죽음과 부활에 참여하고 그리스도 "안
으로" 인도되며, 따라서 하나님이 이미 그리스도 안에서 이스라엘을 위
해 은혜롭게 하신 일에 기초한 새 공동체 안으로 들어갈 때, 성령은 그
리스도 안에서 새로운 창조를 일으키기 위해 역사하신다.

하나님의 순전하고 자비롭고 갚을 수 없는 선물은 응답이나 호혜를
기대하지 않는 것이 아니다. 그러므로 바울은 주님께서 은혜롭게 행하
시는 그리스도인들의 선한 행동을 강조하지만(빌 2:12-13), 이 행위들은
"새로운 선물과 마지막 선물을 쟁취하는 '공로'"는 아니다(원서 233쪽). 성
령은 호혜적인 행동에 "힘을 불어넣고"(energizes), 이 호혜성은 "선물을
받은" 공동체의 관대함으로 표현된다.

바클레이의 분석에서 명확하지 않은 것은 바울이 "율법주의적" 또
는 "은혜 없는" 유대교에 대한 부정적인 고정관념을 피하고 있는지 여
부다(원서 235쪽). 확실히 바울의 추론은 그리스도 중심적이지만 비상응
성 측면에서 **정의하는** 은혜와 행위들/행함 사이의 규칙적 대조는 많은

이들에게 **의도적인** 것으로 보이며, 이는 바울이 진정한 은혜로 여기지
않는 바, **상응적인** 은혜 이해를 옹호하는 동료들을 목표로 삼고 있다.[2]
바클레이가 보여준 것처럼 이와 같은 은혜에 대한 상응적인 개념은 실
제로 제2성전기 유대교의 일부에서 유행하고 있었다(예, 필론의 작품들, 솔
로몬의 지혜, 『에스라4서』의 우리엘).

　　결론적으로 바클레이의 분석 대부분은 바울에 대한 전통적인 개신
교의 이해를 뒷받침한다. 루터 역시 하나님의 갚을 수 없는 선물에 대한
합당한 행동과 감사라는 예상되는 반응을 강조했다. 바울의 현대 묵시
론적 읽기와 마찬가지로, "전통주의" 해석가는 바클레이 교수의 분석에
진심으로 동의한다.

2.　"행위들"이 도덕적인 성취(롬 4:4-5)로 작용할 수도 있는, 논쟁적인 바울서신(엡
　　2:8-10; 딤후 1:9; 딛 3:5)을 다룰 때까지 Barclay, *Paul and the Gift*, 571에서처럼 기
　　다릴 필요는 없다.

바클레이에게 응답하는
새 관점

제임스 D. G. 던

　　존 바클레이의 걸작 『바울과 선물』을 기쁜 마음으로 읽었다. 그의 책은 지성을 자극하고 영혼을 흔드는 갈라디아서와 로마서의 핵심 구절 설명으로 가득 차 있으면서도, 과하지 않은 분량 안에서 주석적 논의를 담고 있다.

　　여기에 실린 바클레이의 글은 『바울과 선물』에서 그가 "제2성전기 유대교 안에서의 다양한 은혜의 역학"이라고 부른 부분을 반영하고 있다(『바울과 선물』 제10장). 그러나 나는 그 책에서 바울서신 이외의 신약성경 구절이 무척 적게 언급됐음을 분명히 기억한다. 유대교적 맥락에서 바울 이해를 명료화하는 것은 매우 중요하다. 하지만 바울의 은혜 신학이 그의 복음의 핵심이라면, 아니 그 은혜 신학이 최소한 그의 이방인 선교를 옹호하는 데 핵심적 역할을 했다면, 그리고 이방인에게 기쁜 소식인 은혜 신학이 초기 기독교 선교에서 커다란 격동을 일으켰다면(또는 초기 기독교 선교들이라는 복수형을 쓰는 게 좋을까?), 그렇다면 바울의 복음을 마태복음이나 야고보서 같은 다른 신약성경 본문과 관련해 논의할 여지가 더 있어야 하지 않을까? 바울이 제2성전기 유대교의 풍성한 다양성과 어떤 관계 가운데 있는가 하는 질문은 잘 다루어졌다. 그러나 바울은 신약성경의 다양성 (특히 옳든 그르든, 바울이 쓴 것이라고 주장된 후대의 문서들을 포함해서) 안에서는 어떤 위치에 있는가?

나는 특히 마태복음 5:17-20에 있는 율법에 대한 강한 긍정이 생각난다. "이 계명들 중에서 가장 작은 것 하나라도 어기는 자는 누구든 … 하늘나라에서 가장 작은 자로 불리게 될 것이다"라는 말씀과 서기관과 바리새인을 능가하는 의로움을 가지라는 요청 말이다. 예수의 말씀에 대한 마태의 이해에 바울은 동의할 수 있었을까? 이러한 마태복음의 내용은 믿음과 행위를 날카롭게 구분하고 은혜가 선물이라는 점을 강조한 바울과는 다른 상황을 전제하거나 상정하는 것 같다. 물론 마태는 강경한 유대 전통주의자로서 글을 쓴 반면, 바울은 이방인에게 복음을 전하도록 부름받은 사람으로서 글을 쓰고 있다. 하지만 신약성경 안에서조차 두드러지는 바울의 복음의 독특함(선물이라는 측면)이 더욱 명료하게 부각될 필요가 있지 않을까?

야고보서를 논의의 대상으로 포함시킬 때도 비슷한 문제가 제기된다. 야고보서가 믿음을 표현하기 위한 필수 요소로 행위를 강조하기 때문이다(약 2:14-26). 물론, 우리는 예수의 형제이자 예루살렘 모교회의 지도자였던 야고보가 쓴 것으로 여겨진 이 편지가 그 점을 강조한 이유를 안다. 하지만 이것은 모든 신약 시대의 신자들이 나란히 나오는 두 용어 은혜와 선물을 동의어의 단순 반복으로 여겼는지 여부에 관한 쟁점을 심화시킬 뿐이다. 바울은 이 지점에서 초창기 교회 전체를 대변하는가? 아니면 복음이 이방인도 위한 것이라는 점을 주장하고 옹호하기 위해

이 주장—선물로서의 복음이라는 주장, 즉 그가 베드로에게 맞설 때에도 강조해야 할 필요를 명백히 느꼈던 주장—을 사용한 것인가?

한편, 선물과 은혜에 대한 바울의 강조가, 2세기와 그 이후, 교회 내의 직분과 위계질서를 점차 강조하는 분위기에 살던 후대의 그리스도인들에게 너무 벅찬 것은 아니었는지 끊임없이 되묻게 된다. 루터가 바울의 복음을 재천명한 것도 마찬가지의 운명을 겪지 않았는가? 선물에 관한 바울의 복음이 대부분의 사람과 기관을 불편하고 곤혹스럽게 만든 나머지 그 호소력을 금세 잃고, 진급과 인정과 보상에 대한 강조 뒤에 묻힌 채 희미하게 됐다는 것이 불편한 진실 아니던가? 선물로서의 복음은 오늘날에도 분명 다시 강조되어야 할 필요가 있다.

바클레이에게 응답하는
유대교 내부의 바울 관점

망누스 세테르홀름

내가 보기에, "선물 관점"에 대한 존 바클레이의 글은 칭찬할 부분이 많다. "고대 또는 현대 유대교에 대한 기독교적 캐리커처에 반발하는 샌더스의 결단을 따르면서도, 샌더스의 『바울과 팔레스타인 유대교』를 넘어서는 방식에서"(원서 220쪽) 바울을 유대교 내부에서 해석해야 한다는 것은 바로 나 자신이 확신하는 바이며, 바클레이가 이 확신을 공유하는 것처럼 보인다는 점을 언급할 수 있어서 기쁘다. 반복적으로 주목을 받아왔듯이(물론 모든 이가 다 동의하지는 않지만), 기독교 신학은 역사적 바울을 제2성전기 후기의 유대인으로 바라보려는 노력에 부정적인 영향을 끼쳐 왔다. 그리고 그 기독교 신학은 유럽의 600만 유대인들을 멸절하고자 하는 사회적·정치적 결의를 증폭시킨 데 상당한 관련이 있었다. 바울에 관한 비역사적 주장들을 의식적으로 폭로하고자 하는 학자들이 많아지면 많아질수록 더 좋은 일이다. 어쩌면 기독교인들은 결국 믿음을 통한 의에 대한 바울의 진술(롬 1:17)뿐 아니라 이스라엘과 열방 사이의 관계에 대한 바울의 사상("먼저는 유대인에게, 그리고 그리스인에게", 롬

1:16)까지도 고려하는 신학을 고안하게 될지도 모르겠다.

나는 또한 선물과 관계된 사상들을 인류학과 고대의 사회 관습 양쪽 모두에 단단히 고정시키려는 바클레이의 노력이 우리의 이해에 큰 도움을 준다는 점에서 가치 있다고 생각한다. "선물"과 "은혜" 사이의 관계를 문제화하려는 그의 시도 역시 가치 있다. 많은 이들이 언급했듯이,[1] 샌더스가 유대교를 하나님의 은혜에 초점을 둔 "종교"라고 특징지었을 때, 샌더스는 중요한 발견을 했던 셈이다. 우리가 샌더스 덕분에 정신을 차린 후, 이제는 우리가 가진 증거가 그보다 더 복잡한 상황을 드러낸다는 점을 알게 됐지만 말이다. 따라서 고대 유대교에 대한 샌더스의 재구성은 엄청난 진전을 나타냈으며, 『바울과 팔레스타인 유대교』는 틀림없이 20세기 성서학계에서 나온 가장 중요한 저작물 중 하나로 간주되어야 한다. 그러나 바클레이가 올바르게 논평했듯이, "샌더스의 '언약적 율법주의'는 … 유대교 신학을 획일적인 것으로 해석해왔다"(원서 224쪽). 이 주제에 대해서 바클레이는 바울을 동시대인 1세기 유대교(들)의 두터운 맥락(thick context: 또는 "중층 맥락"—역주) 내부에 위치시키고자 시도하며, 이 점에서 바클레이는 분명 옳다.

열방을 향한 바울의 선교에 초점을 맞춘다는 점에서도 역시 바클레이는 옳다. 중요한 쟁점은 예수 운동 안의 유대인들이 비유대인들을 향한 선교가 있어야 한다고 생각했는지의 여부가 아니며, 어떠한 조건에서 그 선교가 이루어져야 하는지에 관한 것이라는 바클레이의 주장에 나는 전적으로 동의한다. 갈라디아서와 사도행전 양쪽 모두로부터 분

1.　 D. A. Carson, Peter T. O'Brien, and Mark A. Seifrid, eds., *Justification and Variegated Nomism*, vol. 1, The Complexities of Second Temple Judaism, WUNT 2/140 (Tübingen: Mohr Siebeck; Grand Rapids: Baker Academic, 2001)에 실린 소논문들을 보라.

명히 알 수 있듯이, 1세기 중엽이 됐을 때 예수 운동 내부의 어떤 이들은 열방을 향한 선교가 그들을 유대교로 개종시키는 것을 포함한다고 주장했다. 이것은 사도행전 15:5에서 분명하게 진술된다. "바리새파에 속한[τῆς αἱρέσεως τῶν Φαρισαίων] 어떤 신자들은 일어나서 이렇게 말했다. '그들이 할례받고 모세의 율법을 지키도록 명령을 받는 것이 필요하다[δεῖ περιτέμνειν αὐτοὺς παραγγέλλειν τε τηρεῖν τὸν νόμον Μωϋσέως].'" 관심 있는 비유대인들을 개종을 포함하지 않고서도 수용 가능했던 방안의 범위가 넓었던 것을 고려할 때, 왜 어떤 바리새인들이 이 과격한 입장을 취했는지는 전적으로 분명하지는 않다.[2] 그러나 바클레이는 비유대인들이 "남성 할례 속에 있는 아브라함 언약의 징표"를 취해야 한다는 결론에 바울의 대적들이 상당히 자연스럽게 이르게 됐다는 견해를 가진 것 같다 (원서 225쪽).

그러나 이 견해가 가진 문제점은 열방을 향한 선교를 촉발했을 것으로 보이는 히브리 성서의 본문들에 사실 개종이 전혀 언급되지 않는다는 데 있다.[3] 오히려 그 본문들에서 받는 인상은 열방이 그들의 민족적 정체성을 바꾸지 않는 채로 종말론적 순례 행렬의 일부가 되리라는 것이다. 즉, 그들은 열방의 구성원들로 남아 있어야 한다. 그러나 그들은 이스라엘의 신의 방식들에 맞추게 될 것이며, 그리하여 "그의 길들로 다닐" 것이다(사 2:3). 어떤 이들은 이것을 토라 준수라고 부르는데, 그것은 바울의 입장을 이해하기 어렵게 만든다. 예컨대, 갈라디아서에

2. Terence L. Donaldson, *Judaism and the Gentiles: Patterns of Universalism (to 135 CE)* (Waco: Baylor University Press, 2007); Shaye J. D. Cohen, *The Beginnings of Jewishness: Boundaries, Varieties, Uncertainties* (Berkeley: University of California Press, 1999), 140–74을 보라.
3. 예, 다음을 보라. 사 2:2–3; 미 4:1–2; 슥 8:20–23; 토비트 13:11.

나오는 "율법 대 은혜", "그리스도를 믿음 대 율법의 행위" 등 바울의 대조적 어구에 대해 바클레이는 "그리스도-사건이 무조건적인 선물로서 해석된다"고 설명한다(원서 226쪽). 내가 보기에 여기서 바클레이는 지나치게 진전된 이념적/신학적 차원에서 논의를 전개하고 있고, 바클레이의 바울이 전통적 개신교에서 그려낸 사도 바울의 모습에 매우 가까워진다는 인상을 피하기 어렵다.

오히려 나는 바울의 은혜 신학은 (그런 게 있다고 친다면) 출발점이 아니라 문제의 결과라고, 즉 하나의 특정한 수사 전략을 요청하는 더 실제적 차원의 문제의 결과라고 추정한다. 본서의 다른 곳에서 내가 주장한 바를 반복하자면, 나는 초기 예수 운동이 직면한 핵심 문제가 이 운동을 따르는 비유대인들의 도덕적 부정결과 관련되어 있었다고 생각한다. 종말론적 순례가 먼 미래에 실시될 무엇인가가 아니라 이제 하나의 현실이 됐다는 사실은 이스라엘과 열방 사이의 새로운 관계를 수반했다. 따라서 중요한 쟁점은 새롭게 비이교적이 된 (그러나 우상 숭배의 가능성이 있는) 이 이방인들이 어느 정도까지 신뢰의 대상이 될 수 있으며, 어느 정도까지 유대인들이 이 비유대인 예수 추종자들과 어울리는 것이 가능한지(예컨대, [유대인들에게 허락된 음식들을] 함께 먹는 것)의 문제였다. 이러한 배경에 놓고 볼 때, "바리새파에 속한 어떤 신자들"(행 15:5)의 전략은 온전히 타당하다. 개종 및 토라 준수로의 헌신은 사회적 관계들에 있는 모든 장애물을 제거할 것이다.

더 나아가, 안디옥 사건과 관련하여 바클레이는 만약 베드로가 비유대인들로 하여금 "유대인의 음식 규정에 합치하여 살도록" 요구했다면, 베드로는 무제약적 선물을 제약적으로 만들어 버린 셈이라고 주장한다(원서 227쪽). 여기서 바클레이가 소위 새 관점에 의지하고 있음이 표면에

드러난다. 새 관점에 따르면, 바울은 음식 규정과 같은 유대인의 "정체성 표지"에 반대했다고 생각된다. 내가 다른 곳에서 주장했듯이,[4] 안디옥의 '에클레시아'(ἐκκλησία)가 유대인의 전통적인 음식 규정을 저버렸을 가능성은 극히 낮다. 다시금 말하지만, 안디옥에서의 문제는 십중팔구 음식이 아니라 함께 먹는 행위와 관련되어 있었을 것이다. 그리고 바울이 모든 형태에 있어서 "유대화하는 것"에 반대했다고 말하는 것이 정확한가? 더 나아가 하나님의 선물이 "무제약적"이란 것이 맞는 이야기인가?

예수 운동에 속하지 않았던 유대인들은 그들이 어울리는 비유대인들이 "우상 숭배"를 삼가야 한다고 기대하는 일이 거의 없다시피 했다. 하지만 이 부분이 예수 운동 내에는 절대적인 요구 사항이 된 것으로 보인다. "우상 숭배"를 삼가는 것은 토라의 가르침이다. "우상에게 바쳐진 것[εἰδωλοθύτων]과 피[αἵματος]와 목 졸라 죽인 것[πνικτῶν]과 음행[πορνείας]"을 삼가는 것(행 15:29)은 토라의 가르침이다.[5] 따라서 불경건한 자들(즉, 열방)을 향한 하나님의 선물은 참으로 은혜로 주어졌지만, 틀림없이 그것은 유대적 규범으로의 순응을 포함했다. 바울에 따르면, 그리스도에 대한 신뢰는 열방의 구성원들을 이스라엘처럼 거룩하고 정결하게 만들었으며, 거룩하고 정결한 삶을 살 능력을 그들 안에 창조했다. 그러나 비유대인 추종자들이 어떻게 행동해야 할지 바울이 기대한 바

---

4.   Magnus Zetterholm, *The Formation of Christianity in Antioch: A Social-Scientific Approach to the Separation between Judaism and Christianity* (London: Routledge, 2003), 160. 또한 다음을 보라. Mark D. Nanos, "What Was at Stake in Peter's 'Eating with Gentiles' at Antioch?," in *The Galatians Debate: Contemporary Issues in Rhetorical and Historical Interpretation*, ed. Mark D. Nanos (Peabody, MA: Hendrickson, 2002), 282-318.

5.   이 점에 대해서, 또한 James Dunn의 글에 대한 내 응답을 보라(원서 161-62쪽).

에 대해서는 의심의 여지가 없어야 한다. 그들은 토라 가르침에 합치하게 행동해야 한다!

비유대인들의 토라 준수와 관련해서 바울이 반대한 지점이 정확히 무엇인가? 이것은 참으로 질문거리다. 그러나 내가 할 수 있는 최선의 추측은 다음과 같다. 바울은 이전에 다른 유대인들과 접촉을 했던 비유대인들을 접하게 됐는데, 그 다른 유대인들이 주장했던 바는 유대적인 조건에 따라 토라를 준수하는 것이 그 비유대인들을 이스라엘의 신 앞에서 의롭게 만들어 준다는 것이다. 다시 말하지만, 본서에 실린 내 글에서 주장했듯이, 바울이 율법과 관련된 배타주의자(즉, "전적인" 토라 준수와 같은 것은 오직 유대인들에게만 허락된 특권이라고 바울이 생각했다는 것)였다는 추정은 하나의 만족스러운 설명을 제공해준다. 이것은 비유대인들을 위한 바울의 가르침이 전적으로 토라를 기반으로 한다는 사실과 상충되지 않는다. 바울은 단지 비유대인들을 위한 형태의 유대교를 토라에 기반해서 창조해내고 있었던 것이다.

마지막으로, 용어에 대한 몇 가지 논평을 덧붙이고자 한다. 나는 바클레이의 용어 선택이 바울을 유대교 내부에서 구성하려 한다는, 바클레이 본인이 고지한 야심찬 계획에 역행하는 방식으로 작용한다고 생각한다. 이 운동의 구성원들과 그들의 모임을 가리키기 위해 "기독교적/기독교인"이나 "교회"('에클레시아'의 역어) 같은 용어들을 사용하는 것은 1세기의 역사적 맥락을 약화시킨다. 예를 들어, 한편으로 바클레이는 "그리스도 안에 있는 하나님의 은혜"와 "유대교의 종교적 특성" 사이를 대조시킨 책임이 있는 "기독교적" 해석을 언급하지만(원서 223쪽), 다른 한편으로는 "바울이 이해하는 기독교 신앙은 아브라함에 의해서 윤곽이 드러난다"라고 말한다(원서 228쪽). 바울이 하나의 새로운 종교를 건설

하고 있는가? 바클레이는 아니라는 암시를 주지만, 어휘 선택은 그와 다른 대답을 울려낸다. 물론 '크리스티아노스'(Χριστιανός)라는 단어가 몇 몇 신약 본문들에 몇 차례 나타나는 것이 사실이지만(행 11:26; 26:28; 벧전 4:16), 이것들은 시기적으로 늦고(바울 생애로부터 꽤 시간이 지난 후), 우리가 오늘날 속사도 교부들로 부르는 문헌 모음의 정서에 더 합치된다. 그것 들이 갖는 탈묵시적 시간 틀은 바울의 시간 틀이 아니다. 그들의 기획은 바울의 기획이 아니다.

바울, 혹은 바울과 같은 시대에 살았던 다른 어떤 그리스도 추종자 가 자신들을 "기독교인들"로 여겼다는 증거는 간단히 말해 존재하지 않는다. 그리고 유대인들과 열방의 구성원들을 한데 모으는 바울의 사 회적 실험이 결국은 우리가 "기독교적" 정체성이라고 부를 수 있는 것 을 탄생시켰지만, 이 형성 과정은 바울이 기대했던 것과는 사뭇 다른 어 떤 결과, 즉 유대인들 없는 유대교를 낳았다. 바로 이것이 기독교가 기 본적으로 무엇인지 보여준다. 따라서 도널드 애켄슨(Donald Akenson)의 조 언을 따라 "우리로 하여금 거짓말하게 만드는 단어들"을 피하는 것은 좋은 취지다.[6] 물론 동일한 것이 "교회"라는 말에도 적용된다. 바울의 회중들의 정체가 무엇이었든 간에, 우리는 church라는 영어 단어가 '에

---

6. Donald Harman Akenson, *Saint Paul: A Skeleton Key to the Historical Jesus* (Oxford: Oxford University Press, 2000), 55-67. 또한 다음을 보라. Anders Runesson, "The Question of Terminology: The Architecture of Contemporary Discussions on Paul," in *Paul within Judaism: Restoring the First-Century Context to the Apostle*, ed. Mark D. Nanos and Magnus Zetterholm (Minneapolis: Fortress, 2015), 53-77; Magnus Zetterholm, "Jews, Christians, and Gentiles: Rethinking the Categorization within the Early Jesus Movement," in *Reading Paul in Context: Explorations in Identity Formation; Essays in Honour of William S. Campbell*, ed. Kathy Ehrensperger and J. Brian Tucker, LNTS 428 (London: T&T Clark, 2010), 242-54.

클레시아'에 대한 적절한 번역어는 아니라고 자신 있게 말할 수 있다.[7]

따라서 결론은 다음과 같다. 나는 바울을 유대교 내부에 위치시키려는 바클레이의 시도를 진심으로 가치 있게 여긴다. 그리고 나는 역사적 바울을 재구성하는 기반으로서 유대교를 기독교적 시각에서 희화화하는 것을 피하려는 바클레이의 야심찬 기획에 경의를 표한다. 그러나 바클레이가 자신의 노력을 조금만 더 앞으로 밀고 나가는 모습을 보고 싶은 것이 내 마음이다.

---

7.   바울의 "그리스도 그룹들"에 관련된 현재의 논쟁을 개괄적으로 살펴보기 위해서는 Richard Ascough, "Paul, Synagogues, and Associations: Reframing the Question of Models for Pauline Christ Groups," *JJMJS* 2 (2015): 27-52을 보라.

비평가들에게 응답하는
선물 관점

존 M. G. 바클레이

나는 이 프로젝트가 불러일으킨 대화에 대해 매우 감사한다. 이 프로젝트는 대안적인 상대 견해들을 진지하게 경청하기 위한 토론회를 생성했는데, 이는 현재 학계에서 놀랍도록 드문 현상이다! 내 에세이에 대한 응답들은 예리하고, 도전을 주는 것이라, 나는 모든 응답자들에게 마음을 다해 감사를 표한다. 총평하자면, "선물 관점"에 대해 비록 약간의 주저함도 있었겠지만 이렇게까지 모든 면에서 따뜻하게 평가해 준 사실에 대해 나는 아주 놀랐다. 다른 모든 관점들을 대표하는 학자들은 나의 글에서 그들이 높이 평가하고 기꺼이 지지할 수 있는 접근 방식을 발견하고 있는 것으로 보인다. 이는 내가 그들의 견해 중 구미에 맞는 것만 선별적으로 뽑았기 때문도 아니고, 모든 사람이 수락할 수 있는 "최소 공통분모"만 제안하기 때문도 아니다. 그보다는 "선물 관점"이 가톨릭 관점으로부터 개신교 관점을, 옛 관점으로부터 새 관점을, 유대교 외부에서 바울을 읽던 사람들로부터 "유대교 내부에서" 바울을 읽는 사람들을 나누어 왔던, 은혜라는 중심적인 주제를 재구성했기 때문이라고 생각한다. 만화경을 하나의 중대한 면에다 맞춤으로써—은혜의 의미와 그것이 함의할 수 있는 다른 "극대화들"을 명확하게 구분함으로써—나는 바울에 대한 오해를 초래해 왔고, 그의 해석자들 사이에서 의견 차가 생기게 했던, 많은 쟁점들이 **해결됐기**를 바란다. 다시 말해, 나는 우리의 차이점들을 **넘어서는** 방식, 혹은 적어도 우리의 생각들 속에서 교착 상태를 일으키고 있는 몇몇의 통나무 더미를 제거하는 수단을 제공했다고 생각한다. 또한 부가적인 이득으로서, "선물 관점"은 (가톨릭 및 개신교 신학 모두에 있어서) 성서학과 조직신학 사이의 탁월한 대화를 생성시켰고, 이는 *IJST*(*International Journal of Systematic Theology*)에 출판된 더럼 콜로퀴움(Durham colloquium)의 소논문들에서 분명하게 입증된다.[1]

나는 여기서 나의 응답자들에게 다음의 세 가지 제목을 가지고 답하겠다.

1. **선물, 조건, 보상**(피트리). 브랜트 피트리와 나는 많은 것들에 있어 비슷한 의견을 가지고 있지만, 그의 에세이에 대한 나의 응답에서 내가 분명히 하고자 했던 내용을 다시 한번 반복해야겠다. 나는 바울이 피트리처럼 최초 구원과 최종 구원 사이를 구분할 것이라고 생각하지 않는다. 비록 비상응적인 (그리스도의) 선물이 (성령을 통해) 신자들의 삶과 하나님의 뜻/법 사이에 상응적인 어울림—주님의 날에 분명하게 드러날 어울림—을 창조해 내도록 설계됐지만, 여기서 기대되는 것은 또 **다른 선물**, 즉 어떤 새롭거나 다른 은혜가 아니라, **똑같은 선물**의 의도된 형태로의 성취와 면류관이다. 영생을 주는 하나님의 선물은 그리스도 안에

---

1.   Mike Higton, Karen Kilby, and Paul Murray, eds., "Receiving the Gift: Ecumenical Theological Engagements with John Barclay's Paul and the Gift," special issue, *International Journal of Systematic Theology* 22, no. 1 (January 2020).

서 이미 주어졌는데(롬 6:23), 그리스도의 부활 생명을 공유하는 모든 사람들에게 그 선물이 주어지기 때문이다(롬 6:1-11). 거기에는 나중에 영생으로 주어지는 **이차적인** 선물은 없다. 그런 의미에서 바울이 말하는 면류관은 새로운 상을 붙잡으려는 것이 아니라 신자들이 이미 하나님에 의해 "잡힌" 바 된 그 목적의 완성이다(빌 3:12-14).

그러나 피트리는 신자들이 "은혜로부터 떨어지는" 것이 가능하다고 바울이 여긴다고 주장하는 점에서는 꽤 옳다(원서 241쪽). 그 부분은 갈라디아서 5:4이나 피트리가 인용하는 다른 본문들에서 충분히 분명하다. 그러므로 그는 심판의 때에 면밀히 관찰되는 선행의 증거가 없다면, "[구원의] 선물을 받지 않았던 것이 분명하다"(원서 233쪽)라고 내가 말한 것을 바르게 수정해 주었다. 나는 이렇게 말했어야 했다. "받은 선물은 허사가 됐음이 분명하다"(고후 6:1을 보라). 은혜의 선물에 대한 신자들의 응답으로서 성령의 행위에 대한 증거가 없다면, "그리스도 안에" 있는 관계는 중지될 것이거나 이미 중지됐다는 것에 나는 동의한다. 나는 이 가능성을 고려하지 않으면서 바울의 경고를 진지하게 받아들일 수 있다고 생각하지 않는다. 바울은 "당신이 선을 행하는 것을 중지한다면" 또는 "당신이 충분히 열심히 행하지 않는다면"이라고 말하지 않고, "당신이 하나님의 자비에 머물지 않는다면"(롬 11:22)이라고 말한다. 처음부터 끝까지, 신자들을 구원에까지 데려다주는 것은 하나님의 자비하심이나 친절하심이다. 중요한 것은 **거기에** 머무는 것이다.

이것은 우리가 지불이나 보상(μισθός)이라는 바울의 언어를 이해하도록 돕는다. 피트리가 주장하듯이, 바울은 확실히 그 언어를 사용하는데, 이 용어는 행해진 행위에 대한 인정이나 보상의 의미로 자연스럽게 사용된다. 그러나 바울이 보상에 대해서 말할 때, 그는 구원에 대해서 말하는 것이 아니다. 이 같은 사실은 고린도전서 3:10-15에서 충분히 분명히 나타난다. 이 본문이 일반적인 신자에 적용되든지, 특별히 지도자에게 적용되든지 상관없이 말이다. 바울은 양질의 작품(work: 피트리는 이 본문의 단어 work를 "행위"로 읽는다—편주)이 보상/지불(μισθός)을 받게 될 것이라고 말한다(3:14). "나무나 풀이나 짚"(3:12)은 불타버리게 되고, 그 작품을 만든 사람은 보상/지불을 잃게 될 것이다(3:15). 그러므로 그는 구원을 잃게 될 것인가? 아니다. "작품이 불타버리면, 그는 손해를 보겠지만 자신은 구원을 받게 될 것이다. 비록 불 속을 헤치고 나오듯 할 것이지만 말이다"(3:15, 나의 번역). 한 사람이 보상을 잃게 되더라도 여전히 구원을 받게 된다면, 보상이 구원에 추가되는 개념일 수는 있지만 보상과 구원이 같은 것이 아님은 분명하다. 그의 형편없는 건축 작업에도 불구하고 왜 그는 구원을 받게 되는가? 짐작건대, 그는 "그 위에 건축할 수 있는 유일한 기초인, 예수 그리스도" 위에 건축했기 때문일 것이다(3:11). 그리스도 위에 건축된 것은 불 속에서도 살아남게 된다.

심고 거두는 은유(작품[work]-보상의 은유와 똑같지 않은)는 두 가지 근본적인 인생의 방향이 있다는 것과 "성령을 위하여 심지" 않는 사람들은 그들 자신을 필수적인 생명의 근원으로부터 잘라내고 있다는 것을 분명히 보여주고 있다(갈 6:7-8). 그렇게 하는 것은 실제로도 가능하다. 그러나 나는 (최종적인) 구원을 위한 "공로를 쌓는다"고 말하는 것이 도움이 되지 않을 뿐더러, 바울의 담론에서 잘 발견된다고 생각하지도 않는다. (피트리의 용어에서) "공로를 쌓는" 사람이 그리스도라고 할지라도 말이다(바울이 한 번이라도 그런 식으로 말한 적이 있는가?). 정작 중요한 것은 이미 주어진 선물 안에 머무는 것이다. 그렇게 선물 안에 머물게 되면 그것에 대한 합당한—그렇다, 그것에 **필연적인**—열매를 맺게 될 것이다. 나는 여기서 "필연적인"이라는 말을 "필수적인", "불가분한", "필요 불가결한"의 의미로, 성령의 인도함을 받는 자들은 "예수를 저주할 자"라 하지 않고, "예수를 주시다"라고 말하는 것이 필연적일 수밖에 없다는 식의 의미로 사용했다(고전 12:3). 이 열매, 또는 이 같은 고백은 구원에 대한 **근거나 근원**이 아니라 필연적인 표현이다. "내 안에" 있는 그리스도의 생명(갈 2:20), 즉 그 선물이 신자들의 삶을 그리스도와 상응적으로 만들기 위해서 정렬시켜 가는 동안에도, 그 선물 자체는 여전히 과분하고, 비상응적인 선물로 남는다.

2. **행위 그리고 율법의 행위들**(다스와 던). 나는 바울이 몇몇 본문들에서(롬 4:4-5; 9:11-12; 11:5-6) "행위들"을 은혜에 대한 대립 관계를 나타내는 말로 사용하고 있고, 그러므로 "행위들"의 개념을 "율법의 행위들"보다 더 넓은 의미로 **일반화시키고** 있다고 충분히 인정한다. 바울의 언어에 있어 이 같은 변화는 조심스럽게 선택된 것이고(아브라함의 경우, 그에게는 순종해야 할 "율법"이 없었다), 따라서 이는 "행위들"과 "율법의 행위들"을 똑같은 의미를 가진 것처럼 취급해서, 모든 경우의 "행위들"이 "율법의 행위들"로 치환될 수 있음을 뜻하지 않는다. 나는 바울이 수식어 없이 "행위들"이라는 용어를 사용할 때, 결코 이방인으로부터 유대인을 구별시키는 활동에만 제한하지 않았다는 다스의 주장에 동의한다. 바울의 목적은 누군가는 혈통에서, 누군가는 문화적 전통에서, 누군가는 업적에서 찾을 수 있는 상징 자본에 대한 모든 가능한 주장을 약화시키는 것이다. 당신이 원하는 만큼 ("행위들"이 의미하는) 범주들을 넓게 잡을 수 있지만, 바울은 하나님의 은혜에 대해서 우리 자신이 자격이 있다고 여기거나 자부심을 가질 만한 것은 어디에도 없다고 말한다(롬 4:1-8).[2] 이

---

2.   John M. G. Barclay, *Paul and the Gift* (Grand Rapids: Eerdmans, 2015), 484을 보라.

런 일반화는 후속적인 바울 전통(엡 2:8-10; 딛 3:5)에서 이어지는데, 이 점에 있어서 바울 정신(ethos)과의 연속성을 보여준다.

그러나—이것은 중요한 "그러나"이다—나는 여기서 바울이 유대교의 특징적인 경향에 반대한다거나 "은혜 없는 종교"라는 의미에서 유대적 "율법주의"(legalism)를 비판하고 있다는 증거를 발견할 수 없다. 바울은 이미 행해졌거나 하나님에 의해 예견된 족장들의 행위들로 인해 하나님의 호의를 받을 만한 자격을 갖추게 됐다는, 족장 이야기에 대한 유대교의 대안적인 해석에 대해 알고 있었을 것이다. 바울은 확실히 이런 해석들에 대해 반대했겠지만, 그는 (바울서신에서) **유대인**이나 **유대교**를 겨냥하고 있지는 않다. 이 점에 있어서 나의 바울 해석은 바울을 "유대교의 행위 의"에 대한 대적자였던 것처럼 여기는 전통 개신교의 바울 해석에 대해 비판하는 사람들과 함께한다. 바울은 은혜의 비상응성에 대해서 어떤 유대인들과는 일치하지 않지만, 또 다른 유대인들과는 일치한다. 우리가 바울을 똑같은 범주에 넣거나 혹은 다른 범주에 넣어야 한다는 것과 관련한, 어떤 획일적인 "유대교 관점"이 있는 것이 아니다. 다른 많은 주제들과 마찬가지로 이 주제에 대해서 바울은 신적인 자비와 선물에 대한 유대교 내부 **논쟁**의 한 부분을 차지한다. 그러므로 우리는 바울을 "반(anti)-유대교"로 이해하는 것을 반드시 거부해야 한다.

실제로, 바울과 야고보 또는 바울과 마태 사이의 불필요한 양극화를 조장하는 것은 바울을 유대교로부터 나온 망명자로 해석하고, "은혜 대 행위"의 대립 구도로 읽는 개신교의 바울 해석이다(던의 응답을 보라). 확실히 바울은 (롬 3:8에서 분명히 나타나듯이; 참조, 6:1-2) 당대에 쉽게 오해될 수 있었고, 야고보서는 오해된 바울 신학(행위를 강조하지 않는—역주)을 공격하고 있는 것처럼 보인다. 바울은 야고보처럼 믿음의 **필연적인**(위에서 약술한 "필연적인"의 의미) 표현으로서 믿음의 결과로 나오는 행위(참조, "사랑을 통해서 역사하는 믿음", 갈 5:6)를 추구한다. 그래서 나는 바울과 야고보서의 저자 야고보가 이 문제에 대해 이야기하기 위해서 만났더라면, 그들은 오른손을 잡고 교제의 악수를 나누었을 것이라고 생각한다. 바울은 세례의 열매로서의 의를 추구하고(롬 6:12-13) "믿음의 순종"을 기대한다(롬 1:5). 마태는 "의"와 "순종"이 의미하는 바에 대해서 다르게 이해하고 있는데, 이는 그가 (주로 유대인으로서 예수를 따르는 사람들을 대상으로 쓰면서) 유대법의 틀 안에서 작업하고 있기 때문이다. 그러나 나는 마태 신학의 **구조**가 바울 신학과는 완전히 다르다는 주장을 납득할 수 없다.

지금도 우리를 동요시키고 있는 것처럼 바울은 당대 인물들과 충돌할 수 있는 급진적이고 불편한 인물이었다. 왜 그런가? 왜냐하면 그는 은혜가 우리가 가치를 매기는 기준으로 삼는 **모든 것들**을 약화시킨다고 이해하기 때문이다. 바울에게 하나님 앞에서 진정한 가치를 주는 것은 오직 하나뿐이고, 그것은 바로 그리스도 안에 있는 하나님의 선물이다. 바울은 이 믿음이 주는 급진적인 사회적 함의들과 인종과 성별과 사회적 지위에 대한 구분을 뛰어넘어 새로운 공동체를 탄생시키는 이 믿음의 역량을 보았다. 이것은 오늘날에도 동일하게 우리를 동요시킨다.

3. **유대교 내부의 바울**(세테르홀름). 나는 세테르홀름과 내가 공유하고 있는 많은 공통점을 발견할 수 있어서 기쁘다. 그리고 나는 남아있는 우리의 차이점 중의 일부는 용어상의 문제라고 생각한다. 나는 "교회"와 "기독교"라는 용어들이 오해될 소지가 있다는 것을 이해한다. 이 용어들이 시대착오적이라는 것은 그다지 큰 문제는 아니다. 우리는 고대 세계를 묘사함에 있어 많은 시대착오적 용어들을 사용한다. 그러나 나는 "교회"를 "비-회당"(non-synagogue)으로, "기독교"를 정의상 "유대교"와

다른 어떤 것으로 이해하게 되면, 이런 특수한 시대착오가 유대 전통과 **양립할 수 없는** 어떤 의미를 동반할 수 있음을 안다("기독교"라는 용어는 이 그나티우스[Ignatius]의 시대, 즉 2세기 초반에 발생했다). 바울은 그리스도(메시아) 안에서 발생한 일을 하나님이 자신의 백성 이스라엘을 위해서 계획하신 일의 성취로, 그리고 이스라엘의 미래 구원의 중심으로 보았다(롬 9-11장). '에클레시아'(ἐκκλησία: "회중"[assembly]으로 번역되는 편이 더 좋을 것이다)라는 용어는 "유대인들"이나 "헬라인들"과 구분을 형성할 수 있지만 (고전 10:32), "하나님의 회중"(갈 1:13; 고전 10:32)이라는 표현은 유대 사람들에게 생경하게 들리지 않았을 것이다. 바울이 "그리스도 안에" 있다고 묘사하는 사람들은 후에 "그리스도인"이라고 불려지게 될 것이고, 그래서 그들을 "그리스도인"이라고 부르는 것을 꼭 잘못이라고 말할 수만은 없다. "그리스도인"이 비유대인을 의미하는 것**은 아니다.** 바울의 세계에서, 그리고 그 후 수 세기 동안, 유대 그리스도인 또는 그리스도인인 유대인이 되는 것은 완벽하게 가능했고, 따라서 우리가 (오늘날에도 메시아 유대인[messianic Jews]이 실재한다는 사실에도 불구하고) 그 가능성을 부인한다면 우리 자신의 고유한 정의를 "그리스도인"과 "유대인"이라는 용어에 부과하는 셈이 된다. 유사한 문제를 생각해보자. 어떤 학자들은 "유대인"(Jew: 인종적, 종교적 뉘앙스를 주는 번역—역주)이라고 번역하고, 다른 학자들은 "유대 지역민"(Judean: 지리적인 위치를 강조하는 번역—역주)이라고 번역하는 그리스어 용어 '유다이오스'(Ἰουδαῖος)의 가장 좋은 번역에 대한 현대의 논쟁에서, "유대인"이라는 번역을 유지하자는 측의 중요한 논거는 그 번역이 과거의 "유대인/유대 지역민"과 현재의 "유대인" 사이의 연속성을 유지해준다는 것이다.[3] 똑같은 논거로 우리는 첫 그리스도 따

---

3.   John M. G. Barclay, "Ioudaios: Ethnicity and Translation," in *Ethnicity, Race,*

르미들에게 "그리스도인/기독교인"이라고 불리는 후대 계승자들과 동일한 이름을 붙일 필요가 있다고 말할 수 있다.

　세테르홀름이 말하듯(원서 250-51쪽을 보라), 바울은 이방인 회심자들이 "유대인화"(Judaize)하도록 유도했는가? 다시 말하지만, 이것은 우리가 누구의 용어를 사용할 것인지에 대한 문제다. 바울은 "유대인화하다"라는 용어를 단 한 번만 사용했는데, 그것은 베드로가 안디옥에 있는 이방인 회심자들에게 "유대인화"되도록 요구한 것에 대해 **비난할** 때였다(갈 2:14).[4] 우리는 바울의 용례를 무시하고 우리의 관점으로부터 다음과 같이 주장할 수 있을 것이다. 곧, 이방인들이 우상 숭배를 포기하도록 요구하는 것은 "유대인화"하거나 "유대적 규범에 적응하는 것"의 한 형태라고 말이다. 그러나 이런 주장은 바울의 용어가 아니라 **우리의** 용어를 사용하는 것이 될 것이며, 실제로는 그의 용어에 반하는 것이 될 것이다. 바울이 이방인들에게 "우상을 버리고 하나님께로 돌아와서 살아 계시고 참되신 하나님을 섬기기를"(살전 1:9) 기대하면서 (그의 용어를 가지고) 이방인들에게 요구하는 것은 무엇인가? 이는 결코 "유대인의 하나님"에게로 돌아오라는 말이 아니다. 왜냐하면 하나님은 오직 유일하신 하나님이시며 그분은 유대인과 비유대인 모두의 하나님이시기 때문이다 (롬 3:29). 바울은 그들에게 유대인들에 의해서 경배됐고, 또 경배되고 있는 하나님에게로 돌아오라고 요구하고 있지만, 결코 유대인이 되기를

Religion: Identities and Ideologies in Early Jewish and Christian Texts, and in Modern Interpretation, ed. Katherine M. Hockey and David G. Horrell (London: Bloomsbury T&T Clark, 2018), 46-58을 보라.

4.　내가 *Paul and the Gift* (367)에서 암시했듯이, 나는 안디옥에서의 쟁점이 음식의 정결 여부보다는 식사 교제(비유대인과의 친밀한 식사) 자체였다는 가능성에 꽤 열려 있는 편이다.

요구하고 있지도 않고, 더 나아가 어떤 다른 방식으로 "유대적"으로 되기를 요구하고 있지도 않다. 바울은 그들이 모든 사람들에게 항상 참됐던 그 진리, 그러나 지금까지는 유대인들만 인식하고 있던 그 진리를 깨닫게 되기를 기대하고 있다. 필론이 그랬던 것처럼, 바울은 유일하고 참된 하나님을 예배하는 것을 "유대적" 진리를 취하는 것이 아니라, 우주의 진리에 참여하는 것으로 여겼을 것이다. 이것을 일종의 문화적 변화("유대인화하기")로 묘사하는 것은 우리 자신의 문화-역사적 설명을 사용해서 바울이 주장하는 진리를 무시하는 것이다.

결론적으로 나는 바울의 신학을 진지하게 받아들이고 싶다. 로마서 5-6장을 읽을 수 있으면서도, 그리스도-사건을 무조건적인 선물이라고 부르는 것에 대해 (세테르홀름의 말에 의하면) "지나치게 진전된 이념적/신학적 차원에서 논의를 전개하고 있다"(원서 250쪽)고 어떻게 불평할 수 있는지 나는 이해할 수 없다. 그의 동시대 유대인들 중의 일부가 그랬듯이, 바울도 유대인 신학자였다. 그들의 신학이 수사학적으로 표현되며 사회적 현실들과 밀접하게 얽혀 있더라도, 우리는 그들의 신학을 사회 공학자(social engineers)의 것 정도로 축소해서는 안 된다.

후기
새 관점에 대한 목회적 고찰: 다섯 가지 관점

데니스 에드워즈

후기
새 관점에 대한 목회적 고찰: 다섯 가지 관점

데니스 에드워즈

사도 바울을 다루는 책이 부족하지 않다고 말하는 것은 상당히 절제된 표현입니다. 사실 바울에 관한 자료들은 너무 방대해서 어떤 마비를 경험할지도 모르겠네요. 어떤 이들은 바울에 대해 이전에 가지고 있던 생각을 걸러내야 한다든지 심지어는 버려야 할 수도 있다는 것에 당혹감을 느낍니다. 거기에는 목회자들이 관심 있을 법한 실천적인 부분도 있습니다. 예컨대, 만일 회중이 바울에 관한 새로운 생각들을 받아들이지 않는다면 바울 신학에 관한 관점의 변화는 교회의 목회자들에게 어떤 의미가 있을까요? 이 결론부에서 나의 목표는 본서에서 다룬 쟁점들을 또다시 반복하기보다 목사, 교사, 그리고 주의 깊은 모든 그리스도인—특히 지도자들—에게 바울 신학에 관한 학문적인 논의들을 계속해서 탐구하도록 촉구하는 데 있습니다. 바울은 기독교 지도자의 모델이기에 나는 바울의 신학을 깊이 성찰하기를 독려하려 합니다. 그래서 이 책에 등장하는 네 가지 탐구 영역을 강조할 것입니다. 네 가지 쟁점은 이렇습니다. 먼저는 (1) 제2성전기 유대교의 율법 개념 및 (2) 바울과 제

2성전기 유대교의 관계에 대한 것입니다. 이 주제에 관한 이해도가 높아질수록 반셈족주의는 감소하게 됩니다. 저는 또한 (3) 믿음에 의한 칭의(이신칭의) 주제를 재고하는 것의 중요성을 반복할 것입니다. 더 나아가 (4) 바울 신학에 관해 로마가톨릭과 개신교가 공유하는 양상들을 발견한다면 둘 사이의 적대감은 줄어들 수 있을 것이라 생각합니다. 분명 바울 신학 안에는 검토할 만한 가치가 있는 문제가 네 가지 이상 있지만 여기서 제시하는 네 주제에 대한 조명이 사도 바울의 생애와 편지를 더더욱 탐구하고 연구하는 데 자극이 되기를 바랍니다.

바울, 기독교 지도자의 모델

성 바울은 선교사, 복음 전도자, 저술가, 공직자의 수호성인(patron saint)입니다. 설교를 하고 여러 방식으로 영적인 글을 쓰며, 또한 종종 교회 밖에서 일을 하며 수입을 보충하는 선교사와 복음 전도자와 같이 좋은 소식을 전하도록 부름을 받은 우리 목회자들은 자신을 우리가 알고 있는 사도 바울과 특별히 연관 짓곤 하지요. 저는 성서학으로 박사학위를 받은 뒤 수년 동안 겸임 교수로 가르쳤고 현재는 전임으로 가르치고 있는데요, 제가 가진 주요한 직업 정체성은, 다양하고도 전문적으로 일해 온 경험들을 통틀어, 목사입니다. 저는 두 차례, 즉 한 번은 뉴욕 브루클린에서, 또 한 번은 워싱턴에서 교회를 개척했고, 또 두 차례는 워싱턴과 미니애폴리스의 기존에 설립되어 있던 교회들을 섬겼습니다. 저 도시들에서 다양한 사람들을 만나고 섬기면서 사도 바울과의 연대감 같은 것을 느끼곤 했습니다. 바울은 유대인과 이방인을 새롭고 단일한 인류로 모으기 위해 일했고(갈 3:28; 엡 2:15; 골 3:11), 저는 인종, 민족적 정체성, 성별, 소득 수준이 서로 다른 사람들을 모으기 위해 일했던 것이지요.[1]

　목회자들 중 많은 이들이 성도 간, 교파 간, 이웃 간의 갈등에 직면할 때 사도 바울 안에서 우리 자신을 발견합니다. 우리는 "우리가 사방으로 욱여쌈을 당하여도 싸이지 아니하며 답답한 일을 당하여도 낙심하지 아니하며 박해를 받아도 버린 바 되지 아니하며 거꾸러뜨림을 당하여도 망하지 아니한다"(고후 4:8-9)는 것을 느낍니다. 우리는 교회 성도들이 다른 지도자를 따라 갈 때 겪는 개인숭배(personality cults)로 인한 고통에 대해서 아마 잘 알 것입니다. 교회 개척들은 새로운 모임을 촉발하며 다른 사람이 물을 줄 씨앗을 심고 성장하게 하실 하나님을 신뢰하는 일의 기쁨과 슬픔을 알고 있습니다(고전 3:6을 보십시오). 우리는 동역자들에게 버림을 받음으로써 느끼는 버림받은 감정에 관한 개인적인 이야기들을 가지고 있습니다(행 15:36-40; 딤후 1:15; 4:10, 16을 보십시오). 또한 우리는 목양에 대해 품고 있는 마음 때문에 바울이 자신에게 닥쳤던 고통스러운 어려움을 나열하고 다음과 같은 말로 결론 내릴 때 마음이 요동하는 것을 느낍니다. "이 외의 일은 고사하고 아직도 날마다 내 속에 눌리는 일이 있으니 곧 모든 교회를 위하여 염려하는 것이라"(고후 11:28). 우리 목회자들은 하나님의 좋은 소식을 말로써만 전하는 것이 아니라 바울과 같이 우리의 삶으로도 전하기를 힘씁니다(살전 2:8). 우리 주님이신 예수 그리스도는 분명 그리스도인이 된다는 것이 무엇을 의미하는

1.　이 후기에서 제가 인용한 바울의 일부 편지들을 둘러싼 저자의 진정성 논쟁에 대하여 알고 있습니다. 더불어 저는, 대중적인 차원에서는 무수한 목회자들과 평신도들이 바울의 이름이 붙은 모든 편지들뿐 아니라 사도행전에서도 바울의 사역을 인지한다는 사실도 알고 있습니다.

지에 대한 모범이 되지만, 사도 바울은 많은 지도자들에게 전문적인 사역의 귀감이 됩니다. 그러므로 우리는 바울의 인간성, 곧 교사, 신학자, 목회자, 심지어 예언자로서의 역할을 이해하려고 노력합니다. 하지만 바울의 가르침과 바울을 이해하는 일은 점차로 복잡해지는 것처럼 보입니다. 바울과 유대교와의 관계, 토라에 대한 견해, "구원", "칭의", "믿음"과 같은 무거운 용어들 이면에 있는 의미, 윤리적 명령, 종말론적 통찰과 같은 바울의 사상을 세세하게 설명함에 있어 정말이지 수많은 학파가 있기 때문이지요.

마이클 J. 고먼(Michael J. Gorman)은 바울에 대한 상세한 연구를 시작하면서 천재 알베르트 슈바이처(Albert Schweitzer)의 글을 인용한 적이 있습니다. "바울은 우리가 진정으로 알고 있는 최초기-기독교(Primitive-Christian) 시대의 유일한 사람이다."[2] 고먼은 "슈바이처가 옳았는지"[3] 묻습니다. 이어서 고먼이 제시한, 바울에 관한 열 가지 서로 다른 관점—이는 완전한 목록을 의도한 것은 아닙니다—으로부터 판단해보자면 슈바이처의 생각은 옳지 않았습니다.[4] 우리는 바울을 진정으로 알고 있는 것 같지 않습니다. 수십 년 전에 F. F. 브루스(F. F. Bruce)는 바울에 관해 이렇게 주장했습니다. "[바울은] 말할 만한 가치 있는 무언가를 가지고 있으며 그것을 말할 때 자신에 관한 무언가를 전달한다. 그것을 말하는 방식에 있어서 인위적이거나 단순히 관습적인 것은 없다. 그리고 그가

---

2.   Michael J. Gorman, *Apostle of the Crucified Lord: A Theological Introduction to Paul and His Letters*, 2nd ed. (Grand Rapids: Eerdmans, 2016), 1 [= 『(신학적 방법을 적용한 새로운) 바울연구개론』, 대한기독교서회, 2021]. Gorman의 인용은 Schweitzer의 *The Mysticism of Paul the Apostle* (London: Black, 1931), 332 [= 『사도 바울의 신비주의』, 감은사, 2023 출간 예정].

3.   Gorman, *Apostle of the Crucified Lord*, 1.

4.   Gorman, *Apostle of the Crucified Lord*, 1-2.

말해야 했던 내용은 매우 중요해서—20세기의 독자들이나 1세기의 독자들에게 있어서—그를 이해하려는 노력은 대단히 값지다."[5] 우리 목회자들은 바울—점점 더 복잡해져 가는 것처럼 보이는—을 이해하려는 노력이 어떤 유의미한 결과(reward)를 산출하기를 기대합니다. 제 경험상 바울에 관해 더 탐구할 의욕이 없는 많은 목회자들이 있으며, 심지어는 신학생들 중에도 그런 사람들이 있다는 것을 인정합니다. 아마도 그들은 바울에 관한 전통적인 관점으로부터 이미 받은 것으로 충분하다고 믿는 것 같습니다. 또는 회중들 가운데 소란을 일으키고 싶지 않을 수도 있겠지요. 결국 바울 신학을 파악하는 일의 초점은 거기서 단순히 더 많은 지식을 얻기 위함이 아니라 그것을 기독교 공동체 내에서 체화/체현(embody)해내는 데 있습니다. 바울에 대한 새로운 사상을 이해하고 또한 가르쳐서 그것을 회중 가운데 드러나게끔 하는 일은 결코 간단하지 않습니다.

목회자들은 사도 바울에 대해 관심을 가져야 하며 또한 회중들에게도 그러한 관심을 불러일으킬 수 있도록 노력할 필요가 있습니다. N. T. 라이트(N. T. Wright)는 최근에 다음과 같이 주장했습니다. "사도 바울은 고대 세계로부터 온 얼마 안 되는 사람들 중 하나이다. 바울의 말들은 지면을 뛰어넘어 우리에게 다가올 역량을 여전히 가지고 있다. 우리가 바울에게 동의하든 안 하든 간에—우리가 그를 좋아하든 안 하든 간에!—그의 편지는 인격적이고 열정적이며, 때로는 우리를 감동시키거나 괴롭히기도 하며, 간혹 난해하긴 하지만 결코 지루하지 않다."[6] 바울서

---

5. F. F. Bruce, *Paul, Apostle of the Heart Set Free* (Grand Rapids: Eerdmans, 1977), 457 [= 『바울신학』, CLC, 1999].

6. N. T. Wright, *Paul: A Biography* (San Francisco: HarperOne, 2018), xi [= 『바울평전』, 비아토르, 2020].

신과 관련하여 베드로후서 저자는 "그중에 알기 어려운 것이 더러 있다"(벧후 3:16)라고 이야기했지요. 그렇기 때문에 우리는 바울을 이해하고 바울서신을 우리의 맥락에 적용할 수 있도록 최선의 노력을 기울여야 합니다.

바울과 더불어 최선을 다하기

'스푸다조'(σπουδάζω)라는 단어는 신약의 11회의 용례 중 7회가 바울의 것으로 간주된 편지들에 나타납니다.[7] 이 단어는 서두름, 근면, 성실의 의미를 담고 있습니다. 명령형으로 종종 "최선을 다하라" 또는 "힘껏 노력하라"로 번역되기도 합니다. 저는 목회자들과 교회의 다른 지도자들의 분주함을 알고 있고 존중하며 이해합니다. 하지만 저는 열심 있는 목회자들이 다음과 같은 바울의 권면 안에 들어 있는 '스푸다조'의 개념을 받아들이고자 한다는 것도 알고 있습니다. "너는 진리의 말씀을 옳게 분별하며 부끄러울 것이 없는 일꾼으로 인정된 자로 자신을 하나님 앞에 드리기를 힘쓰라"(딤후 2:15). 이 "진리의 말씀"이라는 것에 이제는 바울의 편지들 역시 포함된다는 사실을 기억하십시오. 결과적으로 최선을 다하는 일에는 바울의 편지에 나오는 개념과 씨름하고 이를 거르고 정제해서 우리의 태도와 행동에 적용하는 일까지 포함됩니다. 이 책에 수록된 글에서는 우리 목회자들이 재고해야 할 몇 가지 개념들이 다루어집니다. 제 경험에 따라, 본서에 담긴 다섯 가지 관점에서 이하의

---

7. 갈 2:10; 엡 4:3; 살전 2:17; 딤후 2:15; 4:9, 21; 딛 3:12; 그 외의 4회는 히 4:11; 벧후 1:10, 15; 3:14에 나옵니다.

네 측면들을 강조하려 합니다. 곧, (1) 제2성전기 유대교의 율법주의에 대한 추정, (2) 바울과 유대교와의 관계, (3) 바울의 칭의 이해, (4) 로마 가톨릭과 개신교가 바울 신학에 있어서 크게 동떨어져 있지 않을 가능성이 그것이지요.

1. 제2성전기 유대교의 율법주의에 대한 추정에 관해서는 본서의 모든 기고자들이 E. P. 샌더스(Sanders)의 새 시대의 획을 그었던 책, 『바울과 팔레스타인 유대교: 종교 패턴 비교』(*Paul and Palestinian Judaism: A Comparison of Patterns of Religion*)와 대화하고 있음을 주목하는 것이 중요합니다. 바울 신학의 전통 개신교 입장을 개진했던 A. 앤드루 다스도 " 모든 제2성전기 유대인이 율법주의 또는 행위를 기반으로 하는 접근 방식을 긍정하지는 않았다. 그러나 적어도 일부는 그렇게 했으며 바울은 그 주장에 대응하고 있다"(원서 85쪽)는 점을 인정했습니다. 바울에 관한 전통적 또는 루터파적 견해를 지지하는 일부 사람들에게는 바울 시대의 모든 유대인들이 율법주의자는 아니었다는 사실을 인정하는 일이 놀라운 일일 수 있습니다. 망누스 세테르홀름은 대부분의 학자들이 유대교에 대한 샌더스의 기본적인 견해를 받아들였을 것이라고 주장하지요. 하지만 대중을 향한 설교에서는 종종 예수와 바울 시대의 율법주의적이고 자기 의로 가득 찬 바리새인들에 대한 캐리커처를 만들어내곤 하며, 그러한 묘사는 반셈족주의라는 불길에 부채질을 하게 됩니다.[8] 적어도 바울을 공부하는 현시대의 학생들은 유대교와 관련한 논쟁과 묘사에 있어서 경솔해서는 안 됩니다. 그 외에 우리는 유대교 내에서 토라를 바라보는 인식들이 매우 다양했다는 것을 인정하면서 어떻게 "율법의

8.　Magnus Zetterholm, *Approaches to Paul: A Student's Guide to Recent Scholarship* (Minneapolis: Fortress, 2009), 62–63을 보십시오.

행위들"이라는 표현을 더욱 섬세하게 다룰 수 있는지를 배울 필요가 있습니다. 유대교를 혐오하거나 경멸하는 태도 없이도 그리스도에 대한 중심성을 주장하는 것은 얼마든지 가능합니다.

2. 바울과 유대교의 관계는 다소의 사울이 다메섹 도상에서 부활하신 나사렛 예수를 만난 일이 "소명"(call)인지 아니면 "개종/회심"(conversion)인지 하는 논쟁과 관련이 있습니다(행 9:1-22). 북미 기독교는 바울의 다메섹 도상 사건을 통상 개종/회심으로 이야기합니다. 이 개종/회심이라는 용어는 바울이 유대교를 버렸음을 암시하지요. 누가의 내러티브에서 "사울"이라는 이름이 궁극적으로 "바울"로 교체된 사실은 특히 극적인 회심 이야기에 익숙해진 많은 그리스도인들에게 개종/회심 개념을 강조하게끔 합니다. 복음주의권의 예배 의식은 개인적인 간증에 초점을 둔 미국의 야외 집회(tent meetings)와 부흥회를 모델로 하고 있습니다. 회중들을 강단으로 불러모으는 행위(altar call)—많은 복음주의권 교회의 주요 의식—에는 갑작스럽고 흥미진진한 회심이 표준적이라는 가정이 담겨 있습니다. 회심이란 자신의 옛 생활 방식을 버리는 것을 함의하기에 많은 사람들은 바울이 바로 그렇게 한 것이라고 추측하지요. 빌립보서 3:4-11에 묘사된 바, 그리스도에 대한 현재의 열심과 대비되는 바울의 과거는 바울이 새로운 삶의 방식을 위해 유대교를 거부했음을 암시하는 것으로 비칠 수도 있겠습니다. 그러나 몇몇 학자들은 다메섹 도상에서 사울에게 일어난 일을 회심/개종이라기보다는 소명으로 묘사합니다. 소명이라는 용어는 이전에 그리스도의 도(the Way)를 박해하던 자가 지금은 이방의 사도가 됐지만(행 22:4; 고전 15:9) 신학적 믿음에 있어서는 완전하게 변화된 것이 없음을 강조합니다.[9] 존 M. G.

9.   Michael J. Gorman, *Reading Paul* (Eugene, OR: Cascade, 2008), 14-17; Michael F.

바클레이와 망누스 세테르홀름의 글은 바울이 유대교 내에서 활동했음을 우리로 하여금 인정하게끔 인도하면서 이방인을 향한 바울의 선교가 어떻게 저들의 관점에 부합하는지를 설명합니다. 바울과 유대교의 관계는 유대교의 율법주의에 대해 제가 가지고 있던 이전의 관점과 관련됩니다. 만일 바울이 유대교 내부에 굳게 자리 잡은 채 이스라엘의 성경에 따라 십자가에 달리고 이스라엘의 하나님에 의해 죽은 자들 가운데 부활하신 그리스도—메시아—를 전했다면(고전 15:3-4), 기독교인들이 유대인들을 격하지 않고서 자신들의 신념에 충실할 수 있는 방안이 있을 것입니다.

3. 바울이 말하는 믿음에 의한 칭의는 굉장한 논쟁 주제입니다. 제임스 D. G. 던은 본서에 실린 글뿐 아니라 다른 많은 작품들에서 "하나님의 의"와 "율법의 행위들"과 같은, 칭의와 관련된 용어와 더불어 그 주제를 다루고 있습니다. 대중적인 차원에서 말하자면 믿음에 의한 칭의 이면에 있는 법정적 개념이 강조될 경우 그리스도인들은 회심에 뒤따르는 올바른 행동을 최소화할 위험을 안게 됩니다. 이는 일부 그리스도인들이 그리스도에 대한 믿음을 그리스도에 관한 어떤 명제들(즉, 죽음과 부활)에 구두로 동의하는 것으로 여긴다는 말입니다. 이 동의는 고백자들에게 지옥의 영원한 형벌로부터 구원해 줄 "화재 보험"(fire insurance)을 제공하는 것이지요. 우리는 예수 그리스도를 믿는다고 고백은 했지만 전혀 그리스도의 이미지를 닮으려 하지 않는 사람들의 이야기를 꽤 많이 들어왔습니다(롬 8:29). 이와는 반대로, 행동의 변화를 강조하

Bird, *Introducing Paul: The Man, His Mission and His Message* (Downers Grove, IL: IVP Academic, 2009), 34-37. Bird는 "바울이 바리새 분파에서 **유대교 내부의** 메시아 분파로 개종했다"라며 중재적인 화성을 울립니다(35 [강조 표시는 인용 출처 본래의 것]).

는 칭의에 대한 대중적인 인식은 로마가톨릭과 관련이 있으며, 따라서 개신교의 많은 사람들이 거부하지요. 올바른 행동과 태도를 포함하는 하나님과 이웃에 대한 사랑은 하나님 앞에서의 자신의 입지와는 무관한 **행위들**로 간주됩니다. 우리 목회자들은 두 가지 방식, 곧 신적 무죄 선언(즉, 죄의 용서)과 하나님의 의에 참여함 모두를 제공하는 칭의를 전달할 필요가 있습니다. 크레이그 S. 키너(Craig S. Keener)는 칭의에 대해 서로 다른 관점을 연결 지어서 이렇게 주장했습니다. "갈라디아서 2:11-21은 법정적 칭의와 그리스도와의 연합 모두를 설명하고 있다. … 사람들을 법정적으로 올바르다 하시는 하나님은 또한 그들을 변화시키신다."[10] 목회자로서, 설교자로서, 교사로서 우리가 사람들로 하여금 저들의 믿음과 행동을 일치시키는 일을 도울수록 교회는 더 나아질 것입니다.

4. 칭의에 대한 서로 다른 견해를 조율하려는 키너의 노력은 본서의 글들로부터 취한 나의 마지막 쟁점과도 관련이 있습니다. 목회자들과 여타 교사들은 바울에 관한 로마가톨릭과 전통 개신교의 관점이 흔히 생각되는 것보다 상호 간에 더욱 가까울 수 있다는 점을 염두에 두어야 합니다. 미국의 가톨릭 대학교의 박사 과정에서 공부할 때 로마서 세미나와 바울 신학에 관한 세미나를 별도로 이수해야 했는데 이때 저는 이따금 조셉 A. 피츠마이어(Joseph A. Fitzmyer)의 지도를 받았습니다. 본서에 실린 브랜트 피트리의 글은 트리엔트공의회의 교령과 더불어 피츠마이어 및 여러 학자들의 연구에 기초하고 있습니다. 피트리는 로마가

---

10. Craig S. Keener, *Galatians: A Commentary* (Grand Rapids: Baker Academic, 2019), 176. Keener는 부록에서 칭의를 "면밀히 들여다보기"라고 부르는 지면을 제공합니다(173-77).

톨릭 관점에서 "칭의가 죄 사함 및 그리스도의 죽음/부활에 대한 실제 참여를 모두 포함한다"(원서 27쪽)라고 주장하지요. 이러한 관찰은 위에서 언급된 키너의 입장과 공명하는데 일부 개신교인들에게는 놀라운 일로 다가올 수 있을 것입니다. 사실상 피트리는 바울에 관한 로마가톨릭의 해석과 새 관점 사이에서 많은 일치점을 발견합니다. 물론 로마가톨릭과 개신교 신학 사이에는 여전히 서로 다른 차이들이 존재하지만, 특히 바울서신과 관련해서는 중요한 합의점들이 있을 것이라 생각합니다. 이러한 일치점들은 가톨릭과 개신교 사이의 좋은 관계를 지속하거나 강화하는 데 도움이 될 것입니다.

결론

목회자이자 성경을 공부하는 학생으로서의 유리한 입장에 서서 저는 성경을 대하는 모든 독자와 교사들이 바울 신학에 대한 자신들의 견해를 재검토해야 할 필요성을 체감했습니다. 풍광이 너무 방대했기에 저는 그러한 재검토가 시작될 만한 주제들을 부각하는 데 본서의 글들을 사용하려고 했습니다. 곧, (1) 제2성전기 유대교와 율법주의, (2) 바울과 유대교와의 관계, (3) 칭의 사상, (4) 바울 신학과 관련한 로마가톨릭과 개신교 사이의 유사한 입장 말입니다. 바울의 윤리학과 종말론과 같은 계속적인 연구를 필요로 하는 다른 쟁점들이 분명히 있습니다. 예컨대, 논쟁적인 바울서신에 있는 가계 규정(household codes), 특히 인간 주인에게 복종하라는 노예를 향한 훈계들(예, 엡 6:5; 골 3:22)이나 여성의 목소리를 소외시키는 가르침들(예, 딤전 2:9-15)을 의심의 눈초리로 바라보

는, 미국의 소수 민족들 및 전 세계에 있는 여성들과 더불어 다수 세계
(Majority World: 비서구권 사람, 민족, 국가를 뜻함—편주)에 있는 그리스도인들이
있습니다.[11] 더 나아가 화해에 대한 새 관점의 강조는 북미 기독교 내에
서 인종 화합에 대한 현시대의 논의를 도울 수 있을 것입니다. N. T. 라
이트는 바울의 빌레몬서를 주석할 때 노예 제도와 인종 화합에 관한 현
시대의 논의를 다소 일축하면서, 바울이 노예 제도를 비판하지 못한 것
은 "노예 제도의 문제가 일종의 도덕적 시금석이었던 후기-계몽주의 도
덕론자에게나 우려가 될 만한 사안이며, 이는 특히 당시 폐지된 노예 제
도와 식민주의/인종주의 사이의 관련성 및 19세기의 노예폐지운동 때
문에 촉발된 쟁점이었다. 이들 중 어느 것도 바울 세계의 노예 제도와는
관련이 없다"라고[12] 말했습니다. 그렇게 말했음에도 라이트는 "바울에
게 있어서 '메시아 안에 있는 모든 사람들'의 **화해와 상호 환대**는 그 어
떤 것보다도 우선한다"라고[13] 주장했지요. 바울 신학은 인종적 불화뿐
아니라 우리 시대에 다른 여러 문제들로 야기된 분열들을 도울 수 있어
야 합니다. 또한 종말론과 관련해서 목회자들은 그리스도의 재림, 부활
후 인간 몸의 성질, 인간 외 피조물에 관한 구속이 어떤 모습일지(롬
8:19-23을 보십시오)를 전하는 일에 바울 신학의 도움이 필요할 것입니다.

---

11. 예로서 다음을 보십시오. Grace Ji-Sun Kim and Susan M. Shaw, *Intersectional Theology: An Introductory Guide* (Minneapolis: Fortress, 2018); Abraham Smith, "Paul and African American Biblical Interpretation," in *True to Our Native Land: An African American New Testament Commentary*, ed. Brian K. Blount et al. (Minneapolis: Fortress, 2007), 31–42; Brian K. Blount, *Then the Whisper Put On Flesh: New Testament Ethics in an African American Context* (Nashville: Abingdon, 2001), 119–57.

12. N. T. Wright, *Paul and the Faithfulness of God*, COQG 4 (Minneapolis: Fortress, 2013), 1:12 [= 『바울과 하나님의 신실하심』, CH북스, 2015].

13. Wright, *Paul and the Faithfulness of God*, 1:12 (강조 표시는 인용 출처 본래의 것).

또한 바울 신학을 실천적으로 만드는 데 도움이 될 만한 책들과 여타 자료들은 끊임없이 필요합니다. 제가 주장하는 것과 같이 설교자와 기독교의 다른 지도자들이 바울에 관한 또 다른 사고방식의 일부를 적용할 필요가 있다면 현대의 이 전달자들은 바울 신학이 매일의 사역에 어떻게 영향을 주는지 보여줄 만한 예시들이 필요할 것입니다. 이 책의 편집자 스캇 맥나이트는 그러한 자료들을 제공하는 일에 관여해 온 사람들 중 하나이고요.[14] 사도 바울은 몇 차례에 걸쳐 다음과 같이 썼습니다. "나는/우리는 너희가 무지하기를 원하지 않는다"(롬 1:13; 고전 10:1; 12:1; 고후 1:8; 살전 4:13). 우리, 교회 지도자들은 바울의 바람에 기쁘게 응답하는 바입니다. 우리는 이전의 사고를 변경하거나 조정하는 일이 있다 한들 바울이 말해야 했던 바를 계속해서 배워나가길 원합니다.

---

14. 예, Scot McKnight, *Pastor Paul: Nurturing a Culture of Christoformity in the Church*, TECC (Grand Rapids: Brazos, 2019) [= 『목회자 바울』, 새물결플러스, 2021]; Scot McKnight and Joseph B. Modica, eds., *Preaching Romans: Four Perspectives* (Grand Rapids: Eerdmans, 2019) [= 『로마서 설교: 네 관점』, 비아토르, 2022]; Scot McKnight and Greg Mamula, eds., *Conflict Management and the Apostle Paul* (Eugene, OR: Cascade, 2018).